Malte Mienert
Heidi Vorholz

Hrsg.: Ilse Wehrmann

Kleine Kinder – große Schritte

Grundlagen der pädagogischen Arbeit mit Krippenkindern

Bestellnummer 50392

Bildungsverlag EINS

Haben Sie Anregungen oder Kritikpunkte zu diesem Produkt?
Dann senden Sie eine E-Mail an 50392_001@bv-1.de
Autoren und Verlag freuen sich auf Ihre Rückmeldung.

Die Autoren

Prof. Dr. Malte Mienert ist Leiter der Abteilung Entwicklungs- und Pädagogische Psychologie an der Universität Bremen. Seine Themenschwerpunkte: die Entwicklung im Kindes- und Jugendalter sowie die Selbstreflektion und berufliche Rolle von Pädagogen. Seit Jahren ist er als Referent und Fortbilder in der Erwachsenen- und Elternbildung tätig.

Heidi Vorholz ist Erzieherin und seit mehr als 15 Jahren freiberuflich als Pädagogin und Mediatorin in der Fort- und Weiterbildung tätig. Ihre inhaltlichen Schwerpunkte: Fortbildungen von Erzieherinnen und Leiterinnen zu allen pädagogischen Themen, Kommunikation und Konfliktmanagement sowie zu den neuen Bildungsplänen.

In diesem Band wird aus Gründen der besseren Lesbarkeit und zur Vereinfachung von der Berufsgruppe der Erzieherinnen gesprochen; in diesen Fällen sind die männlichen Kollegen selbstverständlich immer mitbedacht

Sie finden uns im Internet unter:
www.bildungsverlag1.de
www.bildung-von-anfang-an.de

Bildungsverlag EINS GmbH
Sieglarer Straße 2, 53842 Troisdorf

ISBN 978-3-427-**50392**-7

Inhalt

Vorwort der Herausgeberin

Nach jahrzehntelangem Dornröschenschlaf ist die frühkindliche Bildung und Betreuung in Kindertageseinrichtungen zu einem der politischen Topthemen in Deutschland aufgerückt. Der Beschluss der Bundesregierung, die Anzahl der Krippenplätze bis 2013 um rund 750 000 auszubauen, ist ein wichtiger Schritt in die richtige Richtung. Gleichwohl ist zu bedenken, dass es mit dem quantitativen Ausbau allein nicht getan ist. Nicht minder erforderlich – im Grunde genommen längst überfällig – ist es, auch die qualitativen Aspekte der Betreuung in Kinderkrippen kritisch zu beleuchten und internationalen Standards anzupassen. Dies gilt vor allem für die Verbesserung der strukturellen Qualität, zum Beispiel Gruppengröße, Betreuerschlüssel oder auch Raumgestaltung und Ausstattung an Spielsachen und (Lehr-)Materialien, der pädagogischen Qualität, d. h. der Förderung der kindlichen Entwicklung und Bildung von Anfang, an und einer den neuesten wissenschaftlichen Erkenntnissen entsprechenden Ausgestaltung des Krippenalltags. Kinderkrippen sind keine Verwahranstalten, bis Mutti oder Vati die Kinder abholen kommen, sondern Bildungseinrichtungen!

Was bedeutet dies für den Krippenalltag und für das Betreuungspersonal? Genau hier setzt das vorliegende Buch an: Es bietet neben fundierten theoretischen Fachkenntnissen über die Entwicklung und Bildung von Kindern in den ersten drei Lebensjahren und einem umfassenden empirischen Praxisbezug zahlreiche Anregungen und Tipps für die Gestaltung des Krippenalltags – wie zum Beispiel den Themen „Mittagsschlaf", Beobachtung und Dokumentation der kindlichen Entwicklung oder Zusammenarbeit mit den Eltern und im Team. Abbildungen, Tabellen, Übersichten sowie Links zu Internetadressen mit weiteren Hintergrundinformationen bereichern das Informationsangebot. Marginalien fassen die wichtigsten Aussagen zusammen, strukturieren die Themen, bieten Zusatzinformationen und verweisen auf zusätzliche Quellen sowie auf Internetadressen.

Einführend bietet das Buch im Sinne von „Frequently Asked Questions" eine Übersicht über die wichtigsten Fragen von Erzieherinnen und stellt 15 „goldene Regeln" der Kleinkindpädagogik vor. Es folgt eine kritische Standortbestimmung der Kleinkindbetreuung in Kindertagesstätten in Deutschland. Die Autoren beschreiben die Bedeutung der frühkindlichen Bildung, den Stellenwert der Bildungspläne der Bundesländer und fassen die neuesten entwicklungspsychologischen Erkenntnisse aus dem Bereich der Neurowissenschaften und der Pädagogik zusammen. Nach einer eingehenden Auseinandersetzung mit dem wünschenswerten Betreuungsaufwand und Personalschlüssel folgt eine kritische Gegenüberstellung der Kleinkindbetreuung in Einrichtungen und in Familien einerseits sowie der Betreuung von unter 3-Jährigen in Tagespflege und in der Kinderkrippe. Abschließend geht dieses Kapitel auf die Kompetenz von Kindergärtnerinnen für die Kleinkindbetreuung und auf die geeignete Förderung von Kleinkindern in Kindergärten ein.

Das nächste Kapitel stellt die entwicklungspsychologischen Grundlagen bei Kindern unter 3 Jahren vor. Ausgehend von der Frage, wie Kinder zu dem werden, was sie sind, beschreiben die Autoren die wichtigsten Entwicklungsaufgaben und Kompetenzen von Krippenkindern, die wichtigsten Aspekte des Lernens im Kleinkindalter und die Bedeutung der Selbstbildung bereits in diesem frühen Lebensabschnitt. Ausführlich wird die Suche nach der „normalen“ Entwicklung des Kindes angesichts von Entwicklungsbögen und Entwicklungstabellen beschrieben. Das Augenmerk liegt dabei auf der Feststellung, dass die Beschreibung der kindlichen Entwicklung sich nicht an Defiziten orientieren sollte und dass Entwicklungsideale „Schnee von gestern sind“. Große Bedeutung kommt hierbei dem intensiven Austausch zwischen den Erzieherinnen untereinander und mit den Eltern zu. Die Leserinnen und Leser erhalten aber auch Hinweise, woran sich bei Kleinkindern Entwicklungsverzögerungen erkennen lassen und wie sie im Falle solcher Beobachtungen am besten vorgehen. Abschließend beschreiben die Autoren, worauf es bei der Beobachtung und Dokumentation frühkindlicher Entwicklungsprozesse ankommt.

Einen Überblick über die pflegerischen Grundlagen bietet das nachfolgende Kapitel. Es setzt sich einleitend mit der Frage, ab wann ein Kind krank ist, auseinander sowie mit der Betreuung und Pflege von allergiekranken und behinderten Kindern. Im Folgenden erhalten die Leserinnen und Leser wertvolle Anregungen für den Krippenalltag: vom Gebrauch von Laufgittern über das richtige Anfassen von Kleinkindern bis hin zum Windelnwechseln und zu Wissenswertem in Bezug auf die Körperhygiene bei Kleinstkindern.

Anschließend widmen sich die Autoren den pädagogischen Grundlagen. Sie bieten einführend anhand eines Praxisbeispiels einen Überblick über die wichtigsten pädagogischen Grundrichtungen der Kinderbetreuung und zeigen auf, wie Pädagogik in den unterschiedlichsten Situationen des Krippenalltags zum Tragen kommt. Großen Raum widmen sie sechs ausgewählten Erziehungsfeldern, von der Sprachförderung über die Sauberkeitserziehung bis hin zum Mittagsschlaf.

Das nächste Kapitel thematisiert die Bedeutung des Spielens als Hauptform der pädagogischen Angebote. Es stellt zunächst vor, was gute Spielangebote für drinnen und draußen ausmacht, und beschreibt die Kriterien für Bilderbücher und gutes Spielzeug für Kinder unter drei Jahren. Abschließend erhalten die Leserinnen und Leser wichtige Anregungen für eine kleinkindgerechte Raumgestaltung – eine wesentliche Voraussetzung für ungezwungenes Spielen.

Die letzten beiden Kapitel widmen sich ausführlich der Zusammenarbeit zwischen Erzieherinnen und Eltern sowie der Zusammenarbeit zwischen den Kolleginnen in der Krippe untereinander. Sie bieten eine Vielzahl von Anregungen dafür, wie sich eine Erziehungspartnerschaft mit den Eltern aufbauen lässt und wie sich Übergänge – zum Beispiel der Wechsel in eine andere Krippe oder Weggang der bisherigen Erzieherin – gemeinsam mit Eltern gestalten lassen. Abschließend stellt das Buch anhand von Praxisbeispielen die wichtigsten Kriterien für die Zusammenarbeit des Teams in der Krippe vor und setzt sich mit dem Thema „Männer als Erzieher“ in der Krippe auseinander.

Das Buch ist eine ideale Arbeitshilfe für das Betreuungspersonal in Kinderkrippen. Es verbindet fundiertes Fachwissen anhand zahlreicher Beispiele aus dem Krippenalltag mit der Praxis – anschaulich und leicht nachvollziehbar. Es leistet damit einen wichtigen Beitrag zur Steigerung der strukturellen und pädagogischen Qualität in Kinderkrippen.

Ich wünsche allen Leserinnen und Lesern viel Spaß bei der Lektüre sowie viel Erfolg und Freude bei ihrer wichtigen und verantwortungsvollen Aufgabe, die Entwicklung und Bildung von Kindern in ihrer frühesten Lebensphase zu fördern und zu unterstützen.

Dr. Ilse Wehrmann
Sachverständige für Frühpädagogik

1 Einführung – kleine Kinder in großen Einrichtungen

1 Einführung – kleine Kinder in großen Einrichtungen

Hilfe, die Kleinen kommen …

Die Initiativen der Bundesregierung und insbesondere der Familienministerin Ursula von der Leyen haben viel Bewegung in die Kindertagesstätten gebracht. Die Betreuung der Kinder von 0 bis 3 Jahren ist ein Entwicklungsschwerpunkt in den Kindertagesstätten geworden. Viele Erzieherinnen, die bisher vornehmlich mit den über 3-Jährigen gearbeitet haben, sehen sich nun mit einer neuen Herausforderung konfrontiert – der Arbeit mit den ganz Kleinen. Zwei Herzen wohnen dabei in ihrer Brust: Zum einen sehen die Erzieherinnen die großen Chancen für die eigene Entwicklung, die mit dieser neuen beruflichen Herausforderung verbunden sind. Zum anderen tauchen aber auch viele Unsicherheiten auf, die ernst genommen und bearbeitet werden wollen.

1.1 Die vielen Fragen von Erzieherinnen

Wie soll ich das nur schaffen?

In Gesprächen mit Erzieherinnen haben sich dabei immer wieder die folgenden Fragen gestellt:

- Wie schaffe ich es, die Kleinkinder zu betreuen, zu windeln, zu füttern und trotzdem den größeren Kindern gerecht zu werden?
- Wir haben jetzt 2-jährige Kinder in unserer Einrichtung aufgenommen, kann ich denn die ganzen Materialien (Scheren, Farben usw.) überhaupt noch frei herumstehen lassen?
- Als Erzieherin habe ich bisher ausschließlich mit über 3-Jährigen gearbeitet. Ich weiß mit den Kleinkindern überhaupt nichts Rechtes anzufangen. Spielen, Basteln, Projekte, all das geht doch mit den ganz Kleinen überhaupt noch nicht.
- Die Kleinen müssen dauernd hochgehoben und getragen werden. Das macht mein Rücken gar nicht mehr mit, ich bin ja auch nicht mehr die Jüngste.
- Gehören die Kleinen nicht eigentlich in den wichtigen ersten Lebensjahren in die Familie? Ich habe ein schlechtes Gewissen den Kindern gegenüber, da ich mir nur als die zweitbeste Lösung für sie vorkomme.
- Was sind das denn für Eltern, die ihre kleinen Kinder schon so früh in einer Einrichtung abgeben? Ich komme mir vor, als ob ich karrieresüchtige Eltern dabei unterstütze, herzlos zu ihren Kindern zu sein.
- Ich hab immer Angst, die Kinder falsch anzufassen. Die Kleinen kommen mir so zerbrechlich vor.
- Wenn ich als Erzieherin immer nur in der Krippe arbeite, fehlen mir geistige Herausforderungen. Mit den Kleinen kann man ja kaum was anstellen, die sind ja doch eher schlicht.
- Die Kleinen stören immer die Spiele der Größeren. Müssen die beiden Altersgruppen voneinander getrennt werden?
- Wir haben unsere Konzeption nur für die 3- bis 6-Jährigen geschrieben. Müssen wir jetzt alles komplett ändern?
- In den Bildungsplänen der Bundesländer tauchen die Kleinen gar nicht auf. Was aus den Bildungsplänen gilt denn überhaupt für die Kinder von 0 bis 3 Jahren?

- Die überbesorgten Eltern sind unser eigentliches Problem. Wie sollen wir mit ängstlichen Eltern umgehen, die immer nur ihr Kind und nicht die Gruppensituation sehen und sich so schwer von den Kleinen lösen können?
- Die Eingewöhnung dauert bei den Kleinen besonders lang. Wie können wir da einen störungsfreien Kitaalltag garantieren?

Sie sehen, es gibt viele Fragen vonseiten der Erzieherinnen. Alle Fragen haben ihre Berechtigung und verdienen es, ernst genommen und ausführlich behandelt zu werden. Das vorliegende Buch soll Ihnen dabei Hilfestellung und Unterstützung sein. Sie werden in ihm viele Anregungen für die Gestaltung der täglichen pädagogischen Arbeit mit den Kleinen finden.

Keine Rezepte erwarten

Ein Handbuch wie das vorliegende kann zahlreiche Anregungen geben. Die Situation in Ihrer Kita wird sich trotzdem von den Situationen anderer Kitas in Deutschland unterscheiden. Patentrezepte, die für alle Einrichtungen gelten, kann es daher nicht geben. Nutzen Sie das vorliegende Buch also als Diskussionsgrundlage für Ihre tägliche Arbeit im Team, für die täglichen Gespräche mit den Eltern Ihrer Kinder und für die Alltagsgestaltung mit den Kindern, die Ihnen anvertraut sind. Ein Richtig und ein Falsch ist in der Kinderbetreuung immer nur sehr schwer zu benennen. Lassen Sie uns daher eher von einem „besser“ oder einem „nicht so gut“ sprechen, wenn es um die Gestaltung der alltäglichen Arbeit geht.

Kein Richtig oder Falsch
Bestmöglich und am Kind orientiert – so muss die Antwort auf die pädagogischen Herausforderungen des Alltags lauten. Ein Richtig oder Falsch kann es nicht geben, von groben fachlichen Fehlern abgesehen.

Die Gemeinsamkeiten und Unterschiede zwischen Klein- und Großkindbetreuung entdecken

Die Kleinkindbetreuung stellt ganz spezifische Anforderungen an die pädagogische Arbeit. Das bedeutet jedoch nicht, dass das pädagogische Rad jedes Mal neu erfunden werden muss. Vieles von dem, was Sie in Ihrer Ausbildung gelernt und in der täglichen Arbeit mit den 3- bis 6-Jährigen erprobt und verfeinert haben, lässt sich sehr gut auf die alltägliche Arbeit mit Kleinkindern übertragen. Im vorliegenden Buch werden wir besonders auf die Fragen eingehen, die sich mit dem Spezifischen der pädagogischen Arbeit mit Kleinkindern beschäftigen. Sollten bei Ihnen Fragen auftauchen, die im vorliegenden Buch nicht behandelt scheinen, kann vielleicht die einfache Grundregel weiterhelfen, dass auch für die Kleinen nicht schlecht sein kann, was für die größeren Kinder gut ist. Trauen Sie also den Kleinen ruhig schon Fähigkeiten, Verständnis und Kompetenzen zu, die Sie auch bei größeren Kindern erwarten würden. Verbinden Sie dies jedoch mit einer noch größeren Portion an Geduld, als sie ohnehin schon notwendig ist.

Sich von den Großen beraten lassen
Wenn Sie sich bei Fragen der Alltagsgestaltung für die Krippenkinder unsicher sind, fragen Sie ruhig mal die über 3-Jährigen. Die können Sie bei Raumgestaltung, Tagesablauf etc. gut beraten, da sie sich noch gut in die Kleineren hineinversetzen können.

1.2 Die „goldenen Regeln“ der Kleinkindpädagogik

Wir haben versucht, die wichtigsten pädagogischen Verhaltensweisen für den Umgang mit Kleinkindern in „goldenen Regeln“ niederzuschreiben. Diese Anregungen sollen an dieser Stelle nur kurz genannt und erläutert werden. Die ausführlichen Erläuterungen dazu werden Sie in den Kapiteln des Buchs finden. Für uns sind sie die Grundbedingungen für eine gelingende Pädagogik mit Kleinkindern. Sie zu beherzigen, stellt die wichtigste Voraussetzung dafür dar, dass Kinder in diesem

Altersabschnitt tatsächlich die bestmöglichen Entwicklungsbedingungen bekommen. Bitte betrachten Sie den Begriff „goldene Regeln“ aber stets mit einem Augenzwinkern.

Mit den Kindern reden

Keine Regel ohne Ausnahme
Nicht alles lässt sich im Alltag perfekt handhaben. Fairness den Kindern gegenüber ist jedoch Grundregel. Sagen Sie nicht vorschnell „Das geht doch bei uns gar nicht!“. Schauen Sie genau, ob es nicht vielleicht doch ginge, mit gutem Willen und dem Blick auf die Kinder.

Erscheint Ihnen diese allererste goldene Regel bereits allzu trivial? Beobachtungen in den Kindertageseinrichtungen haben gezeigt, dass sich genau hier die guten Absichten einer Erzieherin von ihren tatsächlichen Handlungen deutlich unterscheiden können. Reden Sie auch wirklich mit den ganz kleinen Kindern, die selbst noch nicht sprechen können? Erläutern Sie allen Kindern Ihr pädagogisches Tun, lassen Sie alle Kinder auch sprachlich an Ihren Absichten teilhaben? „Muss man denn ständig immer alles erklären? Man redet sich doch den Mund fusselig.“ Ja, das Sprechen mit den Kindern ist tatsächlich die wichtigste Grundbedingung für ein Gelingen der pädagogischen Arbeit. Mit den Kindern reden heißt auch, die Kinder nach ihren Wahrnehmungen, Absichten, Wünschen zu fragen und die Antworten der Kinder ernst zu nehmen. Hier drückt sich eine Grundhaltung Kindern gegenüber aus, die schwerer wiegt als Raumgestaltung, Kitakonzeption und pädagogisch wertvolles Spielmaterial.

Mit Kindern reden heißt aber nicht, auf die Kinder einzureden, sondern tatsächlich in das Gespräch mit ihnen zu gehen. Sehen Sie die Gespräche, die Sie mit den Kindern führen, als Chance, die Kinder in ihrer Persönlichkeit, in ihrer Weltsicht, in ihrer Entwicklung zu erleben. Nehmen Sie die Kinder ernst in dem, was sie Ihnen erzählen. Gehen Sie dazu auf Augenhöhe mit den Kindern, erläutern Sie sich gegenseitig ihre alltäglichen Erlebnisse. Kommunikation mit Kindern muss immer in beide Richtungen gehen, sonst werden schon kleine Kinder von uns Großen „erwachsenentaub“ geredet.

Arbeit mit den Kleinen ist nicht erstrangig Pflege – das pflegerische Tun an sich ist pädagogisches Arbeiten

Viele Erzieherinnen scheuen die Arbeit mit den ganz Kleinen, da sie den erhöhten pflegerischen Aufwand fürchten. Es stimmt schon, die Arbeit mit Kleinkindern erfordert mehr pflegerisches Arbeiten, sie brauchen mehr Unterstützung bei der Körperhygiene, müssen häufig noch gewindelt und gefüttert werden, brauchen länger beim Anziehen und benötigen vielleicht mehr Trost bei einem aufgeschlagenen Knie. Pflegerisches und pädagogisches Arbeiten sind jedoch nicht zu trennen – im Gegenteil, die pflegerische Arbeit an sich ist auch pädagogische Arbeit. Es sollte nicht versucht werden, das pflegerische Tun so schnell wie möglich zu erledigen, damit danach „endlich“ die scheinbar pädagogischen Tätigkeiten Singen, Basteln, Spielen beginnen können. Rücken Sie die pflegerische Alltagsarbeit ins Zent-

rum Ihrer pädagogischen Tätigkeit. Das Wickeln, das Füttern, das Anziehen usw. sind wichtige Tätigkeiten, bei denen mit den Kindern pädagogisch gearbeitet werden kann.

Mit kleinen Kindern arbeiten heißt mit den Kindern leben und gemeinsam den Alltag bewältigen

Diese Regel schließt unmittelbar an die vorherige Grundregel an. Die wichtigste Entwicklung, die Kinder in diesem Altersabschnitt vollziehen, ist der Schritt in den Alltag. Kinder im Alter von 0 bis 3 Jahren gelingt es zunehmend immer besser, den Alltag selbstständig zu bewältigen. Das pädagogische Handeln muss sich also genau an diesem Ziel ausrichten. Nicht alltagsferne Experimente und Bastelprojekte sollten im Vordergrund stehen. Die Kinder beim Schlafen, Essen, Waschen, Anziehen, Spielen, Sichstreiten und Versöhnen, beim Reden, Sichbewegen und bei allen anderen Alltagsbeschäftigungen zu begleiten, ermöglicht es den Kindern, zunehmend selbstständiger zu werden und für die Alltagsbewältigung bestens vorbereitet zu sein. Die Kinder, wo immer es möglich ist, in die Alltagsgestaltung mit einzubeziehen, ist also die beste und dem Kindeswohl nächste Pädagogik, die man sich vorstellen kann.

Nicht die Erleichterung der Arbeit ist das Ziel
Im Zentrum steht das Wohl des Kindes. Notwendige Neuausrichtungen in der Einrichtung müssen an diesem Ziel orientiert sein, auch wenn Sie möglicherweise eine Arbeitsmehrbelastung oder eine Abkehr von lieb gewordenen Gewohnheiten für Erzieherinnen bedeuten.

Kleine Kinder sind nicht nur niedlich – sie sind schon Persönlichkeiten mit Ecken und Kanten

„Ach, wie sind die Kleinen süß", schon in diesem Ausruf steckt ein Gefühl der erwachsenen Überlegenheit, die sich schnell im Alltagshandeln mit den Kindern negativ auswirken kann. Kleinkinder sind keine „Anziehpuppen", keine Spielzeuge, keine Amüsierobjekte für Erwachsene. Wann immer Erwachsene Kleinkinder vor allem als „niedlich", ihre Handlungen als „drollig und putzig" und ihre Äußerungen als „lustigen Kindermund" wahrnehmen, werten sie die Kinder auch als nicht vollwertig, noch nicht weit genug entwickelt ab – als Objekte eben. Das mag hart klingen, aber auch hier zeigt sich wieder eher in den Haltungen der Erwachsenen als in ihren gut gemeinten Absichten, unter welchen Bedingungen sich Kinder entwickeln können. Kinder sind handelnde, reflektierende, sich selbst steuernde, aktive Wesen und das schon vom Zeitpunkt ihrer Geburt an. Sie haben eine eigene Persönlichkeit und wollen ernst genommen werden.

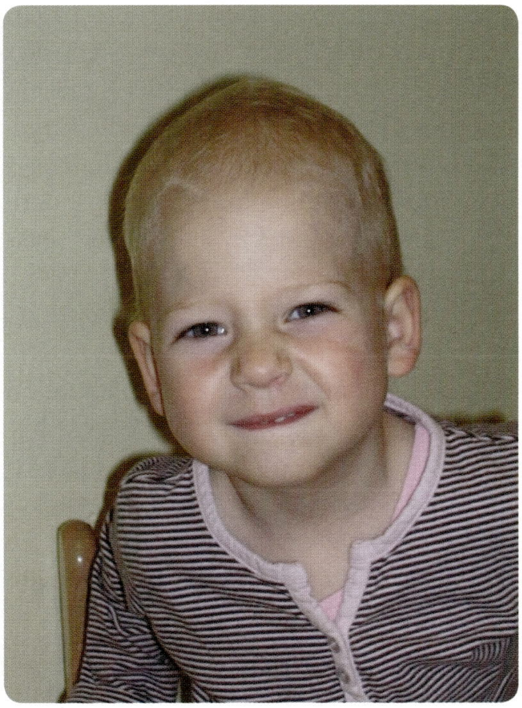

Fotoausstellungen kritisch betrachten
Fotowände und Gruppenbücher enthalten manchmal nur die „lustigen" und „drolligen" Bilder, die dann noch mit scheinbar humorvollen Beschreibungen versehen sind: „Wo will der große Eimer denn mit Lisa hin?" zu einem Bild eines Eimer tragenden Mädchens z. B. Hier wird ein distanzierter Blick von Erwachsenen deutlich, der Kinder und ihre Entwicklung im wahrsten Sinne nicht „ernst" nimmt.

Auch kleine Kinder können den Alltag mitgestalten

Die Mitbestimmung von Kindern (Partizipation) ist ein wichtiges Thema in vielen Kindertagesstätten. Erzieherinnen und Kinder diskutieren den Alltag gemeinsam und überlegen sich zusammen gute Lösungen bei auftauchenden Schwierigkeiten. Trauen Sie das auch den ganz Kleinen zu, den Kindern, die noch nicht sprechen können? Lassen Sie auch diese Kinder den Alltag mitgestalten? Hier ist eine kritische Selbstreflexion nötig, denn auch die ganz Kleinen drücken ihre Wünsche schon sehr dezidiert aus. Sie machen auf sich aufmerksam, durch Gesten, Rufe, Weinen und Schreien. Die Frage ist jedoch, ob die Erzieherinnen dies auch wirklich hören und darauf reagieren. Es ist relativ leicht, sich über die Interessen und Wünsche der ganz Kleinen hinwegzusetzen – aber Ihr Bauchgefühl sagt Ihnen dann sehr schnell, dass Ihr Handeln nicht ganz in Ordnung ist. Kinder, die schon sprechen können, gelten schnell als trotzig, wenn sie ihre Wünsche deutlich anmelden. Erzieherinnen wissen, wie schwierig es ist, die Balance zu halten zwischen dem gewünschten Selbstbewusstsein der Kinder und dem nicht erwünschten regellosen Durchsetzen eigener Interessen. Deshalb möchten wir an dieser Stelle auch deutlich machen: Kinder den Alltag mitgestalten zu lassen bedeutet nicht, nach der Pfeife der Kinder zu tanzen. Mitbestimmen lassen bedeutet, die Interessen der Kinder genauso wahrzunehmen, wie die eigenen Interessen wahrgenommen werden. Die Kindertageseinrichtungen sind Einrichtungen für Kinder, deshalb sollte sich der Alltag an deren Entwicklung orientieren. Das kann in Einzelfällen aber auch bedeuten, sich von lieb gewonnenen Gewohnheiten zu verabschieden und dem Wunsch der Kinder zu folgen.

Auch den Kleinen kann man einiges zutrauen

„Dürfen denn die Kinder jetzt alles?" *Vielleicht taucht bei mancher Erzieherin dieser Eindruck beim Lesen neuer Bildungspläne auf. Dieser Eindruck kann jedoch schnell dazu führen, sich mit den neuen pädagogischen Ansichten gar nicht mehr zu beschäftigen oder sie als „antiautoritär" abzukürzen –, was sie beim genauen Lesen ganz sicher nicht sind.*

Lange Zeit galten die Kleinstkinder als „weiße Blätter", denen man weder Denken noch Wahrnehmungen oder Gefühle zugetraut hat. Die entwicklungspsychologische Forschung ist heute jedoch viel weiter. Die Kompetenzen der Kleinkinder sind bereits so zahlreich, dass man in den ersten Lebensjahren in weiten Bereichen eher einen Verlust, denn einen Zugewinn an Kompetenzen konstatieren muss. Die kompetenten Kleinkinder sind von der Natur auf die Lebensbewältigung, auf den Spracherwerb, auf das Laufen lernen, auf die Kontaktaufnahme zu den Mitmenschen, kurz auf die Herausforderungen des Alltags bereits gut vorbereitet. Aufgabe der Kita ist es also nicht in erster Linie, den Kindern alles „beizubringen", sondern sie die Fähigkeiten in sich selbst entdecken zu lassen. Lassen Sie die Kinder sich selbst ausprobieren, haben Sie Geduld, greifen Sie nicht zu früh mit Hilfestellungen ein, sondern beobachten Sie, wie das Kind sich selbst hilft. Sie werden immer wieder davon überrascht sein, was man den Kindern schon zutrauen kann.

Dem eigenen Bauchgefühl vertrauen

Oft kann das „Bauchgefühl" helfen, schwierige Situationen kindgerecht zu lösen. Im Stress des Alltags, in allzu großen Kindergruppen, bei ständig wechselnden Anforderungen, in der Auseinandersetzung mit Kolleginnen und Eltern geht es jedoch manchmal verloren. Wenn Sie sich also einmal wieder fragen, wie ein Tagesablauf zu gestalten sei oder wie Räume für Kinder ausgestattet sein sollten, nehmen Sie doch einen Perspektivwechsel vor: Wie würden Sie selbst sich als Kind den Tagesablauf und die Räume wünschen?

Noch hilfreicher kann das Bauchgefühl jedoch im Umgang mit Belastungssituationen im Alltag sein: Wenn ein Kind weint oder nach den Eltern fragt, wenn Sie das Gefühl haben, dass ein Kind zu kurz kommt oder vernachlässigt wird, wenn Sie eine Kollegin in einer Auseinandersetzung mit einem Kind erleben, in solchen Belastungssituationen sagt Ihnen oft Ihr Gespür sehr genau, was jetzt für das Kind das Beste wäre.

Alte Erziehungsweisheiten in die Mottenkiste legen

Dem Bauchgefühl mehr zu vertrauen heißt gleichzeitig auch, von manchem lieb gewonnenen Erziehungsratschlag Abschied zu nehmen: „Das dumme Vierteljahr", „Schreien kräftigt die Lunge", „Wenn ein Kind dauernd Forderungen stellt, dann muss man als Erwachsener konsequent und hart bleiben, damit keine Egoisten entstehen", „Kinder haben noch kein Schmerzempfinden", „Feste Fütterungszeiten sind einzuhalten", die Liste ließe sich beliebig fortsetzen. Mit solchen Weisheiten aus der Mottenkiste kann keine kindzentrierte, moderne Pädagogik gestaltet werden. Im Gegenteil, die hinter solchen Sprüchen steckenden Erziehungsideale drücken den Wissensstand von vor 30 Jahren und älter aus und sind für unsere heutige Gesellschaft und für die Kinder, die in ihr aufwachsen, völlig ungeeignet. Hinzu kommt, dass sich viele dieser Erziehungsweisheiten widersprechen und dabei doch so stark verallgemeinert sind, dass man schon sehr ignorant dem einzelnen Kind gegenüber sein muss, wenn man sich heute noch an ihnen orientiert. Diese Erziehungsweisheiten dürfen auf keinen Fall pädagogische Alltagsunzulänglichkeiten rechtfertigen. Ein Kind schreien zu lassen ist ein Unding und nicht durch eine angeblich „gekräftigte Lunge" des Kindes zu rechtfertigen.

Unterschiedliche Auffassungen diskutieren

Fragen Sie nach, wenn Ihnen ein Verhalten einer Kollegin oder von Eltern den Kindern gegenüber fragwürdig erscheint. Lassen Sie sich die Beweggründe ganz genau erklären, ohne vorschnell Vorwürfe zu machen. Bemühen Sie sich dabei, das Gespräch auf fachlicher Ebene, nicht auf persönlicher Auseinandersetzungsebene zu führen.

Kleine Kinder nicht wie Objekte hin- und herschieben

Beispiel

> *Jens (6 Monate) hat die folgende Situation schon häufig erlebt. Früh übergeben ihn seine Eltern der Erzieherin der Morgenschicht. Beim Füttern landet er auf dem Schoß einer Praktikantin. Sein Wagen steht auf dem Hof, wenn die anderen Kinder draußen spielen. Wenn er im Wagen weint, kommt hin und wieder mal eine Erzieherin vorbei, die kurz am Wagen wippt oder ihn aus dem Wagen hebt und „tröstet". Die Nachmittagserzieherin hat für ihn unvermittelt die Erzieherin der Morgenschicht abgelöst. Manchmal, wenn seine Eltern spät kommen, landet er noch im Zimmer der Leiterin, die ihn dann an die Eltern übergibt.*

Wie ein Objekt von einem Erwachsenen zum anderen weitergereicht zu werden, ist nicht nur kein schönes, sondern für Kleinkinder ein bedrohliches Gefühl. Kleinkinder brauchen kontinuierliche Betreuungspersonen, zu denen sie Bindung und Nähe entwickeln können. Damit muss in der Eingewöhnungszeit begonnen werden, und dies sollte sich durch die gesamte Krippenzeit hindurchziehen. Nur so können sich alle Kinder vertrauensvoll auf die Kita als Lern- und Entwicklungsort einlassen.

Kindliche Lernprozesse nicht unterbrechen

Der Lernalltag der Kinder ist gekennzeichnet durch Unterbrechungen. Immer, wenn man gerade damit begonnen hat, sich einer Sache in Ruhe zu widmen, etwas zu erforschen oder auszuprobieren, erschallt der Ruf der Erzieherin zu einem neuen Programmpunkt und führt das Kind aus der Spielsituation heraus und in eine neue Situation hinein. Ist diese Schilderung übertrieben? Im Alltag gibt es viele Regularien. Die Küchenfrau ist enttäuscht, wenn das Essen nicht pünktlich auf den Tisch kommt, die Eltern kommen früher oder später als geplant, ein Beschäftigungsangebot wurde von der Erzieherin liebevoll vorbereitet, es ist Zeit für den Mittagsschlaf oder für das Rausgehen, wo doch gerade die Sonne so schön scheint ... Kinder sind geduldige Wesen. Mit engelsgleichem Langmut ertragen sie solche Unterbrechungen, bis irgendwann vielleicht doch mal bei einem Kind Ärger ausbricht, der die Erwachsenen immer ganz überraschend zu treffen scheint. „Warum ist denn Svenja

Sich direkt zu den Kindern begeben

Rufen Sie nicht aus der Ferne nach den Kindern, sondern gehen Sie direkt zu den Kindern hin, wenn Sie sie z. B. zum Essen holen wollen. Nur so sehen Sie, womit die Kinder gerade beschäftigt sind und ob eine Unterbrechung jetzt möglich ist.

auf einmal so sauer? Ich hab doch nur gesagt, dass das Essen fertig ist …" Das kindliche Spiel ist die wichtigste Lerngelegenheit für Kinder. Im Alltag ist es trotzdem oft schwierig, die Balance zwischen Tagesablauf und dem kindlichen Spielprozess zu halten. Denken Sie immer daran, dass Sie Lernprozesse unterbrechen, wenn Sie ein Kind aus dem Spiel reißen, und tun Sie es deshalb nicht ohne triftigen Grund.

Eltern nicht als Last sehen

Eltern als Teil der Einrichtung
Fördern Sie die Identifikation der Eltern mit der Einrichtung. Geburtskliniken haben es vorgemacht, Eltern und Kinder haben T-Shirts mit Logos bekommen. Ein T-Shirt für Eltern mit dem Aufdruck „Wir sind aus der ‚Kinderwelt'" kann das Zugehörigkeitsgefühl von Eltern stärken.

„Mit den Kindern zu arbeiten ist gar nicht das Problem, schwierig sind nur die hohen Ansprüche der Eltern, die immer nur ihr eigenes Kind im Kopf haben." Eltern sind anspruchsvoll, sie wollen immer alles hinterfragen und genau wissen, sie klingen schnell anmaßend und greifen gewollt oder ungewollt in die von den Erzieherinnen liebevoll erdachten Kitaabläufe ein. Ja, das stimmt, aber gleichzeitig auch wieder nicht. Eltern haben einen anderen Blick auf die Kinder. Sie geben ihr Kind zum ersten Mal in fremde Hände. Oft haben die Eltern kaum oder gar keinen Einblick in das, was den ganzen Tag mit ihren Kindern geschieht. Hinter den Fragen, Wünschen, Kritiken der Eltern steckt somit nie ein Vorwurf an die Erzieherin, sondern immer die eigentliche Frage „Geht es meinem Kind bei Ihnen gut?". Eltern wollen, dass ihr Kind als etwas ganz Besonderes wahrgenommen wird, und das ist in der Gruppensituation viel zu selten gewährleistet. Nehmen Sie die Bemerkungen der Eltern als das, was sie sind: Ausdruck von Sorge, dass ihr Kind bei Ihnen nicht die Zuwendung und Beachtung erfährt, die es braucht. Erziehungspartnerschaft beginnt dort, wo Sie die Wünsche und Forderungen der Eltern nicht mehr als persönlichen Angriff sehen, sondern als Wunsch der Eltern, mit Ihnen gemeinsam die bestmöglichen, individuellen Entwicklungsbedingungen zu schaffen, die jedes Kind braucht. „Sie tun es nicht, um uns zu ärgern!" – dieser Spruch gilt für kind-liches genauso wie für elterliches Verhalten!

Keine Konkurrenz zwischen Elternhaus und Kindertagesstätte entstehen lassen

Zum Teil sind die Ängste und Sorgen von Eltern auch in der Kita hausgemacht. Erzieherinnen und Eltern sind jeweils auf ihre Art bemüht, den Kindern bestmögliche Entwicklungsbedingungen zu bieten. Was aber dieses „bestmöglich" bedeutet, darüber herrschen zwischen Erzieherinnen und Eltern oft unterschiedliche Auffassungen. Schnell entsteht dabei der Eindruck von Konkurrenz, da die eine Seite der anderen offen oder verdeckt den Vorwurf macht, sich nicht „richtig" um das Kind zu kümmern. Erziehungspartnerschaft heißt immer, das Beste aus beiden Welten – Elternhaus und Kita – zusammenzuführen. Für die Kita heißt das übrigens auch, sich über die eigene Rolle in der Kleinkindpädagogik klar zu werden. Noch immer haben sogar manche Erzieherinnen das Gefühl verinnerlicht, dass kleine Kinder eigentlich in die Familie gehören und nur von „bestimmten" Eltern in die Tagesstätten „abgeschoben" werden. Richtig ist jedoch, dass Kinder von den Kitas pädagogische Angebote bekommen, die im Elternhaus nicht zu haben sind – und umgekehrt. Die Kombination aus beidem garantiert den Kindern die bestmöglichen Entwicklungsbedingungen.

Zwischen Kleinkindpädagogik und Erwachsenenbildung pendeln

Viele Erzieherinnen sind überrascht. Sie haben den Beruf der Erzieherin ergriffen, weil sie gern mit kleinen Kindern arbeiten wollten. Im Arbeitsalltag stellen sie dann jedoch mehr und mehr fest, dass sie die Hälfte der Arbeitszeit mit Erwachsenen (Kolleginnen, Vorgesetzten und insbesondere Eltern) umgehen. Die Ausbildung zur Kitaerzieherin enthält jedoch kaum Inhalte, die die Zusammenarbeit mit Erwachsenen betreffen. Die Rezepte, wie man mit Kindern arbeitet, funktionieren im Umgang mit Erwachsenen nicht. Jede Erzieherin ist daher aufgefordert, sich selbst auch als Erwachsenenbildnerin zu verstehen und sich für die Zusammenarbeit mit Erwachsenen weiterzubilden. Das betrifft die Gesprächsführung ebenso wie das Konfliktmanagement, das Treffen von Absprachen und das Vorbereiten und Durchführen von Veranstaltungen für Erwachsene (Teambesprechungen, Elternabende usw.).

Krippenkinder – ein Neuanfang

Je mehr Krippenkinder in die Einrichtungen kommen, desto mehr wird insgesamt in den Einrichtungen in Bewegung geraten. Gestalten Sie diesen Prozess ganz „offiziell" mit gemeinsamer konzeptioneller Arbeit, einer Neuorganisation der Arbeit, einer Neuaufteilung der Räume. „Schmuggeln" Sie die unter 3-Jährigen nicht einfach nur in den bestehenden Alltag mit ein!

Kleinkindbetreuung ist kein Leistungssport

Schnell die Kinder wickeln, damit der Singkreis beginnen kann; alle Kinder schnell von den Windeln entwöhnen, damit sie mehr Zeit zum Spielen haben; die Kinder schnell anziehen, damit wir schnell rausgehen können; schnell das eine Kind trösten, weil das nächste Kind schon ruft; schnell mit den Eltern den Tag besprechen, weil die nächsten Eltern schon warten ... Immer alles schnell, damit das eigentlich Wichtige endlich beginnen kann? Hier ist ein Umdenken notwendig. Die schon angedeutete angebliche Trennung zwischen Pflege und Pädagogik sollte von diesem Umdenken genauso betroffen sein wie der scheinbare Leistungssport, der in einigen Einrichtungen zu beobachten ist. Natürlich, die Gruppensituation, die große Anzahl an Kindern, der Ausfall von Kolleginnen oder ein schlechter Betreuungsschlüssel, all dies und vieles mehr kann Erzieherinnen stark unter Druck setzen. Wir wünschen Ihnen an dieser und an vielen anderen Stellen ein gehöriges Maß an Gelassenheit. Nehmen Sie sich die Zeit für das, was bisher „schnell erledigt" werden sollte. Vermitteln Sie den

„Nur noch schnell das hier erledigen!"

Elternzeit einplanen
Das schnelle Tür- und Angelgespräch gilt es durch eine gemeinsame „Tür- und Angelzeit" zu ersetzen, die den Kindern und den Eltern einen sanften Übergang zwischen der Zeit zu Hause und der Zeit in der Kita ermöglicht.

Kindern und den Eltern, dass Sie sich auf sie konzentrieren. Signalisieren Sie den Wartenden, dass Sie sich für sie nachher genauso viel Zeit nehmen werden. Rücken Sie die Dinge, die bisher schnell erledigt werden sollten, ins Zentrum der pädagogischen Arbeit. Das Wickeln und Windeln, das Füttern, das Trösten, das Anziehen, all das sind wichtige pädagogische Themenfelder, bei denen Sie sich und den Kindern Zeit gönnen sollten, weil dort Interaktion, Kontakt, Lernen stattfinden.

Die Pädagogin in sich entdecken – und den eigenen Stellenwert im Gesamtteam verdeutlichen

Nach wie vor haben die Kleinstkindpädagoginnen als „Krippenfrauen" in vielen Teams einen etwas merkwürdigen Status. Viel Aufklärungsarbeit gilt es in den Teams zu leisten, bis die Krippenarbeit einen ähnlichen Stellenwert erfährt wie die Arbeit mit den größeren Kindergartenkindern. Der Status der pädagogischen Arbeit macht sich nicht daran fest, wie filigran die Bastelarbeiten sind, die mit den Kindern entstehen, oder wie philosophisch die Gespräche sind, die Erzieherin und Kind führen. Schon gar nicht sollte sich der Status an der in vielen Einrichtungen überbewerteten „Schulvorbereitung" festmachen, die leider oftmals noch als die Krönung der pädagogischen Arbeit gilt. Die gesamte Kitazeit ist von Anfang an Schulvorbereitung, und pädagogische Arbeit findet beim Basteln mit den Größeren nicht mehr oder weniger statt als beim Wickeln der Kleinen. „Die Besten zu den Kleinen" – Dieses Motto aus Skandinavien verdeutlicht, wie sich der Stellenwert der Krippenerzieherin in den Einrichtungen ändern muss und wird. Den Anfang machen Sie, indem Sie im Team offensiv die Interessen der Kleinen vertreten und bestmögliche Betreuungsangebote für die Kleinen einfordern und schaffen. Dafür müssen Sie die Pädagogin in sich entdecken, zu der die Pflegerin, die Bastlerin, die Elternnetzwerkerin, die Erwachsenenbildnerin, die Kollegin und die Bindungsanbieterin für die Kinder gehören.

1.3 Zu diesem Buch

Unser Buch richtet sich an alle Erzieherinnen, die entweder ausschließlich unter 3-Jährige betreuen oder die in altersgemischten Gruppen auch mit Kleinkindern arbeiten. Darüber hinaus kann es auch von Tagespflegepersonen gelesen werden. Allerdings sind spezifische Bedingungen der Tagespflege – z. B. die spezifische Ausbildungssituation, die Raumgestaltung, die gesetzlichen Voraussetzungen usw. – in diesem Buch nicht behandelt.

All das, was wir in den sogenannten „goldenen Regeln" kurz beschrieben haben, werden wir in den folgenden Kapiteln ausführlicher erläutern. Wir werden auch versuchen, auf die Fragen, die Erzieherinnen aus der Praxis stellen, einzugehen. Wenn Ihnen darüber hinaus in diesem Buch noch etwas fehlt, so scheuen Sie sich nicht, uns über den Verlag eine Nachricht zukommen zu lassen. Wir werden Ihre Anregungen gern in den nächsten Auflagen des Buches aufgreifen und antworten Ihnen ansonsten gern auch persönlich.

2 Kleinkindbetreuung in Kindertagesstätten

2 Kleinkindbetreuung in Kindertagesstätten

Das Tagesbetreuungsausbaugesetz (TAG) vom 01.01.2005

§ 24 Abs. 3: „Für Kinder im Alter unter drei Jahren sind mindestens Plätze in Tageseinrichtungen und in Kindertagespflege vorzuhalten, wenn 1. die Erziehungsberechtigten oder, falls das Kind nur mit einem Erziehungsberechtigten zusammenlebt, diese Person einer Erwerbstätigkeit nachgehen oder eine Erwerbstätigkeit aufnehmen, sich in einer beruflichen Bildungsmaßnahme, in der Schulausbildung oder Hochschulausbildung befinden oder an Maßnahmen zur Eingliederung in Arbeit im Sinne des Vierten Gesetzes für moderne Dienstleistungen am Arbeitsmarkt teilnehmen oder 2. ohne diese Leistung eine ihrem Wohl entsprechende Förderung nicht gewährleistet ist; die §§ 27 bis 34 bleiben unberührt. Der Umfang der täglichen Betreuungszeit richtet sich nach dem individuellen Bedarf im Hinblick auf die in Satz 1 genannten Kriterien."

„Bildung für die Jüngsten", unter solchen Überschriften hat die Diskussion um die Neugestaltung der frühkindlichen Bildung alle Medien erreicht. Die Diskussion darüber, wie Kleinstkindern die bestmöglichen Entwicklungs- und Bildungschancen bekommen können, ist jedoch nicht so neu, wie es manchmal den Anschein hat. Ursula von der Leyen, die Familienministerin der Bundesregierung, hat diese Diskussion jedoch wieder sehr stark in das öffentliche Bewusstsein gerückt, nachdem es lange Zeit einen Diskussionsstillstand zwischen den Befürwortern der Krippe und ihren Gegnern gegeben hatte. Im Frühjahr 2007 kündigte Frau von der Leyen den massiven Ausbau der Kinderkrippenplätze in Deutschland auf Grundlage des Tagesbetreuungsausbaugesetzes an. Bis zum Jahr 2013 sollen bundesweit für rund ein Drittel der Kinder unter drei Jahren Betreuungsplätze in Kindertageseinrichtungen und in der Kindertagespflege zur Verfügung stehen. Ab 2013 soll jedes Kind unter drei Jahren einen Rechtsanspruch auf einen Betreuungsplatz haben.

Mit dem dazugehörigen Kabinettsbeschluss vom 5. September 2007 hat die Bundesregierung den Ländern und Kommunen quasi den Auftrag gegeben, den Aufbau von entsprechenden Betreuungsangeboten in Krippen und in der Tagespflege zügig voranzutreiben. Mehr als zwei Milliarden Euro hat die Bundesregierung für dieses Programm zur Verfügung gestellt. Deutschland soll damit den Anschluss an die familienpolitisch erfolgreichen Länder in Nord- und Westeuropa schaffen. Familien sollen frei wählen können, ob sie sich für die Betreuung zu Hause oder in Krippen entscheiden. Dadurch soll gewährleistet werden, dass alle Mütter und Väter Familie und Beruf vereinbaren können.

Viel ist bereits über die politischen Diskussionen geschrieben worden. Ursula von der Leyen hat mit ihrer Initiative eine Grundfeste des traditionellen Familienbilds berührt – die Überzeugung, dass Kinder in den ersten Lebensjahren in die Betreuung der Familie gehören bzw. – überspitzt formuliert – dass nur die Mütter die bestmögliche Betreuung für die ganz Kleinen garantieren können. Die Reaktionen von konservativen Politikern und Kirchenvertretern waren dementsprechend heftig. Die Länder und Kommunen sind jedoch der Aufforderung durch die Bundesregierung bereits gefolgt und haben den Ausbau der Betreuungsplätze zügig vorangetrieben. Gerade in Westdeutschland hat sich das Angebot an Betreuungsplätzen für die ganz Kleinen vervielfacht. In Ostdeutschland dagegen hat die Kleinkindbetreuung eine längere Tradition, sodass es hier bereits ein größeres Angebot (und auch eine selbstverständlichere Nutzung des Angebots durch Eltern) gegeben hat. In Zahlen ausgedrückt bedeutet dies, dass 2008 in Westdeutschland für 8,1 % der Kleinkinder Krippenplätze vorhanden waren, in Ostdeutschland waren es zum selben Zeitpunkt 37,4 %.

Die gesetzlichen Vorgaben beziehen sich jedoch nicht allein auf die Zahl der Krippenplätze. In den Beschlüssen der Bundesregierung sind auch klare Qualitätsvorgaben für die Kinderbetreuung in den Krippen gemacht worden. Nicht Quantität vor Qualität also – die Qualität der Kindertagesbetreuung wird ebenfalls genau unter die Lupe genommen. Die Krippenbetreuung wird im Zuge der Debatte um die Neuausrichtung der frühkindlichen Betreuung in Deutschland inzwischen auch pädagogisch heiß diskutiert. Wie kann gute Betreuung von Kindern gelingen? Welche

Standards müssen nach den neuesten wissenschaftlichen Erkenntnissen erfüllt sein? Und wie ordnet sich die Krippenpädagogik in die neuen Bildungspläne der Bundesländer ein? Im nächsten Abschnitt soll es genau um diese Fragen gehen.

2.1 Die Bedeutung der frühkindlichen Bildung und der Stellenwert der Bildungspläne der Bundesländer

2.1.1 Welchen Zweck haben die neuen Bildungspläne?

Im Jahr 2004 haben die Jugend- und die Kultusminister der 16 Bundesländer einen weitreichenden Beschluss gefasst. Sie beschlossen einen gemeinsamen Rahmen der Bundesländer für die Bildung in Kindertagesstätten in Deutschland. In diesem Beschluss wurde detailliert festgelegt, wie frühkindliche Bildung in den Kindertagesstätten in Deutschland aussehen sollte, damit sie der neuen Zeit angepasst ist. Dieser Schritt war insofern nahezu sensationell, da nun zum ersten Mal länderübergreifend die pädagogische Arbeit in den Kindertagesstätten diskutiert wurde.

Schlagartig rückte damit auch die frühkindliche Bildung von Kindern unter drei Jahren in den Fokus der Öffentlichkeit. Wurde bisher in den Kindertagesstätten vonseiten der Politik wohlwollend zur Kenntnis genommen, wie „schön die Kinder spielen", und die frühkindliche Bildung eher als Kostenfaktor der Kommunen diskutiert, so wurde der Arbeit in den Kindertagesstätten durch diesen Beschluss endlich die Bedeutung beigemessen, die ihr seit Langem zugestanden hätte. Ein neues Bildungsverständnis sollte nun in die Arbeit mit den Kindern Einzug halten. Dieses Bildungsverständnis sollte die neuen Erkenntnisse der frühkindlichen Bildungsforschung genauso berücksichtigen wie die gesellschaftlichen Anforderungen an die

Die Qualitätsvorgaben für die Krippenbetreuung (Tagesbetreuungsausbaugesetz)

§ 22a Abs. 1: „Die Träger der öffentlichen Jugendhilfe sollen die Qualität der Förderung in ihren Einrichtungen durch geeignete Maßnahmen sicherstellen und weiterentwickeln. Dazu gehören die Entwicklung und der Einsatz einer pädagogischen Konzeption als Grundlage für die Erfüllung des Förderungsauftrags sowie der Einsatz von Instrumenten und Verfahren zur Evaluation der Arbeit in den Einrichtungen."

§ 22 Abs. 3: „Der Förderungsauftrag umfasst Erziehung, Bildung und Betreuung des Kindes und bezieht sich auf die soziale, emotionale, körperliche und geistige Entwicklung des Kindes. Er schließt die Vermittlung orientierender Werte und Regeln ein. Die Förderung soll sich am Alter und Entwicklungsstand, den sprachlichen und sonstigen Fähigkeiten, an der Lebenssituation sowie den Interessen und Bedürfnissen des einzelnen Kindes orientieren und seine ethnische Herkunft berücksichtigen."

Zum genauen Nachlesen:
http://www.kmk.org/aktuell/Gemeinsamer_Rahmen_Kindertageseinrich_BSJMK_KMK.pdf

Bildungspläne nach dem Beschluss der Kultusminister-konferenz

„Bildungspläne sind Orientierungsrahmen, auf deren Grundlage die Tageseinrichtungen unter Berücksichtigung der lokalen Gegebenheiten träger- oder einrichtungsspezifische Konzeptionen erstellen. Sie enthalten keinen umfassend geregelten Ablauf der pädagogischen Arbeit, belassen einen großen pädagogischen Freiraum und setzen auf die Berücksichtigung individueller Unterschiede und spielerischer, erkundender Lernformen." (Gemeinsamer Rahmen der Länder für die frühe Bildung in Kindertageseinrichtungen, Beschluss der Jugendministerkonferenz vom 13./14.05.2004/ Beschluss der Kultusministerkonferenz vom 03./04.06.2004, http://www.kmk.org/aktuell/Gemeinsamer_Rahmen_Kindertageseinrich_BSJMK_KMK.pdf)

Bildung und Entwicklung von Kindern heute. Für die ganz kleinen Kinder sollte endlich der Erkenntnis Rechnung getragen werden, dass auch sie ganz spezielle Lerninteressen und Lernvoraussetzungen haben.

2.1.2 Bildungspläne der Bundesländer

Ein gemeinsamer Bildungsplan für alle Bundesländer war jedoch nicht die Folge dieses Beschlusses der Jugend- und Kultusminister. Die Jugend- und Kultusminister folgten der Bildungshoheit der Bundesländer und gaben jeweils eigene Orientierungspläne für ihre Länder in Auftrag. So existieren jetzt in allen Bundesländern unabhängige Rahmenpläne für die frühkindliche Bildung, die unterschiedlich differenziert und ausführlich ausgearbeitet sind, von der „Bildungsvereinbarung" in Nordrhein-Westfalen bis hin zum „Bayerischen Bildungs- und Erziehungsplan" mit über 480 Seiten und den Brandenburgischen „Grundsätzen elementarer Bildung", die bereits drei Ordner füllen. Gemeinsamkeiten lassen sich jedoch in allen Bildungsplänen finden. Diese Gemeinsamkeiten gehen auf den ursprünglichen Beschluss der Jugend- und Kultusminister zurück. Uns interessiert nun, für welche Altersspanne die Bildungs- und Orientierungspläne formuliert sind:

Es gibt Pläne für Kinder von 3 bis 6 Jahren, von 0 bis 6 Jahren und für Kinder unter 12 Jahren. Somit beziehen sich nicht alle Pläne nur auf das Kindergartenalter. Das Krippenalter und das Grundschul- bzw. Hortalter wurden in einigen Bundesländern mitberücksichtigt. Gerade dieser Punkt verstärkt in einigen Bundesländern die Unsicherheit von Krippenerzieherinnen, ob Kleinstkinder grundsätzlich anders behandelt werden sollten als Kinder über drei Jahren. Die Praxis zeigt jedoch, dass das neue Bildungsverständnis für die pädagogische Arbeit mit allen Kindern gleichermaßen gilt. Es gilt, die dort festgelegten Ideen als Richtlinien zu verstehen, die in der pädagogischen Arbeit tagtäglich auf die Altersgruppe der Kinder angewendet werden müssen.

Wenn Sie die Bildungspläne genau studieren, stellen Sie fest, dass die ganz Kleinen immer mitgedacht sind. Sie merken sicher auch, dass das dort geschilderte Bildungsverständnis auch für Kinder über 12 Jahren gilt. Die Schulen wird über kurz oder lang eine ähnlich tiefgreifende Bildungsreform ereilen, wie sie die Kindertagesstätten heute erleben. Das frühkindliche Bildungsverständnis, wie es in den neuen Bildungsplänen geschildert ist, ist die bislang modernste Bildungskonzeption, die wir haben. Kindertagesstätten sind hier die Vorreiter für eine Bildungsrevolution, die auch die Schulen erleben werden.

2.1.3 Die Entdeckung des frühkindlichen Lernens

Veränderte gesellschaftliche Bedingungen

Die Diskussion über Bildungsstandards ist nicht neu. Sie muss kontinuierlich geführt werden, weil sich die gesellschaftlichen Bedingungen permanent ändern. Das gilt auch für die aktuellen Bildungspläne der Bundesländer, die immer wieder überarbeitet und angepasst werden müssen. Das liegt daran, dass sich die gesellschaftlichen Ansprüche an die Fähigkeiten und Kompetenzen von Kindern verändern sowie die

Umweltbedingungen, unter denen die Kinder aufwachsen. Für eine Gesellschaft mit flexiblen, kreativen, lernbegeisterten und sozial kompetenten Menschen müssen diese Fähigkeiten bereits im Kindesalter gefördert werden.

Die niedrige Geburtenrate

Da die Geburtenrate rückläufig ist, liegt auf dem Nachwuchs zwangsläufig mehr Verantwortung. Die Zahl der Kinder nimmt ab, daher wird die Zukunft der Gesellschaft von der guten Ausbildung der (wenigen) Kinder abhängen, die wir haben. Die optimale Förderung bereits in den ersten Lebensjahren wird somit zur wichtigsten Aufgabe. Kein Kind darf verloren gehen.

Die Geburtenrate
Jede gebärfähige Frau müsste – statistisch gesehen – 2,1 Kinder zur Welt bringen, damit die Bevölkerungszahl stabil bleibt. Diese Zahl wurde in Deutschland das letzte Mal im Jahr 1969 erreicht und seitdem immer mehr unterschritten. Die Geburtenrate liegt heute bei ca. 1,3 Kindern.

Neue wissenschaftliche Erkenntnisse

Neue entwicklungspsychologische Erkenntnisse aus dem Bereich der Neurowissenschaften und der Pädagogik machen zudem deutlich, dass dies nicht nur sinnvoll, sondern notwendig ist, um das vorhandene Potenzial der Kinder voll auszuschöpfen. Kinder sind keine kleinen, unfertigen Wesen, sie sind von Geburt an lernfähige, wissbegierige Individuen, mit einem Schatz an angeborenen Kompetenzen, die sie vom Moment der Geburt an – wenn nicht sogar schon früher – auf die Entdeckung der Welt vorbereiten. Viele dieser angeborenen Kompetenzen (z. B. für den Spracherwerb, das Sozialverhalten, die Bindungsfähigkeit und das Neugierdeverhalten) engen sich auf das unmittelbar Notwendige ein, wenn sie nicht von den Kindern schon frühzeitig systematisch genutzt werden können. Es scheint daher nahezu fahrlässig, die Kompetenzen der Kinder erst im Grundschulalter ernst zu nehmen und zu fördern.

Veränderungen im Elternhaus und in den Familien

Ein weiterer Aspekt ist die veränderte Umweltsituation der Kinder. Die Eltern haben durch die Berufstätigkeit weniger Zeit, sich mit ihnen zu beschäftigen, dafür sind die Kinder verstärkt multimedialen Einflüssen ausgesetzt. Dadurch sinken soziale Kontakte und der soziale Austausch, sowohl mit Erwachsenen als auch mit Gleichaltrigen.

Die besondere Bedeutung der Sprachentwicklung

Die Sprache wird als wichtiges Glied in der Kette des Lernens betrachtet. Die perfekte Beherrschung der Muttersprache ist für eine gesunde Entwicklung unverzichtbar. Kinder, deren Muttersprache nicht Deutsch ist, haben noch mehr Probleme, und die Integration ihrer Erstsprache ist somit ein wichtiger Aspekt. Das Beherrschen der Muttersprache ist somit eng mit dem Erwerb von Zweitsprachen verbunden. Die riesige Chance, die in der Zweisprachigkeit von Kindern liegt, kann dadurch optimal zur Geltung kommen. Deshalb ist Sprachförderung im Kindergarten- und Krippenbereich besonders wichtig.

Der Druck von PISA und Co.

Schon 1997 hat der damalige Bundespräsident Roman Herzog darauf hingewiesen, dass das deutsche Bildungssystem viele Mängel aufweist. Richtig aufgerüttelt wurde die deutsche Öffentlichkeit jedoch erst durch die Ergebnisse der großen Bildungsstudien, die die Schulleistungen der deutschen Schüler im Vergleich mit vielen anderen Ländern Europas und der Welt zeigten. 2000 rangierten deutsche Schülerinnen und Schüler mit ihren Leistungen auf Platz 25 von 33 teilnehmenden Ländern in der PISA-Studie. Ähnliche Studien, die sich zum Beispiel auf die Lesekompetenz der Schülerinnen und Schüler oder ihre mathematischen Fähigkeiten konzentrierten (IGLU und TIMMS), kamen zu ähnlich schlechten Ergebnissen. Die bisherige Art des Lernens in den Schulen in Deutschland hat offensichtlich nicht die gewünschten Ergebnisse gebracht. Alle Pädagoginnen und Pädagogen waren nun aufgefordert, über ihre Arbeit nachzudenken und nach den Gründen zu suchen, warum Kinder in Deutschland nicht die erwarteten Leistungen zeigten. Was war passiert?

Kindertagesstätten als Bildungseinrichtungen

Ein Zitat

„Ich möchte zusammenbringen, was geteilt ist – Schule und Leben muss eins sein. Kommt, lasst uns mit unseren Kindern leben!" (Friedrich Fröbel, Die Menschenerziehung, 1826)

Im Zuge dieser Diskussion sind die Kindertagesstätten in das Blickfeld der Öffentlichkeit gerückt. Bisher wurden sie kaum als Bildungseinrichtungen verstanden. Ihre hauptsächliche Funktion schien die Tagesbetreuung zu sein, und in dieser Funktion wurden sie insbesondere in den alten Bundesländern zum Teil eher argwöhnisch als Konkurrenz zur familiären Betreuung betrachtet. Diese Zeiten sind vorbei. Kindertagesstätten sind heute anerkannte pädagogische Einrichtungen, in denen wichtige Grundsteine für die Bildung und Entwicklung der Kinder gelegt werden. Ihre Bedeutung für das frühkindliche Lernen wird heute kaum noch infrage gestellt. In den Rahmenplänen für die frühkindliche Bildung wurden die neuesten Erkenntnisse über das frühkindliche Lernen und die kindliche Entwicklung zusammengeführt. Die Kindertagesstätte ist damit nicht mehr nur die Vorbereiterin auf die Schule, sie stellt eine eigenständige Bildungsinstitution dar, die den Kindern wichtige Lernmöglichkeiten eröffnet. Das neue Bildungsverständnis, das in den Kindertagesstätten Einzug hält, wird bald zum Vorbild für alle pädagogischen Einrichtungen, insbesondere der Schule, werden.

2.2 Betreuungsaufwand und Betreuungsschlüssel

Mit einem Betreuungsplatz allein ist es nicht getan

Zum Nachlesen: die Studie der Bertelsmann Stiftung
http://www.bertelsmann-stiftung.de/cps/rde/xchg/SID-0A000F0A-1A817FA2/bst/hs.xsl/nachrichten_85558.htm

Ziel des Ausbaus der Kinderkrippenplätze muss es sein, für die Kinder die bestmöglichen Entwicklungsbedingungen zu schaffen. Wissenschaftliche Studien der Bertelsmann-stiftung geben deutliche Hinweise darauf, dass Kinder, die in den ersten Lebensjahren in einer Kinderkrippe betreut wurden, später als Schülerinnen und Schüler häufiger den Sprung auf das Gymnasium schaffen als ihre Altersgenossen, die keine Krippe besucht hatten. Der Krippenbesuch allein reicht jedoch nicht. Die Experten sind sich darüber einig, dass es entscheidend von der Qualität in den Kinderkrippen abhängt, ob die Kinder tatsächlich vom Krippenbesuch profitieren können oder nicht. Eines der wichtigsten Qualitätsmerkmale ist dabei der sogenannte Betreuungsschlüssel. Der Betreuungsschlüssel drückt aus, wie viele Kinder von einer Erzieherin betreut werden. Die Rechnung ist ganz einfach. Je kleiner die Zahl der Kinder ist, die eine Erzieherin betreut, umso mehr kann sie sich individuell jedem einzelnen Kind widmen.

Der scheinbar bessere Betreuungsschlüssel in den Familien

Je kleiner die Kinder sind, umso wichtiger scheint eine zentrale Bezugsperson zu sein, die sich Zeit für das Kind nehmen kann, wann immer das Kind diese Zuwendungszeit benötigt. Einen Betreuungsschlüssel wie in einer Familie werden Kinderkrippen nie leisten können. Dies ist auch gar nicht gewollt, da die Kinder in der pädagogischen Einrichtung auch von der Gruppensituation und von den anderen Kindern profitieren und angesichts der Lern- und Spielsituationen keine ständige Betreuung benötigen.

Der ideale Betreuungsschlüssel

Auch unter Experten wird über den idealen Betreuungsschlüssel für die Kleinkindbetreuung diskutiert. Die Tendenz ist jedoch eindeutig. Es gibt keinen Entwicklungspsychologen und keinen Frühpädagogen, der einen Betreuungsschlüssel von eins zu vier (d.h. eine Erzieherin betreut bis zu vier Kleinstkinder) überschreiten würde. Allgemein gilt ein Betreuungsschlüssel von eins zu drei als optimal zur Förderung der kindlichen Entwicklung, zum Beziehungsaufbau und zur pädagogischen Alltagsbewältigung.

Der Alltag in den Einrichtungen der Kindertagesbetreuung sieht jedoch oft anders aus. Im Vergleich der Bundesländer zeigten sich 2008 Betreuungsschlüssel von 1:4,2 bis 1:7,8. Dies bedeutet, dass es kein Bundesland gibt, das den idealen Schlüssel erreicht, und dass es zahlreiche Bundesländer gibt, in denen mehr als doppelt so viele Kinder von einer Erzieherin betreut werden, als es die Experten empfehlen.

Betreuungsplätze und Betreuungsschlüssel
Die Bundesländer, die bisher ein großes Angebot von Betreuungsplätzen haben, haben in der Regel gleichzeitig leider auch einen schlechteren Betreuungsschlüssel. Dies betrifft insbesondere (aber nicht ausschließlich) die neuen Bundesländer. In den alten Bundesländern besteht die Gefahr, dass im Zuge des Ausbaus der Tagesbetreuung der Betreuungsschlüssel aus Kostengründen ebenfalls verschlechtert wird.

Eher gute Betreuungsschlüssel von bis zu 1:4 gibt es nach den letzten Erhebungen in Bayern, Hessen, Rheinland-Pfalz und dem Saarland. Im Mittelfeld mit Betreuungsschlüsseln von 1:5 und 1:6 liegen Bremen, Mecklenburg-Vorpommern, Niedersachen und Schleswig-Holstein. Besonders ungünstige Betreuungsschlüssel von über 1:6 haben bisher Brandenburg, Hamburg, Sachsen, Sachsen-Anhalt und Thüringen.

Der Ausbau der Kindertagesplätze muss daher gleichzeitig mit einem Personalausbau verknüpft werden. Viele Länder und Kommunen scheuen jedoch genau dies. Erzieherinnen leiden unter dieser Situation, die Folgen eines unzureichenden Betreuungsschlüssels für die Kinder sind nicht absehbar. Hier liegt es an allen Pädagoginnen, sich als Anwältinnen der Kinder zu verstehen und gemeinsam für bessere Betreuungsbedingungen zu kämpfen.

Nicht nur auf den Betreuungsschlüssel schauen

Die Diskussion um die Standards in der Kleinkindbetreuung darf jedoch nicht allein am Betreuungsschlüssel festgemacht werden. Mindestens genauso entscheidend für die Qualität der frühkindlichen Bildung ist die Haltung der Erzieherinnen den Kleinstkindern gegenüber, ihre Ausbildung und ihr Interesse an Fortbildung in der Thematik sowie die Zusammenarbeit im Gesamtteam und die Qualität der Erziehungspartnerschaft mit den Eltern. Eine vertrauensvolle Zusammenarbeit mit den Eltern, gute Abstimmung im Team, die Ausrichtung der pädagogischen

Arbeit auf die kindlichen Bedürfnisse sowie eine geschickte Organisation der vorhandenen Mittel und Ressourcen helfen, den Risiken eines ungünstigen Betreuungsschlüssels entgegenzuwirken, ohne sie jedoch aufheben zu können.

2.3 Pro und Kontra der Kleinkindbetreuung in Einrichtungen

Dürfen Eltern ihre kleinen Kinder schon in einer Einrichtungen abgeben? Diese Frage wird lebhaft diskutiert: Einerseits wird vor der Betreuung in den Familien regelrecht gewarnt, Eltern seien überfordert, würden die Kinder nicht genügend fördern, die Kinder sich selbst und dem Fernseher überlassen und hätten nicht genügend Erziehungskompetenz; andererseits seien Eltern aber die einzigen Bindungspersonen für die Kinder, unabdingbar in den ersten Jahren, und dürften sich nicht auf Kosten ihrer Kinder im Beruf selbst verwirklichen.

Kinderbetreuung ist ein Wirtschaftsfaktor
Die Bertelsmann Stiftung betont, dass es sich längerfristig auch ökonomisch für die Volkswirtschaft positiv auswirkt, wenn Kinder in Kinderkrippen frühzeitig betreut werden. Sie weist darauf hin, dass der volkswirtschaftliche Nutzen ca. dreimal höher ist als die Kosten für einen Krippenplatz: http://www.bertelsmann-stiftung.de/cps/rde/xbcr/SID-0A000F0A-1A817FA 2/bst/xcms_bst_dms_23966_23968_2.pdf.

Diese Auseinandersetzungen werden auch in den Familien selbst geführt, und sie führen manche Eltern in echte Gewissenskonflikte. Während im Osten Deutschlands viele Erwachsene einen wichtigen Teil ihres Lebens in der Kinderkrippe verbracht haben und darauf hinweisen, welche Vorteile sie und ihre Eltern davon hatten, stellt sich im Westen Deutschlands die Situation anders dar. Hier war die Betreuung durch die Mutter die Regel, für viele die Ursache für ein hohes Maß an Glück und Zufriedenheit im späteren Leben. Der persönliche Standpunkt zur Krippe wird oft entscheidend durch die eigenen Erfahrungen bestimmt.

Keine vorschnellen Antworten geben

Die Diskussion ist jedoch noch in einen weit größeren Zusammenhang eingebettet: nämlich in die generelle Frage nach der Berufstätigkeit von Müttern überhaupt, aber auch nach der arbeitsmarktpolitischen Situation sowie in pädagogische Fragen, ob Kinder so früh mit anderen Kindern in Kontakt gebracht werden sollten bzw. ob Krippen einen guten Beitrag zur Verbesserung der frühkindlichen Bildung leisten können.

Die Frage nach der Berufstätigkeit der Eltern, genauer gesagt der Berufstätigkeit der Mütter, wird meist am kontroversesten diskutiert. Durch die Einführung des Elterngeldes wurde zwar einiges auf den Weg gebracht, aber trotzdem geht es darum, für größere Gerechtigkeit zwischen den Geschlechtern zu sorgen. Viele Frauen wollen den Wunsch nach Kindern verwirklichen, aber auch den Wunsch nach einer ausgefüllten beruflichen Tätigkeit in ihrer Lebensplanung nicht hintenanstellen. Viele Frauen lieben ihren Beruf, sind in den letzten Jahren mutiger geworden und bestehen auf einer Vereinbarung von beruflichem Werdegang und Kindererziehung. Jenseits dieser beruflichen Selbstverwirklichung sind für viele Eltern eine fundierte Ausbildung und eine Ausübung des Berufes ohne lange Pausen auch unter wirtschaftlichen Aspekten unverzichtbar.

2.3.1 Der Blick aus der Perspektive des Kindes

Alle sind sich einig. In den ersten drei Jahren vollziehen sich die wichtigsten Prägungen und Weichenstellungen im Leben eines Kindes.

Kinder lernen nie wieder in ihrem Leben so viel wie in dieser Zeit, je jünger sie sind, desto bessere Lerner sind sie und desto größer sind auch ihre Lernfähigkeit und -motivation. Die Voraussetzung dafür ist gegeben, wenn das Kind erfährt, dass es angenommen und geliebt wird, dass ihm ein positives Lebensgefühl vermittelt wird. Hier wachsen Selbstvertrauen, Selbstbewusstsein und Neugierde – Voraussetzungen für gelingende Selbstbildungsprozesse. Damit dies alles gelingt, benötigt das Kind eine sichere Bindung zu Erwachsenen sowie ein soziales Miteinander als Erfahrungsraum.

Den Kindern mit Sicherheit viele Erfahrungen ermöglichen

Kinder können diese Erfahrungen in Krippen oder anderen qualifizierten Betreuungsformen machen. Sie erleben in der Krippe eine für sie spannende und anregungsreiche Umgebung, andere Kinder, die soziale Erfahrungen ermöglichen, und Pädagoginnen, die in Ergänzung zu den Eltern zu wichtigen Bezugspersonen werden können. Voraussetzung dafür ist, dass der Bindungsaufbau zu den Eltern nicht beeinträchtigt wird.

Für eine Betreuung in der Krippe spricht aus der Sicht des Kindes auch, dass der Erfahrungshorizont erweitert wird und die Kinder von Anfang an unterschiedliche Erwachsene mit unterschiedlichen Kompetenzen erleben, die sie für ihr eigenes Lernen nutzen können.

Bindung in den Blick nehmen
Kitas müssen sich ihrer Rolle als Bindungs- und Vertrauenseinrichtung mehr denn je bewusst sein. Sie müssen Eltern dabei unterstützen, die Bindung zu ihren Kindern aufrechtzuerhalten und zu stärken, und zusätzlich ihrer eigenen Bindungsfunktion für die Kinder gerecht werden.

Auch für Kinder in anregungsarmen oder bildungsferneren Elternhäusern oder für Kinder, deren Eltern, aus welchen Gründen auch immer, gerade in einer schwierigen Situation leben oder die Schwierigkeiten mit ihrer Elternrolle haben, kann die Betreuung in der Krippe durch eine möglichst konstante, liebevolle Pädagogin eine gute Unterstützung in der individuellen Entwicklung sein. Krippenbetreuung ist jedoch nicht als Ersatzzuhause misszuverstehen. Krippe ist Krippe und Zuhause ist Zuhause. Beides kann sich prima ergänzen, Konkurrenz schwächt jedoch immer beides.

Die Grenzen von Krippenbetreuung offen ansprechen

Die Betreuung eines Kindes in einer Krippe ist aus seiner Sicht schwierig, wenn die Eltern die Krippe innerlich ablehnen und die Krippenbetreuung als Notlösung ansehen. Dies sind Mütter und Väter, die eigentlich lieber zu Hause bleiben möchten und wegen äußerer, meist finanzieller Zwänge, ihr Kind in eine Krippe geben „müssen". Oft haben die Kinder dann starke Trennungs- oder Verlustängste, da sich die Sorgen der Eltern unbewusst auf sie übertragen. Hier helfen nur das offene ehrliche Gespräch und möglicherweise die anfängliche Reduzierung der Betreuungszeit. Kinder mit einer schwachen Konstitution, die oft krank sind oder auch seelisch leicht aus der Bahn zu werfen sind, sind oft erst zu einem späteren Zeitpunkt in einer Krippe gut aufgehoben.

Die Kinder gemeinsam in den Blick nehmen
Konkurrenz in der Betreuungssituation verhindert, dass Kinder sich angenommen fühlen, denn es wird an den entscheidenden Stellen über ihre Köpfe hinweg entschieden.

Keine Rivalität entstehen lassen

Wer geht besser mit dem Kind um, bei wem schläft es schneller, wo isst es besser, wer achtet genauer auf den wunden Po, wer weiß, welche Kleidung gerade angezogen werden muss usw.? Ungünstig für das Kind ist Krippenbetreuung immer, wenn Erzieherinnen und Eltern miteinander rivalisieren. Diesen Konkurrenzkampf kann keiner gewinnen. Zu unterschiedlich sind die Bedingungen zu Hause und in den Einrichtungen, zu verschieden sind die Tagesformen bei den Erwachsenen, zu schnell verändern sich auch die Ansprüche von Kindern. Es gibt weder die perfekten Eltern noch die perfekten Erzieherinnen.

2.3.2 Und der Blick der Erzieherinnen?

Stellen Sie sich an dieser Stelle selbst infrage, reflektieren Sie möglicherweise kritisch mit Ihrem Team:

Sind wir von der Betreuung von Kindern unter 3 Jahren in der Krippe überzeugt?

Nur wenn Sie als Team der Betreuung in der Krippe positiv gegenüberstehen und wenn Sie sich nicht nur als einzelne Kollegin, sondern als Team dieser Herausforderung stellen, wird der Funke zu Eltern und Kindern überspringen. Seien Sie auch kritisch gegenüber einem „Ja, aber“ aus Ihren Teams. Natürlich sind vielerorts die Rahmenbedingungen noch sehr schwierig. Sicherlich ließe sich eine qualitativ noch höherwertigere Betreuung anbieten, wenn die Rahmenbedingungen besser wären, als sie sind. Aber auch hier ist Ihre Initiative vonnöten. Beziehen Sie sich auf die Qualitätsstandards und Bildungspläne, die jedes Bundesland für sich entwickelt hat, und fordern Sie diese gemeinsam mit Ihren Kolleginnen gegenüber Trägern, Politikern und anderen Verantwortlichen ein! Jammern hilft nicht, es gilt, konkrete Forderungen zu stellen.

Eltern nicht bewerten
Eltern, die sich in ihrer Entscheidung, ihr Kind in die Krippe zu bringen, bewertet fühlen, reagieren oft mit Kritik an der Einrichtung oder ziehen sich zurück.

Dies zeigt sich auch in der Zusammenarbeit mit den Eltern, die spüren, wenn Erzieherinnen ihnen mit Vorbehalten begegnen und ihre Entscheidung, ihr Kind betreuen zu lassen, als „Verrat am Kind“ ansehen. Fairerweise müssen die Pädagoginnen auch sagen, dass sie oft die genauen Beweggründe der Eltern nicht kennen und diese auch nicht der Bewertung durch die Erzieherinnen unterliegen.

Für Eltern ist das wichtigste Entscheidungskriterium für Ihre Einrichtung, dass sie sich bei Ihnen akzeptiert und wohlfühlen, dass sie und ihr Kind dort so angenommen werden, wie sie sind. Entscheidend für Eltern ist darüber hinaus das Wissen, dass ihr Kind gut versorgt ist und dass sie über die Abläufe des Tages informiert werden.

2.3.3 Geht das überhaupt – Familie kontra Krippe?

Sie sehen bereits, die Frage, ob Kinder besser zu Hause oder besser in der Einrichtung betreut werden, ist nicht pauschal zu beantworten. Leider gibt es wie so oft kein Patentrezept. Die Qualität ist von unterschiedlichen, auch sehr individuellen, Bedingungen abhängig.

Checklisten oder äußere Bewertungskriterien helfen hier nur wenig weiter. Die eine Familie bietet ausgezeichnete häusliche Bedingungen, aber es gibt auch Familien, in denen die Bedingungen für eine optimale Entwicklung der Kinder nicht gegeben sind. Andererseits gibt es auch gute und schlechte Kindertageseinrichtungen.

Optimale Entwicklung ist immer dann gewährleistet, wenn das Beste aus beiden Welten für das Kind ermöglicht wird – durch eine variable Kinderbetreuung in Einrichtungen, wenn die Familie sie benötigt, und durch eine enge echte Zusammenarbeit zwischen Elternhaus und Kindereinrichtung.

Flexibilität in den Betreuungsangeboten
Das könnte so weit gehen, dass Kinder auch stundenweise in Einrichtungen betreut werden können, genau dann, wenn die aktuelle Belastung der Familie so groß ist, dass ein flexibles Angebot eine echte Unterstützung wäre.

2.4 Tagespflege und Kinderkrippe – zwei Betreuungsformen für Kinder in unterschiedlichen Situationen

Die Vielfalt von Betreuungsangeboten

In vielen Gemeinden existieren Tagespflegeangebote und Krippenangebote nebeneinander. Durch den organisatorischen Druck, die Krippen einerseits mit ausreichend Nachwuchs zu versorgen, und den oft auch finanziellen Druck von Tageseltern, ihre Plätze zu besetzen, ist häufig eine Konkurrenzsituation zwischen beiden Betreuungsformen entstanden. Ohne auf die wirtschaftlichen Hintergründe eingehen zu wollen, stellt sich aus pädagogischer Sicht an dieser Stelle die Frage, was nun für die Kinder im Alter von 0 bis 3 Jahren „besser" ist. Die Antwort darauf ist wiederum nicht pauschal zu geben. Erneut muss sehr genau aus Sicht jedes Kindes und seiner Eltern geprüft werden. Lassen Sie uns daher beide Betreuungsformen mit ihren Vor- und Nachteilen in den Blick nehmen:

Gleiche gesetzliche Bedingungen
Laut Gesetz stehen die Betreuung eines Kindes in der Tagespflege und die Betreuung eines Kindes in der Kinderkrippe gleichberechtigt nebeneinander. Die gesetzlichen Regelungen für Tagespflege sind in den §§ 22–24 a des achten Sozialgesetzbuches zu finden, parallel dazu stehen die Bestimmungen für Kindertageseinrichtungen. Das heißt, die Grundregelungen zur Förderung von Kindern sind identisch, egal ob Kindertageseinrichtung oder Tagespflege.

Vorteile der Tagespflege

Kindertagespflege hat viele Gesichter. Kinder haben somit die Chance, unterschiedliche Erfahrungen zu machen. Dies ist (vorrangig) jedoch davon abhängig, an welchem Ort und in welchem Zusammenhang die Tagespflege stattfindet. Eine Möglichkeit ist der Haushalt der Tagesmutter, in dem Kinder mit allen „Schätzen" des Alltags konfrontiert werden, eine andere ist die Betreuung in angemieteten Räumen, unter Umständen auch mit einer zweiten Tagesmutter zusammen. Eltern von Kindern unter drei/vier Jahren entscheiden sich deshalb oft für Tagespflege, weil sie den familiären Rahmen, die kontinuierliche Bezugsperson und die kleine Kindergruppe schätzen. Ein ganz entscheidender Vorteil aus Elternsicht ist das Vereinbaren individueller Betreuungszeiten. Diese individuelle Absprache ist möglich, weil eine Tagesmutter flexibler ist und mit weniger Kindern planen muss als eine Kita. Kitas mit ihren oft starren und vorgegebenen Öffnungszeiten geraten hier im direkten Vergleich leicht ins Hintertreffen.

Tagesmütter betreuen in der Regel bis zu fünf Kinder, also eine relativ kleine, meist sehr kontinuierliche Kindergruppe. Die Kinder werden schnell mit Alltagssituationen vertraut, da sie ständig in die Alltagsgestaltung mit einbezogen werden und BEGREIFEN so im wahrsten Sinne des Wortes, was Alltagsgeschehen ist.

Die Tagesväter!
Männer werden so von Kindern sehr früh in unterschiedlichen Rollen erlebt, als Tagesvater, aber auch als Mann der Tagesmutter durch die direkte Einbindung der Tagespflege in den Familienalltag.

Faszinierend ist für die Kinder in dieser Altersspanne, dass die anderen Kinder ihnen selbst sehr ähnlich und doch anders sind. Gerade deshalb lohnt es sich, im Kontakt zu ihnen herauszufinden, wer und wie man selber ist, so ähnlich, wie es auch bei

Geschwistern der Fall ist. Dies wird durch den engen familiären Kontakt noch gefördert. Tagespflegekinder kennen oft die ganze Familie der Tagesmutter und erhalten so frühzeitig Einblick auch in andere Familienstrukturen.

Diese oft sehr individuelle Betreuung macht es auch möglich, dass „Spezialwünsche" und Bedürfnisse von Kindern leichter erfüllt werden können als in der Kita (z. B. vegetarisches Essen, Essen ohne Schweinefleisch usw.). Auch Kinder, die „besonders" oder auf irgendeine Art und Weise gehandicapt sind, finden in der individuellen Betreuungsform der Tagespflege meist einen besseren Start und gehen danach mit guten Vorerfahrungen ihren Weg in der Kita weiter.

Von den Tageseltern lernen
Kitas können aus der Alltagsnähe und Flexibilität von Tagespflegeeinrichtungen viel lernen. Fragen Sie Tageseltern, wie es ihnen gelingt, individuell auf die Bedürfnisse aller Familien einzugehen, und überlegen Sie in Ihren Teams, wie Sie das auch ähnlich in Ihren Einrichtungen realisieren können.

Eltern haben die Chance, die Betreuungsform für ihr Kind sehr nah an den eigenen Erziehungsvorstellungen zu wählen. Hier liegt natürlich auch ein gewisses Konfliktpotenzial. Unterschiede in der Erziehung der Tagesmutter und der Eltern werden in einem engen Zusammensein eher und schneller deutlich. Die eigentlich positiv zu betrachtende Nähe kann manchmal auch als zu „nah" empfunden werden und den professionellen Abstand ein wenig in Vergessenheit geraten lassen.

Vorteile der Kita

Konkurrenz belebt das Geschäft ...
... aber im Sinne der Kinder und ihrer Eltern wäre es zeitgemäßer, die Zusammenarbeit zwischen Tageseltern und Kitas zu fördern. Beide Einrichtungen haben sich das Wohl von Kindern zum Ziel gesetzt und können viel voneinander lernen. Ein Tauziehen um die Kinder hieße eigentlich nichts anderes, als die Kinder nur als Ausfüller von Betreuungsplätzen zu sehen – keine förderliche Haltung Kindern gegenüber.

Was sind aber nun die Entscheidungskriterien für die Krippe?
Ein wichtiges Kriterium für viele Eltern ist die Tatsache, dass ihr Kind in einer Kita bis zum Schuleintritt in der selben Institution – zwar nicht von derselben Erzieherin, aber doch im Kontext eines Hauses – betreut werden kann. Viele Einrichtungen entscheiden sich auch konzeptionell dafür, dass durch Konzepte der Altersmischung oder des „Mitwachsens" der Erzieherin, relativ kontinuierlich eine Erzieherin sich immer wieder im näheren Umfeld des Kindes befindet. Das muss nicht bedeuten, dass diese Erzieherin durchgängig die „Gruppenerzieherin" des Kindes ist, aber dass diese Erzieherin das Kind durchaus in seiner Entwicklung begleitet und den Eltern als Ansprechpartnerin zur Verfügung steht.

Ein weiteres Argument für die Krippe ist der gesamte institutionelle Kontext, den das Kind dort erlebt und der den Eltern auch Sicherheit gibt. Es stehen mehrere Erzieherinnen, also auch mehrere Partnerinnen, eine Leiterin und ein Träger der Einrichtung als Diskussionspartner zur Verfügung. Kita stellt eine Institution dar – für die Eltern bestehen bessere Möglichkeiten, eigene Rechte einzufordern oder sich auch mal zu beschweren. Darüber hinaus ist Kita auch eingebunden in den pädagogischen Kontext des Trägers, der wiederum meist ebenfalls in ein Netzwerk eingebunden ist (z. B. mit Sport- und Freizeitangeboten, die Tagespflege so nicht unterbreiten könnte). Hier finden Eltern auch weitere Kontakte zu anderen Eltern.

Die Erzieherinnen haben in der Regel eine mindestens dreijährige Fachausbildung und besuchen regelmäßig Fortbildungen. Eltern können in einer Kita also eine fachlich gute Betreuung erwarten. Nachlesen können sie dies in der Konzeption, die jede Kita haben sollte. In dieser Konzeption werden sämtliche Aspekte der Betreuung beschrieben und sie ist Grundlage der Arbeitsweise der Erzieherinnen in dieser Kita. Hier holen die Tagesmütter allerdings durch verstärkte Aus- und Fortbildungsaktivitäten sowie die Vernetzung mit anderen Tageseltern enorm auf.

Strukturell ist die Absicherung in den Kitas hoch. Bei Krankheit wird die Gruppe auf jeden Fall weitergeführt, auch wenn der Stellenschlüssel in den einzelnen Bundesländern mehr oder weniger knapp bemessen ist. Wenn eine Kollegin ausfällt, kann es auch in den Einrichtungen zu Engpässen kommen. Die Zusammenarbeit der Teams hilft hier jedoch oft, personelle Schwierigkeiten auszugleichen. Tageseltern haben es da schwerer. Auch räumlich ist eine Krippe im Vorteil, da sie vollständig auf Krippenkinder eingestellt ist: Möbel, Tische, Stühle, Waschräume sind den Bedürfnissen der Kleinsten angepasst, und meist sind auch die Räume unterschiedlich und flexibel nutzbar.

Das Zusammensein mit vielen Kindern ist eines der wichtigsten Argumente für die Kindertagesstätte. Ein riesiges soziales Erfahrungsfeld erschließt sich hier für die kleinen, aber auch für die größeren Kinder. Kinder lernen so auf ganz natürliche Art soziales Miteinander, Rücksicht und Respekt, soziale Kompetenzen, und sie erleben, wie eine Gruppe funktioniert. Spannend ist aber auch der Blick hinüber zu den Großen, möglicherweise sogar zu Schulkindern, die sich oft gerne in der Krippe aufhalten und dort ihre sozialen Fähigkeiten schulen.

Sich als Kindernetzwerk etablieren
Kontakte zu Tagespflegeeinrichtungen, zu Sportvereinen, zu Grundschulen usw. – von solchen Netzwerken profitieren alle Kinder. Bauen Sie solche Netzwerke auf – möglichst frei von Konkurrenzgedanken –, die das Wohl aller Kinder im Blick haben.

Welche Betreuungsform ist nun die „richtige" für die Kleinen?

Keine Betreuungsform ist von Natur aus besser. Qualität entscheidet sich an den betreuenden Personen, ihrer Haltung und ihren beruflichen Beweggründen. „Zu den Kleinsten nur die Besten" – diese Maxime sollten Eltern auch in der Auswahl der für sie sinnvollsten Betreuungsform beachten. Eltern müssen die Möglichkeit haben, im persönlichen Kontakt feststellen zu können, ob die Chemie zwischen ihnen und der Betreuungsperson stimmt. Dies gilt umgekehrt aber auch für die Erzieherinnen. Manchmal ist es daher sinnvoll, Eltern zu bitten, einen Tag zu hospitieren, um sich einen persönlichen Eindruck zu machen. Besprechen und reflektieren Sie diesen Eindruck mit den Eltern, um bei Bedarf eine Verbesserung oder Veränderung Ihrer Arbeit zu erreichen. So erfahren Sie auch mehr über die individuellen Wünsche der Eltern und können sie in ihrer Entscheidung für Tagespflege oder Kinderkrippe fair beraten.

Als Orientierungshilfe dient: Je jünger das Kind ist, umso kleiner sollte die Gruppe sein, in der das Kind betreut wird. Hier muss ein kritischer Blick auf den Stellenschlüssel geworfen werden, der in Deutschland immer noch nicht den Bedürfnissen von Kleinkindern entspricht – und in den einzelnen Bundesländern unterschiedlich gestaltet ist. Eine Kita, die in der Lage ist, für die ganz Kleinen eine intensive Betreuung zu ermöglichen, kommt einer gut ausgebildeten, erfahrenen Tagesmutter gleich. Wenn eine Kita keine Betreuung in einer kleinen Gruppe oder mit entsprechendem Personal ermöglichen kann, sollte im Zweifelsfall eher zur Tagespflege geraten werden, denn auch eine materiell und räumlich besser ausgestattete Kita wiegt einen Nachteil im individuellen Betreuungsverhältnis nicht auf.

2.5 Bin ich als Erzieherin überhaupt in der Lage, unter 3-Jährige zu betreuen?

2.5.1 Der Zusammenhang zwischen Pflege und Pädagogik

Kleine Kinder zu betreuen, stellt eine hohe Herausforderung für die Erzieherin dar. Es gilt, die Arbeit in der Krippe, die in der Vergangenheit oft vor allem als pflegerische Aufgabe gesehen wurde, nun vor allem als pädagogische Aufgabe zu betrachten.

Ihre Arbeit gleicht der einer Übersetzerin, denn Kinder unter drei Jahren sind ganz besonders darauf angewiesen, dass ihre Signale verstanden und richtig „übersetzt" werden. Dies geschieht in den Alltäglichkeiten wie Wickeln, Füttern, Anziehen und beim gemeinsamen Spiel. Diese Übersetzung ist der Grundstein für eine funktionierende Beziehung zwischen der Pädagogin und dem Kind, der Ausgangspunkt, von dem aus das Kind die Welt erforschen und erfahren kann.

Zeit gewinnen und geben
Versuchen Sie die pflegerische Tätigkeit mit ausreichend Zeit auszuüben. Widmen Sie diese Zeit allen Kindern. Signalisieren Sie drängenden Kindern, dass Sie auch ihnen genauso viel Zeit widmen werden wie dem Kind, mit dem Sie gerade arbeiten.

Von diesem Blickwinkel aus ist eine Wickelsituation nicht nur ein pflegerisches Tun, sondern vielmehr eine pädagogische Situation, die zum Wickeln genutzt wird. Die Erzieherin bekommt durch ihre gezielte Beobachtung – z. B. durch die Art und Weise, wie sich das Kind in diesem Moment mit der Cremedose beschäftigt, wie konzentriert es sich auf dieses Spielzeug einlässt und wie lange es sich damit auseinandersetzt – einen Einblick in die Persönlichkeit des Kindes, lernt das Kind besser kennen und erkennt auch seine individuelle Entwicklung in diesem Moment.

Die Person der Erzieherin steht im Mittelpunkt

Während bei den größeren Kindern vor allem das aufwendige Spielen mit vielen Regeln und Fantasie, gezielte fein- und grobmotorische Fähigkeiten und intensive Gespräche im Vordergrund stehen, geht es bei den Kleinen noch viel stärker um die sichere Beziehung zwischen Kind und Erzieherin.

Die Grundhaltung der Erzieherin muss deshalb geprägt sein

- von Respekt vor diesem „Wunder“ Kind,
- von dem Wunsch, die Bedürfnisse des Kindes zu erkennen, zu akzeptieren und zu befriedigen,
- von der Neugier, die Interessen jedes einzelnen Kindes zu erkennen,
- von Geduld, Dinge immer wieder deutlich zu machen und zu erklären und kindliche Ungeduld nicht auf sich als Person zu beziehen,
- von dem Wissen, dass sie jedem Kind in seiner Individualität als Helferin bei Kontaktaufnahme und Konflikten zur Verfügung steht,
- vom Interesse an der Lebenswelt des Kindes, seiner Herkunft, seiner Kultur, seinen Eltern und seiner Familie.

2.5.2 Keine Angst vor Körperlichkeit!

Kleinkindbetreuerinnen dürfen kein Problem mit der Körperlichkeit von Kindern haben und den intensiven Körperkontakt mit Kindern nicht fürchten. Auch der eigene körperliche Einsatz der Erzieherin ist gefragt. Mittlerweile gibt es zwar viele Hilfsmittel wie kleine Treppen für Wickeltische, kleine rollbare Stühle, die der Sitzhaltung der Erwachsenen angepasst sind, aber Kinder müssen dennoch gehoben, auf den Arm genommen, aber auch auf dem Boden umsorgt werden.

Schließlich spielt auch die Frage des Lärms eine Rolle. Kleinkindbetreuerinnen müssen besonders belastbar sein, denn Kleinkinder machen mehr Lärm als die Größeren und sind oft trotz geduldigen Zuredens nicht zur Ruhe zu bringen. Sie können ihre Sorgen noch nicht verbalisieren, und es bedarf einer oft genauen Detektivarbeit, um die Ursache des lauten Unmutes zu finden.

Aber auch hier ist die Situation Anlass für pädagogisches Tun.

Pädagogische Arbeit mit den Kleinsten passiert aus der Situation heraus

Kinderschreien – kaum zu überhören
Das Weinen und Schreien von Kindern kann nicht allein aufgrund seiner Lautstärke als belastend empfunden werden. Vielmehr wirkt hier ein psychologischer Mechanismus: Aufgrund des angeborenen Fürsorgeverhaltens hat Kinderweinen für Erwachsene eine besondere Signalfunktion, die zum Handeln zwingen soll.

Eine gute Beobachtungsgabe ist ein weiteres Kriterium für eine gute Kleinkindbetreuerin. Die Kleinen können ihre Themen nicht sprachlich äußern, deshalb brauchen sie Erwachsene, die diese Themen entdecken und ihnen die Entwicklungsmöglichkeiten geben, die sie gerade in diesem Augenblick in dieser Aktion brauchen. Dazu gehört eine hohe Planungsflexibilität, weil vieles aus der Situation heraus geplant und wieder umgestoßen wird und an die kurze Aufmerksamkeitsspanne der Kleinen und ihre schnellen Interessenwechsel angepasst werden muss.

Als Kleinkindbetreuerin bin ich auch für die Erwachsenen da

Erzieherinnen müssen auf der einen Seite authentisch und einfühlsam die Kleinsten auf ihrem Weg begleiten, auf der anderen Seite gehört es zu ihren wichtigsten Aufgaben, den Eltern in einer schwierigen Lebensphase – der ersten Ablösung von ihren Kindern – kompetent zur Seite zu stehen.

Kleinkinderzieherinnen dürfen deshalb den intensiven Kontakt zu Erwachsenen nicht scheuen, denn nur, wenn die Zusammenarbeit mit den Eltern gelingt, wird auch die Eingewöhnung der Kinder in die Einrichtung gelingen.

„Ihr seid ja nur bei den Kleinen“ – die gut gemeinte Bewertungsfalle der Kolleginnen

Eine gute Kleinkindbetreuerin stellt sich der Teamdiskussion standhaft, wenn die Kolleginnen die Arbeit mit den ganz Kleinen nur als Pflege ohne pädagogischen Anspruch sehen. Hier gilt es, sich nicht in diese Ecke drängen zu lassen, sich professionell und stark für die Arbeit mit den unter 3-Jährigen zu positionieren, Inhalte und Ziele des Alltags immer wieder im Team zu klären und für eine moderne und veränderte Krippenpädagogik Stellung zu beziehen.

Erzieherinnen in diesem Arbeitsgebiet müssen von der positiven Möglichkeit der Betreuung der unter 3-Jährigen überzeugt sein

Ein anderer Blickwinkel
Bemerkungen der Kolleginnen wie „endlich bin ich wieder bei den Großen“ oder „mit den Kleinen kann man ja noch gar nichts Rechtes anfangen“ machen eine innerliche Abwehrhaltung deutlich, die sich negativ auf die Arbeit auswirkt. Hier sind Auseinandersetzungen in den Teams notwendig.

Finden Sie es in Ordnung, dass Eltern ihre kleinen Kinder in die Einrichtung bringen? Oder ist das aus Ihrer Sicht immer eine Notlösung? Diese Frage muss jeder, der mit kleinen Kindern arbeitet, für sich beantworten. Die Antwort bestimmt nämlich ganz entscheidend Ihre Haltung gegenüber den Eltern und Kindern.

Erzieherinnen, die diese Frage nicht positiv beantworten können, von ihren Teams oder auch dem Arbeitgeber vielleicht in diesen Arbeitsbereich gedrängt werden, ziehen sich oft innerlich zurück und werden versuchen, diesen Arbeitsbereich schnell wieder zu verlassen.

2.6 Betreuungsformen im Überblick

Was ist das Beste für die Kleinkinder – eine Gruppe von Gleichaltrigen oder die Einbeziehung in eine altersgemischte Gruppe? Oder gibt es weitere Konstellationen, die für die Kinder vielleicht noch besser sind? Eine eindeutige Antwort gibt es – wie so oft in der Kleinkindbetreuung – leider nicht. In jeder Kita, in jedem Team gibt es unterschiedliche Faktoren, die berücksichtigt werden müssen und die ihre Berechtigung haben. Fest steht, dass die Betreuungsform, die das Team wählt, die Qualität der Arbeit möglichst hoch ansiedeln muss. Die Entscheidung muss nachvollziehbare pädagogische Gründe aufzeigen, die das Wohl des Kindes im Blick haben. Betreuungsformen dürfen sich, bei allem Respekt vor der hohen Arbeitsbelastung, nicht danach richten, wie es für die Pädagoginnen am besten wäre, sondern müssen sich ausschließlich auf das Wohlergehen der Kinder konzentrieren.

2.6.1 Vor- und Nachteile einzelner Betreuungsformen

Nun gibt es ja unterschiedliche Alternativen, die kritischen Nachfragen standhalten müssen. Lassen Sie uns einzelne Nachfragen zu unterschiedlichen Betreuungsformen zusammentragen:

- **Alle Kinder von 0- bis 3 Jahren in einer Gruppe**

  Haben die Kleinen hier genug Rückzugsmöglichkeiten, da ihr Tagesrhythmus noch ein anderer ist?
- **Getrennte Gruppen für die unter 1-Jährigen, die 1-Jährigen und die 2- bis 3-Jährigen**

  Ist hier gewährleistet, dass die feste Bezugsperson, die sichere Basis, zur Verfügung bleibt, oder wechselt dies jährlich?
- **Eine Trennung in zwei Gruppen: die unter 1-Jährigen und die Kinder von 1 bis 3**

  Wenn die Kinder den Übergang in die unterschiedlichen Gruppen nach ihrem individuellen Entwicklungsstand leisten sollen, wie werden sie begleitet?
- **Eine „Familiengruppe“, in der Kinder von 0 bis zum Eintritt in die Schule gemeinsam betreut werden**

  Hier bietet sich ein großes Entwicklungspotenzial für alle Kinder. Können die Erzieherinnen diese unterschiedlichen Entwicklungsstufen entsprechend berücksichtigen?
- **Eine offene Arbeit in der Kita, in der Kinder ab 2 Jahren in Funktionsräumen betreut werden**

  Ist das Team so organisiert, dass vor allem den Kleinen feste und kontinuierliche Bezugserzieherinnen zur Verfügung stehen?

Weitere Fragen, die beantwortet werden müssen:

- Wächst die Erzieherin mit oder wechselt die Erzieherin?
  Wie organisiert sich das Team selbst? Wer muss wie oft mit welchen Dingen umziehen? Ist dies sinnvoll für eine kontinuierliche Arbeit?
- Wird mit den Krippenkindern immer direkt eine neue Kitagruppe begonnen?
- Der Beginn einer neuen Gruppe bedeutet viele neue Eingewöhnungen. Wie ist das im Team organisiert? Stimmt der Dienstplan? Wie unterstützen sich die Kolleginnen hier gegenseitig?
- Gibt es einen Krippe-in-die-Kita-Wechsel mit der Begleitung durch eine Erzieherin?
- Wenn im Haus rotiert wird, wie gut und langfristig wird das geplant? Wissen Kinder und Eltern langfristig davon?
- Werden Kinder schon ab zwei Jahren in die Altersmischung der größeren Gruppe mit einbezogen? Ist der Blick hier individuell auf das einzelne Kind gerichtet?

Immer alles für die Kleinen?
Ernstzunehmen sind auch die Sorgen der Erzieherinnen und Eltern der größeren Kinder, die befürchten, durch die Ausrichtung der pädagogischen Arbeit auf die Kleinen ins Hintertreffen zu geraten.

Stehen die Kleinen mit ihren individuellen Bedürfnissen genau wie die Großen im Fokus der für sie zuständigen Erzieherinnen? Besteht die Sorge, dass sich durch den Wechsel alles an den Kleinen orientiert oder wird dies als pädagogisches Thema aufgegriffen?

Feste Bezugspersonen ermöglichen

Entscheidend für die Qualität der gewählten Gruppenform ist, dass die Jüngsten und alle größeren Kinder, die dies brauchen, eine feste und sichere Bezugsperson finden. Wenn somit die Kleinen von Anfang an in die Altersmischung mit einbezogen werden, so ist zu klären, ob eine Erzieherin direkt für die individuelle Betreuung der Kleinen zuständig sein kann. Oft wird in diesem Zusammenhang diskutiert, ob die Größeren nicht automatisch unterfordert sind, wenn die Kleinen in die Gruppe kommen. Das passiert in der Praxis jedoch nur dann, wenn für alle die gleichen Spielangebote gemacht werden –, was nach dem neuen Bildungsverständnis jedoch ohnehin sehr fragwürdig wäre.

„Meine Erzieherin“
Die feste Bezugsperson sollte in allen Gruppenformen für die Kinder gewährleistet sein. Davon profitieren nicht nur die ganz Kleinen, auch größere Kinder genießen die Sicherheit „ihrer Erzieherin“ und können somit besser von den Chancen einer Gruppenvielfalt und Altersmischung profitieren.

Sind Sie verwirrt nach den vielen Fragen und Hinweisen, die wir Ihnen zu Altersmischung und Gruppenformen gegeben haben? Falls Sie mit Krippenbetreuung in Ihrer Einrichtung neu starten wollen, so würden wir Ihnen für den Anfang folgende Empfehlung geben: Die 0- bis 3-Jährigen sollten in einer eigenen Gruppe sein, mit entsprechender Personalausstattung und eigenen Räumen. Der Übergang in die nächsthöhere Gruppe sollte längerfristig vorbereitet werden (durch zunehmende Begegnungen und gemeinsame Aktivitäten mit den Großen). Eine Erzieherin sollte die Kleinen beim Übergang in die große Gruppe begleiten und somit die Kontinuität sicherstellen. In der Praxis bedeutet das allerdings, sich mit den oft starren Personalschlüsseln der Träger auseinanderzusetzen und möglicherweise eine Kompromisslösung zu entwickeln. Wenn Sie Erfahrungen mit den unter 3-Jährigen gesammelt haben, können Sie in den Teams andere Betreuungs- und Gruppenformen diskutieren und ausprobieren.

2.6.2 Im Blick: die „Großen“ in der Krippe

Wann ist man „groß“ in der Krippe?

„Mir ist langweilig!“

Im Altersbereich der 0- bis 3-Jährigen sind deutliche Unterschiede in der Entwicklung zu beobachten. Ein Einjähriger, der noch nicht laufen und sprechen kann, bedarf anderer Betreuung als ein Dreijähriger, der sich bereits intensiv sprachlich mit den Mitmenschen auseinandersetzen kann. In der Regel beginnt in der Krippe mit 2;6 Jahren die Sorge seiner Erzieherin und seiner Eltern, dass das Kind nun womöglich unterfordert sei und besondere Förderung brauche. Besondere Förderung – wie auch immer die aussehen möge – kann allerdings nicht die Antwort auf diese Frage sein. Auch hier ist die intensive Beobachtung der Kinder, aber auch des eigenen Blicks auf die Kinder notwendig. Zunächst einmal: Auch die 3-Jährigen unterscheiden sich in ihren Ansprüchen, ihren aktuellen Themen und ihrem Entwicklungsstand in den verschiedenen Bereichen stark. Es gibt schon sehr „reife" 2-Jährige und noch sehr kleinkindhafte 3-Jährige. Wann der optimale Zeitpunkt für den Wechsel zu den Größeren gegeben ist, kann daher nur individuell für jedes einzelne Kind entschieden werden. Manch ein Kleiner braucht nach wie vor den Krippenschonraum, während ein anderer sich bereits unter all den Kleinen langweilt. Hier ist der enge Austausch mit den Kindern und den Eltern notwendig. Entscheidend ist, was für das Wohl des Kindes selbst am besten wäre. Das Kindeswohl ist dann gegeben, wenn sich das Kind aktuell in einer Umgebung befindet, die ihm die optimalen Anregungen bietet.

Rückzugsmöglichkeiten schaffen

In den Räumen der Kita kann für die Größeren unter den Kleinen ein Schutzraum geschaffen werden, in dem sie unter sich sein können. Das können eine Extrabauecke oder ein mobiler Experimentierwagen sein, eine kleine Probebühne, ein Tablett mit Farben, das so aufgestellt ist, dass es nur von den Größeren unter den Kleinen erreicht werden kann, spezielle Bilderbücher, die dem Geschmack der Größeren entsprechen. Auch Kinder in diesem Alter erkennen schon, dass sie die Großen unter den Kleinen sind, und diesen kleinen Entwicklungsfortschritt, schon „erwachsener" zu sein als die anderen, sollten Sie den Kindern unbedingt gönnen. Das betrifft auch die Möglichkeit, die 3-Jährigen bereits bewusst in Aufgaben mit einzubeziehen, die die Betreuung der 1-Jährigen betreffen. Das kann zum Beispiel Hilfe beim Füttern und beim Händewaschen sein, das Schieben der Buggys, das „Vorlesen" von Bilderbüchern oder das Vorsingen von Liedern. Das schafft nicht nur Entlastung für die Erzieherinnen, sondern ermöglicht soziales Lernen stärker, als es ein gruppendynamisches Sozialförderspiel je könnte.

Kleine groß werden lassen – auch für Erzieherinnen nicht immer leicht

Jede Krippenerzieherin muss sich fragen: Wie schätze ich die Arbeit mit den ganz Kleinen wirklich ein? Fühle ich mich selbst als die „Krippenmutti", in deren Schutz die Kleinen möglichst lange bleiben sollen? Kann ich die Kinder leicht gehen lassen, oder fällt mir die Trennung schwer? Das Bedürfnis, behütet und gepflegt zu werden, ist bei den Kindern selbst manchmal schwächer ausgeprägt als bei den Erzieherinnen, die dies gern für die Kinder leisten wollen.

Sich mit den Erzieherinnen der anderen Altersgruppen abstimmen

Abstimmungsarbeit müssen die Krippenerzieherinnen auch untereinander leisten. Eine Erzieherin kann sich bereit erklären, alle Kinder zu betreuen, die gern rausgehen wollen, während eine andere in dieser Zeit die Kinder betreut, die drinnen bleiben. Auch hier werden sich die Altersgruppen der Kinder bereits häufig voneinander trennen. Wichtig ist ein guter Kontakt zu den Erzieherinnen, die die über 3-Jährigen betreuen. Wenn es gelingt, den Kindern fließende Übergänge zu ermöglichen, ist ein wichtiger Schritt getan. Was spräche dagegen, dass die Kleinen bei den Großen schnuppern gehen, die Räume dort erkunden und sich mit den Gepflogenheiten dort vertraut machen? Und was spricht dagegen, dass ein Kind, das bereits in die Kita gewechselt ist, auch mal zum Schlafen oder Kuscheln in die Krippe zurückgeht, wenn es die alte Erzieherin oder die alten Spielkameraden oder Spielzeuge vermisst?

Die Aussage „die Großen werden in unserer Krippe nicht gut genug gefördert" – sei sie von Eltern oder von den Kolleginnen selbst geäußert – muss jede Einrichtung und jedes Team alarmieren. Dass die Großen nicht gut genug gefördert werden, tritt normalerweise nicht auf, wenn ein Team intensiv in Kontakt steht und alle Kolleginnen miteinander vernetzt sind. Sich altersübergreifend über die Kinder und deren aktuelle Bedürfnisse auszutauschen und für jedes Kind herauszufinden, wo es gerade die optimalen Entwicklungs- und Lernbedingungen vorfindet, ist die Hauptaufgabe jedes Kitakrippenteams.

3 Entwicklungspsychologie von 0- bis 3-Jährigen

3 Entwicklungspsychologie von 0- bis 3-Jährigen

3.1 Wie werden Kinder zu dem, was sie sind?

Die so wichtigen frühen Jahre

„Frühkindliche Amnesie"
So lautet die Fachbezeichnung dafür, dass wir keine echten Erinnerungen an die ersten drei Lebensjahre haben. Gründe dafür sind der frühe Stand der Hirnentwicklung, die noch geringe Möglichkeit, sprachliche Erinnerungen aufzubauen, und die Unterschiede in den Lebenswelten als Kleinkind und als Erwachsener, die das Erinnern erschweren.

Können Sie sich noch daran erinnern, wie es war, als Sie ein Kleinkind von unter drei Jahren waren? Zugegeben, diese Frage ist etwas provokativ gemeint. Kaum einer von uns hat noch echte Erinnerungen an die Zeit, als man selber unter 3 Jahren alt war. Nur an wenige Episoden scheinen wir uns manchmal noch erinnern zu können, der Rest der Erinnerungen speist sich aus den Erzählungen unserer Eltern, der Familie, Fotos aus dem Fotoalbum, Kinderzeichnungen und Familienvideos. Und obwohl wir uns so schlecht daran erinnern können, war die Zeit von der Geburt bis zum dritten Lebensjahr so ereignisreich wie kaum ein anderer Altersabschnitt im weiteren Lebensverlauf. Lassen Sie uns gemeinsam einen Blick darauf werfen, was die Entwicklung in diesem Altersabschnitt ausmacht, was die wichtigsten Entwicklungsschritte und Entwicklungsaufgaben der Kinder in dieser Zeit sind und was dies für die Arbeit in der Kinderkrippe bedeutet. Keine Sorge, es folgt nun keine ausführliche Entwicklungspsychologievorlesung. Wir wollen Ihnen hier nur einen Einblick geben, der Ihren Blick auf die Kinder schärfen soll. Für die besonders Interessierten unter Ihnen gibt es ausführliche Bücher und Zeitschriften, in denen die Entwicklung der unter 3-Jährigen ausgezeichnet beschrieben ist (siehe auch die weiterführenden Literaturhinweise, S. 212 f.).

Entwicklung – mehr als nur Sprache, Motorik und Sauberkeit

Der entwicklungspsychologische Blick vieler Erzieherinnen, die mit Kleinkindern zu tun haben, beschränkt sich leider oft auf die drei Entwicklungsbereiche der kindlichen Motorik, der Sprache und der Sauberkeitserziehung. Den Blick nur darauf zu lenken, wäre jedoch sehr schade. Das Tolle am Beruf der Krippenerzieherin ist es doch, die Kinder in einer der bewegtesten Zeiten ihres Lebens kennenzulernen. Stellen Sie sich vor, Sie hätten nur drei Jahre Zeit, um ein fein differenziertes soziales Netzwerk mit vielen individuellen Bindungen und Sympathien aufzubauen, stehen und laufen zu lernen, sprechen zu lernen, zu lernen, innere Leistungsmaßstäbe zu entwickeln, zu lernen, wie Sie sein wollen, nachdem Sie kurz zuvor erst entdeckt haben, dass Sie eine eigenständige Person sind, um grundlegende physikalische, biologische und soziale Gesetze der Natur und der Menschen kennenzulernen, die Liebe zur Musik zu entdecken, die Lust an Sprache zu gewinnen, nicht nur der Muttersprache, sondern auch an anderen Sprachen, um alle Emotionen in sich zu entdecken und zu erleben usw. All das und noch viel mehr passiert im bewegten Leben der 0- bis 3-Jährigen.

Entwicklungsaufgaben von Erwachsenen
Schauen Sie zum Vergleich auf die Entwicklungsaufgaben im Erwachsenenalter. Dazu gehört unter anderem: das Gründen und Versorgen einer Familie, die Haushaltsführung, das Aufziehen von Kindern, das Führen und Aufrechterhalten einer Partnerschaft, die Pflege der eigenen Eltern, den Auszug der Kinder zu akzeptieren, die berufliche Behauptung und Weiterentwickung, Einschränkungen in der körperlichen Leistungsfähigkeit zu akzeptieren usw.

3.2 Die Entwicklungsaufgaben der Krippenkinder

Seit Langem wird in der Entwicklungspsychologie das Konzept der Entwicklungsaufgaben dafür benutzt, aufzuzeigen, wie sich Menschen in einem bestimmten Altersabschnitt verändern und welche Ursachen für diese Veränderungen verantwortlich sein könnten. Entwicklungsaufgaben sind die typischen Herausforderungen, die ein Mensch in einem bestimmten Altersabschnitt zu bewältigen hat. So wie wir als Erwachsene mit ganz speziellen Herausforderungen in unserem Lebenslauf konfrontiert sind, so trifft dies auch auf die ganz kleinen Kinder zu. Schon unmittelbar nach der Geburt sind sie mit außerordentlich wichtigen Aufgaben konfrontiert, von deren Meisterung das weitere Leben abhängt. Sie müssen selbstständig atmen, sie müssen Nahrung aufnehmen, sie müssen durch Schreien auf ihre Bedürfnisse aufmerksam machen. Gelingt ihnen das nicht, so besteht Lebensgefahr für sie. Wenn diese allerersten Aufgaben gemeistert sind, schließen sich viele typische Entwicklungsschritte und Herausforderungen an. Für die 0- bis 3-Jährigen hat der amerikanische Entwicklungspsychologe Robert Havighurst die folgenden Entwicklungsaufgaben beschrieben:

- die Entwicklung von Anhänglichkeit und Bindung,
- den Erwerb von sensumotorischer Intelligenz und schlichter Kausalität,
- die Herausbildung von Objektpermanenz und Ich-Konzept,
- motorische Funktionen, Sitzen, Krabbeln, Stehen, Laufen,
- die Entwicklung von Selbstkontrolle (vor allem motorisch),
- Sprachentwicklung,
- die Herausbildung von Fantasie und Spiel.

All dies ist in der Regel im Alter von drei Jahren von den Kindern bewältigt. Lassen Sie uns gemeinsam einen genaueren Blick auf diese Entwicklungsaufgaben werfen.

3.2.1 Die Entwicklung von Anhänglichkeit und Bindung

Nicht umsonst hat Robert Havighurst diese Entwicklungsaufgabe an allererste Stelle gesetzt. Die Entwicklung von Anhänglichkeit und Bindung ist die wichtigste Voraussetzung dafür, dass ein Kind überhaupt überleben kann. Kinder sind auf die Unterstützung und Hilfe von Erwachsenen angewiesen. Sie können sich nicht selbst mit Essen und Trinken versorgen, sie können sich bei Gefahr nicht selbst verteidigen, sie können nicht von sich aus in der Nähe von Erwachsenen bleiben, die ihnen Sicherheit und Schutz geben können. Daher hat sich die Natur zahlreiche Tricks einfallen lassen, wie Kinder, trotz ihrer scheinbaren Hilflosigkeit, des Schutzes und der Begleitung durch Erwachsene sicher sein können. Zu diesen Tricks gehören unter anderem das Kindchenschema, der typische Babygeruch und das soziale Lächeln des Kindes, das in den ersten Monaten noch nicht auf eine bestimmte Person gerichtet ist, sondern allen Menschen gezeigt wird, die sich in der Nähe des Kindes aufhalten.

Das soziale Lächeln, ein geschickter Trick der Natur
Wenige Monate alte Kinder lächeln alle Menschen an, die sich in ihrer Nähe aufhalten. Bei den Erwachsenen stellt sich jedoch das Gefühl ein, ganz speziell angelächelt zu werden. Dieser kleine Trick der Kinder führt dazu, dass schnell ein Draht zu den Erwachsenen entsteht, die sich um das Baby kümmern, „weil es doch sie so angelächelt hat".

Bindungsverhalten als natürlicher Schutzinstinkt

Der wichtigste Mechanismus, den die Kinder zur Verfügung haben, ist das Bindungsverhalten. Bindungsverhalten wird immer dann aktiviert, wenn das Kind sich in einer fremden, unvertrauten Umgebung befindet, wenn es sich bedroht oder vernachlässigt fühlt, wenn es ein Bedürfnis hat, das es selbst nicht regulieren kann. Zum Bindungsverhalten gerhören alle typischen Verhaltensweisen, mit denen ein Kind die Nähe der Bezugsperson einfordert, z. B. Schreien, Weinen, Rufen, Sichanklammern, Sich-hinter-der-Bezugsperson-Verstecken usw. Die Entwicklungsaufgabe der Kinder in diesem Altersabschnitt ist es also, diese Nähe zu Bezugspersonen aufzubauen und zulassen zu können, damit die Bezugspersonen den Kindern Schutz und Sicherheit geben können.

Bonding – das An-die-Kinder-gefesselt-Sein
Nähe zu den eigenen Kindern zu empfinden, mit den Kindern mitzuleiden, wenn es den Kindern schlecht geht, sich für die Kinder und deren Wohlergehen verantwortlich zu fühlen – mit dieser großen Aufgabe hat die Natur die Eltern ausgestattet. Der berühmte Mutter- oder Vaterinstinkt „fesselt" die Eltern an die eigenen Kinder.

Nähe empfinden die Kinder in allererster Linie zu ihrer Mutter und zu ihrem Vater. Mutter und Vater ihrerseits fühlen diese Nähe zu dem Kind – ein Phänomen, das als „Bonding" bezeichnet wird. So wie sich die Bindung des Kindes im Bindungsverhalten zeigt, so zeigt sich das Bonding der Eltern im Fürsorgeverhalten. Wenn das Kind seine Bedürfnisse nach Nähe, Schutz, Nahrung, Zuwendung durch Bindungsverhalten äußert, so ist es die Aufgabe der Bezugspersonen, diese Bedürfnisse wahrzunehmen, richtig zu deuten und zu befriedigen, damit die subjektive Sicherheit bei den Kindern wiederhergestellt werden kann. Fürsorgeverhalten ist somit die Voraussetzung dafür, dass die Kinder Anhänglichkeit und Bindung entwickeln können, und Anhänglichkeit und Bindung lösen wiederum bei den Eltern und Bezugspersonen das Fürsorgeverhalten aus.

Gefahren für die sichere Bindung

Fürsorgeverhalten – der Schlüssel zur sicheren Bindung
Die Entwicklung sicherer Bindung zwischen Erwachsenen und Kindern ist untrennbar mit dem Fürsorgeverhalten verknüpft. Wenn das Fürsorgeverhalten beeinflusst ist, dann ist auch immer die sichere Bindung in Gefahr.

Nicht immer baut sich dieses enge Band zwischen Eltern und Kindern ohne Probleme auf. Ein Risiko für die sichere Bindung zwischen Eltern und Kindern stellt zum Beispiel ein schwieriges Temperament des Kindes dar. Kinder, die trotz intensiver Zuwendung viel schreien, machen es ihren Bezugspersonen schwer, ihre Bedürfnisse richtig zu erkennen und zu befriedigen. Das gilt auch umgekehrt für Kinder, die ihre Bedürfnisse gar nicht oder nur sehr schwach äußern und die auch in einer unsicheren Situation ungerührt erscheinen. In beiden Fällen ist viel Geduld und Sensibilität bei den Bezugspersonen erforderlich, damit die Bedürfnisse der Kinder trotzdem befriedigt werden können. Eltern brauchen hier Unterstützung durch die Pädagoginnen, aber auch Pädagoginnen müssen lernen, solche Kinder richtig einzuschätzen und adäquat zu versorgen.

Ein weiteres Risiko für den Aufbau einer sicheren Bindung können Vorstellungen von Eltern und Bezugspersonen darüber sein, was für Kinder gut ist und wie man mit Kindern umgeht. Immer dann, wenn Eltern und Bezugspersonen sich über die Signale des Kindes hinwegsetzen oder sie falsch deuten, entsteht bei Kindern das Gefühl, dass ihre Bedürfnisse nicht wahrgenommen werden. Die Bindung zu den Erwachsenen ist dadurch gefährdet.

Der Sensitivitätskreis – die Entstehung sicherer Bindung

Der Sensitivitätskreis verdeutlicht, wie bei Kindern eine sichere Bindung entsteht. Er beschreibt nicht nur die Bindung zwischen Eltern und Kindern, sondern auch die zwischen Erzieherin und Kindern. Daher gehört der Sensitivitätskreis zum Grundwissen, das jede Krippenerzieherin haben sollte.

Sensitivität – die Feinfühligkeit für kindliche Bedürfnisse
Sensitivität für die Bedürfnisse der Kinder bedeutet, kindliche Bedürfnisse wahrzunehmen, sie richtig zu deuten und sie zu befriedigen. Dies wird im Fürsorgeverhalten der Erwachsenen sichtbar.

Der Sensitivitätskreis verdeutlicht, wie differenziert und auch schwierig die Interaktion zwischen dem Kind und dem Erwachsenen ist, damit sichere Bindung entstehen kann. An vielen Stellen droht Gefahr für die sichere Bindung. Nutzen Sie daher die folgenden Hinweise auch für die eigene Arbeit und für die Erziehungspartnerschaft mit den Eltern:

Der Sensitivitätskreis

1. Kind hat ein Bedürfnis (nach Essen, Trinken, Trost, Sicherheit, Nähe ...).
Gut für Bindung ist:
Das Kind äußert sein Bedürfnis, solange das Bedürfnis besteht.
Schlecht für Bindung ist:
Das Kind äußert sein Bedürfnis nicht (z. B. bei stillen und schüchternen Kindern) oder das Kind äußert seine Bedürfnisse ständig und undifferenziert (z. B. bei Schreikindern).

2. Bezugsperson nimmt das Bedürfnis des Kindes wahr.
Gut für Bindung ist:
Die Bezugsperson befindet sich in der Nähe des Kindes und hört, dass das Kind ein Bedürfnis hat.
Schlecht für Bindung:
Die Bezugsperson ist außer Sicht- und Hörweite und kann daher nicht wahrnehmen, dass ein Bedürfnis besteht.

3. Die Bezugsperson deutet das Bedürfnis des Kindes.
Gut für Bindung ist:
Die Bezugsperson erkennt das Bedürfnis des Kindes richtig.
Schlecht für die Bindung ist:
Die Bezugsperson deutet das Bedürfnis falsch (füttert das Kind z. B., obwohl das Kind seine Müdigkeit signalisiert).

4. Die Bezugsperson reagiert auf das Bedürfnis des Kindes.
Gut für Bindung ist:
Die Bezugsperson befriedigt das Bedürfnis des Kindes.
Schlecht für Bindung ist:
Die Bezugsperson entschließt sich, das Bedürfnis nicht zu befriedigen (aufgrund von Erziehungsvorstellungen, Überlastung usw.).

5. Wenn das Bedürfnis des Kindes befriedigt ist, beruhigt es sich. Wenn das Bedürfnis des Kindes nicht befriedigt wurde, wird es seine Bedürfnisse in Zukunft weniger äußern oder übertrieben äußern müssen.

Alle Kinder teilen dasselbe Sicherheitsbedürfnis

Kinder nicht allein lassen
Sichere Bindung entsteht, wenn Sie die Bedürfnisse des Kindes tatsächlich wahrnehmen können. Lassen Sie daher die Kinder in diesem Alter möglichst nicht allein, halten Sie sich selbst in Sicht- und Hörweite auf.

Kinder äußern ihre Bedürfnisse unterschiedlich stark. Beachten Sie die lauten Kinder genauso wie die leisen und ganz ruhigen Kinder. Widmen Sie sich auch den ganz ruhigen Kindern, aus denen die Bedürfnisse manchmal schwer herauszulesen sind. Gerade Kinder, die die Erfahrung gemacht haben, dass sie nicht wahrgenommen werden, wenn sie ihre Bedürfnisse äußern, neigen dazu, ihre Bedürfnisse zukünftig nicht mehr zu äußern. Sie wirken still, brav und – leider auch – unkompliziert. Seien Sie besonders aufmerksam bei diesen Kindern, die in der Entwicklungspsychologie als „unsicher-vermeidend" bezeichnet werden, da sie es vermeiden, ihre Bedürfnisse zu äußern. Auch wenn sie es nicht äußern, sind diese Kinder stark belastet, wie Studien gezeigt haben. Sie stehen sogar doppelt unter Druck, da sie einerseits ein Bedürfnis haben und andererseits viel Energie darauf verwenden müssen, dieses Bedürfnis nicht sichtbar werden zu lassen.

Unterschiedliche Bindungstypen
Kinder, die ihre Belastung in unsicheren Situationen anzeigen, sich aber von Vertrauenspersonen beruhigen lassen, werden als „sicher gebundene" Kinder bezeichnet.

Kinder, die sich ihre Belastungen nicht anmerken lassen, scheinbar ungerührt sind und auf die Vertrauenspersonen abweisend-kühl reagieren, werden als „unsicher-vermeidend" bezeichnet.

Kinder, die bei Belastungen untröstlich erscheinen und sich auch durch Vertrauenspersonen kaum beruhigen lassen, werden als „unsicher-zwiespältig" bezeichnet

Schätzen Sie andererseits auch das Verhalten von Kindern richtig ein, die sehr lautstark auf ihre Bedürfnisse aufmerksam machen, schwer zu trösten sind, stark klammern, ständig Ihre Nähe suchen und brauchen, manchmal dann aber trotzdem abweisend wirken, wenn Sie ihnen die Nähe geben. Diese Kinder, die in ihrem Bindungsverhalten wissenschaftlich als „unsicher-zwiespältig" bezeichnet werden, haben die Erfahrung gemacht, dass ihre Bedürfnisse immer nur dann wahrgenommen und befriedigt werden, wenn sie sie mehr als deutlich signalisieren. Hier ist, wie bei allen Kindern, die genaue und individuelle Beobachtung der Kinder Mittelpunkt der pädagogischen Arbeit.

Kinder brauchen bedingungslose Zuwendung

Knüpfen Sie Ihre Zuwendung und Fürsorge nicht an Bedingungen. Kein Kind kann sein Bedürfnis nach Nähe und Schutz willentlich steuern, es ist ein natürlicher Instinkt. Geben Sie Nähe und Schutz immer dann, wenn das Kind Ihnen dieses Bedürfnis signalisiert, auch wenn es sehr anhänglich ist. Ein Kind, das erkannt hat, dass sein Bedürfnis nach Nähe und Schutz von Ihnen befriedigt wird, wird zukünftig vermutlich weniger „klammern". Diese Kinder lernen von Ihnen, dass sie bei Ihnen immer dann Schutz, Sicherheit und Trost finden, wenn dies notwendig ist. Dieses Vertrauen in Sie gibt den Kindern Sicherheit.

In unsicheren Situationen weinen – das ist ganz normal

Sicher gebundene Kinder signalisieren ihre Bedürfnisse deutlich, sind dann aber auch schnell wieder beruhigt, wenn das Bedürfnis befriedigt ist. Es ist ganz normal, wenn ein Kind in einer fremden Umgebung nach seiner Mutter oder seinen Vater ruft, weint, wenn es von einer fremden Person auf den Arm genommen wird (und die Erzieherin ist zunächst eine fremde Person). Jedes Kind, das sich anders verhält, sollte uns aufmerksam machen. Signalisieren Sie auch den Eltern, dass es ganz natürlich ist, wenn sich das Kind in der Nähe der Erzieherin am Anfang noch unwohl fühlt und lieber bei den Eltern bleibt. Versuchen Sie nicht, die Nähe zum Kind zu erzwingen, sondern geben Sie dem Kind von der sicheren Basis seiner Eltern aus Zeit, Sie zu „erforschen".

Kinder nicht mit Nähe und Zärtlichkeit bedrängen

Kinder sind nicht „niedlich"
Kinder als Kuscheltiere misszuverstehen, steht dem Bildungsauftrag der Krippe entgegen. Kindern Schutz, Trost und Nähe zu geben, wenn sie dies möchten, ist wichtig, darf aber nicht zu Übergriffen führen.

Beispiel

Dazu eine Episode, wie sie sich in einer Kinderkrippe ereignet hat:
Das kleine Mädchen (1 Jahr, 2 Monate) war auf dem Hof damit beschäftigt, einen kleinen Abhang hinaufzustapfen. Beim Runterlaufen fiel es auf den Po. Es stand wieder auf und machte sich erneut daran, den Abhang hinaufzulaufen. Beim Herunterlaufen fiel es erneut auf den Po. Dieser Vorgang wiederholte sich mehr als 15 Mal. Unbeirrbar lief das Mädchen den Abhang hinauf, fiel beim Runterlaufen auf den Po und machte sich erneut an den Aufstieg. Eine Erzieherin kam hinzu und setzte sich an diesem Abhang auf den Boden. Als das Mädchen auf seinem Weg auf dem Abhang an der Erzieherin vorbeikam, krabbelte die Erzieherin auf das Mädchen zu und nahm es auf den Schoß. Das Kind strampelte auf dem

Schoß der Erzieherin und wollte offensichtlich vom Schoß der Erzieherin. Die Erzieherin hielt das Kind trotzdem fest. Als sie das Kind freigab, hat das Kind seinen Weg auf dem Abhang hoch und runter wieder fortgesetzt, allerdings mit einer kleinen Wegänderung, sodass die Erzieherin von ihrer Position das Kind nicht mit den Händen erreichen konnte. Als das Kind bei seinem Abstieg erneut auf den Po fiel, ist die Erzieherin hingelaufen, hat es auf den Arm genommen und getröstet, obgleich das Kind durch den Sturz keine Belastung gezeigt hatte. Nun fing das Kind in den Armen der Erzieherin an zu weinen und zu strampeln, was die Erzieherin zum Anlass nahm, das Kind vom Abhang wegzutragen, da es sich hier ja offensichtlich wehgetan hat. Als die Erzieherin das Kind wieder auf den Boden absetzte, lief das Kind sofort wieder zum Abhang zurück.

Diese kleine Episode verdeutlicht zum einen, wie schnell kindliche Bedürfnisse missverstanden werden können. In dieser Situation hatte das Kind kein Bedürfnis nach Nähe zur Erzieherin geäußert. Es war damit beschäftigt, sich selbst und seine Fähigkeiten auszuprobieren. Dass die Erzieherin trotzdem eingriff, ist nicht durch ein „Schutz- und Sicherheitgebenwollen" zu erklären. Professionalität im Umgang mit Kindern bedeutet auch, sich selbst den Kindern nicht aufzudrängen. Geben Sie Nähe, wenn das Kind diese von sich aus erbittet, aber drängen Sie ihnen Ihre Nähe nicht auf. Nur so können sich Autonomie und Selbstbestimmung entwickeln sowie ein Bewusstsein für das eigene Selbst und eigene Bedürfnisse.

Die eigenen Erziehungsvorstellungen kritisch hinterfragen

Reflektieren Sie doch einmal Ihre eigenen Erziehungsvorstellungen, erinnern Sie sich daran, wie Sie selbst erzogen wurden, wie sich vielleicht Erziehungsratschläge in Ihrem Kopf festgesetzt haben. Dem Erfüllen kindlicher Bedürfnisse stehen diese oft überholten Vorstellungen entgegen.

Denken Sie oder Kolleginnen von Ihnen tatsächlich auch immer noch,

- *dass ein Kind nur zu festen Fütterungs- und Mahlzeiten essen und trinken sollte (womöglich noch im Vierstundenrhythmus),*
- *dass ein Kind, wenn man immer sofort reagiert, schnell zum Tyrannen wird und ständig Aufmerksamkeit braucht,*
- *dass, wenn man einem Kind in seinen Bedürfnissen nachgibt, die anderen Kinder dies auch gleich wollen,*
- *dass man als Kind auch mal was aushalten muss (z.B. wenn man hingefallen ist), damit man nicht zu weich und verzärtelt wird,*
- *dass die Kita ein Lernort ist, aber das Kuscheln Aufgabe der Eltern sei,*
- *dass die Kinder am sichersten gebunden sind, die ihre Bedürfnisse nicht zeigen, die in Trennungssituationen nicht nach den Eltern rufen und keinen Abschiedsschmerz zeigen?*

Das scheinbar unkomplizierte Kind
Gerade die unsicher-vermeidenden Kinder fallen dadurch auf, dass sie eigentlich nie auffallen. Kinder, die keinen Abschiedsschmerz zeigen und scheinbar unkompliziert integrierbar sind, bedürfen unserer besonderen Aufmerksamkeit.

Diese überholten und falschen Auffassungen gehören allesamt in die pädagogische Mottenkiste.

Die Balance zwischen allen Interessen bewahren

Der oben beschriebene Sensitivitätskreis ist im Alltag mit Kindern schwer einzuhalten. Selbst eine Erzieherin, die sich bemüht, die Bedürfnisse aller Kinder wahrzunehmen, richtig zu deuten und zu befriedigen, wird es nicht immer schaffen. Folgende Hinweise könnten Ihnen jedoch dabei helfen:

- Signalisieren Sie dem Kind, das nach Ihnen ruft, dass Sie es wahrgenommen haben und sich ihm gleich widmen werden. Bitten Sie das Kind um etwas Geduld.
- Machen Sie dem Kind nicht den Vorwurf, dass es „doch sehen müsste", dass Sie gerade mit einem anderen Kind beschäftigt sind. Kinder in diesem Alter sind egozentrisch, sie können ihre eigene Sicht noch nicht mit der Sicht anderer abstimmen.
- Beziehen Sie die anderen Kinder mithilfe direkter Aufträge in die Betreuung mit ein. Gerade bei den älteren Kindern ist dies eine gute Möglichkeit, Fürsorge und Empathie zu fördern. Ältere Kinder können gute Tröster und Fütterer sein. Kinder helfen Kindern sehr gern, aber oft erst nach einer Aufforderung.
- Stimmen Sie sich im Team untereinander ab. Je offener die Arbeit in den Einrichtungen wird, umso weniger sollten Sie daran festhalten, dass Sie sich nur um die „Kinder Ihrer Gruppe" kümmern müssen. Bieten Sie auch einem Kind aus einer anderen Gruppe Ihre Hilfe an, respektieren Sie aber auch, wenn das Kind Ihre Hilfe nicht annehmen möchte. Bindung und Vertrauen lassen sich nicht erzwingen.
- Insbesondere in der ersten Zeit mit den Kindern wird es schwierig sein, alle Äußerungen, Weinen oder Rufen richtig zu deuten und ihr aktuelles Bedürfnis daraus abzuleiten. Beziehen Sie hier die Eltern aktiv mit ein. Nutzen Sie die Eingewöhnungszeit auch dafür, sich mit den Eltern darüber auszutauschen, wie das Weinen des Kindes zu deuten ist.

Trotz alledem wird es nie gelingen, immer alle Bedürfnisse zu erkennen und adäquat darauf zu reagieren. Das gelingt selbst bei Einzelbetreuung nicht. Kinder haben sehr feine Antennen dafür, ob ihr Bedürfnis jetzt nicht befriedigt wird, weil die Bezugsperson nicht kann oder weil sie nicht will. Danach richten sie ihre Bindung und Anhänglichkeit aus. Sie verzeihen schnell, aber sie registrieren auch sehr sensibel, wenn eine Bezugsperson nicht reagieren will. Vertrauen wird sich zu dieser Bezugsperson nicht einstellen.

Exploration – die große Chance
Durch Neugierde- und Erkundungsverhalten (Exploration) lernen die Kinder am besten, wie die Welt funktioniert. Daher sind in der Krippe alle Möglichkeiten zur Erkundung zu geben. Barrieren und Grenzen sind immer mit einer Einschränkung von Explorationsmöglichkeiten verbun den und müssen daher sehr sparsam zum Einsatz kommen.

3.2.2 Der Erwerb von sensumotorischer Intelligenz und schlichter Kausalität

So lautet der Fachbegriff für das, was den Alltag der Kleinkinder ausmacht: forschen, neugierig sein, entdecken, ausprobieren, Wirkungen erfahren. Als sensumotorische Intelligenz wird die spezielle Intelligenz von Kleinkindern bezeichnet, die sich nicht in erster Linie in rationalen Gedanken zeigt, sondern sich in den Händen und Füßen, im Mund, in der Nase, in den Ohren und in allen weiteren Sinnesorganen abspielt. Sensumotorisch – dieser Begriff kennzeichnet das Zusammenspiel zwischen den Sinneserfahrungen der Kinder und ihren Handlungen. Die kindliche Intelligenz ist in erster Linie eine Handlungsintelligenz. Die Kinder begreifen die Welt dadurch, dass sie die Welt begreifen. Der Schweizer Entwicklungspsychologe Jean Piaget (1896–1980) hat sich dazu folgendermaßen geäußert:

> *„Nun, um ein Objekt zu erkennen, muss das Kind mit ihm handeln, es muss es verschieben, verbinden, kombinieren, auseinander- und wieder zusammenbauen …"*

Sensorik, die Wahrnehmung, und Motorik, das Handeln der Kinder, gehen immer zusammen einher. Beim Ausprobieren macht das Kind Wahrnehmungen, diese Wahrnehmungen sind mit Handlungen des Kindes verbunden, die wiederum die Wahrnehmung der Dinge ändern … Viele Erfahrungen kann man mit den einfachsten Alltagsdingen machen, z. B. einen Apfel vom Tisch rollen lassen, ihn auf den Boden werfen, mit ihm an die Heizung klopfen, ihn der Erzieherin zurollen, ihn ablegen und wieder aufnehmen, man kann ihn riechen und an den Mund führen, ihn anlecken oder an ihm knabbern und so Schritt für Schritt den Sinn des Gegenstands und seine Eignung für verschiedene Handlungen erkennen und den Apfel auf diese Weise in das eigene Wissen von der Welt einpassen.

Mehr als nur sieben Sinne
Entgegen der Alltagsmeinung hat der Mensch weit mehr als nur sieben Möglichkeiten, seine Umwelt wahrzunehmen. Riechen, Schmecken, Tasten, Wärme- und Kälteerleben, Vibrationenfühlen, Sehen, Hören, Beschleunigung und Raumlage auch bei geschlossenen Augen wahrnehmen, Schmerzen und Druck fühlen … all das können Kinder ab der Geburt.

Nur Kinder, die sich sicher fühlen, können die Welt erforschen

Zwei Voraussetzungen müssen erfüllt sein, damit das Kind sich handelnd das Wissen von der Welt aneignen kann: Zum einen muss das Kind überhaupt die Möglichkeit haben, Dinge erforschen und ausprobieren zu können. Und zum Zweiten muss sich das Kind sicher fühlen. Die Entwicklungsaufgabe „Bindung und Anhänglichkeit" und die Entwicklungsaufgabe „Sensumotorische Intelligenz erwerben" sind untrennbar miteinander verknüpft. Ein Kind kann niemals gleichzeitig forschen und sich unsicher fühlen. Das Gefühl von Sicherheit und Geborgenheit ist die Grundvoraussetzung dafür, dass das Kind sich traut, Dinge auszuprobieren und zu erforschen. Explorationsverhalten und Bindungsverhalten können nicht gleichzeitig auftreten. Sobald das Kind sich unsicher fühlt, stoppt es die Exploration und versucht, das Gefühl von Sicherheit wiederherzustellen.

Unsichere Kinder nicht ablenken

Im Kitaalltag ist dies häufig zu beobachten, wird allerdings auch häufig falsch eingeschätzt. Wenn ein Kind weint, weil es sich unsicher und schutzlos fühlt, weil die Mutter es gerade verlassen oder es sich wehgetan hat, versuchen Erzieherinnen häufig, das Kind mit Spielen abzulenken. Die Erfahrung zeigt jedoch, dass das Ablenken den Stress der Kinder häufig noch erhöht. Das Kind wieder zur Exploration anzuregen kann nicht klappen, wenn das Kind sich schutzlos oder unglücklich fühlt.

Eingewöhnung – die Voraussetzung für Lernen in der Krippe

Die Eingewöhnung in den Kindertagesstätten hat eine ganz besondere Bedeutung, sie ist keine lästige Pflicht, die so schnell wie möglich hinter sich gebracht werden sollte, sondern ist Grundvoraussetzung dafür, dass die Kinder in der Einrichtung überhaupt mit dem Lernen beginnen können. Ein unsicheres, ängstliches und bedrücktes Kind wird sich vielleicht in den Alltag der Kita einfinden, aber es wird nicht lernen können, da es mit dem Erkundungsverhalten nicht beginnen kann.

Den Alltag als Forschungsfeld entdecken

Sensumotorische Intelligenz wird nicht nur beim Spielen erworben. Erfahrungen mit den Sinnesorganen, die sich im Handeln erschließen, machen die Kinder in

Auf vorgefertigtes Spielmaterial verzichten

Die Kinder verlieren häufig schnell das Interesse an vorgefertigten Spielzeugen mit festen Handlungsabläufen (z. B. bei Bild- und Tonerzeugern). Gutes Spielmaterial muss daher nicht teuer sein, es muss nur Neugierde und Exploration wecken.

allen Alltagssituationen. Beim Wickeln, beim Waschen, beim Zähneputzen, beim Essen, beim Schlafen, überall gibt es viel zu entdecken. Die kleinen Kinder erforschen zunächst ihren eigenen Körper mithilfe der Reflexe, die die Natur ihnen mitgegeben hat. Aufgrund des Greifreflexes können sie schon Dinge festhalten und an den Mund führen, aufgrund des Saugreflexes können sie an Gegenständen saugen und erfahren dabei die Oberfläche und Beschaffenheit der Gegenstände. Die Reflexe sind die Grundausstattung, sozusagen das erste Hilfsmittel für die kindliche Welterkenntnis. Nach und nach können die Kinder ihre Reflexe ganz bewusst einsetzen, verfeinern, auf neue Gegenstände und Gegebenheiten übertragen. Kinder lernen dabei schnell, Hand und Auge miteinander zu koordinieren. Die Hände führen dahin, wo das Auge hinblickt. Der Handlungsraum des Kindes ist der Bereich, in den seine Hände reichen. Er beschränkt sich zunächst auf die Erforschung des eigenen Körpers und der Dinge, die sich in der unmittelbaren Nähe befinden. Babygyms sind solche kleinen Forschungsstationen in greifbarer Nähe der Kinder. Wenn Kinder das Krabbeln erlernen, erweitert sich ihr Handlungsraum enorm.

Die Menge an Reizen sensibel einschätzen

Es existieren unterschiedliche Auffassungen darüber, wie anregungsreich die Umwelt von Kindern sein muss, damit optimale Anreize gewährleistet sind und keine Überforderung der Kinder eintritt. Einige schützen insbesondere die Säuglinge vor „Reizüberflutung“, andere bieten viele Reize in der Nähe des Säuglings an, um keinen Sinn unberührt zu lassen. Das richtige Maß liegt, wie meistens, in der Mitte. Kindern gelingt es schnell, ihre Aufmerksamkeit einem Objekt zuzuwenden und bei der Beschäftigung mit diesem Objekt die Welt um sich herum zu vergessen. Beobachten

Sie daher auch hier wieder genau, ob das Verhalten der Kinder auf Langeweile oder Überforderung hinweist. So gelingt es Ihnen, die Beschäftigung mit dem Kind und die Alleinbeschäftigung des Kindes auf lange Zeit interessant zu gestalten.

Den Kindern die eigenen Lernfortschritte rückmelden

Es sei an dieser Stelle nochmals wiederholt: Die sensumotorische Intelligenz des Kleinkinds ist eine Handlungsintelligenz, die daraus entsteht, dass das Kind sich aus Neugierde und eigenem Interesse mit Dingen und Menschen auseinandersetzt. Sensumotorische Intelligenz kann daher nie direkt gefördert oder angeregt werden. Erzieherinnen können allerdings die Umwelt des Kindes so gestalten, dass sie zu Neugierde und Entdeckertum einlädt. Wenn das Interesse des Kindes ausbleibt, hilft auch keine Einladung, kein Vormachen, kein Motivieren. In einem solchen Fall sollte das Kind genau auf seine Bedürfnisse und seine aktuellen Themen hin untersucht, und die Angebote sollten genau danach ausgerichtet werden.

Das Kreuz mit der Freiwilligkeit

Alle Erzieherinnen sind sich eigentlich einig: Man kann Kinder nicht zu Angeboten und Spielen zwingen. Wie aber sieht es mit deren Freiwilligkeit wirklich aus? Erzieherinnen, die die Kinder eigentlich nur „motivieren" wollen, doch „mal mitzumachen", üben unbewusst trotzdem starken Druck aus. Vorschläge von Erwachsenen werden von Kleinstkindern häufig als bindend betrachtet. Dass die Möglichkeit zum Neinsagen besteht, ist für viele Kinder schwer zu glauben.

Denken Sie bitte an unser Beispiel mit dem kleinen Mädchen auf Seite 44f. zurück. Es hatte gerade das Thema „den Berg rauf- und runterlaufen und dabei auf den Po fallen" für sich entdeckt. Die beste Unterstützung für dieses Kind wäre es, das Kind gewähren zu lassen und ihm seine Beobachtungen zurückzumelden. „Ich hab gesehen, wie du heute den Berg immer wieder hochgerannt bist und dich dabei nicht vom Hinfallen hast entmutigen lassen. Ich war richtig stolz auf dich, wie ausdauernd du bei der Sache gewesen bist!" Diese Anerkennung dem Kind zurückzumelden, tut ihm gut und hilft ihm, seine eigenen Lern- und damit sensumotorischen Intelligenzgewinne für sich selbst wahrzunehmen.

Im Alter von zwei Jahren beginnt sich die Intelligenz mehr und mehr in den Kopf zu verlagern. Diese Phase der Intelligenz –, die in der Entwicklungspsychologie als präoperationale Intelligenz, also eine Intelligenz, die noch ohne logische Operationen auskommt, bezeichnet wird –, dauert bis zum Beginn des Vorschulalters an. Als Erzieherin werden Sie diese großen Entwicklungsschritte mit verfolgen können. Den Übergang zur präoperationalen Intelligenz bemerken Sie insbesondere daran, dass das Kind mehr und mehr seine Fantasie und Vorstellungswelt benutzt, sich das Denken also mehr und mehr im Kopf und nicht ausschließlich in den aktuellen Handlungen abspielt. Eng verknüpft ist dieser Übergang mit den Entwicklungsaufgaben Objektpermanenz und Ich-Konzept, die in den nächsten Abschnitten beschrieben werden.

Schlichte Kausalitäten im Alltag entdecken

Zunächst sei aber noch der zweite Teil der Entwicklungsaufgabe kurz erläutert: Was ist unter „schlichte Kausalität" zu verstehen? Unter Kausalität werden die vielen Wenn-dann-Beziehungen verstanden, die unser Leben begleiten. Wenn es am Himmel dunkle Wolken gibt, dann ist mit Regen zu rechnen. Regen ist aber unwahrscheinlich, wenn die Sonne scheint. Wenn ich nach der Mutter rufe, dann wendet sie sich mir zu. Sie wendet sich aber nicht an mich, wenn sie mein Rufen nicht hören kann, weil sie nicht in der Nähe ist. Wenn ich zu viel Essen auf meinen Teller packe, dann bleibt nachher was auf dem Teller liegen, weil ich nicht alles schaffe. Wenn ich Suppe mit der Gabel esse, dann läuft die Flüssigkeit zwischen den Gabelzinken durch. Wenn ich die Suppe mit dem Löffel esse, dann passiert das nicht. Wenn ich dem anderen Kind ins Auge pieke, dann fängt das andere Kind an zu schreien. Wenn ich eine Brennnessel anfasse, dann juckt das ganz fürchterlich. Das passiert aber nicht, wenn ich Gras anfasse …

Wenn-dann-Beziehungen auch in der Erziehung
Allzu häufig wird das Erkennen von Wenn-dann-Beziehungen in der Erziehung mit „Konsequenzen" verwechselt, mit denen doch eigentlich Strafen gemeint sind. Wenn ein Kind einen Schaden angerichtet hat, dann ist die logische Konsequenz, den Schaden bestmöglich zu beseitigen. Nur Konsequenzen, die nach diesem Prinzip funktionieren, werden von den Kindern auch wirklich verstanden.

Wenn-dann-Beziehungen zu erkennen, macht einen wesentlichen Teil des kindlichen Lernens aus. Sie merken es selbst, im Alltag der 0- bis 3-Jährigen tauchen viele solcher Wenn-dann-Beziehungen auf, die erforscht und ausprobiert werden müssen. Kinder verhalten sich dabei wie Wissenschaftler, sie probieren aus, vergleichen, ändern die Versuchsanordnung und probieren erneut. Wenn-dann-Beziehungen müssen erlebt werden, um verstanden zu werden. Man kann einem Kind hundertmal sagen, dass Steckdosen gefährlich sind – erst die Erfahrung eines Stromschlags lässt die Kinder genau dies auch glauben. Kinder bringen sich so beim Forschen immer wieder auch selbst in Gefahr, aber das ist notwendig, um die Welt tatsächlich verstehen zu können. Ein Kind, dass von allen Widrigkeiten ferngehalten wird, wird eines wichtigen Erfahrungsschatzes beraubt und damit eines wichtigen Teils seiner Intelligenzentwicklung.

Die Beobachtung, wie Kinder schlichte Kausalität im Alltag erkennen, gehört zu einem wichtigen Dokumentationsschatz für die Erzieherinnen und Eltern. Machen Sie es sich zur Aufgabe, genau dies bei den Kindern zu beobachten und zu notieren. Die Erfahrung jeder Kausalität, die von den Kindern gemacht wird, wird von ihnen als Erfahrung abgespeichert und in das weitere Leben integriert. Begleiten Sie ein Kind doch einmal eine Stunde lang und schreiben Sie alle Wenn-dann-Erfahrungen auf, die ein Kind allein in dieser Stunde sammelt. Sie werden tief beeindruckt sein, wie schnell sich Ihr Bogen füllt.

3.2.3 Die Entstehung von Objektpermanenz und frühem Ich-Konzept

Wenn ich dich nicht seh,
dann siehst du mich auch nicht – dieses häufig zu beobachtende Kinderverhalten ist ein Hinweis auf das Fehlen von Objektpermanenz.

„Objektpermanenz", „Ich-Konzept" – Entwicklungspsychologen haben recht komplizierte Begriffe für Dinge erfunden, die im Alltag eigentlich ganz simpel sind.

Objektpermanenz ist das Wissen und die Erkenntnis, dass Gegenstände auch dann weiter existieren, wenn sie sich nicht unmittelbar in unserem Wahrnehmungsbereich befinden. Dieses Wissen um die Dauerhaftigkeit (Permanenz) von Gegenständen, Personen und Dingen (Objekten) kann erst dann von Kindern gezeigt werden, wenn sie in ihrem Kopf ein inneres Abbild von der Welt haben.

Sie erkennen an dieser Definition, wie eng die Intelligenzentwicklung mit der Objektpermanenz bei Kindern verknüpft ist. Für uns Erwachsene ist es eine Selbstverständlichkeit, dass ein Gegenstand auch dann weiter existiert, wenn wir ihn nicht sehen können. Solange aber das Denken der Kinder von der sensumotorischen Intelligenz bestimmt wird, muss das Objekt scheinbar „verschwinden", wenn es sich nicht mehr im Wahrnehmungs- und Handlungsbereich des Kindes befindet. Sobald die Kinder beginnen, nach versteckten Gegenständen zu suchen, haben wir einen wichtigen Hinweis darauf, dass Kinder diesen Entwicklungsschritt vollzogen haben. Die „Guck-guck-Spiele" sind für die Kleinen eben deshalb so besonders reizvoll, weil Gegenstände und Personen scheinbar immer wieder neu entstehen und auftauchen.

Ich-Konzept ist das Wissen darum, dass das Kind eine eigenständige, von der Umwelt losgelöste Person mit einem eigenen Willen, eigenen Wünschen und Zielen und einem eigenen Seelenleben ist. Ich-Konzept ist die Voraussetzung für die Herausbildung einer eigenen Identität.

Der Fleckentest vor dem Spiegel
Entwicklungspsychologen bedienen sich eines Tricks um herauszufinden, ob ein Kind schon ein Ich-Konzept hat. Sie schauen, ob ein Kind sich im Spiegel selbst erkennt, indem sie dem Kind in einem unbeobachteten Moment einen Farbfleck auf die Stirn malen. Stutzt das Kind vor dem Spiegel und versucht, den Fleck wegzuwischen, so hat es sich ganz sicher im Spiegel erkannt.

„Hier bin ich und da sind die anderen Menschen" – so einfach lässt sich das Ich-Konzept zusammenfassen. Einem Kleinkind fällt diese Unterscheidung zwischen sich und anderen jedoch noch sehr schwer. Es hat noch keine Vorstellungen von sich als eigenständiger Person. Erst im Alter von eineinhalb bis zwei Jahren können wir bei den Kindern Anzeichen dafür entdecken, dass sie sich selbstständig wahrnehmen können.

Schauen Sie bei den Kleinen ganz genau hin, ob sie bereits folgende Fähigkeiten besitzen:

- Steht ein Kind schon von seiner Sitzdecke auf, wenn Sie es bitten, ihm die Decke zu geben, oder zieht es an der Decke, bleibt aber darauf sitzen?
- Dreht sich das Kind um, wenn Sie hinter ihm im Spiegel erscheinen?
- Beantwortet es die Frage: „Wer ist (z. B.) Paul?" korrekt mit „Das bin ich"?
- Kann es im Gespräch zwischen „du" und „ich" korrekt wechseln?
- Zeigt es schon bestimmte Gefühle, die voraussetzen, dass man sich von anderen unterscheiden kann (z. B. Verlegenheit und Neid)?
- Zeigt es schon Hilfeverhalten und Einfühlungsvermögen für andere? Auch dies setzt voraus, dass es ein Ich-Konzept hat.

Ab dem Alter von zwei Jahren sollte dies bei den Kindern zu beobachten sein. Vorher ist mit solchen Fähigkeiten nur eingeschränkt zu rechnen. Erwarten Sie deshalb von Krippenkindern nicht zu viel an Einfühlungsvermögen. Krippenkinder sind egozentrische Wesen. Sie handeln aus eigenen Interessen heraus und können nur sehr begrenzt Rücksicht auf andere nehmen. Unterstellen Sie einem Krippenkind niemals, dass es eine Handlung nur deshalb ausgeführt hat, um einem anderen Schaden zuzufügen oder ihn zu ärgern. Ein solch differenziertes Einfühlungsvermögen besitzt ein Kleinkind in diesem Alter nicht, ebensowenig die Absicht, anderen zu schaden.

„Sie tun es nicht, um uns zu ärgern."
Hängen Sie sich diesen Spruch ganz groß in Ihr Erzieherinnenzimmer. Machen Sie sich frei von dem Eindruck, dass Kleinkinder etwas mit böser Absicht tun. Die Ich-Entwicklung und das Einfühlungsvermögen der Kinder sind dafür in keinem Fall ausgeprägt genug. Absichtsvoll Schaden zufügen, ist etwas, das erst ab dem Schulalter vollendet beherrscht wird.

Kinder nicht beschämen

Die emotionale Entwicklung der Kinder ist sehr eng mit dem Ich-Konzept verbunden. Ab dem zweiten Lebensjahr zeigen die Kinder bestimmte Emotionen zum ersten Mal, die die eigene Person und ihre Wünsche und Interessen ins Zentrum rücken. Verlegenheit ist ein gutes Beispiel dafür. Überfordern Sie die Kinder in dieser Zeit der Selbstentdeckung nicht mit öffentlichen Auftritten. Lassen Sie sie selbst entscheiden, ob sie sich vor anderen Kindern oder Erwachsenen äußern wollen. Drängen Sie das Kind nicht zur Kontaktaufnahme mit Fremden. Lassen Sie es selbst Interesse an anderen Menschen entwickeln.

Neid als Entwicklungsfortschritt wahrnehmen

Fasching – eine Belastung
Der Fasching gehört zu den Traditionen in vielen Einrichtungen. In Krippen sollte darauf verzichtet werden. Kinder, die gerade ihre und die Identität von anderen entdecken, fühlen sich häufig schon überfordert, wenn die Erzieherin die Frisur wechselt. Ein lautes Fest, bei dem jeder anders aussieht als bisher, ist von kleinen Kindern kaum zu bewältigen.

Auch Neid gehört zu den Gefühlen, die ein Kind erst dann empfinden kann, wenn es eine Vorstellung von sich und seinen eigenen Wünschen entwickelt hat. Es ist ein neues und belastendes Gefühl, auf das Kinder oft mit dem Wegnehmen eines beneideten Gegenstandes reagieren. Auch hier ist viel Sensibilität von den Erzieherinnen gefragt. Die Erkenntnis, dass es persönlichen Besitz gibt, ist für die Kinder in diesem Alter noch neu. Pädagogische Arbeit bedeutet hier, weitestgehend auf Strafen zu verzichten, aber immer wieder zu erläutern, was allen Kindern gehört, was Kindern allein gehört und was geteilt werden kann. Auch mit kleinen Kindern können gemeinsam Überlegungen angestellt werden, wie man sich verhalten kann, wenn ein anderes Kind etwas hat, das man selbst gerne haben möchte. Halten Sie sich jedoch zurück und lassen Sie die Kinder eigene Überlegungen anstellen. Seien Sie trotzdem nicht verzagt, wenn diese Überlegungen im Spiel immer mal wieder gebrochen werden. Es wäre fatal, das gerade entstehende Einfühlungsvermögen (Empathie) der Kleinen mit den ausdifferenzierten sozialen Fähigkeiten der über Dreijährigen zu vergleichen.

Die Konservativität von Kleinkindern nicht unterschätzen

Das Interesse an der eigenen Person wecken
Schon Kleinkinder verfolgen interessiert die eigenen Veränderungen, wenn sie darauf aufmerksam gemacht werden. Wie habe ich als Baby ausgesehen, wie vor einem Jahr, wie vor einem Monat? Machen Sie den Kindern auch hier ihre eigene Entwicklung deutlich. Nutzen Sie dabei Babyfotos, erzählen Sie den Kindern, was Sie selbst an Veränderungen bei den Kindern bemerkt haben, und fragen Sie die Kinder, was sie selbst bei sich beobachten.

Die Entwicklung der Ich-Emotionen setzt voraus, dass ein Kind Vorstellungen von der Identität anderer Menschen hat. Dass ein Mensch immer noch derselbe Mensch ist, auch wenn er andere Kleidung trägt, seine Stimme verstellt oder seine Frisur geändert hat, ist für Kleinkinder eine Entwicklungsaufgabe, die erst bewältigt werden muss. Seien Sie deshalb zurückhaltend mit radikalen Änderungen Ihres Äußeren bzw. bereiten Sie die Kinder darauf vor.

Die Entwicklung des Selbstkonzepts

Im Altersabschnitt von 0 bis 3 Jahren werden Sie bei den Kindern noch eine weitere neue Emotionsform entdecken. Im Alter von drei Jahren entstehen zum ersten Mal konkrete Vorstellungen davon, wie sie gerne sein möchten. Dieser Vergleich zwischen „so bin ich" und „so möchte ich sein" ist ein Hinweis darauf, dass die Kinder beginnen, ein Selbstkonzept der eigenen Fähigkeiten zu entwickeln. Wie möchte ich sein? Was möchte ich können? Was traue ich mir zu und was nicht? Womit beschäftige ich mich am liebsten? Was fällt mir schwer, was fällt mir leicht? Wo bin ich gut? Wo bin ich schlecht? All diese Vorstellungen beginnen etwa mit dem dritten Lebensjahr. Damit verbunden sind die Selbstkonzeptemotionen Stolz, Scham und Schuldgefühle. Solange ich als Kind noch keine Vorstellungen davon habe, wie ich sein möchte oder wie ich eigentlich sein sollte – solange ich also noch keine Standards für das eigene Verhalten verinnerlicht habe, so lange kann ich auch keinen Stolz oder keine Scham empfinden.

Der Leistungsgedanke taucht auf

In diesem Alter taucht auch der Leistungsgedanke erstmals bei Kindern auf. Am deutlichsten zu erkennen sind die Selbstkonzeptemotionen daher im ständigen Wunsch der Kinder, alles „selber machen" zu wollen. Bremsen Sie die Kinder in ihrem Leistungsgedanken nicht. Geben Sie ihnen tatsächlich die Zeit und die Gelegenheit, das eigene Leistungsvermögen auszuprobieren und dabei Niederlagen und Gewinne verbuchen zu können. Nur so können Kinder sich ein differenziertes Bild davon machen, wie ihre eigenen Fähigkeiten und Fertigkeiten aussehen. Ermutigen Sie verzagte Kinder dazu, sich auszuprobieren, halten Sie sich aber – soweit es die Sicherheitsbedenken erlauben – zurück, wenn Kinder sich mutig auch scheinbar in Gefahr begeben. Hier ist viel Einfühlungsvermögen von der Erzieherin gefragt. Tauschen Sie sich deshalb ganz intensiv mit Ihren Kolleginnen darüber aus, wo die jeweilige Grenze ist. Eigene Ängste auf die Kinder zu übertragen und sie dadurch von allen Gefahrensituationen fernhalten zu wollen, ist zwar ein zutiefst menschliches Verhalten, das aber nicht dazu führen sollte, den Kindern alle Arten von Erfahrungen – positive wie negative – vorzuenthalten.

Zu viel Sicherheit macht die Kinder unsicher
Die Unfallkassen schlagen schon lange Alarm: Das überhöhte Sicherheitsdenken von vielen Erzieherinnen nimmt den Kindern die Möglichkeit, auch eigene Unsicherheitserfahrungen zu machen. Fallen lernt man nur beim Fallen. Ein Kind, das diese Erfahrung nie machen konnte, wird sich im Fall eines Falles womöglich viel schlimmer verletzen als ein mit solchen Situationen vertrautes Kind.

Die eigenen Unsicherheiten reflektieren

Entwicklungspsychologie von Kleinkindern ist immer auch eine Entwicklungspsychologie der Erwachsenen, die mit den Kleinkindern arbeiten. Deshalb ist eine ständige kritische Selbstreflexion angebracht und der Austausch im Team notwendig. Kontrollieren Sie sich daher selbst, ob Sie die Anforderungen an die Kinder und ihre Handlungsmöglichkeiten tatsächlich immer an ihren aktuellen Entwicklungsstand anpassen.

Ängste von Erwachsenen betreffen jedoch nicht nur die potenziellen Gefahrensituationen, in die die Kinder beim Toben und Ausprobieren geraten können. Mit Ängsten besetzt sind auch Themenfelder wie der **kindliche Egozentrismus**, der **kindliche Trotz**, die **Wettbewerbe unter Kindern** sowie die **kindlichen Regelüberschreitungen**.

„Toll, dass du dich mir widersetzt!"
Im Alltag wird kindlicher Trotz als etwas Störendes empfunden. Ändern Sie Ihre Sicht und seien Sie stolz auf die Kinder, die gerade selbstbewusst ihren eigenen Willen entdecken lernen.

- **Den kindlichen Egozentrismus richtig einschätzen**
  Diese Ängste betreffen die eben beschriebene Entwicklungsaufgabe von Objektpermanenz und Ich-Konzept. Die emotionale Entwicklung, die damit verbunden ist, ist enorm. Kindlicher Egozentrismus ist in diesem Alter der Selbstentdeckung und der noch geringen Empathie ein ganz natürliches Phänomen, das es abzumildern, aber nicht abzuschaffen gilt. Berücksichtigen Sie dies in Ihren Gesprächen mit den Kindern, machen Sie ihnen keine Vorwürfe deswegen, betonen Sie aber trotzdem immer wieder auch die Perspektive der anderen und die eigene Perspektive. Nur so können Kinder langfristig den Egozentrismus überwinden.
- **Kindlichen Trotz als Persönlichkeitsentwicklung verstehen**
  Kein Erwachsener ist begeistert über kindliches Trotzverhalten, aber jeder Erwachsene, der mit Kleinkindern zu tun hat, sollte sich eigentlich darüber freuen. Es verdeutlicht nämlich einen enormen Entwicklungssprung, den die Kinder gemacht haben. Ein Kind, das Trotzverhalten zeigt, hat für sich entdeckt, dass es eine eigenständige Person mit eigenen Wünschen und Zielen ist. Den kindlichen Trotz nun austreiben zu wollen hieße, genau diesen Entwicklungsschritt wieder rückgängig zu machen.

Erziehung – mehr als Erpressung und Bestechung
„Wenn du lieb bist, schauen wir uns zusammen ein Buch an." „Mit dir spreche ich nicht mehr, wenn du solche Wörter sagst!" Beobachten Sie Ihren Alltag genau: Sie werden feststellen, dass solche kleinen Bestechungen und Erpressungen nur allzu häufig passieren.

Erwachsene und Kinder können gleichermaßen trotzig sein, wenn es um die eigenen Interessen geht. Der Unterschied zwischen beiden liegt jedoch in den zur Verfügung stehenden Mitteln, um die eigenen Interessen dann auch durchsetzen zu können. Was bleibt einem Kleinkind denn anderes übrig, als zu weinen, mit den

Füßen zu stampfen, zu schreien oder lautstark zu fordern? Das erwachsene Verhandlungsgeschick steht den Kindern noch nicht zur Verfügung. Kinder erleben in ihrem Alltag ständig Einschränkungen und Grenzen, die für sie nicht nachvollziehbar sind. Schon der Besuch der Einrichtung ist keine freiwillige Entscheidung von den Kindern. So erstaunt es schon, wie selten die Kinder eigentlich signalisieren „Jetzt ist Schluss".

Wettbewerbe unter Kinder zulassen

Kein Pauschallob
„Das hast du aber toll gemacht!"? Das Loben sollte in diesem Altersabschnitt genauso sparsam verwendet werden wie das Tadeln der Kinder. Loben macht die Kinder von fremden Bewertungen abhängig. Lenken Sie demgegenüber immer wieder die Aufmerksamkeit der Kinder auf das eigene Leistungsvermögen und die eigene Bewertung. Lassen Sie die Kinder sich selbst loben und teilen Sie dann den Stolz auf die eigene Leistungsfähigkeit mit ihnen.

Insbesondere 3-Jährige lieben es, sich mit anderen zu messen und dabei die eigenen Fähigkeiten und Fertigkeiten zu erproben. Einfache Regelspiele mit höchstens einer Regel werden von den Kindern mit Begeisterung ausgeführt, und es werden Sieger und Verlierer benannt. Im Zuge der Entwicklung der Selbstkonzeptemotionen und der Leistungsmotivation der Kinder ist dies ein ganz natürlicher Vorgang. So schmerzhaft das Verlieren auch empfunden wird, es gehört dazu. Die Kinder durch „niederlagenlose Spiele" von diesen Erfahrungen fernzuhalten, wird kaum gelingen, da die meisten Kinder diese Spiele als langweilig empfinden. Achten Sie als Erzieherin eher darauf, die Leistungsmotivation bei den Kindern zu beobachten und ihre Gefühle richtig einzuschätzen. Besprechen Sie gemeinsam mit den Kindern, welche Regeln es für Siegen und Verlieren gibt, wie man mit Siegern umgeht und wie mit Verlierern. Seien Sie Vorbild. Ermöglichen Sie den Kindern viele Erfahrungen mit unterschiedlichen Spielen und Situationen, sodass die Kinder mal gut sind und mal verlieren. Sie legen so einen wichtigen Grundstein für die weitere Entwicklung der Leistungsmotivation der Kinder in den nächsten Jahren.

3.2.4 Die Entwicklung der grundlegenden motorischen Funktionen Sitzen, Krabbeln, Stehen und Laufen

Der große Kopf – das Ausgangsproblem
Im Gegensatz zu Nestflüchtern kommen die Menschen recht früh auf die Welt und holen wichtige körperliche Entwicklungen erst außerhalb des Mutterleibs nach. Grund für die relativ frühe Geburt ist der große menschliche Kopf. Bei längerer Schwangerschaft würde er nicht mehr durchs weibliche Becken passen.

Bände ließen sich füllen über die wichtigsten motorischen Funktionen, die sich bei den kleinen Kindern entwickeln. Voller Hochachtung muss man auf die Kinder schauen, mit welcher Energie sie lernen, ihre Körper zu beherrschen und gezielt einzusetzen. Wichtigste Triebkraft dafür ist die kindliche Neugierde. Niemand muss ein Kind dazu antreiben, sich in den Sitz hochzustemmen, sich mit Armen und Beinen nach vorne zu schieben, sich in den Stand hochzuziehen und dann die ersten Schritte zu wagen, – all dies geschieht aufgrund des eigenen Willens der Kinder, die ihre Möglichkeiten erweitern wollen, überall selbst ran- und hinzukommen, wo sich Dinge und Personen aufhalten, die ihr Interesse wecken. Dabei sind die Ausgangsbedingungen bei den Kleinkindern eher schwierig.

Kinder sind echte Nesthocker

Im Gegensatz zu manchen nestflüchtenden Tierbabys ist das Menschenkind noch nicht weit entwickelt, wenn es den mütterlichen Körper verlässt. Dies ist ein Zugeständnis der Natur an die großen intellektuellen Leistungsfähigkeiten der Menschen. Sie bedingen einen großen Kopf, der schon bei kleinen Kindern relativ groß ist, im Gegensatz zu ihrem Körper. Für die Entwicklung der motorischen Funktionen ist das hinderlich, da der schwere Kopf zunächst kaum, dann nur mit Mühe angehoben werden kann. Aber den Kindern helfen die vielen natürlichen Reflexe, die das Hinwenden, das Drehen des Körpers, das Aufrichten, das Stehen und auch das Laufen enorm erleichtern.

Die Entwicklungsaufgabe der Kinder im Alter von 0 bis 3 Jahren lautet daher, sich mit dem eigenen Körper vertraut zu machen und ihn immer effektiver für die Fortbewegung nutzen zu können. Schon von Anfang an zeigen Kinder hier große Persönlichkeits- und Entwicklungsunterschiede. Während die einen schon sehr früh motorisch äußerst aktiv sind, sind andere Babys eher ein bisschen träge und lassen sich gern lange tragen. Dies ist nicht allein von äußeren Bedingungen abhängig – die Verantwortung liegt also nicht allein bei den Eltern oder der Erzieherin. Vielmehr spielen angeborene Temperamentsmerkmale und Persönlichkeitsunterschiede eine Rolle. Vertrauen Sie auch hier auf die Eigeninitiative der Kinder, deren Neugierde sie früher oder später zur eigenständigen Fortbewegung anregen wird, wenn keine Behinderungen oder Entwicklungsprobleme vorliegen.

Kein Kind krabbelt wie das andere
Die großen Unterschiede zwischen den Kindern zeigen sich schon beim Krabbeln. Wundern Sie sich also nicht über robbende, schlängelnde, rollende, sitzrutschende, vierfüßelnde oder sich rückschiebende Kleinkinder … all dies und mehr lässt sich bei Kindern beobachten. Alle diese Wege führen später zum Laufen, da können Sie sich sicher sein.

Patentrezepte gibt es nicht

Patentrezepte kann es daher für die Begleitung der Kinder bei der motorischen Entwicklung nicht geben. Im Grunde gilt aber das, was bei Kindern in diesem Altersabschnitt immer gilt: Geben Sie so viel Unterstützung, wie das Kind gerade braucht, um sich selbst helfen zu können. Halten Sie sich in der Nähe der Kinder auf, signalisieren Sie, dass Sie bereit sind, Hilfe zu geben, greifen Sie aber nicht ein, wenn ein Kind sich selbst ausprobiert und seine motorischen Funktionen übt.

Der Kitaalltag aus der Kinderperspektive

Überprüfen Sie den Alltag in Ihrer Kindertageseinrichtung sehr kritisch. Gehen Sie dazu in die Hocke oder auf die Knie und machen Sie sich auf den Weg durch alle Räume, in denen sich die 0- bis 3-Jährigen aufhalten.

- Haben die Kinder tatsächlich genügend Bewegungsfreiheit?
- Wie sind die Fußböden in Ihrer Einrichtung? Laden die zum Krabbeln und Erforschen ein, fühlt man sich auf ihnen auch barfuß wohl?
- Wie sieht es aus mit Ecken und Kanten von Möbeln an Abbiegestellen und Kurven der kindlichen Wege?
- Gibt es überall feste Greifmöglichkeiten, an denen sich das Kind hochziehen kann, um einen guten Überblick über die Einrichtung zu bekommen?
- Wechseln sich Laufstrecken mit Ruhestrecken ab? Kann das Kind auf seinen Wegen Pausen einlegen?

„Haben die Kinder ausreichend Bewegungsfreiheit?"

- Sind unsichere Gegenstände (z. B. Tischdecken) befestigt?

Wenn Sie auf Knien unterwegs sind (machen Sie das bitte wirklich, auch wenn es Ihnen lächerlich erscheint), stimmen Sie sich mit einer Kollegin ab, die die Rolle eines agilen dreijährigen Kindes übernehmen soll. Sie werden schnell merken, dass die Anforderungen an die Bewegungsmöglichkeiten sich auch dadurch unterscheiden, welche Voraussetzungen die Kinder in einem bestimmten Alter mitbringen. Dazu das folgende Beispiel:

Schluss mit den „schriftlichen Bestätigungen"
Wie dieses Beispiel verdeutlicht, können von den Eltern eingeforderte „Freibriefe" für bestimmte kindliche Verhaltensweisen keine Lösung sein. Sie verdeutlichen eher die Unsicherheit der Erzieherin, die sich dadurch auch der Mühe entziehen will, eine individuelle Lösung für jedes Kind zu entwickeln.

Beispiel

Ein Junge (1 Jahr, 10 Monate) hält sich immer wieder in der Nähe der Stufen der Rutschbahn auf. Immer wieder versucht er, sich wackelig auf den Stufen nach oben vorzuarbeiten. Immer wieder hebt ihn die Erzieherin von den Stufen herunter und weist ihn darauf hin, dass er das nicht darf, da erst die Kinder ab 3 Jahren die Rutsche benutzen dürfen. Dem Jungen selbst macht dieses Ritual zunehmend mehr Vergnügen. Er wackelt auf die Rutsche zu, erklimmt die Stufen, schaut schon mal, ob die Erzieherin auch kommt, ihn herunterhebt und auf ihn einredet, bis zum nächsten Versuch. Währenddessen wird die Erzieherin immer ungehaltener, was dem Jungen selbst (denken Sie an den kindlichen Egozentrismus) nicht auffällt. Die Erzieherin lässt sich von der Mutter eine schriftliche Bestätigung geben, dass ihr Kind (quasi mit Haftungssausschluss) auch unbeaufsichtigt auf der Rutsche spielen darf.

Was lernen wir aus diesem Beispiel? Man kann sich viel Mühe und Auseinandersetzungen sparen, wenn schon bei der Raumeinrichtung sehr genau hingeschaut wird. Kinder ständig von einem bestimmten verbotenen Ort oder Gegenstand wegholen zu müssen, ist ein Hinweis darauf, dass ein Raum für die Altersgruppe nicht entsprechend eingerichtet ist. Eine Lösung wäre entweder, die Rutsche in einem Raum aufzustellen, der für die unter Dreijährigen unzugänglich ist, oder das Kind ausprobieren zu lassen und genau zu beobachten, ob es nicht vielleicht doch schon geschickt genug ist, die Rutsche zu erklimmen. Permanente Ermahnungen oder schriftliche Freibriefe sind keine angemessene Lösung für ein Kind, das gerade die Entwicklungsaufgabe Motorik bewältigt.

3.2.5 Die Entwicklung der motorischen Selbstkontrolle

Ganz eng mit der Entwicklungsaufgabe Motorik ist die nächste Entwicklungsaufgabe verknüpft – die Aufgabe, sich selbst bei seinen Handlungen zu überprüfen.

Selbstkontrolle heißt, das eigene Handeln als selbstbestimmtes und bewusstes Handeln wahrzunehmen und für das eigene Verhalten – im Guten wie im Schlechten – Verantwortung zu übernehmen.

Erscheint Ihnen das leicht? Versetzen Sie sich in die Situation eines Dreijährigen, der nun alle motorischen Funktionen und Fähigkeiten besitzt, die auch ein Erwachsener hat. Er kann sitzen, krabbeln, stehen, laufen. Ständig gibt es etwas, das entdeckt und ausprobiert werden will. Das Gefühl, überall hin und überall heranzukommen, lässt das Kind nun endlich gleichberechtigt an allem, was in der Welt passiert, teilhaben. Die Welt steht ihm nun offen, und an mögliche Gefahren ist in diesem Alter noch nicht zu denken.

Kinder nicht „erwachsenentaub" machen

Die kindliche Aufmerksamkeitsspanne ist im Allgemeinen sehr kurz. Wenn ein Dreijähriger sich einen Hinweis eines Erwachsenen mehr als drei Minuten merken kann, hat er schon eine großartige Leistung erbracht. Hinweise von Erwachsenen kommen jedoch ständig, und Kinder können noch kaum herausfiltern, was wirklich wichtig ist. Ein sich auf die Kinder ergießender „Dauerwortschwall" kann dazu führen, dass Kinder „erwachsenentaub" werden.

Die von den Kindern zu meisternde Entwicklungsaufgabe der motorischen Selbstkontrolle wird sie – wenn die Bewältigung gelingt – aus ihrer Abhängigkeit von Erwachsenen befreien. Zunehmend gelingt es den Kindern besser, ihre Fähigkeiten realistisch einzuschätzen. Zunehmend erkennen sie, dass ihre Fähigkeiten noch Grenzen haben. Kinder wissen dabei schon erstaunlich genau, was sie sich zutrauen können und was nicht. So gelingt es ihnen immer besser, sich selbst in ihren spontanen Handlungen zu kontrollieren und selbst zu korrigieren. Je weniger Sie als Erwachsene durch Anweisungen, Kommandos und Regeln eingreifen, umso schneller gelingt es den Kindern, selbst für das eigene Verhalten Verantwortung zu übernehmen. Anweisungen und Kommandos machen abhängig. Ein Kind lernt dann, sich an Anweisungen zu halten, und ist überfordert, wenn mal kein Erwachsener in der Nähe ist.

Ein Test für das Kitaklima
Nehmen Sie sich am Vormittag bei vollem Kitabetrieb einmal zehn Minuten Zeit, stellen Sie sich mitten in die Einrichtung und hören Sie einfach mal zu, was die Kolleginnen so zu den Kindern sagen. Schätzen Sie dabei ein, wie viele der Äußerungen ermunternd und wertschätzend sind und wie viele einfach nur Anweisungen, Kommandos, Ermahnungen oder Regeln enthalten. Dieser Test verdeutlicht, ob und wie viel in Ihrer Einrichtung noch für ein kindgerechtes Klima getan werden muss.

Selbstkontrolle entwickelt sich nicht durch Fremdkontrolle

Regen Sie das Kind stattdessen immer wieder zur Selbstreflexion der eigenen Fähigkeiten und Handlungen an.

- Wie fühlt sich das an, wenn man etwas Schweres anhebt?
- Spürst du ein Kribbeln im Bauch, das dich warnt, wenn du aus großer Höhe nach unten schaust?
- Was macht dir Angst?
- Wie gelingt dir ein Purzelbaum am besten, welche Tricks benutzt du dabei?
- Wie kann man ein Glas am besten festhalten, damit es ganz fest in den Händen bleibt?

Die Entwicklung der motorischen Selbstkontrolle bleibt für Kinder trotzdem eine schwere Entwicklungsaufgabe. Immer wieder werden die Kinder sich im Widerspruch zwischen ihrem Anspruch und ihren Fähigkeiten befinden. Der Kopf möchte etwas anderes, als der Körper zu leisten vermag. Das ist bitter und führt bei den Kindern zu Enttäuschungen. Viele der kindlichen Wutausbrüche oder Trotzanfälle sind nicht durch die Umwelt und ihre Frustrationen bedingt, sondern sind Folge des Ärgers der Kinder über sich selbst. Auch hier ist die Sensibilität der Erzieherin gefragt, die solchen Ärger nicht persönlich nehmen, sondern den Kindern Trost spenden sollte, ohne dabei die Probleme der Kinder kleinzureden. „Dafür bist du noch zu klein!" ist genauso wenig hilfreich wie „Dafür kannst du doch aber andere Sachen schon ganz toll". Ermuntern Sie das Kind lieber dazu, es noch einmal zu probieren, sodass es lernt, seine eigenen Fähigkeiten gut einzuschätzen und als veränderbar erfahren zu können, wenn es sich entsprechend anstrengt.

Verhaltenshinweise für die Kinder positiv formulieren
Sagen Sie dem Kind, wie es sich verhalten soll, und nicht, wie es sich nicht verhalten soll. Sagen Sie „Halt dein Glas ganz fest!" anstatt „Lass dein Glas nicht fallen!". Kinder können sich dann besser am richtigen Verhalten orientieren.

Grob- und Feinmotorik unterscheiden

Die Entwicklung der motorischen Selbstkontrolle beschränkt sich natürlich nicht nur auf die Grobmotorik. Auch die feinmotorischen Fähigkeiten wie das Greifen und Festhalten, der Pinzettengriff, die Handhabung des Daumens usw. verbessern sich in diesem Altersabschnitt enorm. Nichtsdestoweniger bleiben einige Fähigkeiten den Kindern nach wie vor versperrt. Knöpfe schließen, Schnürsenkel binden und vieles mehr ist für die Kleinen nach wie vor eine zu große Herausforderung. Wägen Sie also gut ab, was Sie die Kinder selbst machen lassen und wo Sie den Kindern Unterstützung geben müssen, um sie nicht zu überfordern und unnötig zu frustrieren. Auch dafür ist die genaue Beobachtung der Kinder unabdingbar.

Auch wenn in dieser Entwicklungsaufgabe die motorische Selbstkontrolle der Kinder betont wird, so wird sie auch in anderen Entwicklungsbereichen entwickelt werden müssen. Ansätze von Selbstkontrolle sind auch in der Sprache und Kommunikation sowie im Sozialverhalten zu beobachten, z. B. wenn die Kinder sich anderen gegenüber als einfühlsam zeigen. Aber diese Ansätze sollten noch nicht überschätzt werden.

3.2.6 Die Entwicklung der Sprache

Zum Mittagsschlaf braucht es absolute Ruhe?
Es ist ein weitverbreiteter Irrtum, dass Kinder besonders dann gut schlafen können, wenn absolute Ruhe herrscht. Im Gegenteil, menschliche Gespräche und Geschäftigkeit vermitteln den Kindern das beruhigende Gefühl von Sicherheit, dass andere Menschen in der Nähe sind und für das Kind sorgen werden. Stille ist ein Signal für Verlassensein – ein Gefühl, das kein Kind entspannen lässt.

Ganz sicher gehört die Entwicklung der Sprache zu den wichtigsten Entwicklungsaufgaben, die von Kindern in diesem Altersabschnitt gemeistert werden. Sprachentwicklung beschränkt sich dabei nicht nur auf das gesprochene Wort, sondern umfasst auch alle anderen Kommunikationsmöglichkeiten, die sich bei den 0- bis 3-Jährigen Kindern entwickeln. Kinder sind von Geburt an in der Lage, zu ihrer Umwelt Kontakt aufzunehmen und Botschaften zu senden und zu empfangen. „Ich habe Hunger!", „Irgendwas stimmt nicht!", „Ich fühle mich nicht gut!", „Ich bin müde!", „Hey, das macht Spaß!", „Das kitzelt!" – diese und viele weiteren Empfindungen können schon kleine Kinder nach außen vermitteln. Sie lächeln, quengeln, schreien, seufzen oder brabbeln vor sich hin und drücken damit aus, was gerade in ihnen vorgeht.

Der eigenen Intuition vertrauen

Für Erwachsene ist es nicht leicht, immer genau das zu verstehen, was die Kinder gerade ausdrücken wollen. Gerade, wenn Sie als Erzieherin bisher mit den 3- bis 6-Jährigen zu tun hatten, wird es eine große Umstellung und Herausforderung sein, sich auf die Sprache und Kommunikation der ganz Kleinen einzustellen. Dabei hilft Ihnen jedoch die „elterliche Intuition", die bei Müttern und Vätern stark ausgeprägt ist sowie auch bei Erzieherinnen, die schon lange mit Kindern gearbeitet haben. Voraussetzung dafür ist, dass Sie sich in die Kommunikationswelt der Kleinen hineinbegeben und darauf vertrauen, dass hinter den Äußerungen der Kinder echte Absichten und Anliegen stecken, die diese versuchen mitzuteilen.

Denken Sie daran, dass Kinder darauf angewiesen sind, dass es Erwachsene in ihrer Nähe gibt, die ihnen Schutz und Sicherheit signalisieren und gewähren. Die Kinder nutzen die ihnen zur Verfügung stehenden Kommunikationsmittel, um sich dieser Nähe zu versichern. Die Kinder dabei zu überhören oder zu übersehen bzw. zu ignorieren führt dazu, dass sie mehr und mehr darauf verzichten und sich in sich selbst zurückziehen. So entwickeln sich scheinbar „brave" und „unkomplizierte" Kinder zu verunsicherten. Nutzen Sie daher alle Kommunikations- und Gesprächsangebote der Kleinen und melden Sie ihnen zurück, dass sie wahrgenommen werden. Vermeiden Sie dabei nach Möglichkeit einen vorwurfsvollen Ton. („Jaha, ich höre dich, nun drängel doch nicht so!") Kinder wissen noch nicht, dass in einer Gruppe viele Kinder gleichzeitig Bedürfnisse haben können.

Die Meilensteine der Sprachentwicklung kennen

Die Entwicklungsaufgabe Sprache und Kommunikation besteht aus vielen einzelnen Entwicklungsaufgaben, die in diesem Altersabschnitt bewältigt werden müssen. Lassen Sie uns daher kurz einen Blick auf die Meilensteine der Sprachentwicklung werfen und dann überlegen, welche Unterstützung Kinder dabei benötigen.

Ab der Geburt beobachtbar:

- Die Kinder bringen angeborene Fähigkeiten mit, die sie optimal auf die Sprachentwicklung vorbereiten. Zu diesen angeborenen Fähigkeiten gehören:
  - ein sehr früh sehr gut ausgebildetes Hörvermögen,
  - die Hinwendung zu menschlicher Sprache,
  - das Erkennen der Sprache der Mutter (das haben die Kinder im Babybauch gelernt),
  - reflexartige Schreckreaktionen nach lauten Geräuschen,
  - Schreien und Gurren als Ausdruck von innerem Befinden.

Ab ca. 6 Wochen beobachtbar:

- Fähigkeit der Kinder, zwischen „Sprache zwischen Erwachsenen" und „Ansprache an das Kind selbst" zu unterscheiden,
- erste Präferenzen für die eigene Muttersprache,
- erstes unspezifisches soziales Lächeln – die Kinder lächeln, wenn sich Menschen in ihrer Nähe aufhalten, und fordern diese so zur Kontaktaufnahme auf,
- einfache soziale Interaktionen – z. B. Anschmiegen,
- aus dem unterschiedlichen Schreien der Kinder lassen sich unterschiedliche Bedürfnisse herauslesen.

Ab ca. 2 Monaten beobachtbar:

- Babylachen,
- erste Laute werden produziert (erst Vokale, dann Konsonanten),
- im Lallen der Babys sind Strukturen erkennbar,
- Gebärden und Gesten werden von den Babys erkannt und gedeutet (z. B. beim Zeigen wird nicht mehr auf den Finger geguckt, sondern in die Richtung, in die gezeigt wird).

Das Phänomen „soziale Verweisung"
In unsicheren Situationen orientieren sich die Kinder an den Gefühlen ihrer Bezugspersonen. Wenn Mama oder Papa ebenfalls Unsicherheit zeigen, reagieren die Kinder ängstlich. Das Wissen um dieses Phänomen gehört in die Planung der Eingewöhnung – denn sichere Eltern bewirken sichere Kinder.

„Schau mal dort, ein Kaninchen!"
Stellen Sie sich vor, Sie sehen zum ersten Mal ein Kaninchen. Woher wüssten Sie, was mit dem Wort „Kaninchen" gemeint ist? Das Tier an sich? Eine Eigenschaft des Tieres? Ein Körperteil (z. B. die Kaninchenohren?)? Das typische Fell? Bis heute wissen die Wissenschaftler nicht genau, wie die Kinder die Wortbedeutungen richtig erlernen. Die Leistungen, die hier von den Kindern erbracht werden, sind enorm.

Ab ca. 5 Monaten beobachtbar:

- Silbenwiederholungen im Lallen, die die Grundlage für die ersten Worte darstellen (Baba, Lala, Mama ...),
- „Geben und Nehmen" – Interaktionsspiele,
- die euphorische Reaktion der Umwelt spornt die Babys dazu an, noch mehr solcher Silbenwiederholungen zu produzieren,
- Kinder können alle Laute der menschlichen Sprache unterscheiden,
- Kinder erkennen die Passung zwischen Lippenbewegung und Lauten beim Gegenüber und wundern sich, wenn diese nicht synchron sind,
- Kinder reagieren personenspezifisch, d. h., sie verhalten sich Bekannten gegenüber anders als gegenüber Fremden,
- erste Anzeichen von Fremdenangst,
- feste personenspezifische Bindungen werden aufgebaut,
- soziale Verweisung – in unsicheren Situationen lesen die Kinder im Gesichtsausdruck ihrer Bezugspersonen und übernehmen deren Einschätzung der Situation.

Ab ca. 10 Monaten beobachtbar:

- Bildung erster Wörter,
- der typische Rhythmus und die typische Betonung der Muttersprache werden erkannt,
- grammatikalisch sinnvolle Sätze werden erkannt und gegenüber grammatikalisch sinnlosen Sätzen bevorzugt,
- die Muttersprache wird gegenüber anderen Sprachen bevorzugt,
- bestimmte Begrüßungsrituale zu den Bindungspersonen entstehen,
- Kinder suchen aktiv die Nähe ihrer Bindungspersonen,
- bestimmte typische Worte werden bestimmten Situationen zugeordnet (z. B. „Happa" für alles, was mit Essen zu tun hat, „Wiawia" für alles, was sich irgendwie dreht).

„Mama!"

- *Ich habe dich gerade gesehen!*
- *Ich habe dich erkannt!*
- *Ich will dir etwas zeigen!*
- *Ich fühle mich nicht wohl!*
- *Ich habe Schmerzen!*
- *Mir geht es gut!*
- *Ich will etwas haben!*

Ein einziges Wort kann vieles bedeuten, daher wird von Ein-Wort-Sätzen gesprochen. Sie richtig zu deuten, ist Aufgabe der Erwachsenen.

Ab ca. 18 Monaten beobachtbar:

- Kinder beherrschen ca. 50 Wörter,
- Kinder beherrschen Ein- und Zweiwortsätze,
- immer besser beherrschen Kinder die komplizierten Regeln der Sprache,
- sie erkennen Wortbedeutungen aus kleinen Hinweisen der Umwelt,
- lernen, dass es mehrere Worte für ein Objekt geben kann bzw. dass ein Wort mehrere Objekte oder auch nur Teile eines Objekts bezeichnet,
- Kinder erkennen, dass es für alles Wörter gibt.

Ab ca. 2 Jahren beobachtbar:

- Wortexplosion und Wortschatzspurt – Kinder machen enorme Wortzugewinne,
- Anstieg der verstandenen Wörter in einem Jahr auf ca. 1 000,
- erste Dreiwortsätze,
- Freude an Sprache, Liedern, Reimen, Musik.

Ab ca. 3 Jahren beobachtbar:

- korrekte Satzbildungen möglich,
- Benutzung von Substantiven, Verben, Präpositionen, Adjektiven,
- Kinder überwachen das eigene Sprechen und korrigieren sich spontan selbst bei Fehlern.

Die typischen Sprach- und Sprechfehler bei Kindern kennen

Wenn etwas sich so dramatisch schnell entwickelt, wie die Sprache bei den Kindern, so kann natürlich nicht alles fehlerfrei und glatt verlaufen. Kinder produzieren viele Sprachirrtümer, die für die Erwachsenen oft Anlass zur Heiterkeit sind. Lachen Sie auch da nur gemeinsam mit den Kindern, nicht über sie, und schauen Sie bitte ganz genau hin, was hinter diesen Sprach- und Sprechfehlern steckt. Oft geben uns die Sprach- und Sprechfehler wichtige Hinweise darauf, wo das Kind in seiner Sprachentwicklung gerade steht. Die typischen Sprach- und Sprechfehler der Kinder erfordern normalerweise kein Eingreifen der Erwachsenen, da sie eher ein Hinweis auf eine normale Entwicklung sind. Lassen Sie uns auch das wieder an einzelnen Beispielen anschauen.

- **Typische Aussprachefehler der Kleinkinder:**
  - „Baba“ statt „Baby“, da Silbenwiederholungen aus der frühen Sprachentwicklung wieder herangezogen werden,
  - „Aff“ statt „Affe“ – die Kinder lassen gern die unbetonten Silben als scheinbar „unwichtig“ aus,
  - „Bunnen“ statt „Brunnen“ – die Kinder stolpern häufig über schwierige Konsonantenfolgen,
  - „Taken“ statt „Garten“ – die Kinder verwechseln die Lautfolge.

- **Typische Übergeneralisierungen und Bedeutungseinschränkungen:** Die Kinder benutzen dasselbe Wort für verschiedene Dinge (z. B. „Puppe“ für jedes Spielzeug) oder verwenden ein Wort für nur ein einziges, bestimmtes Objekt (z. B. „Auto“ nur für das eine Auto, das der Familie gehört).

„Das hast du aber fein gemacht! Mach nur so weiter!" Für Ironie und paradoxe Sätze haben Kinder noch keinen Sinn. Sie nehmen das Gesprochene beim Wort. Überprüfen Sie hier Ihre eigene Ansprache der Kinder sehr kritisch und verzichten Sie nach Möglichkeit auf alle paradoxen Sätze und ironischen Bemerkungen, wenn Sie von den Kindern verstanden werden wollen.

- **Typischer Telegrammstil:** Alles wird kurz und knapp ausgesprochen, wobei die Kinder noch keine Rücksicht darauf nehmen, ob ihre knappen Informationen für den Gesprächspartner verständlich sind.
- **Fehlendes Verständnis für Ironie:** Kinder nehmen alles Gesprochene ernst. Ironische Bemerkungen, paradoxe Anweisungen können die Kinder nicht verstehen.
- **Bestimmte neu erlernte grammatische Regeln werden auf alle Sätze angewendet:** Z. B. deutet der Satz „Ich habe getrinkt!" darauf hin, dass das Kind erkannt hat, dass es auch unregelmäßige Verben gibt.
- **Typische Entwicklungssprechfehler:** Stammeln oder Stottern in diesem Alter ist selten Anlass zur Sorge. Diese Phänomene werden als „Entwicklungsstammeln" bzw. „Entwicklungsstottern" bezeichnet. Der Hintergrund: Das Kind denkt schneller, als sein Mund sprechen kann. Das Viele, das die Kinder erzählen wollen, kommt nicht schnell genug aus dem Mund heraus.

Kritische Anzeichen für eine möglicherweise gestörte Sprachentwicklung wahrnehmen

Alle Kinder entwickeln sich unterschiedlich. Auch in der Sprachentwicklung sind Unterschiede zu beobachten. Manche sprechen schon sehr früh erstaunlich korrekt, von anderen Kindern ist lange Zeit nicht viel zu hören. Nicht immer ist jedoch eine Sprachförderung oder gar Sprachtherapie notwendig. Im letzten Abschnitt haben wir bereits über typische Sprach- und Sprechfehler geschrieben. Sie sollten trotzdem auf die folgenden kritischen Anzeichen bei den Kindern achten und diese im Entwicklungsgespräch mit den Eltern besprechen:

- mit einem Jahr noch kein Lallen,
- 1 Jahr, 6 Monate: Ausbleiben jeglicher sprachlicher Äußerungen,
- 2 Jahre: nur 5 bis 10 Wörter,
- 3 Jahre: nur 10 bis 50 Wörter, Wortketten ohne Wortbeugungen („Du geben!", „Mama essen" ...), keine Zweiwortsätze.

Die Eltern frühzeitig mit einbeziehen

Holen Sie sich und den Eltern bei diesen Anzeichen Unterstützung von Fachleuten, damit den Kindern die besten Startbedingungen erhalten bleiben. Lassen Sie sich nicht von Kinderärzten entmutigen, die manchmal etwas vorschnell darauf verweisen, dass sich das bestimmt alles noch „verwächst". Seien Sie auch kritisch gegenüber Logopäden, die Kinder erst ab dem Alter von drei Jahren behandeln. Wichtige Meilensteine der Sprachentwicklung werden vor dem dritten Lebensjahr gestellt. Oft gibt es auch bisher unerkannte Ursachen für Sprachentwicklungsverzögerungen. Frühzeitig muss von Fachleuten abgeklärt werden, ob bei den Kindern Anzeichen für einen beginnenden „Agrammatismus" (Störung der Grammatik), Wahrnehmungsprobleme (z. B. Schwerhörigkeit oder Taubheit), Intelligenzstörungen oder frühkindlicher Autismus vorliegen.

Ihre Verantwortung gegenüber den Eltern und Kindern besteht darin, Ihrer Erfahrung als Erzieherin zu vertrauen und hartnäckig zu bleiben, wenn die Eltern solche Entwicklungsprobleme möglicherweise nicht wahrnehmen wollen.

Betonen Sie im Elterngespräch Ihre eigene Besorgtheit, stellen Sie keine Diagnosen, sondern schildern Sie bestimmte Verhaltensweisen und bieten Sie Ihre Unterstützung an. So erreichen Sie die Eltern am besten.

Die kritische 50-Wort-Marke
Als wichtigster Hinweis für eine mögliche Sprachentwicklungsverzögerung gilt, wenn Kinder bis zum Alter von 2 Jahren weniger als 50 Worte benutzen. Hier ist Ihre Beobachtung gefragt. Allerdings stellt auch das kein absolutes Diagnosekriterium dar, da es einige Kinder (sogenannte „Spätsprecher") gibt, die selbst diesen Rückstand noch aufzuholen vermögen. Bleiben Sie trotzdem dran!

Beispiel

Lisa (2 Jahre) ist ein eher stilles, freundliches Kind. Der Erzieherin fällt auf, dass Lisa selten reagiert, wenn man sie aus der Entfernung ruft. Im direkten Kontakt ist Lisa aber zugewandt. Die wenigen Worte, die Lisa verwendet, klingen merkwürdig „verwaschen" und undeutlich. Im Gespräch mit den Eltern schildert die Erzieherin ihre Besorgnis: „Heute, als ich alle Kinder zum Mittagessen rief, reagierte Lisa nicht. Ich dachte zunächst, dass sie im Spiel versunken sei, und ging deshalb zu ihr hinüber. Erst als ich Lisa über den Kopf strich, blickte sie zu mir auf. In ähnlichen Situationen, so auch heute, hatte ich den Eindruck, dass sie mir ganz genau auf den Mund guckt, um zu erkennen, was ich von ihr will. Ich mache mir Sorgen, dass Lisa möglicherweise schwerhörig ist. Haben Sie ähnliche Situationen bei Lisa beobachtet? Ich wäre sehr beruhigt, wenn Sie beim Kinderarzt meine Beobachtung erwähnen könnten. Ich habe Sorge, dass Lisa sonst den Anschluss in der Sprachentwicklung verliert."

3.2.7 Die Entwicklung von Fantasie und Spiel

Fantasie zu entwickeln und zu spielen sind wichtige Entwicklungsaufgaben von Kindern. Auf den ersten Blick scheinen diese beiden Entwicklungsschritte nicht mit besonderen Herausforderungen verbunden zu sein. Wenn wir uns aber vor Augen führen, wie zentral Fantasie und Spiel für das Lernen der Kinder und ihr weiteres Leben sind, wird die Größe dieser Entwicklungsaufgabe erst deutlich. Ein Kind, das nur wenig Fantasie entwickelt, wird es schwer haben, mit den vielfältigen Anforderungen der realen Welt zurechtzukommen. Spiel hilft den Kindern, die vielen neuen Erfahrungen, die sie tagtäglich machen, miteinander zu verbinden und zwischen der inneren Welt (der Fantasiewelt) und der äußeren Welt (der Realwelt) Verbindungen zu knüpfen.

Eine Definition für Spiel:
„Spiel ist eine freiwillige Handlung oder Beschäftigung, die innerhalb gewisser festgesetzter Grenzen von Zeit und Raum nach freiwillig angenommenen, aber unbedingt bindenden Regeln verrichtet wird, ihr Ziel in sich selber hat und begleitet wird von einem Gefühl der Spannung und Freude und einem Bewusstsein des ‚Andersseins' als das ‚gewöhnliche Leben'." (Huizinga, 2004, S. 37)

Von den Kindern Fantasie und Spiel lernen

Was Spiel und Fantasie betrifft, so sind wir Erwachsene keine guten Vorbilder für die Kinder. Die Entwicklung des Kleinstkindes über das Vorschul-, Schul- und Jugendalter bis in das Erwachsenenalter ist meist durch einen zunehmenden Verlust von Spielfähigkeit und Fantasie gekennzeichnet. Beneidenswert, wie fantasievoll Kinder die Welt sehen, und bedauerlich, wie „vernünftig", „verständnisvoll", „realistisch" wir Erwachsene unsere Umwelt wahrnehmen. Die wichtigste Aufgabe der Krippe ist es daher nicht, Fantasie und Spiel „zu entwickeln" oder gar „zu fördern", sondern sie so lange wie möglich zu erhalten.

Schauen wir uns zunächst das Phänomen Fantasie einmal ein bisschen genauer an.

Das Wort selbst stammt vom griechischen Wort „Fantasia" ab, das nichts weniger als „Erscheinung", „Vorstellung", „Traumgesicht" oder auch „Gespenst" bedeutet. Mit Fantasie ist die Fähigkeit von Menschen gemeint, Vorstellungen, Gedanken und Ideen zu produzieren. Fantasie ist somit ganz dicht dran an der menschlichen Fähigkeit zur Kreativität, d. h. zur Fähigkeit,

über das alltäglich Gegebene hinaus neue Gedanken und Vorstellungen zu entwickeln, die Bisheriges auch infrage stellen können.

Wer Fantasien entwickeln will, muss sich seines inneren Vorstellungsvermögens bedienen. Ein fantasievolles Kind schaut sich die Realität an und überlegt sich dann Bilder, wie die Realität anders aussehen könnte. Im Kopf eines fantasievollen Kindes wird die Banane zum Telefonhörer, eine Pappkiste zum Auto, eine Plastiktüte zum Fluggerät und Kartoffelbrei auf dem Teller zur Modelliermasse für Sandburgen.

Ein Kreativitätstest für Erzieherinnen
Nehmen Sie sich ein Stück Papier und schreiben Sie in fünf Minuten alles auf, wozu ein Ziegelstein dienen kann …
Fallen Ihnen nur Sachen ein, die etwas mit dem Bauen oder Gegenstände-beschweren zu tun haben? Dann ist Ihre Fantasie schon sehr eingeschränkt. Ziegelsteine stellen nämlich unter anderem auch ganz fantastische Kopfkissen für indische Fakire dar …

Fantasie ist die Grundvoraussetzung dafür, dass in unserer Welt Neues entstehen kann. Die wichtigsten Erfindungen, Entdeckungen, die Lösungen für Menschheitsrätsel waren nur dadurch möglich, dass Menschen sich ihre Fantasie und Kreativität bewahrt haben und vieles, was uns unverrückbar erschien, hinterfragt haben.

Die Banane als Telefonhörer

Fantasie zu haben bedarf allerdings einer ganz wichtigen Grundvoraussetzung. Im Kopf des Kindes müssen schon Vorstellungen von Gegenständen abgespeichert sein. Damit ein Kind Fantasie entwickeln kann, muss vorher eine andere Entwicklungsaufgabe bewältigt werden – die Entwicklung der sogenannten Objektpermanenz (siehe auch Kapitel 3.2.3). Erst wenn das Kind Objekte auch im Kopf abgespeichert hat und gedanklich mit diesen Objekten hantieren kann, kann sich auch Fantasie entwickeln. Damit zum Beispiel die Banane zum Telefonhörer werden kann, muss das Kind einen Telefonhörer schon einmal gesehen haben, es muss ein Bild vom Telefonhörer im Kopf abgespeichert haben und es muss im dritten Schritt die Ähnlichkeit zwischen der Form des Telefonhörers und der Banane erkennen.

Erwachsenen fällt diese Schrittfolge schwer, weil unsere Vorstellung vom Telefonhörer schon so fest verankert ist, dass uns die Vorstellung, eine Banane könnte ein Telefonhörer sein, lächerlich und absurd erscheint. Schade eigentlich, oder? Vielleicht hilft Ihnen die Arbeit mit den Kleinen dabei, die Fantasie auch in sich selbst wiederzuentdecken. Sie werden merken, Ihr Alltag wird sich farbenfroher, entspannter, „unvernünftiger“ und kreativer darstellen. Genießen Sie das gemeinsam mit den Kindern. Bedenken Sie dabei aber auch die pädagogische Arbeit, die Sie leisten können, um Fantasie und Vorstellungskraft bei den Kindern zu ermöglichen.

Den Kindern Zeit geben

Fantasie und Kreativität brauchen Zeit. Unter Zeitdruck sind keine kreativen und fantasievollen Lösungen denkbar. Auch hier zeigt sich wieder, dass die wichtigste pädagogische Regel für den Umgang mit Kleinstkindern das Zeitlassen und das Nichtunterbrechen ist. Ein Kind, das ganz in seine Fantasiewelt versunken ist, zu unterbrechen, bedeutet, es um wichtige Lernmöglichkeiten zu berauben. Das sollte gut überlegt werden und darf nicht durch organisatorische „Traditionen“ in der Einrichtung gerechtfertigt werden.

Nicht zu früh viel Fantasie erwarten
Erste Ansätze von Fantasie beobachten wir bei den Kindern ab dem zweiten Lebensjahr. Erst dann ist die Entwicklung des Denkens bei den Kindern so weit vorangeschritten, dass innere Bilder gespeichert sind und mit ihnen hantiert werden kann. Vorher fällt Kindern fantasievolles Denken noch schwer.

Fantasie nicht „fördern“ wollen

Fantasie und Kreativität können nicht ausgelöst werden. Die direkte Aufforderung an die Kinder, „Seid doch jetzt mal ganz kreativ und fantasievoll“ führt – selbst wenn sie kindgerecht formuliert ist – fast immer genau zum Gegenteil, nämlich zu einem ganz unkreativen schweren Nachdenken und Angestrengtsein. Fantasievoll sein heißt demgegenüber unbeschwert sein. Versuchen Sie also nicht, Fantasie zu fördern, sondern überlegen Sie eher, wie Sie Fantasie bei den Kindern ermöglichen können, indem Sie die Rahmenbedingungen für das kindliche Spiel so unbeschwert und stressfrei wie möglich gestalten.

Der Materialeinsatz: Weniger ist mehr

Fantasie und Kreativität brauchen keinen großen Materialaufwand. Eine Binsenweisheit, die eigentlich jede Erzieherin kennt, die manchmal im Alltag jedoch verloren geht. Fantasievolles Spiel muss nicht teuer sein. Gerade die spielzeugfreien Zeiten in den Einrichtungen haben gezeigt, wie fantasievoll Kinder sein können. Papprollen, Toilettenpapier, Decken und Stoffbahnen, Teppichreste und Farbeimer sind für fantasievolle Kinder die liebsten Spielmaterialien. Demgegenüber schränkt das handelsübliche Spielmaterial die Fantasie oft eher ein, da es manchmal nur eine vorgefertigte Spielidee beinhaltet.

Den Kindern beim Spielen aktiv zuhören

Fantasie ist die Voraussetzung für die Entwicklung von Einfühlungsvermögen. Mich in einen anderen Menschen hineinzuversetzen, sich mit ihm zu freuen oder mit ihm zu leiden,

Aktives Zuhören – die Wiedergabe der Gefühle des anderen
Aktives Zuhören bedeutet, mit eigenen Worten wiederzugeben, welche Gefühle ich beim anderen gerade wahrnehme. „Du bist richtig stolz auf deinen Turm!“, „Du ärgerst dich über dich, weil es mit dem Schuhanziehen nicht klappen will“, „Du bist total wütend, weil Paul den Kipplaster nicht rausrücken will“. Durch diese Sätze lernen die Kinder, dass ihr Gedanken- und Gefühlsleben von anderen wahrgenommen wird. Sie werden so angeregt, auch selbst bei anderen die Gefühle wahrzunehmen.

ist nur möglich, wenn es mir gelingt, Fantasien davon zu haben, was wohl gerade im Gegenüber vor sich geht. Niemand von uns kann Gedankenlesen, selbst erfahrene Erzieherinnen nicht. Seien Sie den Kindern ein Vorbild, indem Sie ihnen durch aktives Zuhören die Möglichkeit geben, die eigenen Gedanken zu sortieren und die Gedanken des Gegenübers kennenzulernen.

Alltagsfluchten ermöglichen

In der Fantasie ist jedes Kind stark und mächtig. Der Alltag der Kinder ist jedoch oft durch frustrierende Erfahrungen gekennzeichnet. Immer wollen die Erwachsenen das letzte Wort haben, dauernd sollen sie sich richtig verhalten, tausend Sachen gibt es, wo es nicht ran darf oder wofür es noch „zu klein" ist. Fantasie hilft den Kindern, diesem Alltagsdruck zu entfliehen. Gönnen Sie ihnen diese kleinen Alltagsfluchten.

Kleine Pannen vorwurfsfrei beseitigen

Fantasie lässt die Kinder den Alltag vergessen. So kann es während eines sehr fantasievollen Spiels dazu kommen, dass Kindern Missgeschicke passieren oder dass sie sich oder andere gefährden. Ein im Fantasiespiel versunkenes Kind macht sich schnell einmal die Hose nass, weil die Wahrnehmung des Körpers gerade in den Hintergrund gerückt ist. Manchmal kann aus Spaß auch Ernst werden, wenn miteinander gekämpft wird. Solche Situationen zu entspannen oder zu schlichten, ohne dass den Kindern Vorwürfe gemacht werden, kennzeichnet die gute Kleinkindpädagogin. Völlig unangemessen wäre es, einem unter 3-Jährigen böse Absichten zu unterstellen. Vorwürfe führen hier zu nichts, außer zu Frustration auf beiden Seiten.

Sich in das Fantasiespiel der Kinder nicht einmischen

Mischen Sie sich möglichst nicht in das Fantasiespiel der Kinder ein. Wenn die Kinder Sie einbeziehen wollen, so lassen Sie sich darauf ein, ohne jedoch selbst die führende Rolle zu übernehmen. Drängen Sie den Kindern nicht Ihre eigenen Spielvorstellungen oder Ihre eigene Fantasie auf.
Dazu wieder eine Alltagsbeobachtung:

Beispiel

Zwei dreijährige Mädchen sind gerade dabei, den Teppich in der Einrichtung zu untersuchen. Sie liegen auf dem Boden und ziehen mit spitzen Fingern und viel Geduld etwas aus dem Boden heraus. Die Erzieherin beobachtet das Geschehen und lässt sich erläutern, dass im Teppich „Goldfäden" sind, die die Mädchen suchen. „Die könnt Ihr Eurer Puppe ja in die Haare flechten, als Schmuck!", schlägt die Erzieherin vor. Die Mädchen blicken kurz etwas irritiert zur Erzieherin. Das ursprüngliche Spiel der Mädchen ist unterbrochen, als die Erzieherin die Puppe holt und neben die Mädchen setzt.

„Die könnt ihr eurer Puppe als Schmuck ins Haar flechten."

Es passiert im Alltag schnell, dass die eigenen Fantasien den Kindern untergeschoben werden. Was auf den ersten Blick für die Kreativität und Fantasie der Erzieherinnen spricht, schränkt die Kinder jedoch schnell ein, da die Ideen von Erwachsenen als bestimmend wahrgenommen werden, ohne dass die Kinder in diesem Augenblick diese Ideen nachvollziehen könnten.

Das kindliche Spiel besser verstehen

Haben Sie sich als Erzieherin schon einmal Gedanken darüber gemacht, was das eigentlich ist – „Spielen", wozu Spielen gut ist und woran man erkennt, dass ein Kind gerade spielt? Dies erscheint uns sehr wichtig, da gerade im Alltag den Krippenerzieherinnen von Kolleginnen, Eltern oder vermeintlichen Bildungsexperten der Vorwurf gemacht wird, die Kinder würden in der Einrichtung ja den ganzen Tag „nur spielen" und „viel zu wenig lernen".

Spiel gilt als Zeitvertreib, der den Menschen schnell von den „eigentlich wichtigen Dingen" des Alltags abhält. Dass man beim Spielen die wichtigsten Dinge des Alltags lernen kann, dass Spielen Lernen ist und Lernen Spielen, dies zu glauben, fällt uns schwer. Die neuen Bildungspläne räumen der kindlichen Eigenentwicklung einen hohen Stellenwert ein. Kinder sollen die Gelegenheit bekommen, im Spiel ihre eigenen Themen und Interessen zu entdecken und diesen nachzugehen. Nichtsdestoweniger ist der pädagogische Alltag in vielen Einrichtungen und im Denken vieler Erzieherinnen noch geteilt in die Zeit des „Freispiels" und in die Zeit der „Lernangebote" (gern auch als „Beschäftigung" oder „Projekte" bezeichnet), in der die Kinder angeblich tatsächlich etwas lernen.

„Habt ihr wieder schön gespielt?"
Diese etwas herablassende Formulierung, die beim Abholen der Kinder von Eltern schnell mal geäußert wird, sollten Sie nicht übelnehmen, sondern zum Anlass nehmen, Ihre Beobachtungen vom Spiel der Kinder mitzuteilen und den Eltern anhand dessen zu verdeutlichen, was die Kinder alles gelernt haben.

Die Bildungspläne der Bundesländer haben diesem Denken leider – wenn auch in entgegengesetzter, guter Absicht – sogar noch Vorschub geleistet. Da ist von zahlreichen Bildungsbereichen die Rede, in denen die Kinder ihre Erfahrungen machen sollen. Viele Erzieherinnen lesen daraus die direkte Aufforderung, den Kindern in diesen Bildungsbereichen Angebote oder Projekte anzubieten und darauf zu hoffen, dass diese auf das Interesse der Kinder stoßen. Hinzu kommt die noch immer weitverbreitete Auffassung, dass beim Lernen „Produkte" entstehen müssen, die dann für die Dokumentation der eigenen Leistungsfähigkeit der Erzieherin und der Einrichtung und zum Gefallen der Eltern öffentlich ausgestellt werden müssen.

Hier ist ein Umdenken erforderlich, das bei den Allerkleinsten in den Einrichtungen – den 0- bis 3-Jährigen – beginnen muss.

Schluss mit den Produktausstellungen
Niemandem ist mit den Ausstellungen von Kinderbildern, Zitronenschweinchen oder Apfelmännchen gedient – außer einem unbegründeten schlechten Gewissen von Erzieherinnen, die glauben nur so kindlichen Lernfortschritt verdeutlichen zu können. Zeigen Sie stattdessen lieber die Prozesse auf, schildern Sie Ihre Alltagsbeobachtungen, lassen Sie die Kinder selbst ihre aktuellen Themen und Fortschritte dokumentieren! Das können sogar schon die Allerkleinsten.

Was ist eigentlich „Spiel"?

Eine Erzieherin muss gute Argumente haben, wenn sie anderen die Wichtigkeit des kindlichen Spiels verdeutlichen will. Deshalb wollen wir uns näher anschauen, was Spiel denn eigentlich ist. Interessanterweise gibt es bisher kaum gute Definitionen dafür, trotz aller Fortschritte in der entwicklungspsychologischen Forschung. Am besten eignet sich die folgende Begriffserklärung:

> *Als „Spielen" werden als lustvoll empfundene körperliche und geistige Tätigkeiten bezeichnet, die sich selbst genügen und keine Ziele, außer die in der Sache selbst, verfolgen.*
>
> *Alles, was als Pflicht oder Zwang, als Schadensabwendung, Schmerzvermeidung oder zur Suchtbefriedigung getan wird, kann nicht als Spiel bezeichnet werden (Rüssel, 1959, S. 502).*

Um zu erkennen, ob es sich bei einer Tätigkeit um Spiel handelt, können die folgenden Kriterien herangezogen werden, die mehr oder weniger gelten sollten (siehe auch Tücke, 2001):

- Spiel ist zweckfrei.
- Spiel ist spontan und kann kaum von außen angeregt werden.
- Wenn im Spiel doch Ziele verfolgt werden, so sind das Handlungsziele im Spiel selbst, die das Spiel aufrechterhalten.
- Spielen ist durch die Abwechslung von Anspannung, Aufregung und Entspannung gekennzeichnet.
- Spiel besteht durch „handelnde Auseinandersetzung", d.h., es werden im Spiel andere Personen und Gegenstände mit einbezogen, die wahrgenommen, erlebt und bedacht werden.
- Spiel ist nur wenig organisiert – je mehr organisiert wird, umso weniger Spaß wird empfunden (z.B., wenn zu viele Regeln existieren).
- Im Spiel wechseln sich Realität und Fantasie immer wieder miteinander ab.
- Die positiven Emotionen überwiegen, auch wenn im Eifer des Gefechts auch einmal negative Emotionen auftreten können (z.B. beim Verlieren).

Pädagogisch „wertvolle" Lernspiele?
Es gibt Streit darüber, ob man als Pädagogin Spiele einsetzen soll, um bestimmte Förder- oder Lernziele zu erreichen. Einige empfehlen das Spiel als besten Zugang zu den Kindern, andere sagen, dadurch wird ein Grundgedanke von Spielen – die zweckfreie Spontaneität der Kinder – verletzt.

Kinder spielen nicht, um zu lernen, sondern sie lernen beim Spielen. Das können Sie ganz schnell selbst feststellen, wenn Sie sich die Merkmale des Spiels anschauen und sie mit der Begriffsklärung des Wortes „Lernen" vergleichen.

> *„Als ‚Lernen' werden relativ überdauernde Änderungen der Verhaltensmöglichkeiten bezeichnet, sofern sie auf die Aufnahme und Verarbeitung von Informationen zurückgehen. Als Ergebnis des Lernens können neue Verhaltensweisen oder neue Wissensbestände beim Menschen beobachtet werden." (Merz, 1996, S. 1239–1242)*

Am besten lernen die Kinder durch Ausprobieren, Hantieren, Anfassen, Vergleichen, Auseinander- und wieder Zusammenbauen. Kinder sind dabei selbst aktiv, oder sie beobachten ganz aktiv andere Kinder oder Erwachsene und versuchen, deren Handlungen nachzumachen. Nicht immer sind alle diese Handlungen der Kinder von Erfolg gekrönt. Manches geht schief beim Ausprobieren, manches gelingt aber auch gut. Manchmal bekommt man ganz durch Zufall heraus, wie man etwas, mit dem man bisher viel Mühe hatte, viel leichter machen kann. Nach manchen Handlungen schimpfen die Erwachsenen. Das kann dazu führen, dass diese Handlung künftig nicht mehr so häufig ausgeübt wird. Wenn das Kind aber das Gefühl hat, dass die Handlung selbst ganz toll war, dann lernt das Kind auch, diese Handlung nur dann auszuüben, wenn gerade kein Erwachsener in der Nähe ist – denn ausgeschimpft werden, das findet kein Kind besonders schön.

*„**Zwar weiß ich viel,** doch möcht' ich alles wissen. Dass ich erkenne, was die Welt im Innersten zusammenhält." Im Unterschied zu den Kindern hat Faust mit seinen Forschungen ein ganz klares Ziel verfolgt. Kinder sind sich selbst noch nicht bewusst, dass sie beim Spielen lernen. Sie auf die eigenen Lernprozesse aufmerksam zu machen, ist eine wichtige Aufgabe von Erzieherinnen.*

Erkundungsverhalten im Spiel – die wichtigste kindliche Lernform

Es gibt zahlreiche Lehrbücher mit zahlreichen Theorien über das kindliche Lernen. Vom „Trichterlernen" über das klassische und operante Konditionieren bis hin zu kognitiven und konstruktivistischen Lerntheorien gibt es viel zu lesen und zu lernen. Im Alltag mit den Kindern findet jedoch die wichtigste Lernform fast unbemerkt statt: das Neugierde- und Erkundungsverhalten, das im Spiel ausgeübt wird und das den Kindern ständig neue Erkenntnisse darüber beschert, wie unsere Welt und alles, was sich in ihr befindet und bewegt, so beschaffen ist.

Schauen Sie sich die Liste der zu bewältigenden Entwicklungsaufgaben noch einmal in Ruhe an und überlegen Sie, wie alle diese Herausforderungen zu meistern wären, wenn die Kinder nicht die Fähigkeiten und die Möglichkeiten zum Spielen hätten:

- Entwicklung von Anhänglichkeit und Bindung,
- Erwerb von sensumotorischer Intelligenz und schlichter Kausalität,
- Herausbildung von Objektpermanenz und Ich-Konzept,
- motorische Funktionen Sitzen, Krabbeln, Stehen, Laufen,
- Entwicklung von Selbstkontrolle (vor allem motorisch),
- Sprachentwicklung,
- Herausbildung von Fantasie und Spiel.

Wie sähen die Alternativen aus, gäbe es kein Spiel? Könnte man Kindern „beibringen", „antrainieren" oder sie gar „lehren", wie sie diese Entwicklungsaufgaben bewältigen können? Erzieherinnen wissen jedoch: Kinder zu trainieren nützt gar nichts. Die wichtigste Lernmotivation ist die Neugierde, die aus den Kindern selbst kommt. Beim Spielen werden alle Herausforderungen im wahrsten Sinne des Wortes „spielerisch gemeistert", Lernen ist ein „Kinderspiel".

Im Spiel Autonomie ermöglichen
Der Alltag der Kinder ist voll von Grenzen – eigenen und fremdgesetzten. Ermöglichen Sie den Kindern so viel freies Spiel wie möglich. Versuchen Sie nicht, in das Spiel steuernd, „fördernd", „motivierend" einzugreifen. Kinder verlieren sonst eines der wenigen freien Betätigungsfelder, die sie haben.

Die unterschiedlichen Spielformen der Kinder

Erzieherinnen wissen, dass sich das kindliche Spiel je nach Alter der spielenden Kinder unterscheidet. So entwickelt sich auch das Spiel der Kinder selbst, wobei frühere Spielformen nicht ganz verschwinden, sondern um weitere Spielformen ergänzt werden. Bestimmte Spielformen, wie zum Beispiel Rollen- oder Regelspiele, sind im Kleinstkindalter kaum zu beobachten. Für Rollenspiele ist Kommunikation und soziales Aushandeln notwendig – etwas, das den „egozentrischen" Kindern in diesem Alter noch sehr schwerfällt. Regelspiele stellen hohe Anforderungen an die Merkfähigkeit und an das Denkvermögen der Kinder. Kinder bis zum Alter von drei Jahren können sich meist nicht mehr als eine Spielregel pro Spiel merken. Die wichtigsten Spielformen der ganz Kleinen sind das sensumotorische Spiel, das Objektspiel, das Symbolspiel (oder Fantasiespiel), Sprachspiele und das Bauspiel. Erste Ansätze von Rollenspiel sind ab dem Alter von drei Jahren zu beobachten.

- **Das sensumotorische Spiel ab 7 Monaten**

  Ab 7 Monaten üben die Kinder im Spiel schon sehr geschickt und konkret den Umgang mit allem, was in ihre Sicht- und Reichweite gelangt, alle Spielobjekte und Spielpartner werden dabei ausprobiert und erfahren. Wenn nichts anderes Interessantes in der Nähe ist, spielen die Kinder mit sich selbst, lernen ihren Körper kennen und üben Reflexe. Das Wort sensumotorisch verdeutlicht dabei die enge Verknüpfung zwischen dem, was in den Sinnesorganen passiert, und dem, was motorisch von den Kindern getan wird. Das sensumotorische Spiel ist mit der sensumotorischen Intelligenz eng verknüpft (siehe Kapitel 3.2.2).

  Selbst im einfachen sensumotorischen Spiel der Kinder gibt es vieles zu entdecken. Wenn Sie die Babys ganz genau beobachten, werden Sie auch die fließenden Übergänge zum Objektspiel bei den Kindern verfolgen können. Wichtige Merkmale des sensumotorischen Spiels sind unter anderem:

- Gegenstände in den Mund stecken,
- einfaches Manipulieren (z. B. Schütteln von Gegenständen),
- funktionales Manipulieren (z. B. Räder drehen).

- **Das Objektspiel ab 9 Monaten**
  Mehr und mehr verlagert sich das Spiel der Kinder vom eigenen Körper und von unmittelbaren Sinneseindrücken hin zu Spielmaterialien und von Spielobjekten. Beim Objektspiel werden die Gegenstände auf ihre Bestimmung und ihre Funktion hin ausprobiert und untersucht.
  Wichtige Merkmale dabei sind:

- Gegenstände in Beziehung zueinander bringen,
- funktionales In-Beziehung-Bringen (z. B. Tasse – Unterteller).

- **Das Symbolspiel (bzw. Fantasiespiel) ab 12 Monaten**
  Im Zuge der Entwicklung der Objektpermanenz (siehe auch Abschnitt 3.2.3) verlagert sich die Spielwelt mehr und mehr in die Fantasie des Kindes. Sie hilft ihnen, aus Alltagsgegenständen Wunschgegenstände zu machen. Materialien, die nicht vorhanden sind, werden durch ähnliche Materialien ersetzt. Die Kinder beginnen, so zu tun, als ob. Das ist ein ganz zentraler Entwicklungsfortschritt der Kinder, weil es ihre Spielmöglichkeiten nahezu grenzenlos macht. Ganz nebenbei zeigt dieses Verhalten die riesigen Fortschritte auf, die die Kinder in der Denkentwicklung gemacht haben. Dabei sind bei den Kindern die folgenden Merkmale zu beobachten:

- handelndes Andeuten (So-Tun-als-ob),
- selbstbezogenes So-Tun-als-ob (z. B. Trinkgeräusche beim Tasse-an-den-Mund -Führen),
- fremdbezogenes So-Tun-als-ob (z. B. Puppe füttern),
- fantasievolles Ersetzen von Gegenständen (z. B. Stab als Flasche),
- Handlungsfolgen spielen.

Der „kollektive Monolog"
Wenn man Kleinkinder beim Spielen nur flüchtig betrachtet, kann man erstaunt sein, wie intensiv sie sich bereits zu unterhalten scheinen. Erst beim genaueren Hinhören wird deutlich, dass jedes Kind sein eigenes Thema „bespricht". Dieses Phänomen – das als „kollektiver Monolog" bezeichnet wird – wird mitunter auch aus Teamsitzungen von Erwachsenen in Kitas berichtet …

- **Sprachspiele**
  Sprachspiele sind eigentlich keine eigene Spielform, sondern sie begleiten den Alltag und die Sprachentwicklung bei jeder Gelegenheit. Kinder entwickeln ein immer größeres Interesse daran, mit der Sprache selbst zu spielen und sich der Sprache im Spiel zu bedienen. Durch Sprache können so Spielgegenstände beschrieben oder auch eingefordert werden, Sprache kann zur Absprache von Spielen benutzt werden, aber die Sprache kann auch selbst im Zentrum des Spiels stehen, zum Beispiel bei Reimen, Fingerspielen, Liedern und Gedichten. Bei Dreijährigen zeigen sich auch erste Anzeichen der kindlichen Fragephase, die

der Erzieherin die sprichwörtlichen Löcher im Bauch beschert. Nicht alle Fragen der Kinder entstehen aus inhaltlicher Neugierde, viele Fragen werden einfach gestellt, weil die Kinder gern fabulieren, erzählen, den Kontakt zu den anderen suchen. Versuchen Sie trotzdem, so ernsthaft wie möglich zu antworten, denn viele der Antworten begleiten die Kinder noch lange Zeit als Bestandteil ihres Wissens – seien sie nun richtig oder falsch.

- **Rollenspiele ab ca. 30 Monaten**
  Wenn die Kinder auf ihren dritten Geburtstag zusteuern, sind auch erste einfache Rollenspiele zu beobachten. Die Rollenspiele in diesem Alter orientieren sich dabei noch stark an vorgegebenen Rollen (z. B. Vater-Mutter-Kind-Spiele). Symbolspiele und Rollenspiele gehen hier fließend ineinander über, z. B., wenn eine Puppe bestimmte fehlende Rollen im Spiel ersetzt. Es ist schwer, bei den unter 3-Jährigen von klassischem sozialen Spielverhalten zu sprechen, da es den Kleinen oft noch nicht möglich ist, aufeinander Bezug zu nehmen oder sich in andere hineinzuversetzen. Die meisten Spiele in diesem Altersabschnitt sind Alleinspiele oder Parallelspiele (d. h., die Kinder spielen nebeneinander, sind aber mit ihrem eigenen Spielthema beschäftigt). Bei 13–15 Monate alten Kindern ist auch schon zu beobachten, dass sie sich Gegenstände anbieten und miteinander sprechen, 18–24 Monate alte Kinder nehmen auch schon einfache Rollen ein, suchen und verstecken Gegenstände voreinander. Große Entwicklungsschritte im Sozialspiel sind zumeist erst nach dem dritten Geburtstag zu beobachten.

3.2.8 Ein neuer Blick: Spiel als ernst zu nehmende Lebenserfahrung

Wie jeden Morgen wird Annika (2 Jahre, 10 Monate) von ihrem Vater in die Krippe gebracht. Wie jeden Morgen steht Annika mit ihrem Papa an der Tastwand, und es werden die unterschiedlichsten Materialien befühlt. Seit Kurzem steht auch ein Tastkasten in der Garderobe, ein großer Karton mit einem Handschuh als Öffnung, in dem die Erzieherinnen jeden Tag etwas anderes Interessantes verstecken. Gestern war es ein Teddybär, heute hat eine Erzieherin Tannenzapfen aus ihrem Garten mitgebracht. Annika und ihr Papa sind fasziniert, beide halten ihre Hände tief in dem Tastkasten und tauschen sich über das aus, was sie dort fühlen. Daneben hängt ein Schlauch, durch den die kleine Annika große Murmeln in ein Sandbecken kullern lassen kann, und auf dem Fensterbrett stehen Bilder, die beim Durchschauen grüne, blaue und rote Farbtöne haben.

Die Welt begreifen lernen

Wahrnehmung, mit allen Sinnen spüren, ist vor allem für Krippenkinder der Zugang zur Welt. Sie spüren, begreifen, wiederholen vieles und erobern sich so die Welt mit allen Sinnen.

Babys erleben dies vor allem im Umgang mit sich selbst, alles wird in den Mund genommen und hier „untersucht“. Im Mund erleben die Kinder, wie die Dinge sind: „kalt“ oder „warm“, „weich“ oder „hart“. Diese Wahrnehmung vermittelt dem Kind das Gefühl von „Ich mag das“ oder „Ich mag das nicht“. Der Umgang mit den Dingen ist der Schlüssel für die Kinder, etwas über sich und die Welt zu erfahren.

Das Zusammenspiel der Sinne und Handlungen
Ein Ball, der wegrollt und dann von einem anderen wieder zum Kind zurückgerollt wird, oder ein Stück Eis, das in der eigenen warmen Hand schmilzt: Diese Wahrnehmungen lösen Gefühle aus, die im Gehirn abgespeichert und jederzeit abrufbar sind. Es besteht also ein enger Zusammenhang zwischen Wahrnehmung, Denken und Fühlen.

Haben Kinder diese Erfahrungen mit sich selbst gemacht, werden sie zunehmend neugierig auf ihre Außenwelt, andere Kinder werden für sie interessant und einige Kinder verbringen den Tag mit genauen Beobachtungen des Geschehens. Dieses Beobachtungsspiel macht Kinder stark und zeigt ihnen unterschiedliche Handlungskompetenzen, die sie sich dann langsam auch zueigen machen.

Beispiel

Cindy (2 Jahre, 8 Monate) sitzt am Frühstückstisch und schaut zum Nachbartisch. Dort ist André (3 Jahre, 9 Monate) gerade damit beschäftigt, seinen Becher und den seines Freundes vollzugießen, bis sie fast überlaufen. Seit einer Woche beobachtet die Erzieherin, dass Cindy voller Interesse am Frühstückstisch sitzt und sehr interessiert um sich blickt. Heute ruft sie zum ersten Mal André laut zu: „Halt, hör auf! Dein Becher läuft gleich über." André ist verdutzt und stellt sofort die Kanne ab. In den nächsten Tagen beobachtet die Erzieherin, dass Cindy zu André geht und fragt, ob sie seinen Becher eingießen könne. Beide vertiefen sich eifrig in ihr Tun und probieren gemeinsam aus.

Cindy hat ihre Beobachtung weiterentwickelt und begibt sich jetzt mit André in eine spielerische Situation. Sie weiß, dass Ausprobieren in ihrer Gruppe möglich ist, und so kann sie Erfahrungen machen und ihren Handlungsspielraum spielerisch erweitern. Genau solche lebenspraktischen Spielerfahrungen benötigen Kinder, um in einem Kontext, in dem oft eine Haltung der Überbehütung vorherrscht, Herausforderungen bestehen zu lernen.

3.3 Das kompetente Kleinkind

Eine wahre Begebenheit

Erster Tag in einer Erzieherinnenschule in Berlin. Die angehenden Erzieherinnen sind voller Vorfreude, aber auch gespannt auf das, was sie in den nächsten Jahren erwarten wird. Für die Arbeit mit Kindern haben sie sich entschieden, das eint sie alle. Im großen Veranstaltungsraum der Erzieherinnenschule werden sie vom Leiter der Einrichtung begrüßt. Der Beginn seiner Rede überrascht die zukünftigen Erzieherinnen. Er hält ein großes weißes Blatt in den Händen, so groß, dass er kaum darüber hinwegschauen kann. „Liebe zukünftige Erzieherinnen, das hier sind unsere Kinder. Große weiße Blätter, eines so weiß wie das andere. Unsere Aufgabe ist es, diese weißen Blätter zu beschreiben, damit aus ihnen wunderschön lesbare Bücher werden. Hier bei uns in der Einrichtung werden Sie lernen, diese weißen Blätter zu beschreiben. Wir werden Ihnen zeigen, welche Stifte und welche Schrift Sie verwenden müssen, damit diese weißen Blätter – unsere Kinder – nicht leer bleiben."

Ein Kleinkind kennt keinen Schmerz?
Ob Sie es glauben oder nicht, bis in die 1970er-Jahre hinein wurden Kinder noch ohne Narkose operiert. Selbst Fachleute gingen damals noch davon aus, dass Kleinstkinder kein Schmerzempfinden besitzen. Und selbst wenn, sie würden den Schmerz ja ohnehin bald vergessen haben.

3.3.1 Nur „weiße Blätter"?

Zugegeben, diese wahre Begebenheit hat sich vor vielen Jahren zugetragen. Diese Episode aus der Mitte der 1970er-Jahre verdeutlicht, welches Denken damals in der frühkindlichen Pädagogik herrschte. Dieser Geist hat die Erzieherinnenausbildung eine lange Zeit geprägt. Vielleicht erinnern Sie sich auch noch daran, dass damals in Ihrer Einrichtung ein ähnlicher Wind wehte. Er war von großem Optimismus den eigenen erzieherischen Fähigkeiten und großem Pessimismus den Kindern und ihren mitgebrachten Fähigkeiten gegenüber geprägt.

Abschied nehmen von veralteten Vorstellungen

Heute wissen wir, dass Kinder alles andere als weiße Blätter sind. Kinder sind schon vom Moment ihrer Geburt an mit zahlreichen Kompetenzen ausgestattet, und sie bringen von Anfang an eine individuelle Persönlichkeit mit. Ziel der pädagogischen Arbeit kann es daher nicht sein, nach dem „richtigen Erziehungsprogramm" zu suchen, mit dessen Hilfe sich dann aus jedem Kind ein kleiner Albert Einstein machen lässt. Intuitiv weiß das auch jede erfahrene Erzieherin. Trotzdem – das Denken über Kinder ändert sich nur langsam. Viele veraltete Erziehungsvorstellungen geistern noch umher. Gerade die Allerkleinsten werden häufig als unreife und unfertige Menschlein betrachtet, die angeblich nur „dank der pädagogischen und erzieherischen Fürsorge der Erwachsenen zu vernünftigen Menschen heranwachsen".

Überprüfen Sie sich doch einmal selbst ganz kritisch:

- Glauben Sie an den alten Spruch vom „dummen ersten Vierteljahr", der Kinder in den ersten Lebensmonaten als unfertige Wesen betrachtet?
- Sind Sie der Meinung, dass kindliche Lautäußerungen auf biologische Entwicklungsprozesse hinweisen („Schreien kräftigt ja die Lungen") und nicht auf ein inneres Bedürfnis des Kindes?
- Ertappen Sie sich dabei, dass Sie sich über frühkindliches Weinen schneller hinwegsetzen können als über die schon geschickten Argumente und Diskussionen der über 3-Jährigen?
- Hand aufs Herz – glauben Sie, dass Krippenkinder noch zu klein dafür sind, ihren Alltag mitbestimmen und mitgestalten zu können?
- Und wie denken Sie über das kindliche Lernen? Sind es nicht letztendlich doch die Erzieherinnen, die den Kindern beibringen müssen, wie man den Löffel hält und wie man sich anzieht?

Zugegeben, diese Fragen sind stark zugespitzt. Veraltete Erziehungsvorstellungen mischen sich auch im professionellen Erzieherinnenalltag. Lassen Sie uns daher einen genaueren Blick auf „das kompetente Kleinkind" werfen.

3.3.2 Die Kompetenzen der Kleinkinder erkennen

Beispiel

Lena (4 Monate) ist vor Kurzem aufgewacht. Sie liegt auf dem Rücken in ihrem Kinderbett. Aufmerksam bewegt sie ihren Kopf so weit wie möglich in Richtung der Geräusche, die sie in ihrer Umgebung wahrnimmt. Ruckartig bewegt sie ihre Arme und Beine. Ihr eben noch entspanntes Gesicht „verdüstert sich". Sie macht sich durch Laute bemerkbar, die nicht nach Weinen, sondern eher nach Verärgerung klingen. Noch schweift ihr Blick hin und her. Da – ein menschliches Wesen bewegt sich auf sie zu. Sie erkennt es nur schemenhaft –, aber dass es ein Mensch ist, das kann sie am Gesicht erkennen. Sie hört augenblicklich auf zu nörgeln und schenkt dem Menschen – es ist die Krippenerzieherin – ihr bezauberndstes Lächeln. Beide Ärmchen streckt sie der Erzieherin entgegen. Als diese ihre Hände auf Lena zubewegt, packen Lenas Finger fest zu und lassen nicht mehr los. Lena lässt sich so von der Erzieherin in den Sitz ziehen. Dann geht es wieder ins Liegen zurück, die Erzieherin hat begonnen, Lena zu schaukeln. Lena stutzt kurz und findet dann offensichtlich Vergnügen daran. Die Laute, die die Erzieherin macht, versucht sie nachzumachen. Nach einigem Schaukeln wird Lenas Glucksen leiser. Sie wendet den Kopf etwas von der Erzieherin weg und guckt sich um. Die Erzieherin hebt daraufhin Lena aus dem Kinderbettchen in die Luft und lässt Lena in alle Richtungen schauen. Lena lächelt zufrieden.

Diese kleine Alltagsbeobachtung aus einer Krippe macht deutlich, wie vielfältig die Kompetenzen der Kleinkinder sind und wie stark selbst Kleinkinder bereits ihre eigene Entwicklung steuern können. Wer eine solche Beobachtung von einem Kleinkind gemacht hat, vermag Kleinkinder nicht mehr als „weiße Blätter" zu bezeichnen. Lassen Sie uns einen ganz genauen Blick auf die vielfältigen Kompetenzen werfen, die Kleinkinder in ihre Entwicklung mit einbringen:

Kleinkinder können sich orientieren

Was steckt dahinter?

Kleinkindern können ihre Aufmerksamkeit auf Neues, Interessantes, Anregendes und Aufregendes in ihrer Umgebung ausrichten. Diese Hinwendung zu neuen und interessanten Reizen wird wissenschaftlich als „Orientierungsreaktion" bezeichnet. Die Fähigkeit zur Hinwendung muss ein Kind nicht erst erlernen, sie ist ihm schon von der Natur mitgegeben. So wie sich auch Erwachsene neuen und interessanten Dingen zuwenden und ihre Aufmerksamkeit darauf richten können, so sind auch Kinder im Alltag ständig damit beschäftigt, Bekanntes von Neuem zu unterscheiden. Wenn der Reiz, der die Orientierung ausgelöst hat, dann wahrgenommen und „untersucht" wurde, lässt das Interesse am Reiz immer mehr nach. Dieses Phänomen, das wissenschaftlich als „Habituation" (also als Gewöhnung) bezeichnet wird, verdeutlicht, dass das Kind etwas gelernt hat.

Orientierungsreaktion – zwischen An- und Entspannung
Seine Aufmerksamkeit auf neue Reize zu richten gelingt dann besonders gut, wenn die neuen Reize nicht zu bedrohlich, laut oder grell sind. Sehr intensive Reize zwingen sofort zur Abwendung – ein Schutzreflex unseres Körpers.

Was bedeutet das für die Arbeit mit Kleinstkindern?

Die Orientierungsreaktion gehört zu den wichtigsten Voraussetzungen dafür, dass Kinder neue Erfahrungen machen. Dies können Erzieherinnen für die Arbeit mit den Kindern nutzen. Überraschen Sie die Kleinkinder mit Ungewöhnlichem – damit ziehen Sie die Aufmerksamkeit der Kinder schnell auf sich. Das alte Spielzeug ist langweilig geworden? Packen Sie es in die Kiste und überraschen Sie die Kinder nach einigen Monaten erneut damit. Sich selbst kurz zu verstecken und dann überraschend wieder aufzutauchen macht den Kindern ebenfalls viel Vergnügen. Kleine Signale und Rituale helfen den Kindern, sich im Alltag zu orientieren, das kann ein Lied sein, das auf die Mahlzeiten aufmerksam macht, oder ein Reim, der das Zähneputzen ankündigt.

Quengelnde Kinder ablenken?
Wenn ein Kind unruhig, unsicher und ungehalten ist, funktioniert es nur selten, es durch neues Spielzeug usw. abzulenken. Eher wird dadurch der kindliche Stress noch vergrößert. Vertraute Gesten und Trostrituale („Armer schwarzer Kater") helfen hier besser.

Wichtig ist es, die richtige Balance zwischen Neuheit und Vertrautheit zu finden. Zu viel Neues löst zu viele Orientierungsreaktionen gleichzeitig aus, und die Zeit zum Einsortieren und Abspeichern der neuen Erfahrungen wird knapp. Kinder reagieren dann schnell überfordert und ungehalten und sind schwer zu beruhigen.

Kinder sind neugierig

Was steckt dahinter?

Das Lernen der Kinder ist ein ständiges Erforschen der Umgebung und des eigenen Körpers. Die Kleinen untersuchen alles, was sich in ihrer Nähe befindet, den eigenen Körper, Spielgegenstände, Kleidung, andere Menschen – nichts ist vor ihrer Entdeckerfreude sicher. Mit der Zunahme der Bewegungsmöglichkeiten erweitert sich ihr Suchraum enorm. Nichts ist vor den forschenden Kleinkindern sicher. Die menschliche Neugierde ist die wichtigste Triebfeder für menschliches Verhalten. Auch wir Erwachsene lernen hauptsächlich dadurch, dass wir neugierig sind. Gierig auf Neues – neugierig – das ist ein Verhalten, das Menschen und Tiere gleichermaßen zeigen. Auch hier zeigt sich, dass Neugierde nicht erst auf das „weiße Blatt Kind" aufgezeichnet werden muss. Mit der Neugierde werden wir geboren, und sie begleitet uns ein Leben lang.

Was bedeutet das für die Arbeit mit Kleinkindern?

Das Phänomen der kindlichen Neugierde ist allen Erzieherinnen vertraut. Wie gehen Sie als Erzieherin damit um? Im Alltag ist häufig ein zwiespältiges Verhalten zu beobachten. Einerseits ist die Neugierde der Kinder sehr erwünscht – aber nur solange sie sich in den von der Erzieherin gewünschten Bahnen bewegt. Neugierige Kinder beim Buchvorlesen und Theaterspielen, beim naturwissenschaftlichen Forschungsprojekt und beim Erforschen von Naturbastelmaterialien, das alles ist sehr willkommen. Sobald die Neugierde der Kinder aber darüber hinausgeht, sehen sich Erzieherinnen schnell zum Eingreifen und Abbrechen der Forschungsaktivitäten der Kinder veranlasst. Kinder verlernen ihre Neugierde nicht, aber sie lernen schnell, dass Neugierde eigentlich nicht erwünscht ist. „Sei doch nicht so neugierig!" – dieser Spruch ist leider auch in vielen Einrichtungen zu hören. Bemühen Sie sich, nicht zu schnell einzugreifen, wenn die Kinder Materialien scheinbar zweckentfremden

(z. B. mit Zahnpasta die Hände eincremen), Gegenstände untersuchen, die nicht für sie geeignet sind, oder bestimmte Tabus brechen (in toten Tieren rumstochern oder sogar einmal eine Fingerspitze der eigenen Ausscheidungen kosten).

Die wichtigsten Grundregeln für die Erzieherinnen lauten:

- aushalten können, beobachten, Notizen machen und die eigenen Gefühle wahrnehmen,
- die eigenen Grenzen gemeinsam mit den Kolleginnen reflektieren,
- sich mit den Kindern über das Erforschte unterhalten,
- wenn ein Schaden entstanden ist (der Waschraum unter Wasser steht oder etwas kaputtgegangen ist), die Kinder am Beseitigen des Schadens beteiligen, ohne dabei Vorwürfe zu machen,
- selbst neugierig sein und gemeinsam mit den Kindern die neuen Erfahrungen teilen,
- vor dem Schaden klug sein – die Räume und Dinge so gestalten, dass potenzielle Gefahren z. B. durch Kindersicherungen ungefährlich gemacht werden und anderes von vornherein außer Sicht- und Reichweite gelegt wird.

Kinder sind motorisch aktiv

Was steckt dahinter?

Lena vermag es, trotz ihrer noch eingeschränkten motorischen Möglichkeiten, mit vollem Körpereinsatz auf sich aufmerksam zu machen. Wie alle Kinder ist Lena damit beschäftigt, ihre motorischen Möglichkeiten auszuprobieren und ständig zu erweitern. Schon Krabbelkinder sind ruhelos, und wenn die Kinder dann erst einmal laufen können, sind ihrem Aktionsradius kaum noch Grenzen zu setzen. Die kindliche Neugierde ist die wichtigste Triebfeder auch für ihre motorische Entwicklung.

Was bedeutet das für die Arbeit mit Kleinkindern?

Wie ist das mit den Spreizhosen?
Auch Spreizhosen schränken die motorische Aktivität ein, in der Tat. Allerdings ist diese Einschränkung nur kurzzeitig und dient dem Ziel, Hüftfehlstellungen der Kinder vorzubeugen und somit den Kindern später ein Größtmaß an motorischer Aktivität zu ermöglichen.

Bewegungsfreude muss man eigentlich nicht fördern, sondern einfach nur immer ermöglichen. Den Kindern so viel Raum wie möglich zum Bewegen zu geben, ist daher die wichtigste Forderung an die pädagogische Arbeit. Alles, was die Bewegungsfreude der Kinder einschränkt, sollte sehr kritisch untersucht werden: Laufgitter, kleine Räume, Kindertischstühle, Buggys, ja selbst das Hand-in-Hand-Laufen beim Spaziergang sollte kritisch betrachtet werden. Sie müssen in Ihren Einrichtungen nicht darauf verzichten, aber seien Sie eher sparsam damit. Die motorische Aktivität der Kinder wird auch dann eingeschränkt, wenn sie sich selbst gar nicht bewegen müssen, sondern sich von der Erzieherin alles bringen lassen können. Auch hier sollte ein vernünftiges Maß von Anforderung und Überforderung gefunden werden. Das gelingt nur durch genaue Beobachtung der Kinder. Wenn genügend Freispielmöglichkeiten gegeben sind, wenn Sport und Spiel, Laufen, Rennen, Krabbeln, Klettern möglich sind, dann sind zusätzliche Bewegungsförderungsprogramme für Kleinstkinder selten notwendig. Beobachten Sie das Verhalten der Kinder, stimmen Sie sich mit den Kolleginnen ab und überlegen Sie auch gemeinsam mit den Kindern, ob das Bewegungsangebot ausreicht oder ob ein zusätzliches Angebot unterbreitet werden sollte. Überprüfen Sie sich auch selbst. Sind Sie ein motorisch aktiver Mensch? Oft sind es die Erzieherinnen, die gern mit den Kindern am Tisch sitzen und sich dann über die mangelnde Bewegungsfreude der Kinder wundern.

Kinder verfügen über Schutz- und Bindungsverhalten

Was steckt dahinter?

Kleine Kinder wie Lena merken sehr schnell, wenn sich kein anderer Mensch in ihrer Nähe befindet. In diesem Moment wird ein Instinkt der Kinder aktiviert. Sie setzen alles daran, um wieder in die Nähe von anderen Menschen zu gelangen.

Dafür schreien, weinen, strampeln, rufen sie, klammern sich an, suchen nach Menschen und machen so auf sich aufmerksam. Sehr kleine Kinder (bis zum Alter von ca. 6 Monaten) können dabei noch nicht zwischen Bekannten und Fremden unterscheiden, sie kennen nur „Fremde" oder „enge Vertraute" wie die Eltern und die Erzieherin nach der erfolgreichen Eingewöhnung. Aus der Nähe werden die Menschen am Gesicht, an der Sprache und am Geruch erkannt. Aus der Entfernung gelingt das den Kleinstkindern noch nicht. Das Sehvermögen ist dafür noch nicht ausreichend genug entwickelt. Sie erkennen aber menschliche Gesichter in ihrer Nähe und machen dann auf sich aufmerksam, bis diese ihnen näher kommen und auf Bekanntheit untersucht werden können. All dies sind wichtige kindliche Kompetenzen, die dem Kind das Lernen erst ermöglichen, da sie Schutz und Sicherheit garantieren.

Nähe ist Grundvoraussetzung
Die Überlegung der Erzieherin, ob das Kind Nähe sucht, weil es Hunger hat, spielen will oder Trost braucht, sollte nicht entscheidend sein. Kinder sind auf die Nähe von anderen Menschen angewiesen, da sie allein nicht überleben könnten. Die Nähe von anderen Menschen ist für sie das wichtigste Sicherheitssignal.

Was bedeutet das für die Arbeit mit Kleinkindern?

Über die Bedeutung von Bindung, Schutz und Sicherheit ist bereits an anderer Stelle geschrieben worden. Es kann jedoch nicht oft genug betont werden: Das Gefühl von Schutz und Sicherheit durch vertraute Erwachsene ist die zentrale Grundvoraussetzung dafür, dass Kinder überhaupt Neugierde zeigen und lernen können. Nehmen Sie die Signale der Kinder ernst und reagieren Sie darauf. Wenn Sie nicht sofort reagieren können (da Sie vielleicht mit einem anderen Kind beschäftigt sind), signalisieren Sie, dass Sie das Kind wahrgenommen haben und sich bald darum kümmern werden. Versuchen Sie nicht, einzuschätzen, ob das Bindungsverhalten, das das Kind gerade zeigt, ernst oder nicht ernst zu nehmen sei. Das kann zu Vertrauensverlusten der Kinder führen.

Kinder können Sozialkontakte initiieren

Was steckt dahinter?

Kinder wie Lena vermögen es von sich aus, mit anderen Menschen Kontakt aufzunehmen. Auch dies gehört zu den angeborenen und später verfeinerten Kompetenzen von Kleinkindern, die ihnen eine bestmögliche Entwicklung sichern sollen. Schon die allerkleinsten Kleinkinder sind soziale Wesen, die mit ihren Mitmenschen in Kontakt treten und diesen aufrechterhalten wollen. Es gibt nichts Schöneres für Kleinkinder, als mit Erwachsenen zu kommunizieren: Ich ziehe ein Gesicht, mein Gegenüber zieht ein Gesicht, ich strecke die Zunge raus, mein Gegenüber streckt die Zunge raus, ich werde gekitzelt, lache und rege mein Gegenüber zum Weitermachen an. In diesem Spiel entstehen Nähe und Beziehung, Vertrauen, Spaß und gegenseitiger Respekt.

Die Fähigkeit zur Gesichtererkennung
Dass Kinder früher für unfertig und dumm gehalten wurden, liegt vielleicht auch daran, dass der angeblich wichtigste Sinn des Menschen – das Sehen – bei den Kleinen der schlechteste Sinn ist. Übersehen wurde dabei von den Erwachsenen die Fähigkeit von Säuglingen, trotz schlechter Sicht bewegte Gesichter wahrzunehmen und darauf zu reagieren. Aus einer undeutlichen Welt Gesichter herauslesen zu können, ist eine erstaunliche Kompetenz der Kleinkinder.

Was bedeutet das für die Arbeit mit Kleinkindern?

Nutzen Sie als Erzieherin jede Gelegenheit für solche Kommunikation und Interaktion mit den Kindern. Beim Windeln, beim Füttern, beim Anziehen der Kinder ist dieser Austausch genauso möglich wie beim Spielen und Singen mit den Kindern. Schenken Sie jedem Kind so oft wie möglich Ihre ungeteilte Aufmerksamkeit. Alle

Kinder haben das verdient. Sprechen Sie sich mit den Kolleginnen ab, die sich in dieser Zeit, wenn Sie sich einem Kind ungeteilt widmen, den anderen Kindern zuwenden können.

Kinder können Erwachsene steuern

Was steckt dahinter?

Lena kann schon mehr als nur einen Sozialkontakt herstellen. Wenn es ihr gelungen ist, den Kontakt herzustellen, bleibt sie aktiv dabei und signalisiert den Erwachsenen so gut sie kann, welches Bedürfnis sie gerade hat. Für Erwachsene ist es nicht immer leicht, die Bedürfnisse des Kindes zu erkennen und richtig zu deuten. Eltern haben es da leichter als Erzieherinnen, da sie ihr Kind länger kennen. Aber auch die Erzieherinnen werden zunehmend die Zeichen der Kinder richtig deuten können. Den Kindern gelingt dies besonders gut, da sie über die Kompetenz verfügen, das angeborene Fürsorgeverhalten von Menschen anzusprechen. Selbst im Spiel gelingt dies Lena. Nach einigen Wiederholungen des Hochziehens wird Lena das Spiel langweilig. Sie sendet ein winziges Signal an die Erzieherin, indem sie sich abwendet – und schon variiert die Erzieherin das Spiel, und der Spaß beginnt erneut.

Was bedeutet das für die Arbeit mit Kleinkindern?

Intuitives Elternverhalten
Dieser Begriff wurde vom Ehepaar Papousek und anderen Entwicklungspsychologen geprägt. Beim intuitiven Elternverhalten handelt es sich um angeborene Fähigkeiten und Kompetenzen von Menschen, Signale von Kindern richtig zu deuten und adäquat zu reagieren.

Die wichtigste Aufgabe für Kleinkindpädagoginnen ist es hier, die Signale des Kindes wahrzunehmen und richtig zu deuten. Dabei können Sie sich auf Ihre Intuition verlassen, wenn Sie ihr vertrauen. Sie sagt Ihnen ziemlich genau, was jetzt das richtige Verhalten wäre. Intuitives Elternverhalten zeigen nicht nur Eltern, sondern alle Menschen, die mit Kleinkindern zu tun haben. Vertrauen Sie also Ihrem Gefühl und fragen Sie das Kind, ob Sie richtig damit liegen. Durch Ratgeber und Bücher sowie durch die ständige Suche nach dem „richtigen Erziehungsprogramm" wird die elterliche Intuition von Erzieherinnen (und auch von Eltern) oft verdeckt. Ein Beispiel dafür ist die Aussage „Schreien kräftigt die Lunge". Eigentlich kann kein Erwachsener Kinderweinen gut ertragen und würde intuitiv mit Trost darauf reagieren. Durch diesen Spruch wird jedoch dieser Impuls überlagert. Auch hier ist viel Selbstreflexion notwendig.

Kinder verfügen über reichhaltige angeborene Reflexe

Was steckt dahinter?

Kleinkinder können ihr Verhalten noch nicht so bewusst planen wie Erwachsene. Dazu fehlen ihnen noch die entsprechenden Lernerfahrungen. Was den Kindern aber an entsprechenden Verhaltensplänen noch fehlt, gleicht die Natur durch die Verhaltensreflexe wieder aus. Reflexe sind Verhaltensprogramme, die bei den Kindern durch bestimmte Reize ausgelöst werden. Diese Reflexe zählen ebenfalls zu den kindlichen Kompetenzen, da sie Kindern in allen Situationen des täglichen Lebens helfen, auch wenn etwas Neues oder sogar Gefährliches passiert.

Einige der kindlichen Reflexe seien hier kurz geschildert:

Greifreflex

Schließen der Hand bei Berührung der Handinnenfläche
(bis ca. 1 Jahr)

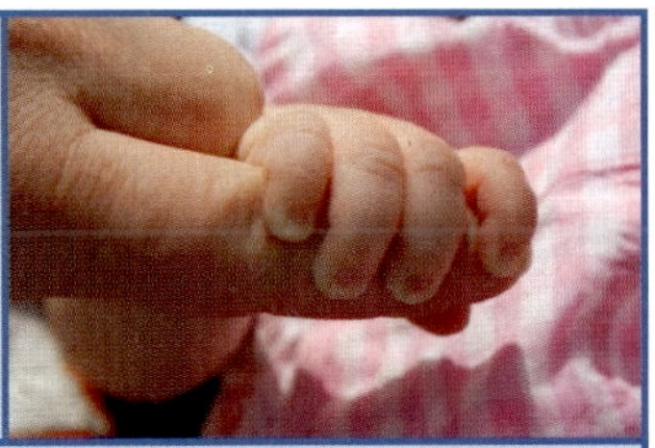

Babinski-Reflex

„Greifreflex" der Fußzehen
(bis ca. 1 Jahr)

Moro-Reflex

Schreckreaktion der Arme und Beine
(bis ca. 6 Monate)

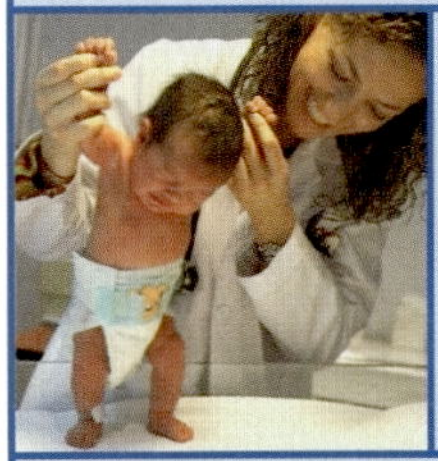

Schreitreflex

„Gehbewegungen" beim senkrecht gehaltenen Kind
(bis ca. 3 Monate, danach noch unter Wasser zu beobachten)

Saugreflex

Saugen bei Berühren der Mundregion

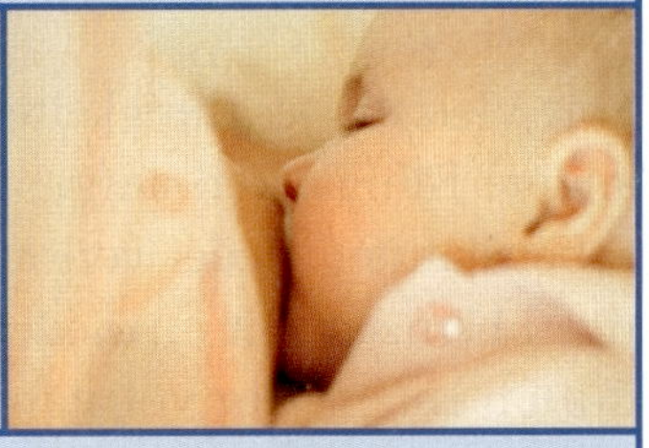

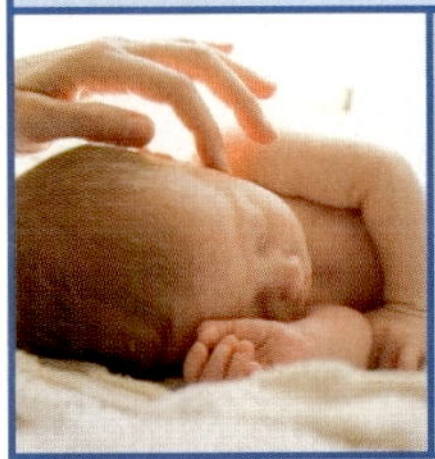

Suchreflex (Rooting)

Kopfdrehen nach Berühren der Wange
(bis ca. 6 Monate)

Tonischer Nackenreflex

Kopfdrehung und Streckung der Extremitäten der entsprechenden Seite (andere Seite gebeugt) bei Rückenlage

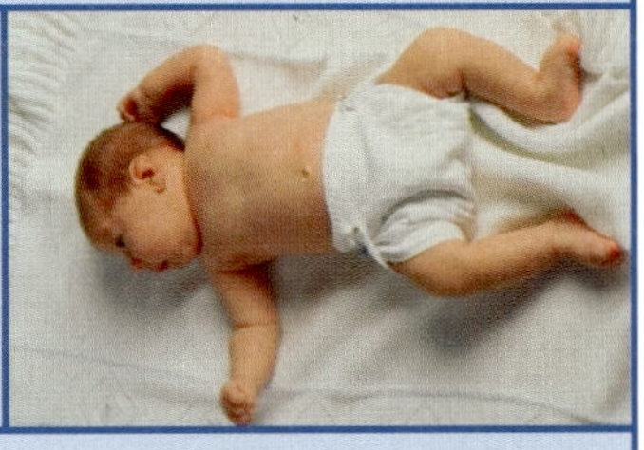

Rückziehreflex

Zurückziehen der Füße beim Kitzeln

Greifreflex lösen
Nicht selten verfangen sich die Kinder durch den Greifreflex an der Kleidung oder an der Halskette der Erzieherin. Die kleinen Finger dann freizubekommen, ist schwierig. Streichen Sie stattdessen sanft über die Außenseite des kleinen oder des Zeigefingers des Kindes. Dann löst sich der Griff von selbst.

Reflexe verschwinden nicht für immer
Manche Reflexe begleiten uns auch als Erwachsene (wie z. B. der Rückziehreflex, wenn wir etwas Heißes anfassen). Manche Reflexe kehren im hohen Lebensalter oder bei Erkrankungen zurück (z. B. bei Alzheimer), wenn die bewusste Steuerung des Verhaltens nicht mehr möglich ist (z. B. der Greifreflex).

Zu den wichtigsten Funktionen der Reflexe gehört es wiederum, den Kindern Schutz und Sicherheit zu garantieren. Kinder, die sich festhalten können, die sich selbst der Nahrungsquelle zuwenden und die an den Füßen kitzelnden Gefahren ausweichen können, leben sicherer als Kinder, die das nicht vermögen. Daher ist die Prüfung der Reflexe auch Teil der U-Untersuchungen.

Die Reflexe erleichtern darüber hinaus auch das Lernen wichtiger motorischer Grundfunktionen wie das Krabbeln und das Laufen. Insbesondere der Greifreflex ist ein wichtiger Lernanreiz, denn das Festhalten von Gegenständen erleichtert das Erforschen der Gegenstände enorm. Die Reflexe verschwinden, wenn das Kind nicht mehr auf solche automatischen Verhaltensweisen angewiesen ist, weil es sein Verhalten nun selbst steuern kann.

Was bedeutet das für die Arbeit mit Kleinkindern?
Reflexe schützen das Kind, sie helfen ihm bei der Entwicklung und sie erleichtern die Kontaktaufnahme zur Außenwelt, wie man an Lenas Beispiel sehen konnte. Das Ausprobieren der eigenen Reflexe stellt den Einstieg in die sensumotorische Intelligenz der Kinder dar (siehe Kapitel 3.2.2). Für die Erzieherin ist es wichtig, die grundlegenden Reflexe und ihre Bedeutung zu kennen. Wenn Sie beobachten, dass die Reflexe verschwinden und bewusstes Verhalten zunimmt, ist das ein wichtiger Entwicklungsschritt, der mit den Eltern besprochen werden kann. So lernen auch die Eltern, das Verhalten ihrer Kinder besser zu verstehen.

3.3.3 Weitere Fähigkeiten der kompetenten Kleinkinder

Eine Vielzahl der Fähigkeiten verschwindet nach den ersten Lebensjahren, während andere Fähigkeiten aufgebaut werden. Gerade die Fähigkeiten, die in den ersten Lebensjahren wieder verloren gehen, machen die Kleinkindjahre zu so einer wichtigen Lernzeit mit unwiederbringlichen Möglichkeiten. Fähigkeiten, die nach dem dritten Lebensjahr vollständig verschwunden oder kaum noch zu bemerken sind, sind zum Beispiel die im Folgenden aufgeführten.

Die Fähigkeit zur Lautunterscheidung

In Experimenten konnte eindrucksvoll nachgewiesen werden, dass schon Säuglinge und Kleinkinder lange bevor sie sprechen können, vielfältige Fähigkeiten besitzen, die sie auf den Spracherwerb vorbereiten. Dazu gehört die Fähigkeit, alle Laute der menschlichen Sprache unterscheiden zu können. Auch chinesische Babys z. B. können anfangs die Laute l und r unterscheiden, eine Fähigkeit, die erwachsenen Chinesen jedoch fehlt. Schon ab dem Schulalter wird das Lernen jeder Sprache zum Fremdsprachenlernen, da wir bereits in diesem Alter nicht mehr die Fähigkeit haben, Lautunterschiede zu hören, die für unsere Muttersprache keine Bedeutung haben (wie zum Beispiel der Unterschied zwischen l und r im Chinesischen). Das Aussprechen wird immer mit einem Akzent behaftet sein, nicht weil wir die Laute nicht sprechen könnten, sondern weil wir einfach nicht mehr genau hören können, welcher Laut von uns erwartet wird. Kinder können das. Problemlos kann ein chinesisches Baby Deutsch und ein deutsches Baby Chinesisch lernen. Allerdings sind schon ab acht Monaten Einschränkungen in dieser Fähigkeit der Lautdifferenzierung zu beobachten – die Kinder konzentrieren sich immer stärker auf die vorhandenen Laute in ihrer Muttersprache und verlieren die universelle Sprachlernfähigkeit mehr und mehr. Gerade deshalb ist die Sprachförderung in den ersten Lebensjahren so besonders wichtig. Kinder, die bereits in den ersten Lebensjahren Defizite erleben, werden diese Defizite später nur mit großer Mühe und sehr viel Arbeit aufholen können.

Wie werden diese Fähigkeiten untersucht?
Da Kinder in dem Alter kaum sprechen können, greifen die Entwicklungspsycho-logen auf andere Unter-suchungstechniken zurück. Erstaunen der Kinder wird durch spezielle Schnuller über die Saugrate der Kinder ermittelt (erstaunte Kinder saugen vor Aufregung schneller), und es wird ermittelt, wie lange die Kinder etwas betrachten (Ungewöhnliches und Neues wird länger betrachtet).

Die Fähigkeit zur universellen Gesichterunterscheidung

Kennen Sie das Gefühl, dass Gesichter, die nicht aus Ihrem Kulturkreis stammen, irgendwie alle sehr ähnlich erscheinen? Als Europäerin hat man es schwer, asiatische und afrikanische Gesichter zu unterscheiden. Den Asiatinnen und Afrikanerinnen geht es mit den europäischen Gesichtern übrigens ganz genauso. Ähnlich wie bei der Fähigkeit zur Lautunterscheidung haben Kleinkinder solche Probleme noch nicht. Für sie sind alle Gesichter aller Kulturkreise unterscheidbar. Diese Fähigkeit zur universellen Gesichterunterscheidung schränkt sich jedoch in den ersten Lebensjahren mehr und mehr ein, bis nur noch die Gesichter des eigenen Kulturkreises problemlos unterschieden werden können.

Intuitives naturwissenschaftliches Wissen

Nicht nur sozial, sondern auch naturwissenschaftlich sind Kinder auf den Kontakt mit der Welt bestens vorbereitet. Sie verfügen über ein angeborenes Grundverständnis für mathematische, physikalische und andere naturwissenschaftliche Grundphänomene, die in aufwendigen entwicklungspsychologischen Experimenten nachgewiesen werden konnten. Untersucht wurde dabei, ob Kinder verwundert sind, wenn sie naturwissenschaftlich unmögliche Ereignisse beobachten. Babys wundern sich beispielsweise, wenn Bälle aufeinander zurollen und dann trotz des Aufpralls einfach nebeneinander liegen bleiben. Wenn zwei Menschen sich aufeinander zu bewegen und dann voreinander stehen bleiben, wundern sich Babys jedoch nicht. Diese und viele weitere Experimente verdeutlichen die angeborenen mathematischen und physikalischen Kompetenzen, die das Lernen der Kinder erleichtern. Auch diese Fähigkeiten verkümmern jedoch schnell, wenn sie nicht frühzeitig in den pädagogischen Einrichtungen aufgegriffen werden.

Mit Kindern experimentieren

Zwei Experimente, die schon mit Kindern ab 2 Jahren durchführbar sind, können genau dort anknüpfen:

Kinder als Forscher
Die Experimentierideen stammen aus dem Integrationskindergarten „Nesthäkchen" in Cottbus und wurden freundlicherweise von der Leiterin, Frau Heike Schumann, zur Verfügung gestellt.

Farbschleuder

Material für die Gruppe:
eine Salatschleuder, Becher mit flüssigen Temperafarben, Löffel für jede Farbe, für jedes Kind 1 Bogen Papier
Vorbereitung:
Schneiden Sie für jedes Kind einen Bogen Papier so zurecht, dass er den Boden der Salatschleuder bedeckt.
Durchführung:
Die Kinder legen nacheinander ihr Papier in die Salatschleuder und tropfen die Farben auf das Blatt. Dann schließen Sie den Deckel. Die Kinder setzen die Schleuder in Bewegung.
Was passiert?
Öffnen Sie die Salatschleuder, die wirbelartigen Linien bezeichnen die Wege, auf denen die Farbteilchen nach außen geschleudert wurden.

Erklärung:
Die Farbteilchen werden durch die Zentrifugalkraft an die Wand geschleudert, die Bahn der Teilchen verläuft allerdings nicht gerade, sondern spiralförmig. Anfangs verharren die Farbteilchen aufgrund der Trägheit noch in Ruhe. Dies kann man als kreisförmige Spur auf dem Papier sehen – gleichzeitig werden die Teilchen nach außen geschleudert. Beide Bewegungen, die kreisförmige sowie die nach außen gerichtete, überlappen sich zu einer spiralförmigen Spur auf dem Papier.

Trocken bleiben
Material:
1 Magnet, Büroklammer, 1 Glas Wasser
Durchführung:
Werfen Sie eine Büroklammer in ein Glas mit Wasser. Wie kann die Büroklammer aus dem Wasser geholt werden, ohne dass man nasse Hände bekommt oder den Magneten nass macht?
Die Kinder führen einen Magneten an der Glaswand entlang und zwar von dem Punkt aus, wo die Nadel auf dem Boden des Glases liegt.
Was passiert?
Die Büroklammer lässt sich bis zum Glasrand führen und kann so herausgeholt werden.
Erklärung:
Wasser schirmt, wie Glas, magnetische Anziehung nicht ab.
Variationen:
Lassen Sie die Kinder einige andere Flüssigkeiten testen: Saft, Öl, Milch. Keines dieser Materialien weist abschirmende Eigenschaften auf, da sie selbst nicht von Magneten angezogen werden. Auf dieser Grundlage kann auch ein Angelspiel mit den Kindern gebaut werden.

3.4 Lernen im Kleinstkindalter

3.4.1 Die Begriffe „Lernen" und „Bildung"

Ko-Konstruktivismus und Co.
Die neuen Bildungspläne sind gespickt mit schwierigen Begriffen. Lassen Sie sich nicht abschrecken. Wenn Sie an Ihr eigenes Lernen denken, dann erschließen sich die komplizierten Begriffe viel leichter. Als Konstruktivismus wird das aktive Bauen am eigenen Bild von der Welt bezeichnet. Wenn noch eine Person (z. B. eine Erzieherin) daran mitbaut, spricht man von Ko-Konstruktivismus.

Frühkindliches Lernen und frühkindliche Bildung sind in aller Munde. Nach dem Pisa-Schock und durch neue entwicklungspsychologische und pädagogische Erkenntnisse sind das Lernen und die Bildung der Kleinen ins Zentrum der Aufmerksamkeit gerückt. Nutzen Sie doch eine der nächsten Teambesprechungen einmal dazu, mit Ihren Kolleginnen darüber zu diskutieren, was „Lernen" für Sie eigentlich bedeutet. Am besten ist es, dabei möglichst alltagsnah anhand der eigenen Erfahrungen zu diskutieren.

- Wann haben Sie das letzte Mal das Gefühl gehabt, etwas gelernt zu haben?
- Was ist für Sie Bildung?
- Ist Bildung ein Prozess oder ein Produkt? Oder anders gefragt, was kennzeichnet aus Ihrer Sicht ein gebildetes Kind? Und was kennzeichnet einen gebildeten Erwachsenen?
- Wie war es bei Ihnen? Wann ist Ihnen Lernen in der Kita oder in der Schule bzw. in der Ausbildung schwergefallen? Wann ist Ihnen Lernen leichtgefallen?

- Was waren Ihre liebsten Lernthemen?
- Wie fühlt sich das an, etwas gelernt zu haben?
- Welche Rolle haben Erwachsene (Erzieherinnen, Lehrerinnen, Eltern) bei Ihrem Lernen gespielt?

Die Diskussion wird unterschiedliche Ansichten in Ihrem Team aufzeigen. In einer Fortbildung mit Erzieherinnen sind uns zur Frage „Wann ist Ihnen Lernen leichtgefallen?“ unter anderem die folgenden Gedanken genannt worden:

Lernen fiel mir dann leicht,

- wenn das Thema mich interessiert hat,
- wenn ich genügend Zeit dafür hatte,
- wenn es dafür keine Zensuren gab,
- wenn ich mich mit anderen darüber austauschen konnte,
- wenn Lehrer bzw. Erzieher sympathisch waren,
- wenn ich keine Angst haben musste, etwas falsch zu machen,
- wenn Lehrer bzw. Erzieher gut ausgesehen und gut gerochen haben,
- wenn kein Zwang geherrscht hat,
- wenn es etwas Praktisches war usw.

Lernen fiel also immer dann leicht, wenn das Thema als interessant und alltagsnah empfunden wurde, wenn Spaß im Spiel war, wenn es keinen Zwang und keine Bewertungen gab und wenn eine positive Beziehung zu den Lehrkräften und Erzieherinnen herrschte.

„Als ‚Lernen‘ werden relativ überdauernde Änderungen der Verhaltensmöglichkeiten bezeichnet, sofern sie auf die Aufnahme und Verarbeitung von Informationen zurückgehen.“ (Merz, 1996, S. 1239–1242)

Die „allseits gebildete Persönlichkeit“

Bis in die 80er-Jahre des letzten Jahrhunderts war die allseits gebildete Persönlichkeit das einheitliche Erziehungsziel von Krippe und Kindergarten. In der DDR war es die „allseits gebildete sozialistische Persönlichkeit“, und in vielen Lehrbüchern Westdeutschlands war von der „allseits gebildeten christlichen Persönlichkeit“ die Rede. Gemeinsam war, dass alle Kinder sich relativ gleich entwickeln sollten.

So lautet eine der vielen Definitionen für den Begriff Lernen. Durch das Lernen ändern sich die Möglichkeiten des Verhaltens. Lernen setzt voraus, dass man Informationen über etwas oder über jemanden erlangt und diese Informationen verarbeitet. Die Informationsverarbeitung ist dabei immer ein Vergleichsprozess. Denken heißt vergleichen – ich vergleiche die neuen Informationen mit dem, was schon in meinem Kopf abgespeichert ist. Die neuen Informationen werden dabei als „bekannt“, „neu“ oder „so ähnlich wie etwas, das ich schon kenne“ einsortiert. So entsteht im Kopf ein immer komplexeres Netzwerk an Informationen, die miteinander verknüpft sind. Diese gespeicherten Informationen werden als Wissen bezeichnet. Im Alltag müssen wir auf unser Wissen zurückgreifen, um die alltäglichen Fragen und Probleme lösen zu können. Je mehr Handlungsmöglichkeiten wir dabei durch das Lernen erworben haben, umso leichter fallen uns das Beantworten von Fragen, das Meistern des Alltags und das Lösen von Problemen.

Bildung – ein Leben lang

Lernen, Denken, Wissen, Informationsverarbeitung und Problemlösen sind eng miteinander verknüpft. Unser Bild von der Welt wird durch das Lernen immer komplexer und gleichzeitig handhabbarer. Dabei ist unser Bild von der Welt ein

ganz individuelles. Selbst in ein und derselben Lernsituation, mit ein und derselben Aufgabe bei ein und derselben Erzieherin lernen zwei Jungen desselben Alters doch ganz und gar unterschiedliche Dinge, da sie mit unterschiedlichen Vorerfahrungen an die Aufgabe herangehen und ein unterschiedliches Bild von der Welt haben. Ziel der frühkindlichen Bildung kann daher niemals etwas Einheitliches sein. Kinder sind individuelle Persönlichkeiten, die die Lernmöglichkeiten der Krippe ganz unterschiedlich nutzen und verarbeiten.

> *„Bildung ist die Anregung aller Kräfte des Menschen, damit diese sich über die Aneignung der Welt entfalten und zu einer sich selbst bestimmenden Individualität und Persönlichkeit führen."*
> *(Wilhelm von Humboldt)*

Wenn man Wilhelm von Humboldts 200 Jahre alte Worte auf den heutigen Stand der Pädagogik und Psychologie überträgt, dann bedeutet Bildung einen aktiven, komplexen und nie abgeschlossenen Prozess, in dessen Verlauf eine selbstständige, selbsttätige, problemlösefähige und lebenstüchtige Persönlichkeit entstehen kann.

Haben Erwachsene mehr Bildung als Kinder?
Bildung ist ein Weg, aber nicht vom Niedrigeren zum Höheren. Wissen und Verhalten eines Menschen bilden immer auch die aktuelle Lebenssituation ab. Man kann nicht „mehr" oder „weniger" gebildet sein als ein anderer Mensch, so merkwürdig das auch klingt. Genauso ist es auch mit der Entwicklung des Menschen. Erwachsene als „weiter entwickelt" als Kinder zu bezeichnen, schlägt schon deshalb fehl, weil Kinder und Erwachsene ganz andere, nicht vergleichbare Lebenssituationen haben. Von den vielen in der frühen Kindheit verlorenen Kompetenzen (siehe Kapitel 3.3) einmal ganz abgesehen …

3.4.2 Erziehungs- und Handlungsziele im Team reflektieren

Mit der Einführung der neuen Bildungspläne haben Erzieherinnen viele neue Hinweise darauf erhalten, wie die Bildungs- und Erziehungsarbeit in den Kindertagesstätten aussehen sollte. Trotzdem waren viele Erzieherinnen enttäuscht. Sie vermissten das Konkrete in den Bildungsplänen. Was soll, kann, darf, muss man denn nun tun, damit die Kinder sich bestmöglich entwickeln? Für die Erziehungsarbeit in den Kinderkrippen stellt sich die Situation noch schwieriger dar, da die meisten Bildungspläne der Bundesländer sich an den Kindern im Alter von drei bis sechs Jahren orientieren.

Auch wir möchten uns mit Erziehungsratschlägen zurückhalten. Mehr denn je sind Sie als Erzieherin gefragt, die Pädagogin in sich neu zu entdecken. Frühkindliche Bildung ist immer individuell, abgestimmt auf jedes einzelne Kind in seiner Lebenswelt, mit seinen Eltern, seinem Vorwissen und seinen eigenen Entwicklungszielen. Patentrezepte kann es daher nicht geben.

Erziehungs- und Handlungsziele klären

Wann haben Sie sich in Ihrem Team das letzte Mal in einer pädagogischen Diskussion darüber ausgetauscht, welche Erziehungsziele Sie bei der Arbeit mit den unter 3-Jährigen verfolgen? Viele von Ihnen würden wahrscheinlich spontan antworten, dass dies doch immerzu geschehen würde, wenn sie mit den Kolleginnen diskutieren. Eine Diskussion über Erziehungsziele beschränkt sich allerdings nicht darauf, mit der Kollegin eine schnelle Abstimmung („Einigung") darüber zu erzielen, wie lange ein Kind schlafen soll oder wie einem Kind ein bestimmtes Verhalten abgewöhnt werden soll.

Die Alltagsgestaltung an den pädagogischen Zielen ausrichten

Wir möchten Ihnen an dieser Stelle einen Weg vorstellen, wie Sie mit Ihren Kolleginnen im Team über Ihre Erziehungsziele diskutieren und gemeinsam überlegen können, wie Sie diese Erziehungsziele in Ihrer pädagogischen Arbeit mit den unter 3-Jährigen konkret erreichen können. Die Diskussion über Erziehungsziele sollte immer am Anfang jeder Diskussion darüber stehen, wie Sie den Alltag mit den Kleinkindern gestalten wollen. Die Alltagsgestaltung sollte sich an den Zielen ausrichten, die Sie für die Kinder verfolgen. Auf einer sehr abstrakten Ebene werden dabei natürlich alle Erzieherinnen gleiche Ziele für die Kinder haben. Natürlich sind alle Erzieherinnen dafür, dass es „den Kindern gut geht“, dass die Kinder „in ihrer Entwicklung unterstützt werden“ oder dass „sie die bestmöglichen Startbedingungen für ihr Leben bekommen“. Die pädagogische Diskussion beginnt allerdings erst dann, wenn diese abstrakten Ziele konkretisiert und auf den Alltag mit den Kindern praktisch umgesetzt werden müssen. Natürlich sollen alle Kinder spielen, damit sie sich gut entwickeln, aber wie viel Freispiel ist nötig, wann muss die Erzieherin Anregungen bieten und warum usw.? Hier erst beginnt die eigentliche Diskussion, die den Alltag gestalten hilft.

> ***Hinweise für die pädagogische Praxis***
>
> *Der Bildungsserver sammelt wichtige Informationen zur frühkindlichen Betreuung und ergänzt dazu viele praktische Hinweise, wie die Arbeit mit Kindern gut gelingen kann. Erzieherinnen, die auf dem neuesten Stand bleiben wollen, können hier aktuelle Internetseiten finden: www.bildungsserver.de*

Das eigene pädagogische Handeln in Bezug auf seine Ziele hinterfragen

Warum erlaubt die eine Erzieherin das Essen mit Messer und Gabel, während die andere eher Löffel zum Essen reicht? Warum dürfen die Kinder bei der einen Erzieherin aufstehen, wenn sie beim Mittagsschlaf wach werden, und die andere besteht darauf, dass die Kinder still liegen bleiben? Welche Ziele verfolgt die Erzieherin, die das Herumspritzen mit Wasser im Waschraum erlaubt, und warum verbietet es eine andere Erzieherin? Die eigenen Erziehungs- und Handlungsziele transparent zu machen, heißt, das eigene pädagogische Handeln zunächst für sich selbst bewusst zu machen, es gegenüber den Kolleginnen zu vertreten und im dritten Schritt auch für die Eltern nachvollziehbar zu machen. Viele Konflikte mit Eltern rühren gerade daher, dass die Eltern nicht nachvollziehen können, warum die Erzieherin sich so und nicht anders verhält und als Begründung nur sagen kann, „weil es eben so ist und immer schon war“ oder „weil es für ihr Kind so das Beste ist“.

> ***Ein chinesisches Sprichwort***
>
> *„Wer kein Ziel hat, dem nützen auch dreitausend Wege nichts“, so sagen die Chinesen. Wie soll es also aussehen, das Ergebnis der pädagogischen Arbeit in der Kinderkrippe – der oder die gebildete, gut entwickelte, zufriedene Dreijährige? Die fehlende Auseinandersetzung mit dieser Frage lähmt viele Teams, denn das Handeln der Kolleginnen erscheint oft planlos und unvorhersehbar, fast willkürlich.*

Die eigenen Ziele mit den Zielen der Kinder abstimmen

Lassen Sie uns dazu zunächst ein Beispiel betrachten, wie es sich in einer Gruppe von 3-Jährigen ereignet hat.

Beispiel

Im Morgenkreis haben die Kinder jeden Mittwoch die Möglichkeit zu schildern, wie es ihnen derzeit in der Einrichtung gefällt, womit sie sehr zufrieden sind und wobei sie sich nicht wohlfühlen. Auf einer Mittwochsrunde wurde zum Beispiel von den Kindern explizit der Wunsch geäußert „Wir wollen nicht mehr mit Löffeln essen“. Nach kurzer Rücksprache unter den Erzieherinnen waren diese damit einverstanden, die Kinder von nun an mit Messer und Gabel essen zu lassen. Genau dies hatte die Kinder offensichtlich mutig gemacht. In der nächsten Mittwochsrunde wird deutlich, dass die Kinder das Gespräch bereits untereinander abgesprochen hatten und sich auf die anstehende Auseinandersetzung mit der

„Wir wollen keinen Mittagsschlaf mehr halten!"

Erzieherin argumentativ vorbereitet hatten. Ein forsches Mädchen war von der Gruppe auserkoren worden, die Gruppenmeinung zu vertreten. Die Erzieherin traute kaum ihren Ohren, als folgender Wunsch vorgetragen wurde: Wir wollen keinen Mittagsschlaf mehr halten. Auf die erschrockene Nachfrage der Erzieherin, warum sie mittags denn nicht mehr schlafen wollen, äußerten sich die Kinder konkret: Schlafen macht keinen Spaß und ist langweilig, beim Schlafen verpassen die Kinder zu viel, einige seien Mittags überhaupt nicht müde und die Eltern von zwei Mädchen haben gesagt, dass sie abends überhaupt nicht ins Bett zu bringen seien, wenn sie mittags zu viel geschlafen haben.

Was tun? Die Erzieherin reagiert hastig. Ihr ist der Mittagsschlaf der Kleinen außerordentlich wichtig. Eine Diskussion darüber, ob überhaupt geschlafen wird oder nicht, will sie nicht führen, da sie das Ergebnis fürchtet. Das Ziel für die Erzieherin ist es also, die Kinder von diesem Gedanken abzubringen. Überstürzt verspricht sie den Kindern, dass sie die Eltern dazu befragen will. Außerdem weist sie darauf hin, dass die Kinder in der Nachmittagszeit schon recht müde aussehen würden. Sie kündigt aber an, dass sie bereit ist, „im Sommer" (im Moment ist gerade Februar) mit den Kindern diese Frage erneut zu diskutieren.

Die kindlichen Themen ernst nehmen

Was fällt in dieser Situation auf: Die Kinder haben ihr aktuelles Anliegen vorgebracht. Selten kann im Alltag mit 0- bis 3-Jährigen so klar erkannt werden, was die Kinder aktuell in der Einrichtung bewegt. Die dabei von den Kindern demonstrierten sprachlichen und kommunikativen sowie sozialen Kompetenzen sind erstaunlich. Hier hätte sich eine sehr spannende Diskussion darüber ergeben können, was die Kinder an der Mittagsschlafsituation stört, wie sich die Kinder den Mittagsschlaf wünschen, was Schlafen eigentlich ist und was die Erzieherin und die Kinder denken, warum Menschen schlafen, wie man selbst erkennt, ob man müde ist, wie sich das Müdesein anfühlt, welche unterschiedlichen Schlafgewohnheiten es gibt und wie man in der Kita die Bedingungen so gestalten kann, dass der Mittagsschlaf Spaß macht und allen Kindern entgegenkommt.

Frühzeitig demokratische Beteiligung ermöglichen
Probieren Sie mit den Kindern Abstimmungen zu Themen wie z. B. „Mittagessen" oder „Raumgestaltung". Lassen Sie die Kinder z. B. den Speiseplan mitgestalten, indem vier vorgeschlagene Speisen von den Kindern mit Demokratiesteinchen (eins pro Kind) bewertet werden. Werten Sie die Abstimmung gemeinsam mit den Kindern aus und sichern Sie die Einhaltung der Abmachung.

Diese spannende Diskussion hat die Erzieherin jedoch abgewürgt. Ihr war das Ergebnis, dass mittags geschlafen werden muss, wichtiger als die Möglichkeit für die Kinder, sich ihrer selbst bewusst zu werden, die Kita mitzugestalten und ihre Auffassungen gegenüber der Erzieherin zu vertreten. Die Chance auf ein echtes pädagogisches Thema mit selbstbewussten Kindern wurde vertan. Obgleich in der Einrichtungskonzeption dieser Kita ganz sicher als ein Erziehungsziel selbstbewusste und selbstständige Kinder genannt sind, die zunehmend für ihre eigenen Bedürfnisse eintreten.

Ganz nebenbei bemerkt: Die von der Erzieherin versprochene Diskussion mit den Eltern hat nie stattgefunden, da die entsprechende Frage an die Eltern von der Erzieherin bereits so formuliert war, dass die Ablehnung durch die Eltern von vornherein klar gewesen war, die auch von der Erzieherin eingeräumten „unterschiedlichen Schlafbedürfnisse der Kinder" werden auch weiterhin in der Einrichtung nicht berücksichtigt, und die Erzieherin hofft nach wie vor, dass die Kinder sich im Sommer nicht mehr daran erinnern mögen.

Konkrete Handlungsziele aus abstrakten Erziehungszielen ableiten

An dieser Stelle wollen wir uns anschauen, was eigentlich ein Erziehungsziel ist, wie sich daraus Handlungsziele ableiten lassen und was die Umsetzung dieser Handlungsziele in die konkrete pädagogische Praxis bedeutet.

Bitte verwenden Sie für die Diskussion im Team folgende Methode: Bitten Sie Ihre Kolleginnen, sich Folgendes zu überlegen: Was sind die „Erziehungsziele" unserer Arbeit? Wie sieht ein gebildetes Kind aus?

Bitten Sie die Kolleginnen in der nächsten Teamsitzung, auf einem großen Papierbogen mit dicken Stiften ein gebildetes Kind aufzuzeichnen, das die Kolleginnen als Ziel ihrer Arbeit anstreben.

Gebildete Erwachsene
Sie können die Aufgabe der „gebildeten Kinder" noch um die Frage ergänzen, was einen „gebildeten Erwachsenen ausmacht". Wenn auch dieser Begriff konkret beschrieben werden soll, wird der Bildungsbegriff noch lebendiger!

Betonen Sie das auch so:

- Wie sieht das gebildete Kind aus?
- Welche Eigenschaften, welche Fähigkeiten hat das gebildete Kind?

Weisen Sie die Kolleginnen darauf hin, dass sie das Kind sehr konkret beschreiben und aufmalen sollen. Erklären Sie ihnen, dass es darum geht, das Kind so aufzuzeichnen, wie sie es sich als Ergebnis der pädagogischen Arbeit vorstellen, worauf sie also in ihrer alltäglichen pädagogischen Arbeit hinarbeiten. Verständigen Sie sich zunächst auf ein konkretes Alter des Kindes, da die Erziehungsziele bei einem einjährigen Kind möglicherweise anders aussehen als bei einem Dreijährigen. Ermutigen Sie die Kolleginnen ruhig, Idealvorstellungen zu formulieren, die aber so realistisch sein sollten, dass sie der bestmöglichen Entwicklung eines Kindes im entsprechenden Alter gerecht werden.

Mit dem Team methodisch an den Erziehungszielen arbeiten

Es ist sehr wichtig, dass Sie den Kolleginnen die Aufgabenstellung ganz ausführlich erläutern, denn der Erfolg der Methode hängt davon ab, wie gut sich die Kolleginnen auf die Diskussion konkreter Erziehungsziele einlassen können. Teilen Sie die Kolleginnen nun in Kleingruppen ein (wählen Sie dafür eine Zufallsmethode, zum Beispiel Abzählen, damit auch Kolleginnen miteinander ins Gespräch kommen, die sich sonst nie unterhalten) und achten Sie darauf, dass die Gruppen nicht mehr als vier Mitglieder haben.

Lassen Sie den Kolleginnen genügend Zeit, ausführlich und konkret ihre Vorstellungen von den „gebildeten Kindern" (diese Überschrift ist sehr wichtig!), d. h. von ihren Erziehungszielen aufzuschreiben und aufzumalen. Greifen Sie bei der Kleingruppenarbeit nicht ein, achten Sie nur darauf, dass tatsächlich auch gezeichnet und nicht nur geschrieben wird. Rufen Sie die Kolleginnen nach einer halben Stunde wieder zusammen, danken Sie Ihnen, dass sie sich auf diese – für die meisten Kitateams ungewöhnliche – Methode eingelassen haben und fragen Sie kurz nach, wie es Ihnen mit der Aufgabe gegangen ist und ob ihnen die Arbeit leicht- oder schwergefallen ist. Die Erfahrung aus den Kitateams zeigt, dass die meisten über

Erziehungsziele konkret benennen
Oftmals herrscht in den Einrichtungen ein scheinbarer Konsens über die Erziehungsziele. Unterschiede zeigen sich erst, wenn wirklich konkret die Ziele und die Verhaltensweisen der Kinder diskutiert werden.

die Methode überrascht sind, es ihnen aber relativ leichtfällt, gebildete Kinder zu zeichnen und zu beschreiben. Nehmen Sie sich dann viel Zeit, die Kleingruppen ihre „gebildeten Kinder" vorstellen zu lassen.

In der sich anschließenden Diskussion sollten Sie sich gemeinsam mit den Kolleginnen die Erziehungsziele anhand der folgenden Fragen anschauen:

- Was sind Ihre eigenen Erziehungsziele für die Kinder, mit denen Sie arbeiten?
- Was ist Ihnen persönlich wichtig?
- Warum ist Ihnen das wichtig?
- Was ist, wenn Ihre Erziehungsziele untereinander kollidieren?
- Oder was passiert, wenn Ihre Erziehungsziele mit den Zielen der Eltern oder der Kolleginnen nicht übereinstimmen?

Diese Fragen kann kein Bildungsplan für Sie beantworten. Hier bedarf es der kritischen Reflexion, der Diskussion mit den Kindern, mit den Kolleginnen und mit den Eltern.

In Fortbildungen mit Erzieherinnen haben wir uns die Erziehungsziele von Erzieherinnen unter der Frage: „Wie sieht das gebildete Kind – das Ziel Ihrer Arbeit – aus?" aufmalen und beschreiben lassen. Unabhängig vom Alter der Kinder tauchten immer wieder die folgenden Begriffe auf:

Das gebildete Kind ist:

- neugierig
- selbstbewusst
- kreativ
- teamfähig
- selbstständig
- offen
- tolerant
- gesund
- sozial kompetent

Kitakonzeptionen auf „Wortgeklingel" überprüfen
Eine Kitakonzeption ist nur dann nützlich, wenn sie alltagspraktisch formuliert ist. Schauen Sie daher ganz genau nach „Worthülsen" in Ihren Kitakonzeptionen. Fragen Sie sich bei allen großen Worten immer danach, wie das konkret im Alltag aussieht und ob im Alltag Kitakonzeption und das pädagogische Handeln wirklich im Einklang stehen.

Fällt Ihnen an diesen Erziehungszielen etwas auf? So schön diese Erziehungsziele auch klingen und so wunderbar sie in Kitakonzeptionen auch anzusehen sind – sie sind nichts anderes als Worthülsen, solange sie nicht in Alltagssprache übersetzt werden. Sind Sie sich im Team wirklich darüber einig, was ein neugieriges Kind kennzeichnet? Was ist für Sie ein „selbstständiges" Kind? Wie verhält sich für Sie ein „kreatives Kind" beim Mittagessen oder beim Mittagsschlaf? Beim Nachdenken über die genannten Erziehungsziele wird deutlich, dass sich Erziehungsziele und der Erziehungsalltag oft widersprechen.

Jede Erzieherin will neugierige Kinder, aber möglicherweise ja nur dann, wenn es gerade in den Tagesablauf passt. Selbstbewusste Kinder will jede Erzieherin, aber keine trotzigen, die „Nein" sagen, wenn die Erzieherin zum Mittagsschlaf ruft. Überprüfen Sie daher Ihr pädagogisches Handeln im Hinblick auf Ihre Erziehungsziele sehr genau. Wie selbstbewusst darf ein Kind sein? In welchen Situationen darf ein Kind neugierig sein und in welchen Situationen nicht? Viele Fragen gibt es hier zu diskutieren.

Erziehungsziele in Handlungsziele umformulieren

Erziehungsziele bleiben solange nur Worthülsen, solange die Handlungen der Erzieherin mit ihren eigentlichen Erziehungszielen nicht übereinstimmen. Was muss eine Erzieherin tun, damit ein Kind tatsächlich selbstbewusst werden kann? Beim Nachdenken über solche Fragen wird schnell deutlich, dass Unterstützung nicht immer eine aktive Handlung der Erzieherin sein muss. „Handlungsziele formulieren“ klingt zwar, als ob die Erzieherin aktiv handeln muss, damit ein bestimmtes Erziehungsziel erreicht werden kann. Es kann aber auch sein, dass die Handlung allein darin besteht, dem Kind einfach genügend Zeit, Ruhe und Gelegenheiten zu geben, sich seiner selbst bewusst zu werden.

Selbst-Bewusst werden
Sich seiner Selbst und seiner Bedürfnisse bewusst zu werden, ist eine Aufgabe, die Erzieherinnen und Kinder gemeinsam haben. Nur selbstbewusste Erzieherinnen können Kinder auf dem Weg zum Selbstbewusstsein begleiten. Erzieherinnen, die eher wenig selbstbewusst sind, haben oft Schwierigkeiten, Selbstbewusstsein bei Kindern zu akzeptieren.

Beispiel

In einer Kita unterhält sich die Erzieherin mit den Kindern über das Thema Mittagessen. Ihr war aufgefallen, dass sich die Kinder oft kaum von ihrem Spiel losreißen können, wenn die Küchenfrau das Essen schickt. Die Küchenfrau wiederum schimpft, dass alles kalt wird, wenn die Kinder nicht pünktlich am Tisch sitzen. Im Gespräch mit den Kindern wird der Erzieherin auf einmal deutlich, dass die Kinder ihre eigenen Bedürfnisse kaum benennen können. „Wie fühlt sich das an, wenn man Hunger hat?“ – „Hunger hab ich, wenn die Erzieherin ruft, dass das Essen fertig ist.“ „Hunger ist, wenn man zum Essen am Tisch sitzt.“ „Die Erzieherin sagt, dass wir Hunger haben.“. Des eigenen Hungergefühls oder der eigenen Essbedürfnisse war sich kaum ein Kind selbst bewusst.

In dieser Kita hat die Diskussion der Erzieherin mit den Kindern dazu geführt, dass das Thema Mittagessen in das Zentrum der pädagogischen Arbeit der nächsten Wochen gerückt ist. Die Erzieherin hat mit allen Kindern gesprochen, geplant und überlegt, wie man die Essenssituation umgestalten kann. Das Erziehungsziel der Erzieherin, „den Kindern Selbstbewusstsein beim Mittagessen zu vermitteln“, hat sie gemeinsam mit den Kolleginnen und der Küchenfrau in Handlungsziele umformuliert. Das ging nicht ohne lebhafte Diskussionen und Kompromisse, aber da es ein gemeinsames Ziel gab, mussten sich alle Beteiligten nur noch über die dazu notwendigen Handlungen einigen.

Alle ziehen an einem Strang?!
Ein „gemeinsamer Strang“ ist bei Erziehungszielen ganz schwierig, da mit gutem Grund in derselben Situation von den Beteiligten unterschiedliche Erziehungsziele benannt werden können, die unterschiedliche Handlungen bedeuten. Wichtig ist hier, dass jeder seine Erziehungsziele darlegen und begründen kann. Dadurch entspannt sich die Diskussion, und gegenseitiges Verständnis entsteht.

Einige dieser Handlungsziele seien hier benannt:

- Eine Kindergruppe aller Altersgruppen trifft sich freitags mit der Köchin und bespricht mit ihr den Essensplan der nächsten Woche.
- Das Essen wird als Büfett aufgebaut, die Kinder können sich selbst nehmen.
- Das Büfett bleibt für eine Stunde aufgebaut.
- Die Jüngsten bekommen Hilfe von den Großen beim Füttern.

Nicht alles hat in der Praxis funktioniert, und einiges musste wieder verändert werden. Eins wurde aber ganz klar erreicht: Die Kinder sind sich ihrer selbst beim Mittagessen nun viel bewusster geworden. Das Erziehungsziel als solches wurde in vielen Handlungszielen umgesetzt.

3.4.3 Das wichtigste Erziehungsziel – das Kindeswohl

Ein Ziel steht über allen anderen Erziehungszielen: Die pädagogische Arbeit in den Kindertagesstätten hat sich am Wohl der Kinder zu orientieren, das Kindeswohl ist oberstes Erziehungsziel. Was aber ist das „Wohl des Kindes“? Erstaunlicherweise gibt es auch dafür bisher nur wenige Definitionen in der Fachliteratur.

Hilfe bei der Begriffsbestimmung kommt überraschenderweise von den Juristen. Insbesondere im Scheidungsrecht wird die Frage nach dem Wohl des Kindes sehr häufig gestellt – und zwar immer genau dann, wenn es darum geht zu entscheiden, bei welchem Elternteil es den Kindern nach einer Scheidung am besten geht. Bereinigt um diesen juristischen Hintergrund eignet sich die Kindeswohldefinition sehr gut auch dafür, die Arbeit in den Kinderkrippen zu überprüfen:

> *„Kindeswohl ist in dem Maß gegeben, in dem das Kind einen Lebensraum zur Verfügung gestellt bekommt, in dem es die körperlichen, gefühlsmäßigen, geistigen, personalen, sozialen, praktischen und sonstigen Eigenschaften, Fähigkeiten und Beziehungen entwickeln kann, die es zunehmend stärker befähigen, für das eigene Wohlergehen im Einklang mit den Rechtsnormen und der Realität sorgen zu können.“ (Sponsel, 2001, o.S.)*

Kindeswohl nach dem Scheidungsrecht?
Sicher, es ist heikel, die Kindeswohldefinition von Scheidungsrichtern zu übernehmen. Aber klingt nicht so manche Erziehungsdiskussion zwischen Erzieherinnen, Eltern, Trägern, Kinderärzten usw. eigentlich wie ein Sorgerechtsstreit? Jeder denkt, er oder sie wäre das „Beste“, was dem Kind passieren könnte.

Lesen Sie diese Definition einmal ganz in Ruhe. In ihr ist alles enthalten, was eine gute Kinderkrippenarbeit beinhalten sollte. Ziel der auf das Kindeswohl ausgerichteten Arbeit muss es also sein, den Lebensraum des Kindes zu gestalten, nicht, am Kind selbst „herumzuarbeiten“. Der Lebensraum des Kindes muss so gestaltet sein, dass es alle seine Eigenschaften, Fähigkeiten und Beziehungen selbstständig weiterentwickeln kann, ohne dass es dabei bevormundet oder belehrt wird.

Erziehungsziel ist das Kind, das zunehmend besser für sich selbst sorgen kann, seinen Alltag selbst meistern kann, sich unabhängig macht von der Hilfe anderer. Dabei soll aber kein Egoist, kein Egozentriker, kein Spinner oder Träumer entstehen, das Kind soll im Einklang mit den Rechtsnormen unserer Gesellschaft und unserer Realität stehen.

3.4.4 Die Pädagogin in sich wiederentdecken

Sich von Erziehungsgurus und guten Ratschlägen unabhängig machen
Alle pädagogischen Handbücher – auch das vorliegende Buch – und die in ihnen enthaltenen Ratschläge selbst ernannter Experten sollten von Ihnen kritisch hinterfragt werden. Keiner kennt die Realität Ihrer Kinder und Ihrer Einrichtung so wie Sie selbst.

Abschied von alten Rollen nehmen

Um dies zu erreichen, ist es notwendig, die pädagogische Arbeit gegenüber der pflegerischen Arbeit aufzuwerten. Die Krippenerzieherin ist weit mehr als die Frau zum Naseputzen und Windelnwechseln, die nebenbei noch mit den Kindern spielt und bastelt. Lassen Sie sich also nicht auf die Rolle einer Basteltante reduzieren, die nebenbei füttert und wickelt. Entdecken Sie die Pädagogik im Krippenalltag und die Pädagogin in sich!

Die Krippenerzieherin als Pädagogin, als kompetente Fachfrau für frühkindliche Lernprozesse, als Spezialistin für kindliche Entwicklung? Wie schätzen Sie selbst Ihre Rolle als Pädagogin ein? In der Hektik der Alltagsgestaltung scheint manchmal das eigentliche Ziel der Kindergartenarbeit, der pädagogische Auftrag, – der Sie als Fachfrau und Spezialistin kennzeichnet und von allen Laien, die über Kindererziehung und frühkindliche Entwicklung nur sprechen, unterscheidet –, unterzugehen. Genau diese Rolle der Pädagogin in sich sollten Sie wiederentdecken und stärken.

Die Erzieherin als Pädagogin für frühkindliches Lernen – das klingt nach neuem Selbstbewusstsein und einer Fachlichkeit, die dabei hilft, die eigene Position in Erziehungsfragen besser begründen zu können, das pädagogische Handeln für andere (Eltern, Kollegen, Leitung, Träger) nachvollziehbar zu machen, Argumenten von selbst ernannten Experten zu widerstehen und dabei das Kindeswohl als den entscheidenden Maßstab im Blick zu behalten. Was sind Ihre pädagogischen Ziele? Woher kommen diese Ziele? Wie setzen Sie diese pädagogischen Ziele im Alltag um? Wie überprüfen Sie selbst, ob Sie Ihren pädagogischen Zielen näher gekommen sind?

Den pädagogischen Blick auf den Kitaalltag richten

Erinnern Sie sich an die Definition des Kindeswohls in Kapitel 3.4.3? Fachfrau für Kleinkindpädagogik zu sein, bedeutet demzufolge, über kindliche Entwicklung und kindliches Lernen Bescheid zu wissen und daraus abzuleiten, wie die tägliche Arbeit in den Kindertagesstätten pädagogisch gestaltet werden sollte, damit die bestmöglichen Lern- und Entwicklungsbedingungen für die Kinder gegeben sind. Auch hier sind wieder Teamarbeit und die Bereitschaft zur Diskussion gefragt. Die Bildungspläne liefern jede Menge pädagogisches Hintergrundwissen, das Ihnen im Alltag helfen kann, pädagogisches Wissen wird auch in der Aus- und in Fortbildungen vermittelt. Vertrauen Sie aber auch sich selbst und Ihrer Erfahrung. In den vielen Jahren im Beruf haben Sie ein großes pädagogisches Fachwissen erworben, das es nun aufzufrischen, zu sortieren und an manchen Stellen auch zu entrümpeln gilt.

Bekannte Lerntheorien

- **Behaviorismus** *beschreibt, wie durch bestimmte Signale und Reize, durch Belohnung und Bestrafung bestimmte Verhaltensweisen bei Kindern antrainiert werden können („Trainingslernen“).*
- **Kognitivismus** *beschreibt, wie bestimmte Wissensstrukturen beim Menschen aufgebaut werden und wie der Mensch zu seinen Erkenntnissen („Kognitionen“) gelangt („Erkenntnislernen“).*
- **Modelllernen** *beschreibt dabei die Wirkung von Vorbildern, die nachgeahmt werden können.*
- **Konstruktivismus** *beschreibt, wie Menschen sich ihr Bild von der Welt im Kopf konstruieren und dann überprüfen, ob dieses Bild alltagstauglich ist – nicht „richtig“ oder „falsch“.*

3.4.5 Wie Kinder am besten lernen

Was Lernen und Bildung sind, welche Ziele beim Lernen und in der Bildung in Kitas verfolgt werden und wie dabei das Wohl des Kindes gewahrt werden kann und muss, wurde in den letzten Abschnitten beschrieben. Offengeblieben ist jedoch noch, wie kindliches Lernen eigentlich funktioniert. Keine Angst, es folgen keine Abhandlungen über Lerntheorien wie Behaviorismus, Kognitivismus, Modelllernen, Konstruktivismus und Ko-Konstruktion. Es werden auch keine Trainingskonzepte vorgestellt, wie bei Kindern bestimmte Lernziele verwirklicht werden können. Konditionierung von Kindern, Trichterlernen, Manipulation von Kindern durch kleine Bestechungen, Lob und Tadel sind zwar nach wie vor in den Einrichtungen zu beobachtende Lehr- und Lernmethoden. Doch sie verstellen den Blick für ein echtes

Verständnis dafür, wie Kinder am besten lernen. Erinnern Sie sich zunächst noch einmal daran, wie und wann Ihnen das Lernen Spaß gemacht hat, und versuchen Sie, dies auf Ihren Kitaalltag anzuwenden, egal wie jung oder alt die Kinder sind.

Die vier Pädagogen des Kindes kennen

Hilfreich kann dabei eine Grundregel sein, die kindliches Lernen gut beschreibt und Hinweise gibt, wie Bedingungen sein müssen, damit Kinder sich bestmöglich entwickeln und bestmöglich lernen können: Kinder lernen am besten, wenn sie auf vier „Pädagogen" zurückgreifen können.

Beispiel

Luca (2 Jahre, 10 Monate) aus der altersgemischten Gruppe holte sich aus dem Regal zwei Becher und eine Pinzette. Einer der Becher war mit großen weißen und roten Bohnen gefüllt. Er nahm den vollen Becher mit der rechten Hand und kippte die Bohnen auf den Tisch. Anschließend begann er, die weißen und roten Bohnen mit der rechten Hand nach Farben zu sortieren. Das machte er etwa mit einigen Bohnen, bis er die Pinzette zu Hilfe nahm (rechte Hand) und anfing, die Bohnen mit der linken Hand in die Pinzette zu klemmen. Er sortierte noch einige Bohnen in die Becher ein, bis er plötzlich die Pinzette zu fest zudrückte und die Bohne in hohem Bogen durch das Zimmer schnipste. Darauf folgte ein erstaunter Blick zu mir. Luca hatte entdeckt, dass die Bohnen „fliegen" können. Er sortierte jetzt nicht mehr die Bohnen, sondern ließ sie mit Begeisterung durch den Raum fliegen. (Nach Cornelia Klett, 2007)

Überlegen Sie anhand dieser Episode selbst, wie die Lerngeschichte Lucas an dieser Stelle weitergehen könnte.

- **Das Kind als seinen eigenen Lehrmeister ernst nehmen**
  Der erste „Pädagoge" ist das Kind selbst. Es kennt seine Stärken und Schwächen, seine Interessen und formuliert sich die nächste Herausforderung als eigenes Entwicklungsziel selbst. Wenn bei dem Kind die Zeit reif ist, beginnt es, sich mit einem Thema auseinanderzusetzen. Schon die kleinsten Kinder zeigen dabei viel Ausdauer, wenn sie nicht unterbrochen und gestört werden. Spielen ist Lernen und Lernen ist Spielen. Bei Kindern lassen sich beide Prozesse nicht voneinander unterscheiden.

Die Zone der nächsthöheren Entwicklung
Jedes Kind besitzt jede Fähigkeit sozusagen in zwei Ausprägungen – einmal so, wie sie sich gerade zeigt, und einmal so, wie sie sich unter optimalen Bedingungen bei optimaler Hilfestellung zeigen könnte. Am besten lernen Kinder von anderen Kindern, die ihnen diesen einen Entwicklungsschritt voraus sind. Sie können sich am besten in das vorherige Denken hineinversetzen und dort optimal Hilfestellung geben.

  Beispiel

  Lucas thematisches Interesse wechselt. Nach dem Sortieren der Bohnen macht er eine zufällige Entdeckung, die ihn auf ein neues Lernthema – die Physik – lenkt. Vielleicht unternimmt er nun Versuche, wie es ihm gelingen könnte, noch weiter zu schnipsen als bisher? Vielleicht probiert er anderes Fluggerät und andere Instrumente zum Schnipsen?

- **Andere Kinder als Lehrer und Lernende wahrnehmen**
  Der zweite „Pädagoge" sind die anderen Kinder, die zum Vergleichen, zur Auseinandersetzung anregen, neue Themen einbringen, Hilfe anbieten, eigene Ideen haben, die die Weltsicht des Kindes bereichern können. Andere Kinder sind unvoreingenommene Pädagogen. Von ihnen zu lernen, heißt, von Kindern zu lernen, die eben noch auf der gleichen Entwicklungsstufe waren wie das Kind

selbst und jetzt vielleicht einen Schritt weiter sind, aber sehr gut das Neue erklären können, weil sie sich noch gut an ihre „alte Sicht“ erinnern und sich daher am besten in das Kind hineinversetzen können. Dabei wechseln die Kinder ständig in der Rolle als Lernende und Lehrende, denn auch durch das Erklären oder Vormachen machen die Kinder neue Lernerfahrungen.

Beispiel

Vielleicht nutzt Murat die Gelegenheit, sich zu Luca dazuzusetzen. Vielleicht gewinnt er Interesse daran, auch zu schnipsen. Es gelingt ihm anfangs nicht so gut wie Luca, der schon länger mit dem Flugmaterial probiert hat. Luca nimmt Murat die Pinzette wieder weg und sagt: „So macht man das aber nicht.“ Kindern die Möglichkeit zu geben, sich gegenseitig zu fördern und zu „belehren“, kann eine echte Entlastung für den dritten Pädagogen darstellen.

- **Sich selbst als Pädagogin zurückhalten**
  Der dritte „Pädagoge“ des Kindes ist die Erzieherin. Bisher hat sich die pädagogische Aufmerksamkeit nahezu ausschließlich auf die Erzieherin konzentriert. Sie allein war als „Macherin“ für das Wohl und Wehe sowie für gutes Lernen der Kinder verantwortlich. So kam es dazu, dass einige Erzieherinnen erst zufrieden waren, wenn die Woche durchgeplant war und jeden Tag sieben Angebote zur Verfügung standen. Auch heute noch fällt vielen die Einsicht schwer, dass die Erzieherinnen dadurch überlastet waren und als Pädagoginnen nicht immer recht zum Zuge kamen.

Beispiel

Vielleicht setzt sich die Erzieherin dazu und beobachtet Luca dabei, wie er seine Schnipsversuche fortsetzt. Vielleicht unterbricht sie ihn auch, mit Hinweis auf die anderen Kinder, die über die Bohnen stolpern und sich verletzen könnten? Vielleicht erinnert sie Luca daran, dass er sich merken solle, wo die Bohnen hinfliegen, um sie dort wieder einsammeln zu können? Vielleicht lädt sie andere Kinder zu Luca ein, um sich bei ihm neue Anregungen zu holen?

- **Den Raum und das Material wirken lassen**
  Der vierte „Pädagoge“ ist der Raum, in dem das Kind sich aufhält, der zum Entdecken einlädt, der Rückzugsmöglichkeiten bietet, Materialien bereithält, mit Überraschungen aufwarten kann und die Möglichkeit schafft, sich mit eigenen Fragen intensiv auseinanderzusetzen. Ihm sollte viel mehr Aufmerksamkeit widerfahren. Im Raum entstehen die Situationen, die zum Lernen anregen. Nicht immer muss dieser Raum pädagogisch vorgestaltet sein. Die Abstellkammer des Hausmeisters in der Kita kann pädagogisch viel wertvoller, weil inte-ressanter und anregender, sein als die von der Erzieherin liebevoll eingerichtete Werkbank, die aber nicht ohne Aufsicht benutzt werden darf, weil sie so teuer war und die Kin-

Aushalten lernen!
Die wichtigste Unterstützung geben Sie den Kindern in solchen Situationen, wenn Sie sich zunächst zurückhalten und nicht eingreifen. Warten Sie ab, wie Kinder wie Luca die Situation selbst weitergestalten! Dieses Aushalten-Können ist eine wichtige Lernaufgabe für Erzieherinnen.

der eigentlich noch viel zu klein dafür sind und sich verletzen könnten und weil es Beschwerden von den Eltern gab usw.

Beispiel

Luca wurde durch das Material selbst zu der neuen Erfahrung angeregt, eine Vorgabe durch die Erzieherin war nicht nötig. Vielleicht weiß Luca sogar, wo Erbsen liegen, die man vielleicht auch schnipsen kann? Vielleicht sind die aber weggeschlossen, da sie von den Kindern häufig in die Nasen gesteckt werden? Kann Luca mit seinen Bohnen rausgehen und draußen weiterschnipsen? Müssen die Bohnen nachher wieder vollzählig sein?

Die wichtigste Aufgabe der Pädagogin? Vier Pädagogen koordinieren!

Für eine Erzieherin ergeben sich daraus im Alltag viele Handlungsmöglichkeiten. Sie muss den Kindern zutrauen, dass jedes Kind zu seiner Zeit das lernt, was bei ihm gerade ansteht, sie muss ihnen Zeit und Möglichkeit geben, sich mit anderen Kindern auszutauschen, sie muss die Räume überprüfen, ob sie dem kindlichen Bewegungsdrang genauso entsprechen wie dem kindlichen Forschergeist sowie dem Wunsch nach einer Rückzugsmöglichkeit. Und sie muss sich immer wieder selbst als Pädagogin verstehen und entscheiden, ob die aktuelle Situation sie als Pädagogin erfordert oder ob nicht die anderen drei „Pädagogen" das kindliche Lernen momentan viel besser unterstützen können.

Die eigenen Grenzen im Alltag
Überprüfen Sie sich selbst, warum Sie bei manchen Situationen schneller eingreifen als üblich. Haben Sie Angst, die Kinder verletzen sich? Haben Sie Angst, dass ein Kind ein scheinbar „schlechtes Vorbild" für andere ist, die das Verhalten nachahmen? Haben Sie Angst, dass Ihnen Mehrarbeit entsteht?

Die Erzieherin in ihrer Rolle als Pädagogin sollte also immer die folgenden Punkte beachten:

- **Freiräume schaffen**
  Platz in den Räumen schaffen, in denen kein geplantes Angebot das Spiel der Kinder unterbricht oder in denen die neu eingerichtete Leseecke genau im bevorzugten Raum zum Herumtoben platziert wurde. Gründliche Beobachtungen des kindlichen Alltags sind dafür die Voraussetzung.
- **Den Alltag entrümpeln**
  Tagesabläufe flexibler handhaben, aufgestellte Regeln überprüfen, ob sie wirklich von den Kindern selbst entwickelt wurden oder zumindest überhaupt verstanden werden können. Sich den Tagesplan auch einmal von unvorhergesehenen Ereignissen über den Haufen werfen lassen, die Kinder den Alltag mitorganisieren lassen.
- **Von lieb gewordenen Gewohnheiten Abschied nehmen**
  Für sich selbst einmal überprüfen, ob manches in der Kita nicht einfach nur deshalb gemacht wird, weil es schon immer so war. Das könnte die Essenssituation betreffen oder den Mittagsschlaf, es könnte bedeuten, die Gruppen zu öffnen oder alle Kinder zu jeder Zeit auf den Hof zum Spielen zu lassen usw.
- **Räume kindgerecht gestalten**
  Alle Spielmaterialien sollten frei verfügbar sein, Kinder sollten die Räume mitplanen und mitgestalten können, und es sollte möglich sein, einmal Eingerichtetes auch wieder umzuräumen, wenn es sich nicht bewährt. Als Grundregel gilt: Wenn Sie die Kinder viel ermahnen müssen, sich irgendwie „vorsichtiger zu verhalten", stimmt etwas mit der Raumgestaltung nicht, dann fehlt es an Bewegungsfreiheit oder an Rückzugsmöglichkeiten.

- **Den Spielzeugschrank aussortieren**
  Die Qualität einer Einrichtung hängt nicht ab von der Quantität der vorhandenen Spiele oder Bücher. Hier sollten eventuell das Einrichten einer Kinderbibliothek überlegt und die Spielzeugflut durch Maßnahmen eingeschränkt werden, wie beispielsweise eine Weile nur Holzbausteine zur Verfügung zu stellen, danach evtl. nur Legosteine usw. und die Auswahl an den Beobachtungen der Kinder zu orientieren.

Wie hygienisch muss Spielzeug sein?
Kleinkinder stecken viel Spielzeug in den Mund. Hier empfiehlt es sich, das von mehreren Kindern genutzte Spielzeug regelmäßig zu reinigen. Bitte waschen Sie aber nach Möglichkeit keine persönlichen Kuscheltiere und Kuschelgegenstände, die die Kinder über ihren Geruch identifizieren.

- **Ein neues Verständnis von Planung entwickeln**
  Mit den Kindern Lernprozesse planen und nicht auf Tages- und Wochenplänen beharren, die die Kinder in ein Lernkorsett zwängen. Pädagogische Planung ist nicht so sehr eine Zeitplanung, sondern eher eine Planung von Verantwortlichkeiten mit den Kindern, wenn ein interessantes Thema aufgetaucht ist. Wer besorgt noch mehr Informationen zu diesem Thema, wer macht Notizen über das Projekt, wer fragt andere um Rat, wer kennt sich mit dem Problem oder dem Thema bereits aus? Je kleiner die Kinder sind, desto weniger sollte eine themenbezogene Tagesplanung erfolgen. Kleinstkindern unter 1,5 Jahren sind keine Themenprojekte oder Themenangebote zu unterbreiten, sie sind schon genügend mit der Alltagseroberung beschäftigt.
- **Kitarituale überdenken**
  Die Planung des pädagogischen Alltags bezieht sich aber auch auf Rituale, die in den Kitas fest verankert sind. Weihnachtsfeiern mit Programmen, die von den Kindern als Zwang empfunden werden, Fasching, der gefeiert wird, weil eben gerade Faschingszeit ist, sollten grundsätzlich infrage gestellt werden. Wichtiger ist es, die aktuellen Themen aufzugreifen, die die Kinder wirklich gerade bewegen.

Die Themenwand
Eine Anregung für Ihre Krippe: Richten Sie eine Themenwand ein, die von Kindern, Eltern und Kollegen gut einsehbar ist. Dort ist jedes Kind mit einem Foto und einer Freifläche aufgeführt. An die Freifläche heften Kind oder Erzieherin Zettel oder Bilder, die deutlich machen, mit welchem Thema jedes Kind gerade beschäftigt ist. Lernprozesse können so deutlich gemacht werden. Jedes Kind bleibt im Aufmerksamkeitsfokus der Erwachsenen.

3.5 Die Selbstbildung der Kleinkinder

Viel ist in den letzten Abschnitten bereits über das Lernen von Kleinkindern geschrieben worden. Sie als Erzieherin haben sich selbst schon intensiv damit beschäftigt, wie Kinder am besten lernen und was dabei die Aufgabe der Kitas und der Erzieherinnen ist. Lassen Sie uns daher an dieser Stelle die neuen Bildungspläne der Bundesländer und das in ihnen beschriebene Bildungsverständnis zusammenfassen und für den Alltag mit den 0- bis 3-Jährigen aufbereiten.

Der Begriff der Selbstbildung

Die von den Bundesländern entwickelten Bildungspläne beinhalten als wichtigsten Aspekt den Selbstbildungsprozess des Kindes. Selbstbildung bedeutet dabei:

Kinder lernen die Welt selbst kennen. Kinder können nicht durch Erwachsene belehrt werden. Kinder erwerben ihr Wissen von der Welt und ihre Fähigkeiten, indem sie die Welt neugierig erforschen, dabei auf Widersprüche und „Unerklärliches" stoßen und diese Phänomene so lange untersuchen, bis sie Erklärungen gefunden haben, die die Widersprüche auflösen. So entsteht Schritt für Schritt im kindlichen Kopf ein immer feiner differenziertes Bild von der Welt. Jedes Kind – selbst das Allerkleinste – hat sein eigenes Bild von der Welt, das auf unterschiedlichen Vorerfahrungen beruht.

Kinder lernen von anderen Kindern
Beim Lernen und bei der Alltagsbewältigung können andere Kinder am besten helfen. Keine Erzieherin kann so gut erklären wie ein Kind, das nur wenig älter ist als das lernende Kind. Grund dafür ist, dass größere Kinder sich besser in die Gedankenwelt der Kleinen hineinversetzen können, weil sie eben noch genauso gedacht haben. Ein gutes Argument für die Altersmischung.

Für das Entdecken der Welt hat das Kind dabei die vier „Pädagogen" (vgl. Kapitel 3.4.5) sich selbst, die anderen Kinder, den Raum und die Erwachsenen zur Unterstützung.

Das neue Bildungsverständnis geht also nicht mehr von einem einseitigen Wissensfluss von den Erwachsenen zu den Kindern aus. Erwachsene wissen nicht mehr automatisch, was die Kinder zu lernen haben, sondern sie ermöglichen es den Kindern, ihr eigenes Wissen von der Welt zu entwickeln. So bildet sich jedes Kind selbst und kann dabei auf die Unterstützung durch seine eigenen Kompetenzen, die Kompetenzen der Gleichaltrigen und der größeren Kinder, die Erwachsenen und die anregungsreiche Umgebung bauen.

Selbstbildung aus konstruktivistischer Sicht

Der Konstruktivismus als Lerntheorie
Im Gegensatz zu den anderen Lerntheorien wie z. B. Konditionierung oder Modelllernen stellt der Konstruktivismus das Entstehen von Wissen selbst ins Zentrum. Er löst die anderen Lerntheorien nicht ab, sondern ergänzt sie um diesen Aspekt.

Der Begriff der Selbstbildung stammt aus der Theorie des Konstruktivismus. Der geht davon aus, dass der Lernende sich seine individuelle Lernsituation selber konstruiert und somit seinen Lernprozess selber steuert. Sein Wissen entsteht dabei durch die Auseinandersetzung mit Ideen und Konzepten und deren Interpretation. Selbst die Informationen, die uns unsere Sinnesorgane liefern, sind nicht einfache Abbilder der Welt, sondern bereits gefilterte, verarbeitete und interpretierte Ergebnisse eines inneren Verarbeitungsprozesses. Somit lassen sich auch diese Informationen als konstruiert bezeichnen. Dabei ist das Vorwissen des Lernenden von entscheidender Bedeutung, da das neue Wissen immer in Bezug darauf konstruiert wird. Beim Lernen spielt die Aktivierung von Vorkenntnissen, ihre Ordnung, Korrektur, Erweiterung, Ausdifferenzierung und Integration eine entscheidende Rolle. Wissen kann somit als individuelle Konstruktion eines aktiven Lerners bezeichnet werden. Das Lernen findet jedoch nicht im luftleeren Raum statt, sondern wird durch die äußeren Gegebenheiten, den Lernraum, die anderen Kinder sowie die Erzieherinnen und Eltern als Lernunterstützer beeinflusst.

Ben erobert den Elektrobaukasten. Der Schaltkreis wurde von den Vorschulkindern gebaut. Er steckt den Schalter immer wieder in den Schaltplan und beobachtet, wie sich durch das berühren der Metalle, sich der Stromkreis schließt und die Glühbirne leuchtet. Dieser Vorgang wird zahlreiche male von ihm wiederholt.

Ben entdeckt das Windrad im Baukasten und versucht es in diesem Schaltkreis zu integrieren. Durch ausprobieren entdeckt er, wo das Rad angebracht werden kann. Es gelingt ihm und durch betätigen des Schalters hebt das Windrat auch ab.

Ben erforscht die Waage. Er versucht durch die Gewichte eine Balance zu erreichen.

Ben erforscht seine Umgebung und schaut sich seine Umfeld durch verschiedene Farben an.

Konstruktivismus im Alltag der Kita

Der Konstruktivismus rüttelt zum Teil an den Grundfesten unseres Alltagsverständnisses. Wenn wir bisher glaubten, dass unser Wissen von der Welt eine sichere Basis darstellt, wenn wir bisher fest davon überzeugt waren, dass es auf Fragen immer richtige und falsche Antworten gibt, wenn uns Forschung und technischer Fortschritt viele Naturphänomene scheinbar erklärt haben, beginnen wir, mit dem Konstruktivismus daran zu zweifeln.

Kein Richtig und kein Falsch
Aus Sicht der Konstruktivisten ist Bildung immer eigene Erfahrung. Richtig ist das, was im Moment die Welt am besten erklärt. So ist das Wissen von Erzieherinnen eben richtig für Erzieherinnen und das kindliche Wissen ist richtig für die Kinder. Die Einschätzung, dass Erwachsene schlauer seien als Kinder, weil sie angeblich mehr von der Welt wüssten, wird damit sehr fragwürdig.

Stellen Sie sich folgende Situation vor:

Beispiel

> *„Nach dem Spielen draußen hat die Erzieherin ihre Kindergruppe in den Waschraum gerufen. Ein geschäftiges Treiben beginnt. Während die Erzieherin noch damit beschäftigt ist, die Kinder dabei anzuleiten, sich die Hände selbst zu waschen und abzutrocknen, beginnen die Kinder mehr und mehr, ihren eigenen Aktivitäten nachzugehen. Max hat wieder den roten Zahnputzbecher von Judith statt seines eigenen grünen in der Hand, was sich die Erzieherin mit seiner Farbenblindheit erklärt. Laura beschließt, die Handtücher auf dem Boden auszubreiten, da ihr die Füße kalt sind. Lisa zieht ihr Handtuch weg und benutzt es*

als Waschlappen, indem sie es nass macht und sich damit übers Gesicht reibt. Jurij fängt an zu weinen, da die Seife im Waschraum nicht „seine Seife" ist, die er von zu Hause kennt. Paul und Selina beginnen daraufhin, die Zahnpasta als Seife auszuprobieren. Annika, die die ganze Zeit noch um Gruppenraum mit ihrer Puppe beschäftigt ist, ist auch durch gutes Zureden nicht dazu zu bewegen, sich in den Waschraum zu begeben. Als sie von der Erzieherin ermuntert wird, doch einfach auch ihre Puppe zu waschen, nimmt sie erschrocken Reißaus. Währenddessen haben Stevie und Mohamad begonnen, sich das Toilettenpapier um den Kopf zu wickeln. Laura, die mittlerweile festgestellt hat, dass alle Handtücher auf dem Boden liegen, nimmt Stevie eine Toilettenpapierrolle weg und reibt sich damit das Gesicht trocken."

Die Erzieherin sieht in der geschilderten Situation ihre pädagogischen Felle davonschwimmen. Wie sollen die Kinder lernen, sich richtig zu waschen, wenn ein solches Chaos herrscht? Was mache ich mit den Kindern, die sich überhaupt nicht waschen wollen? Wie reagiere ich auf die Experimente der Kinder richtig?

Die Grenzen des traditionellen Bildungsverständnisses – und die Chancen des neuen

Nach traditionellem Bildungsverständnis sollten Kinder ab einem bestimmten Alter die Körperpflege beherrschen, was systematisch oder auch spielerisch mit ihnen eingeübt wurde, bis jedes Kind so weit war. Nach dem neuen auf dem Konstruktivismus beruhenden Bildungsverständnis würde die gleiche Situation anders eingeschätzt werden:

Chaos pur oder eine neue Sicht auf das Lernen?

Nach dem neuen Bildungsverständnis soll nicht das Chaos selbst propagiert werden, es soll nur verständnisvoller auf das geschaut werden, was Kinder tagtäglich leisten, um sich ihre Weltsicht zu erarbeiten. Pädagogisches Ziel ist es nicht, diese Prozesse durch Schimpfen abzubrechen, sondern sie für das gemeinsame Lernen der Kinder bestmöglich zu nutzen – und die Kinder selbst auch daran zu beteiligen, die Folgen dieser Prozesse zu beseitigen, wenn Chaos entstanden sein sollte.

- Der Waschraum stellt eine Lernsituation dar. Jede Alltagssituation wird als Lernsituation verstanden, in der die Kinder sich durch ihr Handeln Erfahrungen mit der Welt aneignen.
- In die gleiche Lernsituation bringen die Kinder unterschiedliche Leistungsvoraussetzungen mit, die beobachtet und berücksichtigt werden müssen (z. B. die Farbenblindheit von Max).
- Das gleiche Material wird von den Kindern unterschiedlich verwendet, die kindliche Fantasie ist hier grenzenlos (Lauras kalte Füße).
- Kinder bringen unterschiedliches Vorwissen mit und kommen damit beim Lernen zu unterschiedlichen Ergebnissen (Jurijs Kenntnisse von zu Hause).
- Das Interesse der Kinder am aktuellen Thema bestimmt darüber, ob sich die Kinder mit dem Thema auseinandersetzen. Ohne Interesse ist ein Lernerfolg der Kinder unwahrscheinlich (Annikas Desinteresse am Waschen).
- Interessen können nicht erzwungen oder herbeigeredet werden (Annikas aktuelle Beschäftigung mit der Puppe).
- Selbst in einer vorgegebenen Lernsituation bestimmen die Kinder die für sie interessanten Lerninhalte selbst, sie lernen dann oft etwas anderes, als es die Erzieherin beabsichtigt hat (Paul und Selina erforschen das Material).
- Die aktuellen Themen der Kinder bestimmen das Lerngeschehen im Moment stärker als die gewünschten Themen der Erzieherin (Stevies und Mohamads Thema ist gerade Toilettenpapierabrollen).

- Die kindliche Fantasie und Kreativität lässt Lösungen für aktuelle Fragestellungen zu, die von den Erwachsenen so oft nicht mehr gefunden werden. (Laura löst ihr aktuelles Problem auf ihre eigene Art.)
- Unsere Vereinbarungen, wozu Dinge gut sind und wofür sie verwendet werden, sind nur Vereinbarungen, die nicht ewig gelten müssen. (Laura verwendet das Toilettenpapier als Handtuch.)

Was ist mein pädagogisches Ziel?
Wenn es das einzige Ziel ist, dass die Kinder sich korrekt die Hände waschen, so muss die Erzieherin alle abweichenden Lernprozesse unterbinden. Wenn Sie aber Erziehungsziele wie Kreativität, Selbstbewusstsein und Neugierde habt, so wird sie das aktuelle Geschehen vielleicht anders einschätzen.

Sollte die Erzieherin nun enttäuscht sein über ihr pädagogisches Angebot? Hätte sie die Kinder zu mehr Konzentration und Ernsthaftigkeit anhalten sollen? Hat sie ihr pädagogisches Ziel verfehlt? Das neue Bildungsverständnis erfordert von Erzieherinnen eine grundsätzlich neue Reflexion ihrer Rolle im kindlichen Lernprozess. Eine Erzieherin, die im Kopf hat, dass „Kinder die Körperpflege beherrschen müssen", wird vom Fortgang der Lernsituation enttäuscht sein.

Doch wenn Sie sich einen Moment Zeit nehmen, wird es Ihnen gelingen, die Vorteile dieses neuen Blicks auf das kindliche Lernen zu entdecken:

- die vielfältigen Kompetenzen, die die Kinder in der Situation geübt haben (soziale Kompetenz, emotionale Kompetenz, kulturelle Kompetenz),
- die zahlreichen Bildungsbereiche, in denen sich die Kinder bewegt haben (soziales Lernen, Mathematik und Naturwissenschaften, Medien und Gestalten),
- die Kreativität und das Selbstbewusstsein der Kinder, vorgefertigte Lösungen in Frage zu stellen und eigene Lösungswege zu verfolgen,
- das Entdecken der individuellen Besonderheiten jedes Kindes und seines Blickes auf die Welt.

Vertrauen ist die wichtigste Aufgabe der Erzieherin in dieser Situation

Dafür ist von der Erzieherin viel Geduld notwendig, Vertrauen, dass die Kinder genau das Wissen erwerben, das sie für ihr Bild von der Welt benötigen, Vertrauen, dass die kindliche Neugierde die Kinder früher oder später an alle Bildungsthemen heranführt – jeweils dann, wenn es für das Kind gerade aktuell ist. Die Erzieherin kann sich im Lernprozess der Kinder mehr und mehr zurücknehmen und Verantwortung für den Lernfortschritt an die anderen „Pädagogen" abgeben – das Kind selbst, die anderen Kinder, die Situation und den Raum sowie das Thema, das die Kinder zur intensiven Beschäftigung lockt.

Frühenglisch, Frühmathe, Frühsport …
Eltern wollen, dass ihre Kinder in jedem Alter optimal gefördert werden. Genau wie Erzieherinnen wollen sie „das Beste" für die Kinder. Dabei schießen sie mitunter über das Ziel hinaus und fordern immer mehr Lernangebote von der Krippe. Im Wissen um den Druck, unter dem Eltern stehen, sind sensible Gespräche darüber notwendig, was „das Beste" für die Kinder sei.

Sicherheit geben, auch in unübersichtlichen Situationen

Dabei gibt die Erzieherin den Kindern die Sicherheit, die sie benötigen, um sich auch auf neuem, unbekanntem Terrain zu bewegen. Sie ermittelt durch die individuelle Beobachtung jedes Kindes die aktuellen Lernthemen, mit denen sich die Kinder gerade am intensivsten beschäftigen. Hier kann sie dann anknüpfen, die Kinder zum Weiterarbeiten ermutigen oder notwendige Materialien bereitstellen.

3.6 Entwicklungsbögen und Entwicklungstabellen

3.6.1 Was ist schon „normal"?

Beispiel

Sertap ist eine stille 2-Jährige, die meist für sich allein auf der Spieldecke sitzt und mit ihrer Puppe spricht. Andere Kinder in ihrer Nähe verunsichern sie sichtlich. An den Kreisspielen beteiligt sie sich nur widerwillig, schnell kehrt sie danach zu ihrer Spieldecke zurück.

Marco ist ein behäbiger Junge im Alter von 2 Jahren und 6 Monaten. Freundlich nimmt er Kontakt zu den anderen Kindern und Erwachsenen auf, allerdings eher, indem er sie ruft. Selten läuft er einen Schritt mehr als nötig. Im Kinderbuggy reserviert er sich schnell den allerbesten Platz.

Auch nach drei Monaten Eingewöhnungsarbeit mit den Eltern ist Pia-Alexandra (1 Jahr, 2 Monate) immer noch untröstlich, wenn die Eltern die Einrichtung verlassen. Sie bleibt in der Nähe der Gruppenraumtür auf dem Boden sitzen und weint leise. Selbst bei längeren Trennungen von mehr als einer Stunde lässt das Weinen bei ihr nicht nach.

Rico (3 Jahre) benötigt immer noch Windeln. Mit dem Topf konnte er sich bisher nicht anfreunden. Wenn er auf den Topf gesetzt wird, bleibt er nicht sitzen, er steht auf und läuft ohne Hose durch den Gruppenraum.

Die Liste dieser Beispiele ließe sich beliebig fortsetzen. Der Alltag mit Krippenkindern zeigt, dass sich jedes Kind anders entwickelt. Auch wenn es Grundmuster der kindlichen Entwicklung gibt, gibt es gleichzeitig auch immer wieder Abweichungen davon. Die schwierige Frage, die sich Erzieherinnen und Eltern in einem solchen Fall stellen, lautet: „Ist dieses Kind normal entwickelt?". Wann ist ein Kind „normal" entwickelt? Und was ist eigentlich „normal"?

Die Balance zwischen Anforderungen und In-Ruhe-Lassen finden

Vincent van Gogh

„Die Normalität ist eine gepflasterte Straße; man kann gut darauf gehen – doch es wachsen keine Blumen auf ihr."

Die Sorge der Erwachsenen ist sehr gut zu verstehen. Weder die Erzieherin noch Eltern wollen, dass ein Kind in seiner Entwicklung zurückbleibt. Gerade die ersten Lebensjahre gelten in vielerlei Hinsicht als Schlüsselzeit für die weitere Entwicklung der Kinder. Bestimmte Fähigkeiten und Kompetenzen, die in diesem Altersabschnitt von den Kindern nicht ausgebildet werden, lassen sich später nur sehr schwer nachholen. Dies betrifft insbesondere die Sprachentwicklung. Erzieherinnen und Eltern wollen Kinder in allen Entwicklungsbereichen fördern und ihnen optimale Ausgangsbedingungen für die weitere Entwicklung gewährleisten. Dies betrifft insbesondere die Kinder, die nach Auffassung der Erwachsenen in einigen Entwicklungsbereichen scheinbar „nicht normal" entwickelt sind.

Auf der anderen Seite steht die Angst der Erwachsenen, die Kinder zu überfordern. Schon in der Kindergartenzeit, ganz besonders in der Schule, aber auch in Ausbildung und Beruf werden die Kinder mit zahlreichen Anforderungen, Herausforderungen, Lern- und „Entwicklungspflichten" (so werden die gesellschaftlichen Erwartungen, die an die Menschen gestellt sind, bezeichnet) konfrontiert. Viele Erwachsene wünschen sich daher von der Kita auch einen Schonraum für die Kinder, die wenigstens in diesem Altersabschnitt noch frei und entspannt einfach sie selbst sein sollten, die vorwiegend spielen und nicht immer lernen sollten. Hinzu kommt die von vielen Erwachsenen vertretene Auffassung, dass sich bestimmte Entwicklungsrückstände der ersten Lebensjahre später noch „verwachsen", man also nur Geduld haben müsse, bis Entwicklungsrückstände scheinbar von selbst verschwinden.

Fördern oder nicht Fördern?

Erwachsene, die mit Kleinkindern arbeiten und leben, müssen sich häufig die Fragen stellen „Fördern oder nicht Fördern?", „Wie lange abwarten, wenn Entwicklungsrückstände aufgetaucht sind?", „Wann sind ein Eingreifen, Entwicklungsförderung, Entwicklungstherapie usw. notwendig?". Niemand will gern „schuld sein", wenn Entwicklungsrückstände bei den Kindern zu spät erkannt und behandelt werden. Auf der anderen Seite weiß niemand so genau, wann eine Entwicklungsauffälligkeit auch tatsächlich ein Entwicklungsrückstand ist, der besondere Aufmerksamkeit oder gar Therapie braucht. Es ist schwer, die Augen vor Entwicklungsverzögerungen nicht zu verschließen und gleichzeitig die große Bandbreite unterschiedlicher Entwicklungsgeschwindigkeiten bei den Kindern zu akzeptieren.

Der Begriff „Frühförderung"

„Komplex medizinisch, pädagogisch, psychologisch und sozial-rehabilitativer Hilfen, die darauf gerichtet sind, die Entwicklung eines Kindes und sein Lebenlernen in seiner Lebenswelt in den ersten Lebensjahren unterstützend zu begleiten, wenn diesbezüglich Auffällig-keiten oder Gefähr-dungen vorliegen." (Speck, 1996, S. 15–16)

Wie sieht es also aus? Sind die Kinder Sertap, Marco, Pia-Alexandra und Rico aus unserem Beispiel „normal" entwickelt? Soll Sertap mehr in das Gruppengeschehen einbezogen werden? Muss Marco dazu angeregt werden, sich mehr zu bewegen? Ist Pia-Alexandras Verhalten nach so langer Zeit der Eingewöhnung immer noch „normal"? Und wie sieht es mit Rico aus? Wann muss ein Kind normalerweise „sauber" sein?

Oftmals hilft es an dieser Stelle, wenn Sie gemeinsam mit den Eltern und ihren Kolleginnen darüber diskutieren, wie sich jeder Einzelne die Normalentwicklung von Kindern vorstellt. Jedes Kind in der Gruppe verdient es, dass sich die Erzieherinnen und die Eltern des Kindes mit seiner individuellen Entwicklung beschäftigen. Somit gilt es auch hier, Augenmaß zu bewahren. Die folgenden Tipps sollen Ihnen dabei helfen, die Normalentwicklung von Kindern besser als bisher reflektieren zu können:

1. Den Begriff „normal" mit Eltern und Kollegen reflektieren.
2. Den Normalbereich kindlicher Entwicklung großzügig bemessen.
3. Mehr als nur Sprachentwicklung, Sauberkeits- und motorische Entwicklung in den Blick nehmen.
4. Sich eine Grenze dafür setzen, ab wann sich ein Kind in einem Entwicklungsbereich außerhalb der „normalen" Entwicklung befindet.
5. Entwicklung nicht anhand von Entwicklungsdefiziten beschreiben.
6. Sich von Entwicklungsidealen verabschieden.
7. Bei vermuteten Entwicklungsverzögerungen Hilfe von Fachleuten erbitten.

3.6.2 Das Nachdenken über „Normalität“

Der „normale“ Zweijährige
Vielleicht eignet sich folgende Methode für einen Elternabend zum Thema „Die Normalentwicklung von Kindern“: Teilen Sie die Eltern und Kolleginnen in gemischte Fünfergruppen ein und bitten Sie die Gruppen, auf einem großen Papierbogen den „normalen“ Zweijährigen aufzuzeichnen und so konkret wie möglich zu beschreiben. Lassen Sie danach die Gruppen von ihren Diskussionen zum Thema „normal“ berichten.

Was ist schon „normal“? Wenn Sie mit Ihren Kolleginnen und den Eltern darüber wertungsfrei diskutieren, werden diese Unterschiede schnell hervortreten. Es wird deutlich werden, dass Normalität unter anderem Folgendes bedeuten kann:

- ***Normal* ist, wer dem Durchschnittswert entspricht.**
  Der Durchschnitt bildet dabei ab, wie zu einem bestimmten Alterszeitpunkt eine bestimmte Fähigkeit oder Kompetenz bei der Hälfte der Kinder schon ausgeprägt ist (und bei der Hälfte der Kinder demzufolge noch nicht). Der Durchschnittswert ist also eine statistische Größe.
- ***Normal* ist, wer nicht auffällt.**
  Wenn Erwachsene einen starken Defizitblick haben, dann haben Sie schnell auch ein Gespür dafür, wann ein Kind scheinbar im Rückstand ist. Kinder, die unauffällig sind, entgehen dem Defizitblick leichter als auffällige Kinder. Daher werden häufig auch „sichtbare“ Entwicklungsverzögerungen (z.B. in der sprachlichen oder motorischen Entwicklung) viel stärker beachtet als „unsichtbare“ Entwicklungsverzögerungen (z.B. bei Schüchternheit, beim Hörvermögen oder in der Intelligenzentwicklung).
- ***Normal* ist, wer sich meinen eigenen Vorstellungen entsprechend entwickelt.**
  Erwachsene haben ganz individuelle Vorstellungen davon, was ein Kind in einem bestimmten Alter können muss. Diese Vorstellungen sind selten fachlich oder gar entwicklungspsychologisch begründet, sondern beruhen häufig auf eigenen Erziehungserfahrungen, alten Erziehungsmythen, Beobachtungen und der eigenen Intuition (z.B: „Ein Kind mit drei braucht keine Windel mehr“, „Kinder müssen mit anderen Kindern spielen, sonst werden sie zu Autisten“, „Alle Kinder gewöhnen sich irgendwann an die Einrichtung“, „Kinder müssen zum Laufen animiert werden, sonst werden sie dick und träge“). Dies sind keine fachlichen Begründungen, und deshalb sind sie für eine Entwicklungseinschätzung völlig ungeeignet. Hier ist viel Selbstreflexion bei Erwachsenen notwendig, die ihre individuellen Erziehungsvorstellungen manchmal als „universelle Entwicklungsgesetze“ darstellen.

Jedes Kind kann schlafen lernen?
Erziehungsratgeber setzen Eltern und Pädagogen häufig unter Druck. Die kindliche Entwicklung entspricht nur selten den Ansprüchen, die in solchen „Erziehungsgesetzbüchern“ beschrieben werden. In manchen Erziehungsratgebern werden einfach entwicklungspsychologische Vorstellungen („Wie Kinder in einem bestimmten Alter nun mal sind“) mit pädagogischen Wunschvorstellungen („Wie Kinder am besten sein sollten“) vermischt.

- ***Normal* ist, wer sich überall ideal entwickelt.**
  Auch diesen Blick auf Normalentwicklung gibt es. Normalität wird hier daran gemessen, wie ein Kind unter bestmöglichen Entwicklungsbedingungen, bei bestmöglicher Förderung, bei höchster Eigenmotivation und besten genetischen und biologischen Voraussetzungen entwickelt sein könnte. Dieser Idealblick ist in Schulen häufig und wird auch in Kindertagesstätten nicht selten beobachtet. Wenn die Idealentwicklung als Maßstab genommen wird, haben alle Kinder schlechte Karten, denn die Idealentwicklung ist im wahren Leben bei kaum einem Kind zu beobachten.
- ***Normal* ist, wer in den Entwicklungsbögen immer ganz gut dasteht.**
  Beobachtung und Dokumentation sind wichtige pädagogische Arbeitsmittel, die helfen, in die Welt der Kinder einzutauchen, Entwicklungsprozesse sichtbar werden zu lassen und Beziehungen zu den Kindern zu unterstützen. In vielen Einrichtungen haben sich (insbesondere auf Druck überforderter Träger) Beobachtung und Dokumentation von diesen Zielen entfernt. Stattdessen werden lange Entwicklungstabellen für jedes Kind ausgefüllt, um mit einem „Defizitblick“

Fehlentwicklungen auf die Spur zu kommen. Davon abgesehen, dass dies für die tägliche Arbeit mit den Kindern überhaupt nicht hilfreich ist, lässt dies die wunderbare Vielfalt kindlicher Entwicklung mehr und mehr zu einem Tabellen-, Rechen-, Papier- und Zahlenspiel werden.

- ***Normal* ist, wer gesund und glücklich ist.**
  Keine schlechte Definition, aber sie lässt natürlich wiederum offen, was „gesund" und „glücklich" bedeutet. Hinzu kommt, dass das, was ein Kind als glücklich erlebt, nicht unbedingt den gesellschaftlichen Erwartungen entsprechen muss. Rico kann auch als 6-Jähriger noch glücklich mit seiner Windel sein, aber sind es seine Eltern auch?

Die Chancen und Grenzen der eigenen Intuition
Das bei vielen erfahrenen Erzieherinnen recht zuverlässige Bauchgefühl schützt nicht automatisch vor Defizitblicken, spezifischen Erziehungsthemen und einem ganz speziellen Gruppenblick, der das Kind häufig als Teil einer Gemeinschaft und nicht so sehr als individuelles Wesen wahrnimmt.

Aber was ist denn nun eine „normale" Entwicklung? Vielleicht ein bisschen von allem:

Ein Kind ist dann normal entwickelt, wenn es sich nicht allzu weit vom Durchschnitt der Gleichaltrigen entfernt, wenn es dabei trotzdem seine Vorlieben, Talente und Schwächen hat, wenn sein Verhalten auch nach Meinung mehrerer Erwachsener nicht „entwicklungsauffällig" ist (eine Meinung reicht hier nicht), wenn es einzelne, ganz ideale Entwicklungsbereiche gibt, in denen das Kind richtig „überragend" ist (diese Entwicklungsbereiche sind durch individuelle Beobachtung bei nahezu allen Kindern zu entdecken), wenn das Kind gesund und glücklich ist und sich im Einklang mit zentralen gesellschaft-lichen Normen befindet.

3.6.3 Der großzügig zu bemessende Normalbereich kindlicher Entwicklung

Machen Sie es sich und den Eltern nicht zu schwer. Kinder entwickeln sich tatsächlich unterschiedlich. Wichtig ist es, über alle Kinder im Gespräch zu bleiben und das, was sie als Eltern und Pädagoginnen bei den Kindern beobachten, in einer Atmosphäre zu diskutieren, die möglichst frei von Defizitblicken, Erziehungsweisheiten und Vorwürfen ist. Regelmäßige Entwicklungsgespräche sind dabei die beste Möglichkeit für den Austausch mit den Eltern. Dazu gibt es bereits weiterführende Literatur, zum Beispiel „Gespräche mit Eltern" (Mienert und Vorholz, 2007).

Der Kinderarzt sagt, das „verwächst sich noch"
Besorgte Eltern berichten häufig, dass sie diese Auskunft von Kinderärzten bekommen haben, wenn sie sich nach Entwicklungsauffälligkeiten ihrer Kinder erkundigen. Seien Sie hier im Interesse der Kinder kritisch und holen Sie eventuell noch eine zweite Meinung ein. Auch Kinderärzte reflektieren den Begriff „normal" so unterschiedlich wie Pädagogen und Eltern.

Die Gesprächshaltung in Entwicklungsgesprächen überprüfen

Beachten Sie in Entwicklungsgesprächen die folgenden Haltungen:

- Kinder entwickeln sich unterschiedlich schnell oder langsam.
- Entwicklungstabellen geben Hinweise, aber sie sind keine Diagnoseinstrumente.
- Erzieherinnen sind keine Diagnostikerinnen, die Entwicklungsdefizite medizinisch oder psychologisch fundiert feststellen können.
- Allen Kindern ist zuzugestehen, dass sie ihre Stärken und Schwächen, Talente und Desinteressen haben.
- Nicht jedes Kind muss alles können und überall gleich gut sein.
- Entwicklungsrückstände sind, – wenn sie früh erkannt, realistisch eingeschätzt und fachlich begleitet werden –, im Altersbereich der 0- bis 3-Jährigen tatsächlich überwiegend aufholbar.

- Bei Entwicklungsdefiziten ist keine „Schuldfrage" zu klären, sondern gemeinsam erziehungspartnerschaftlich zu überlegen, was zukünftig zu tun ist.
- Auf keinen Fall sollte man ständig an der kindlichen Entwicklung rumdoktoren und rumbiegen, bis die Kinder unseren Idealvorstellungen entsprechen.
- Kindliche Entwicklung braucht erwachsene Gelassenheit. Kinder brauchen Erwachsene, die sie begleiten und ihnen trotzdem vertrauen.
- Kinder zu Entwicklungen anzuregen, die ihrer Persönlichkeit entgegenstehen, ist immer mit Zwang verbunden, egal wie „kindgerecht" dieser Zwang erfolgt.

Das Besondere in jedem Kind entdecken

„Fußballpapas" und „Eislaufmuttis"
Selbst bei den ganz kleinen Kindern ist der elterliche Ehrgeiz manchmal übermäßig stark. Seien Sie hier Anwältin der Kinder, wenn Sie merken, dass der elterliche Ehrgeiz nicht im Einklang mit den persönlichen Interessen der Kinder steht!

Im Alltag ist es schwer, einen individuellen Blick auf jedes Kind zu entwickeln und zu behalten. Schnell konzentriert sich die Aufmerksamkeit der Erzieherin auf auffälliges, lautes Verhalten einzelner Kinder. Schnell werden scheinbare „Verhaltensauffälligkeiten" oder „Entwicklungsverzögerungen" einiger Kinder selbst zur Brille, durch die die Erzieherin die Kinder betrachtet. Sertap ist dann schnell die schüchterne Sertap, Pia-Alexandra ist auch im Kollegengespräch „die, die sich nicht eingewöhnen will", Marco ist der lauffaule Marco und Rico derjenige, „der immer noch in Windeln herumläuft". Natürlich sind das alles Besonderheiten dieser Kinder, die Sie entdeckt haben. Aber sind das die einzigen Besonderheiten, die es bei ihnen zu entdecken und zu beschreiben gilt? Ist Marco nicht auch gleichzeitig der, der ungern bastelt, offen seine Meinung sagt, andere Kinder geschickt zum Mitspielen einlädt, seinen Schnuller nie wiederhaben wollte, nachdem er ihn verloren hatte, und am besten mittags schlafen kann, wenn sein Teddy ebenfalls mit zugedeckt ist? Genauso haben auch die anderen Kinder viele Besonderheiten, die es wert sind, in die Aufmerksamkeit der Erzieherin zu gelangen.

„Unser Integrationskind"
So werden einzelne Kinder Besuchern schnell vorgestellt. Der Stempel, den dieses Kind dann aufgrund seines besonderen Status'trägt, wird es wahrscheinlich sein Leben lang begleiten.

Wenn Sie es schaffen, den Blick nicht nur auf die Schwächen, sondern auch auf andere Seiten des Kindes zu lenken, werden Sie häufig etwas Erstaunliches bemerken: Manches Defizit verschwindet auf einmal wie von selbst. Sertap rückt mit ihrer Puppe von selbst dichter an die anderen heran, wenn sie endlich mal nicht ständig von der Erzieherin dazu genötigt wird. Rico probiert unter Lenas Anleitung den Topf dann mal aus, wenn die Erzieherin ihn gerade einmal nicht beim Topfgang überwacht. Und Pia-Alexandra einfach weiterhin an der Tür weinen zu lassen, ist nicht nur unpädagogisch, sondern gemein. Ihre Eingewöhnung ist so lange nicht abgeschlossen, bis sie sich in der Einrichtung wohlfühlt. Viel Zeit mit den Eltern in der Einrichtung ist weiterhin notwendig und viel Beobachtung, wie z. B. die Sicherheitssignale der Eltern für Pia-Alexandra aussehen. Das Wichtigste ist jedoch, sich auch Pia-Alexandra selbst zu widmen. Setzen Sie sich zu ihr und unterhalten Sie sich mit ihr. Fragen Sie sie, was ihr gut tun würde. Akzeptieren Sie dann alle Antworten von ihr, auch dass sie „Mama" oder „Papa" oder „Hause" sagt. Und seien Sie stolz auf Pia-Alexandra, die ihre Gefühle schon so gut beschreiben kann.

3.6.4 Die Vielfalt kindlicher Entwicklungsbereiche

Wann ist ein Kind normal entwickelt? Den Blick für die kindliche Entwicklung zu schärfen bedeutet auch, über den Tellerrand des bisher Gewohnten hinauszuschauen. Sprachentwicklung, die Entwicklung von Grob- und Feinmotorik und

Sauberkeitsentwicklung sind die Entwicklungsbereiche, für die der erzieherische Blick besonders geschärft ist. Die Gründe dafür sind vielfältig. Diese Entwicklungsbereiche sind relativ gut sichtbar, sie sind relativ gut benennbar, man kann relativ schnell erkennen, ob hier bestimmte Leistungen erbracht werden oder nicht. Ein weiterer Grund ist, dass dies Entwicklungsbereiche sind, die unter besonderer gesellschaftlicher Beobachtung stehen.

Die gesellschaftlichen Erwartungen an die sprachliche Entwicklung der Kinder in den ersten drei Lebensjahren sind sehr groß, da hier wichtige Grundsteine für die weitere Zukunft gelegt werden. Die motorische Entwicklung ist eine wichtige Voraussetzung dafür, dass die Kinder mehr und mehr Eigenverantwortung übernehmen können, also immer selbstständiger in der eigenen Versorgung werden. Motorisch hilflose Kinder erfordern einen hohen Betreuungsaufwand. Aus unter anderem auch diesem Grund ist die Sauberkeitsentwicklung schon immer ein besonderes Thema von Kindergärten gewesen. Das Windeln der Kinder macht viel Arbeit und diese Phase soll möglichst schnell vorbei sein, damit sich die Erzieherinnen anderen Themen widmen können.

Kindliche Entwicklung ist aber mehr als nur Sprache, Motorik und Sauberkeit. Nehmen Sie sich auf einem Elternabend oder einer Teambesprechung die Zeit, sich mit kindlicher Entwicklung zu beschäftigen. Gehen Sie dabei gemeinsam auf die Suche nach der Vielfalt dessen, was sich bei den Kindern alles entwickeln kann. Die folgende Definition von Entwicklung kann dabei hilfreich sein:

Als Entwicklung werden alle längerfristigen Veränderungen bezeichnet, die bei Menschen mit zunehmendem Alter beobachtet werden. Entwicklung ist dabei nicht immer nur Zugewinn, sondern kann auch Rückschritte oder Verluste beinhalten. Entwicklung ist die Folge von biologisch-genetischen Reifungsprozessen, von Einflussnahmen der Umwelt durch Erziehung und durch die Selbststeuerung des Menschen aufgrund eigener Entwicklungsziele (vgl. auch Tücke, 2007).

Die besondere Zuwendung beim Wickeln
Eltern verspüren oft weniger Druck als die Erzieherinnen, dass die Kinder schnell sauber werden. Sie genießen die Fürsorge und den engen Kontakt mit ihrem Kind mehr als die Erzieherinnen.

Auch Erwachsene entwickeln sich
Es ist eine Binsenweisheit, die aber lange selbst von Wissenschaftlern übersehen wurde. Oft wurde Entwicklung nur bei Kindern beschrieben, Erwachsene galten ja als „fertig entwickelt" und perfekt. Hier liegt auch die Ursache dafür, dass sich Erwachsene oft als „höher entwickelt" als Kinder empfinden. Überlegen Sie doch einmal, wo bei Ihnen gerade Entwicklungen stattfinden?

Schauen Sie also genau hin und tragen Sie gemeinsam mit Eltern und Kollegen alles zusammen, was Sie bei den Kindern an altersbezogenen Veränderungen beobachten können. Die Liste dieser Entwicklungsbereiche ist lang. Neben Sprache, Motorik und Sauberkeit sind dabei auch Denken, Sehen, Hören, Tasten, Temperament, Persönlichkeitsmerkmale, Körpergröße und Körperkraft, Motivation, Lernen, Wissen, Problemlösekompetenzen, Bindungsverhalten, Gedächtnis, Mimik und Gestik, Humor, Trotzverhalten, Spielverhalten, Geschlechtsrolle und Geschlechtsverständnis, das Gefühl für Rhythmik, Musik, Reime, Sozialverhalten, Konfliktlösetechniken usw. enthalten. Sie sehen, die menschliche Entwicklung ist ein sehr weites Feld, das es bei den Kindern (und übrigens auch bei sich selbst) zu entdecken gilt.

Machen Sie beim nächsten Entwicklungsgespräch doch mal folgenden Versuch: Vereinbaren Sie mit den Eltern am Anfang, dass Sie ausdrücklich einmal eine halbe Stunde **nicht** über die scheinbar schwierigen Entwicklungsgebiete des Kindes sprechen. Sie werden gemeinsam erstaunt sein, wie viel es in den anderen Entwicklungsbereichen bei den Kindern zu entdecken gibt!

3.6.5 Die Grenzen „normaler" Entwicklung

Hatten Sie beim Lesen der letzten Abschnitte das Gefühl, dass es gar keine kindlichen Entwicklungsprobleme gibt, da sich Kinder immer irgendwie „normal" entwickeln? Der Blick auf die Vielfalt der kindlichen Entwicklung darf jedoch nicht dazu führen, offensichtliche Entwicklungsprobleme oder Entwicklungsdefizite bei Kindern zu übersehen. Gerade Eltern fällt es oft schwer auszuhalten, dass es bei ihrem Kind möglicherweise in einem Entwicklungsbereich Auffälligkeiten gibt, die langfristig zu Entwicklungsrisiken werden könnten. Aber auch Erzieherinnen sind nicht davor gefeit, manche Entwicklungsverzögerungen zu übersehen, z. B. aus mangelnder Erfahrung oder mangelnder Sichtbarkeit der Entwicklungsverzögerung (z. B. bei frühkindlichem Autismus, Wahrnehmungsschwächen, Denkschwächen). Viele Erzieherinnen denken dann vielleicht „Das verwächst sich!". Oft ist es auch die eigene Hilflosigkeit, die dazu führt, manches Entwicklungsproblem lieber auszusitzen, als es gemeinsam erziehungspartnerschaftlich anzugehen. Wo ist also die Grenze zwischen dem großen Normalbereich kindlicher Entwicklung und dem potenziell gefährlichen Bereich von Entwicklungsverzögerungen und Entwicklungsrisiken?

Grenzsteine der Entwicklung im Internet
*In Brandenburg wurde ein Beobachtungsbogen „Grenzsteine der Entwicklung" herausgegeben, der überall Anwendung finden kann. Sie können ihn derzeit unter folgender Internetseite finden: http://www.mbjs.brandenburg.de/sixcms/list.php?template=onlinebibliothek&_rubrik=B**

Grenzsteine der Entwicklung als Frühwarnsystem verwenden

Zum Glück sind Sie und die Eltern nicht ausschließlich auf die eigene Intuition angewiesen. Es gibt Hilfe in Form von einfachen Entwicklungsbögen, auf denen für einige (natürlich nur ausgewählte) Entwicklungsbereiche sogenannte „Grenzsteine" formuliert sind. Diese Bögen beruhen auf breiten Untersuchungen vieler Kinder. Beschrieben wird im Prinzip, wie sich ca. 90 % der Kinder in einem bestimmten Alter in einem Entwicklungsbereich entwickelt haben. Sollte also ein Kind in einem bestimmten Alter diese Fähigkeit noch nicht zeigen, so kann dies ein wichtiger Hinweis auf ein Entwicklungsrisiko sein.

Die Grenzsteinbögen sind kein Diagnoseinstrument, sondern nur ein Hinweis, dem dann weiter nachgegangen werden sollte, unter Einbeziehung von Fachleuten, Kinderärzten oder Kinderpsychologen. Sie funktionieren auch nur dann, wenn sie richtig angewendet werden. Bitte beachten Sie daher ganz genau die Hinweise, die den Grenzsteinbögen beigefügt sind. Wenn Sie etwas Erfahrung mit den Bögen gesammelt haben, so dauert die Einschätzung der Kinder nicht länger als eine Viertelstunde. Oft werden Sie sich durch die Grenzsteine darin bestätigt sehen, dass beim Kind alles normal entwickelt ist, also kein Grenzstein überschritten wurde. Sollte ein Kind in einem Entwicklungsbereich tatsächlich einen Grenzstein überschreiten, werden Sie dies vielleicht auch schon intuitiv selbst festgestellt haben und durch den Grenzsteinbogen bestätigt sehen. Ein überschrittener Grenzstein ist noch kein Problem, er ist nur ein wichtiger Hinweis darauf, dass ein bestimmter Entwicklungsbereich beim Kind besonderer Aufmerksamkeit durch die Erwachsenen, Eltern wie Erzieherinnen, bedarf.

Die Grenzsteine zum Entwicklungsgespräch nutzen
Es spricht nichts dagegen, auch die Eltern vor einem Entwicklungsgespräch darum zu bitten, den Grenzsteinfragebogen auszufüllen. So lässt es sich gemeinsam ins Gespräch kommen über Dinge, die von Eltern und Erzieherinnen gleich oder unterschiedlich erlebt werden. Voraussetzung ist, dass die Eltern in einer Infoveranstaltung mit den Grenzsteinen vertraut gemacht wurden.

3.6.6 Probleme des Defizitblicks

Fast jede Erzieherin bemüht sich, bei den Kindern Stärken und Schwächen gleichermaßen wahrzunehmen. Der Blick im Alltag ist jedoch nach wie vor durch die Sicht auf Defizite getrübt. „Kann das Kind bereits ...?“ „Ist das Kind normal entwickelt?“ „Hat das Kind individuellen Förderbedarf?“ „Wie können wir das Kind unterstützen?“ Was eigentlich gut gemeint ist, kann im Alltag eine echte Belastung für die Kinder, für die Erzieherinnen, für die Eltern und für die Beziehung zwischen ihnen werden. Woher kommt diese Defizitorientierung beim Blick auf kindliche Entwicklung? Verschiedene Ursachen haben dazu beigetragen:

- **Der gesellschaftliche Druck auf Kindereinrichtungen**
  Pisa-Schock, Sprachdefizite, Lernmängel, Verhaltensauffälligkeiten – die Liste der öffentlich diskutierten Probleme von Kindern ist lang. Viel Verantwortung lastet auf den Kindertagesstätten und Kinderkrippen. Von ihnen erwartet die Gesellschaft (die Eltern, die Politiker, die Träger, die Wirtschaft usw.), dass sie Kindern bestmögliche Bildungs- und Entwicklungschancen bieten. Keine Erzieherin möchte hier einen Fehler machen, alle wollen das Beste für die Kinder. Dies führt im Alltag dazu, dass vermeintlich jedes Defizit frühzeitig erkannt und idealerweise auch gleich behoben werden muss.
- **Das große Angebot an Förderungsmaterial**
  Die Hersteller von Kitaausstattungen, Buchverlage, Spielzeughersteller, sie alle überschlagen sich darin, auf den beschriebenen Druck zu reagieren. Die Messen zeigen zahlreiche entwicklungsförderliche Spielzeuge, Förderprogramme, Fördermaßnahmen, Trainings und Lernspiele. Selbst die Kinderkrippen sind nicht davor gefeit, sich mit zahlreichen Trainingsprogrammen auseinandersetzen zu müssen. Und vielleicht haben die Hersteller ja recht? Vielleicht lernen die Kinder wirklich nur, wenn sie dafür das perfekte Material und die perfekte Anleitung im Training erhalten? Sich von diesem Druck zu befreien, erfordert Mut von den Erzieherinnen, eine intensive Zusammenarbeit mit den Eltern und eine kritische Auseinandersetzung mit den Möglichkeiten, Grenzen und dem Sinn allgemeiner Förderprogramme.
- **Der Druck der Eltern**
  Alle Eltern wollen die bestmögliche Entwicklung ihrer Kinder. Bei vielen Eltern äußert sich das im deutlichen Wunsch, von den Erzieherinnen zu erfahren, wo

Haben die Eltern da nicht drauf geachtet?
Wenn bei Kindern etwas nicht in Ordnung scheint, ein bestimmtes Verhalten auffällt, bestimmte Defizite auftauchen, kurz, immer, wenn etwas nicht stimmt, durchzuckt uns häufig der Gedanke „daran sind die Eltern schuld“. Haben die Eltern etwas falsch gemacht? Haben sie da nicht darauf geachtet? Eltern wird schnell die Schuld an Entwicklungsproblemen ihrer Kinder gegeben. Das wissen Eltern und das macht sie so empfindlich und hilflos gegenüber jeder – auch diplomatisch formulierter – Kritik seitens der Erzieherinnen.

Defizite bei den Kindern sind und wie Abhilfe geschaffen werden kann. Die Angst der Eltern, dass ihre Kinder hier schon den Anschluss an die Anforderungen der Schule und des Berufs verlieren, ist groß.

- **Das alte Selbstverständnis von Erzieherinnen**
  Viele Erzieherinnen haben den Defizitblick inzwischen verinnerlicht. Er ist Teil eines veralteten beruflichen Selbstverständnisses, das darin bestand, komplett verantwortlich zu sein für die kindliche Entwicklung. Noch fällt es schwer, sich von diesem Selbstverständnis der Pädagogin als einer Art „Trainerin" bei kindlichen Entwicklungsunzulänglichkeiten frei zu machen und stattdessen die Rolle einer „Lernbegleiterin" und „Lernhelferin" einzunehmen. Dass die Kinder durch den Defizitblick und ständige Korrekturen von außen in ihrem Lernen eher unterbrochen und behindert werden, ist eine Erkenntnis, die erst langsam zu reifen beginnt. Direkt damit verknüpft ist auch der folgende Punkt.
- **Misstrauen in die kindliche Selbstgestaltung ihrer eigenen Entwicklung**
  Kinder sind Eigengestalter ihrer Entwicklung. Sie setzen sich ihre Lernziele selbst und verfolgen diese selbstständig und mit großer Beharrlichkeit. Aufgabe der Krippe ist es, Kinder bei ihrer Selbstständigkeitsentwicklung zu unterstützen und sie zur Herausbildung von Selbstbewusstsein anzuregen. So oder ähnlich steht es in allen Konzeptionen von Krippen sowie in den Bildungsplänen der Bundesländer. Aber Hand aufs Herz: Vertrauen Sie im Alltag wirklich immer auf die Eigengestaltung der Kinder? Lernen die Kinder wirklich alles, was sie „können und wissen müssen", ohne gezielt von Erwachsenen angeregt zu werden? Kann ein Einjähriger tatsächlich schon eigene Entwicklungsziele verfolgen? Hier gilt es, ehrlich zu sein: Wenn Sie diese Fragen aufrichtig verneinen, müssen Sie das auch pädagogisch begründen und in Ihren Konzeptionen für die Kinder und Eltern offenlegen. Ein halbherziges Bekenntnis zur Selbstständigkeit der Kinder nützt niemandem etwas.

„Ich weiß, was gut für dich ist …"

„Es muss alles ganz demokratisch aussehen, aber wir müssen alles in der Hand behalten", dieses Zitat des kommunistischen Staatschefs Walter Ulbricht gilt in manchen Einrichtungen auch für die Mitgestaltungsmöglichkeiten der Kinder. Erzieherinnen ermuntern zur Mitgestaltung, aber letztendlich sind die Lösungen schon vorgeplant. Kinder spüren diese Scheindemokratie schnell und ziehen sich frustriert zurück.

Den Defizitblick hinter sich lassen

Wie kann man nun dem Defizitblick entkommen? Dabei helfen die Selbstreflexion der eigenen Ziele und Ansprüche an die pädagogische Arbeit, der Austausch mit den Kolleginnen über die Kinder, das direkte Gespräch über vermeintliche Entwicklungsprobleme mit den Kindern und ihren Eltern. Hilfreich kann auch einmal ein Nachdenken darüber sein, wie es Ihnen selbst ergeht, wenn Sie mit einem Defizitblick betrachtet werden:

„Habe ich jetzt was falsch gemacht?"

Beispiel

Tanja G. ist seit Jahren mit Leidenschaft Erzieherin in der Krippengruppe. Seit einer Woche wird sie in ihrer Arbeit von einer älteren Kollegin begleitet, die Tanja G. in ihrer Arbeit unterstützen soll. Wohlwollend beobachtet die ältere Kollegin, wenn Tanja die Kinder wickelt, mit den Kindern singt, die Kinder beim Mittagessen begleitet. Sie schaut Tanja G. über die Schultern und macht Notizen in ihr kleines Buch. Tanja G. weiß, dass die Kollegin am Ende einer Woche mit der

Leiterin der Einrichtung zusammensitzt und über ihre Arbeit spricht. Die ältere Kollegin und die Leiterin überlegen dann gemeinsam, wo Tanja G. ihre Arbeit gut macht und wo es noch Verbesserungsbedarf gibt. Die Leiterin verspricht, dass sie auf Tanja G. eingehen wird, damit diese sich zukünftig noch besser entwickeln kann. Tanja G. merkt dies immer daran, wenn die Leiterin ihr Fachartikel gibt, die sich mit den neuesten Erkenntnissen von Forschern beschäftigen, wie man noch besser mit Kindern singen und wie man sie noch besser wickeln kann. Die ältere Kollegin greift auch hin und wieder direkt ein, wenn Tanja G. mit einem Kind beschäftigt ist. Sie macht es Tanja G. richtig vor und Tanja darf dabei zuschauen und von der Kollegin lernen.

Vielleicht lässt sich hier – trotz aller Überzeichnung – die eine oder andere Parallele zu dem entdecken, wie Kinder in den Krippen ihre Erzieherinnen und deren Gespräche mit den Eltern (hier durch die Leiterin dargestellt) erleben. Die entscheidende Frage dabei ist nicht, ob das für Tanja G. förderlich oder vielleicht auch sogar notwendig ist, dass sie die Unterstützung durch die ältere Kollegin bekommt. Entscheidend ist, wie sich Tanja G. dabei fühlt. Würden Sie sich an ihrer Stelle wohlfühlen? Würden Sie sich von der älteren Kollegin gern unterstützen lassen?

Hilfe geben? Ja, aber nur nach Aufforderung
Kinder haben viel Energie und Ausdauer, sich mit schwierigen Aufgaben (das Anziehen eines Overalls oder das Essen mit einem Löffel) auseinanderzusetzen. Bleiben Sie in der Nähe, unterstützen Sie aber nach Möglichkeit erst, wenn das Kind sich von sich aus an Sie wendet. Lassen Sie das Kind allein weiterprobieren, wenn es Ihre Hilfe nicht mehr möchte.

Kinder spüren den Defizitblick von Erzieherinnen genau. Er belastet die Beziehung zwischen dem Kind und der Erzieherin, da die Erzieherin immer als überlegen erlebt wird. Niemand mag es, sich auf Menschen einzulassen, die sich uns nicht vorurteils- und wertfrei nähern. Am angenehmsten sind immer Menschen, die uns mögen und uns so nehmen, wie wir sind, die uns Hilfe geben, wenn wir sie darum bitten, uns aber nicht belehren oder bedrängen. Solche Menschen können zu echten Bindungs- und Vertrauenspersonen werden. Überlegen Sie ganz persönlich für sich, welche Menschen dies in Ihrem Leben waren, die Sie so erlebt haben. Diese Menschen sollten für die Beziehungsgestaltung Ihr Vorbild sein.

3.6.7 Der Abschied von Entwicklungsidealen

Was ist schon „normal"? Mit dieser Frage waren wir in dieses Kapitel gestartet und wir haben bemerkt, dass es die „normale" Entwicklung eigentlich nie gibt. Normal sein heißt, einer Norm zu entsprechen. Egal wie diese Norm aussieht, sei es der Durchschnitt der Kinder oder die Idealnorm einer perfekten Entwicklung – Normen führen immer in eine Gleichförmigkeit. „Normale" Kinder ecken nicht an, da sie keine Kanten und keine Reibungsflächen haben. Sich im Erziehungsalltag vom Wunsch nach „Normalität" der Kinder zu verabschieden, heißt auch, Kinder in ihrer Einzigartigkeit zu entdecken, mit der sie aus der „normalen" Masse herausragen. Später werden Sie als Erzieherin oft feststellen, dass es gerade die scheinbar „unnormalen", auffälligen und arbeitsintensiven Kinder waren, die eine ganz ungewöhnliche Entwicklung genommen haben und zu denen eine ganz besondere Beziehung entstanden ist. So sind es auch gerade die scheinbar schwierigen Kinder, die sich für ihre eigene Entwicklung die Reibung und den Widerspruch bei Ihnen einfordern, die sie zum Entdecken ihrer selbst (also zur Entwicklung ihres Selbst-Bewusstseins) benötigen – und dies völlig unabhängig davon, ob die Kinder dabei 8 Monate oder 6 Jahre alt waren.

Die eigene Vorbildwirkung
„Es gibt keine vernünftigere Erziehung, als Vorbild zu sein. Wenn es nicht anders geht, ein schlechtes." So soll es Albert Einstein gesagt haben. Es lohnt sich immer wieder, die eigene Vorbildwirkung zu überprüfen. Den Kindern ein gutes Modell zu sein, ist die beste Erziehung. Es bleibt aber die Entscheidung des Kindes, ob es Ihrem Vorbild folgt.

Gelassen die eigenen Erziehungsideale verabschieden

Nicht alle Blütenträume reifen in der Erziehung. Selbst die ausgefeiltesten Bildungspläne, die pädagogisch wertvollsten Einrichtungen, die engagiertesten Erzieherinnen, die besten Personalschlüssel, die motiviertesten Eltern – kurz die perfektesten Bedingungen vermögen es nicht, aus allen Kindern kleine Albert Einsteins, Mozarts oder Boris Beckers zu machen. Solche Entwicklungsideale im Kopf zu haben, ist der Realität kindlicher Entwicklung nicht angemessen. Kinder entwickeln sich unterschiedlich. Erwachsene auch. Genauso wie Erwachsene haben auch Kinder ihre Stärken und Schwächen. Sie haben gute und schlechte Tage, haben mal keine Lust, sind mies drauf, sind durch nichts zu motivieren. Vieles, was eben schon erreicht schien, kann am nächsten Tag schon wieder verschwunden sein. Eben hat Sertap noch ganz fröhlich mit anderen Kindern gespielt, jetzt hat sie sich doch wieder mit ihrer Puppe zurückgezogen. Und Marco ist eben noch quer durch die Einrichtung gerannt. Gut möglich, dass er die nächsten zwei Wochen doch wieder fest auf seinem Stühlchen sitzt. Sei es drum, das kann passieren. Kindern die bestmöglichen Entwicklungsbedingungen zu geben, bedeutet, die Voraussetzungen dafür zu schaffen. Letztendlich ist es aber von sehr vielen Faktoren abhängig, wie die kindliche Entwicklung bei jedem Einzelnen verlaufen wird.

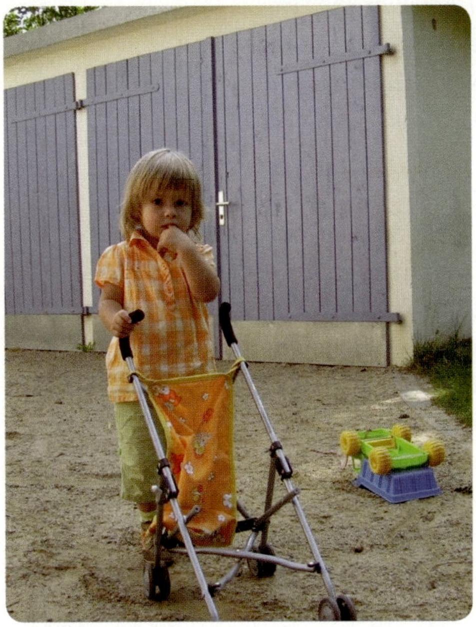

Die Begrenztheit des eigenen Einflusses realistisch einschätzen

Die Kunst des Möglichen
Diese weise Kunst sollte Sie gerade dann begleiten, wenn ein Kind (aus Ihrer Sicht) aus schwierigen Familienverhältnissen oder Lebensumständen kommt. Gemeinsam darüber nachzudenken, wie sich trotzdem bestmögliche Bedingungen schaffen lassen, ist aussichtsreicher, als das Fehlen von Idealbedingungen zu beklagen.

Die Vorgeschichte des Kindes, seine Lebenssituation, seine biologischen und genetischen Voraussetzungen, früher gemachte Lernerfahrungen, sein kultureller und sozialer Hintergrund, sein Temperament, seine Persönlichkeit, die Beziehung zwischen dem Kind und seinen Erwachsenen (Eltern, Erzieherinnen usw.), ja sogar die Tagesform, das Wetter, das gestrige Fernsehprogramm und die Qualität des heutigen Mittagessens – all dies und noch vieles mehr bestimmt in einem komplizierten Zusammenspiel, wie die Entwicklung eines Kindes verlaufen wird. Die Arbeit der Pädagoginnen und die Zuwendung der Eltern sind dabei von großer Bedeutung, – aber auch sie vermögen es nicht allein, genaue Vorhersagen darüber zu treffen, wie sich ein Kind entwickeln wird. Erziehung und Pädagogik sind daher immer auch eine „Kunst des Möglichen“. Arbeiten Sie gemeinsam mit den Eltern daran, die Entwicklungsbedingungen für die Kinder bestmöglich zu gestalten, erkennen Sie aber auch gemeinsam, dass jedes Kind trotzdem ein einzigartiges und individuelles Wesen ist, das eigene Vorstellungen von seiner Entwicklung verfolgt, die nicht immer mit den Vorstellungen der Erwachsenen übereinstimmen. Zum Glück sind ja auch wir Erwachsene keine idealen Menschen. Zu perfekt wäre auch langweilig, oder?

3.6.8 Entwicklungsgespräche mit Eltern führen

Entwicklungsgespräche gehören zu den wichtigsten Gesprächsanlässen für Erzieherinnen und Eltern. Aber sprechen wir nicht ohnehin schon dauernd mit Eltern über die Entwicklung ihrer Kinder? Sind Entwicklungsgespräche also etwas Neues oder ein „alter Hut“? Unklarheit herrscht darüber, was mit den in den Bildungs- und Erziehungsplänen erwähnten Entwicklungsgesprächen gemeint ist.

Was ist ein Entwicklungsgespräch?

Gespräche mit Eltern sind nicht neu. Im Kitaalltag bestehen zahlreiche Gelegenheiten, mit Vätern und Müttern Gespräche über die Kinder, über organisatorische Fragen oder über allgemeine Themen zu führen. Bei den Entwicklungsgesprächen handelt es sich jedoch um eine abgegrenzte Gesprächsform, die mit anderen Gesprächsarten nicht vermischt werden sollte. Nicht jedes Gespräch über das Kind ist ein Entwicklungsgespräch. Damit die Entwicklungsgespräche tatsächlich gelingen können, ist es sinnvoll, diese Abgrenzung auch in der Wahrnehmung von Eltern und Kolleginnen deutlich zu machen, auch wenn dies möglicherweise zuerst auf Unverständnis stößt. Eine klare Abgrenzung dieser Gesprächsart bei der Vorbereitung, Strukturierung und auch in der Durchführung hilft, die Zusammenarbeit mit Eltern transparenter und ruhiger zu gestalten.

Als Entwicklungsgespräch sollten nur die Gespräche bezeichnet werden, die der folgenden Begriffsbestimmung entsprechen:

„Entwicklungsgespräche sind individuelle Gespräche, in denen sich Eltern und Erzieherin über die Entwicklung des Kindes austauschen. Sie finden regelmäßig mit allen Eltern statt, basieren auf Beobachtungen, die Erzieherin und Eltern vom Kind machen, und dienen der Sensibilisierung der Eltern für ihr Kind und der gemeinsamen Abstimmung in der Begleitung der kindlichen Entwicklung. Entwicklungsgespräche werden von der Erzieherin initiiert. Sie sollten in den Konzeptionen der Einrichtung verankert werden." (Mienert und Vorholz, 2007, S. 88)

Tipp zum Weiterlesen

„Gespräche mit Eltern. Entwicklungs-, Konflikt- und Informationsgespräche" (Mienert und Vorholz, 2007, Bildungsverlag EINS)

Lassen Sie uns diese Definition genauer betrachten:

„Entwicklungsgespräche sind individuelle Gespräche zwischen Eltern und Erzieherin." (S. 88)

Ein Entwicklungsgespräch ist immer ein individuelles Gespräch in einem abgeschlossenen Rahmen. Entwicklungsgespräche lassen sich nicht auf größeren Veranstaltungen, Elternabenden, in Elterncafés oder bei Ausflügen führen. Auch Tür- und Angelgespräche mit Eltern stellen keinen Ersatz für Entwicklungsgespräche dar. Der individuelle Austausch mit den Eltern erfordert Zeit, Ruhe und eine gründliche Vorbereitung. Der Personenkreis beschränkt sich auf die Personen, die in der Erziehungspartnerschaft zusammenarbeiten – die Eltern und die Erzieherin.

Langfristig Kontakt zu allen Eltern aufnehmen

Dem Problem, dass manche Eltern für Gespräche nicht bereit sind, lässt sich langfristig nur dadurch entgegenwirken, dass regelmäßig mit allen Eltern feste Termine vereinbart werden. Wenn Eltern merken, dass nur bei auftauchenden Problemen mit ihnen gesprochen wird, wirkt sich das negativ auf ihre Gesprächsbereitschaft aus.

„Im Entwicklungsgespräch tauschen sich Eltern und Erzieherin über die Entwicklung des Kindes aus." (S. 88)

Die Abgrenzung zu anderen Gesprächsformen wird insbesondere in diesem Punkt deutlich: In einem Entwicklungsgespräch geht es um die Entwicklung des Kindes. Alle anderen Themen, die Ihnen oder den Eltern am Herzen liegen könnten, haben hier nichts zu suchen!

„Entwicklungsgespräche finden regelmäßig mit allen Eltern statt." (S. 89)

Professionell geführte Entwicklungsgespräche unterscheiden sich von den häufig in den Kitas als „Entwicklungsgespräch" deklarierten Problemgesprächen dadurch, dass sie regelmäßig mit allen Eltern geführt werden sollen und nicht nur dann, wenn beim Kind ein Problem aufgetaucht ist.

Grenzsteine der Entwicklung nutzen
Gerade in den ersten Lebensjahren können die „Grenzsteine der Entwicklung" als Beobachtungsinstrument sehr gut verwendet werden. Die dort genannten Altersangaben können gute Anlässe für Entwicklungsgespräche bieten.

Zur Frage, wie häufig Entwicklungsgespräche zu führen sind, gibt es unterschiedliche Meinungen. Wir empfehlen zwei Entwicklungsgespräche pro Jahr. Sollte dies aus organisatorischen Gründen nicht möglich sein, sollte mindestens ein Entwicklungsgespräch pro Jahr geführt werden. Als Orientierung kann der Geburtstag des Kindes dienen.

„Entwicklungsgespräche basieren auf Beobachtungen, die Eltern und Erzieherin vom Kind machen." (S. 89)

Beobachtungen von Kindern sind kein Selbstzweck und bedeuten kein bloßes Abhaken auf einem Beobachtungsbogen, nur damit der „Beobachtungspflicht" Genüge getan wird. Spontane und systematische Beobachtungen helfen Erzieherinnen genauso wie Eltern, sich gegenseitig für die Besonderheiten des Kindes zu sensibilisieren, wirklich genau auf dieses Kind zu schauen. Das schützt vor vorschnellen Bewertungen und Interpretationen des kindlichen Verhaltens.

„Entwicklungsgespräche dienen der Sensibilisierung der Eltern für ihr Kind und der gemeinsamen Abstimmung in der Begleitung der kindlichen Entwicklung." (S. 90)

Wer fragt, der führt
Übernehmen Sie in Entwicklungsgesprächen ganz aktiv die Gesprächsführung. Stellen Sie den Eltern viele Fragen, denn – so sagt eine alte Weisheit – wer fragt, der führt. Dadurch vermeiden Sie es auch, in lange Monologe über die Entwicklung zu verfallen, die die Eltern eher belasten könnten.

Eltern sind es gewohnt, dass Erzieherinnen über das Kind im Kindergartenalltag sprechen. Entwicklungsgespräche sind eine gute Gelegenheit, die Eltern dazu anzuregen, ihre eigenen Beobachtungen aus dem Familienalltag einzubringen. Dadurch entsteht ein wirklicher Austausch über die Entwicklung des Kindes und ein Vergleich der unterschiedlichen Wahrnehmungen in Alltagssituationen wird möglich. Unterschiedliche Sichtweisen können einander nahegebracht werden, ohne dass eine Seite von vornherein „weiß", wie das Kind ist, – oder noch schlimmer, wie es „sein sollte".

Dass Sie die Eltern zum Beobachten ihrer Kinder anregen, wird viele Eltern zunächst überraschen. „Wir beobachten doch die Kinder tagtäglich!", könnte eine Reaktion der Eltern sein. Sie als Erzieherin wissen jedoch von den Unterschieden zwischen dem, was man so nebenbei von den Kindern sieht, und dem, was man an Informationen gewinnt, wenn man sich wirklich Zeit nimmt, seine Aufmerksamkeit voll und ganz auf das Kind richtet und ohne Ablenkung beobachtet.

„Entwicklungsgespräche werden von der Erzieherin initiiert." (S. 90)

An der Konzeption weiterarbeiten
In den Konzeptionen vieler Einrichtungen fehlen bisher die Entwicklungsgespräche. Konzeptionen sind jedoch nicht unveränderbar. Sie müssen immer wieder überarbeitet und den neuen pädagogischen Anforderungen angepasst werden.

Bitte warten Sie nicht, bis die Eltern sich an Sie wenden und um ein Gespräch bitten. Als Erzieherin sind Sie die Initiatorin für alle Elterngespräche, die Einladung zum Entwicklungsgespräch muss daher von Ihnen ausgehen.

Um Unsicherheiten der Eltern über diese Gesprächsform auszuräumen, sollten Sie im Vorfeld auf einem Elternabend die Ziele von Entwicklungsgesprächen vermitteln. Trotzdem ist es ratsam, auch in der Einladung zum Entwicklungsgespräch und zu Beginn des Gesprächs kurz zu erläutern, worum es in dem Gespräch gehen soll und worum es in dem Gespräch nicht gehen soll.

Für die eigene Planung empfiehlt es sich, schon zu Beginn des Kitajahres einen Kalender vorzubereiten, in dem die voraussichtlichen Termine notiert werden.

„Entwicklungsgespräche sollten in den Konzeptionen der Einrichtung verankert werden." (S. 91)

Die Verankerung von Entwicklungsgesprächen in der Konzeption Ihrer Einrichtung ist unbedingt empfehlenswert.

- Eltern können somit von Anfang an (also schon im Informations- oder Aufnahmegespräch) damit vertraut gemacht werden.
- Die Verankerung erhöht die Selbstverpflichtung.
- Die Unterstützung durch Kitaleitung und Träger wird dadurch gesichert.
- Die Verankerung in der Konzeption befördert die Diskussion im Team.

Eltern direkt einladen
Die Furcht vor dem Entwicklungsgespräch, insbesondere von jungen Eltern, kann verschiedene Ursachen haben: Bisherige Erfahrungen mit Erzieherinnen oder anderen Eltern, die sie für nicht „erziehungskompetent" halten oder aber auch eine etwas ungeschickte Terminvergabe über einen öffentlichen Aushang oder über die Kinder können Unsicherheit auslösen.

Das Entwicklungsgespräch gut vorbereiten

Beziehen Sie Ihre Kolleginnen in die Vorbereitung der Entwicklungsgespräche mit den Eltern ein. Ihre Kolleginnen werden ebenfalls einige wichtige Beobachtungen und Erfahrungen mit dem Kind gemacht haben.

Indem Sie mit ihnen über Ihre Beobachtungen vom Kind sprechen, können Sie:

- unterschiedliche Sichtweisen auf das beobachtete Verhalten eines Kindes *abgleichen*,
- eine zweite oder dritte Meinung einholen,
- weitere Beobachtungen der Kolleginnen für das Gespräch ergänzen,
- eigene Ängste und Befürchtungen vor einem Entwicklungsgespräch mit „schwierigen" Eltern thematisieren,
- bestimmte Gesprächsziele für das Entwicklungsgespräch abklären.

Gespräche allein oder zu zweit führen?
Gerade bei den ersten Entwicklungsgesprächen kann eine gemeinsame Gesprächsleitung der beteiligten Erzieherinnen sehr sinnvoll sein. Sie können das Gespräch gemeinsam vor- und nachbereiten. Es hat aber auch für die Eltern Vorteile, wenn zwei Erzieherinnen das Entwicklungsgespräch führen: Die Eltern erfahren dabei möglicherweise, dass auch die Pädagoginnen unterschiedliche Sichtweisen haben können.

Der Ablauf des Entwicklungsgesprächs

Der Ablauf des Entwicklungsgesprächs besteht aus den folgenden Punkten:

1. Einladung der Eltern zum Entwicklungsgespräch

Damit Sie wirklich alle Eltern für die Teilnahme an Entwicklungsgesprächen gewinnen können, sollten Sie:

- schon bei den ersten Informations- und Aufnahmegesprächen darauf verweisen, dass Entwicklungsgespräche regelmäßig geführt werden,
- den Ablauf und die Ziele von Entwicklungsgesprächen auf einem dafür vorgesehenen Elternabend erläutern,
- die Ziele und den Ablauf von Entwicklungsgesprächen auch im Einzelgespräch immer wieder neu erläutern,
- die Termine langfristig festlegen, dabei einem für die Eltern nachvollziehbaren zeitlichen Rhythmus folgen und die Gesprächstermine möglichst in die Nähe der Abhol- oder Bringzeiten legen,
- die Eltern mündlich und schriftlich zum Gespräch einladen,
- bei Terminabsagen der Eltern die Eltern selbst um einen alternativen Terminvorschlag bitten.

Gesprächsnotizen offenlegen
Legen Sie Ihre Gesprächsnotizen so auf den Tisch, dass alle Beteiligten darauf schauen können. Erläutern Sie, was Sie dort notiert haben. So „verschwinden" Sie nicht hinter Ihrem Zettelstapel und beugen andererseits dem Rätseln der Eltern vor, was dort wohl so alles über ihr Kind geschrieben stehen mag.

2. Vorbereitung des Raums und der Gesprächsatmosphäre („Setting")

Wählen Sie einen ruhigen Raum, schließen Sie eventuelle Störungen wie Telefon, Anklopfen usw. aus und kennzeichnen Sie den Raum gegebenenfalls mit einem „Bitte nicht stören"-Schild. Kaffee und Tee unterstützen die Gesprächsatmosphäre. Setzen Sie sich möglichst an einen runden Tisch zusammen, vermeiden Sie ein direktes Gegenübersitzen. Sie können auch Kekse oder anderes Naschzeug bereitstellen.

Außer den Eltern und Ihnen sollten keine weiteren Personen an dem Entwicklungsgespräch teilnehmen. Auch die Kinder sollten beim Gespräch selbst nicht dabei sein, sondern in der Zeit weiter in der Gruppe betreut werden.

3. Beginn des Gesprächs und weiterer Gesprächsverlauf

Zu Beginn des Gesprächs ist es hilfreich, wenn Sie die Ziele des Entwicklungsgesprächs nochmals kurz erläutern. Erklären Sie, dass es im Entwicklungsgespräch um Folgendes gehen wird:

- Welche Entwicklungsschritte hat ihr Kind in den letzten Wochen oder Monaten gemacht?
- Womit beschäftigt sich das Kind gerade besonders intensiv?
- Was sind seine aktuellen Bildungsthemen?
- Wie erleben Sie das Kind in der Gruppe?
- Wie erleben die Eltern das Kind zu Hause?
- Welche Beobachtungen haben Sie vom Kind gemacht?
- Gibt es aus Ihrer Sicht oder der Sicht der Eltern Besonderes zu berichten?
- Wird von den Eltern oder der Erzieherin Unterstützung in einzelnen Bereichen benötigt?
- Wie schätzen Sie den Entwicklungsstand des Kindes in vielen Entwicklungsbereichen ein?

Der „Defizitblick"
Jedes Kind könnte in jedem Entwicklungsbereich besser sein, als es derzeit ist. Prüfen Sie daher anhand der Grenzsteine ab, ob das Kind nicht trotz aller Defizite in seiner Entwicklung ganz und gar „normal" ist. Gönnen Sie jedem Kind seine Schwächen genauso wie seine Stärken. Und teilen Sie diese Sicht mit den Eltern!

Fragen Sie die Eltern, ob Sie mit diesen Gesprächsinhalten einverstanden sind und ob es aus ihrer Sicht noch andere Themen gibt, die angesprochen werden sollten. Sollten die Eltern hier Themen nennen, die nicht in ein Entwicklungsgespräch gehören (organisatorische Fragen oder aktuelle Konflikte mit der Erzieherin), bitten Sie die Eltern darum, dafür einen gesonderten Gesprächstermin zu vereinbaren.

4. Austausch über das aktuelle Erleben des Kindes

Formulieren Sie beobachtete Probleme immer aus Ihrer persönlichen Wahrnehmung und verbinden Sie diese mit anschaulichen Schilderungen des tatsächlichen Verhaltens des Kindes in konkreten Situationen. Wenn es sich wirklich um ein gravierendes Entwicklungsproblem handelt, auf das Sie bereits mehrfach hingewiesen haben und das die Eltern bisher ignoriert haben, drücken Sie deutlich Ihre Sorge darüber aus.

Ein richtiger Abschied ist wichtig
Gespräche leiden oft unter einem unklaren Abschluss. Oft traut sich am Ende keiner, als Erstes aufzustehen, oder es werden immer wieder neue Themen begonnen. Machen Sie das Ende deutlich, indem Sie den Eltern die Hand reichen und sie zur Tür begleiten.

Bieten Sie den Eltern keine vorgefertigten Lösungen an, sondern fragen Sie sie, welche Ideen sie haben, was Sie oder die Eltern tun könnten, bevor Sie Ratschläge geben.

5. Gegebenenfalls notwendige Absprachen

Konkrete Absprachen im Hinblick auf das Kind wären dann zu treffen, wenn Sie beim Austausch auf Entwicklungsprobleme gestoßen sind, derer Sie sich gemeinsam annehmen wollen. Hier gilt, je konkreter, desto besser: Wer nimmt zu welcher Fördereinrichtung Kontakt auf? Wer bespricht das Problem in welchem Zeitraum mit welcher Fachkraft? Wer wird welches Erziehungsvorgehen in der nächsten Zeit probieren? Sie können sich dazu eine Notiz machen. Vermeiden Sie jedoch den Charakter einer „schriftlichen Vereinbarung“ wie in einem Konfliktgespräch. Bieten Sie den Eltern lieber an, sich zu diesem Problem in der nächsten Zeit erneut zusammenzusetzen, und führen Sie dann ein Gespräch, in dem genau dieses Anliegen nochmals intensiver besprochen wird.

Offenheit auch den Kindern gegenüber
Wenn die Kinder den Eltern in der Einrichtung vor dem Gespräch begegnet sind, so werden sie vielleicht verwundert sein, warum die Erzieherin mit den Eltern in einem Extraraum verschwindet. Lassen Sie das Kind darüber nicht im Unklaren. Sagen Sie ihm, dass Sie sich mit den Eltern zusammensetzen und gemeinsam schauen wollen, wie es ihm in der Kita so geht, was es spielt, womit es sich gern beschäftigt.

Das Entwicklungsgespräch mit einem Entwicklungsproblem enden zu lassen, ist nicht empfehlenswert. Deshalb sollte die Vereinbarung einer Entwicklungsförderungsmaßnahme nicht am unmittelbaren Gesprächsende stehen.

6. Abschluss des Gesprächs

Sie werden merken, dass die Zeit des Entwicklungsgesprächs wie im Flug vergeht. Behalten Sie trotzdem die Zeit im Auge und kündigen Sie das Ende des Gesprächs vorher an. Fragen Sie die Eltern rechtzeitig, ob es weitere Wünsche oder Fragen von ihrer Seite gibt. So vermeiden Sie, dass wichtige Themen erst zu spät zur Sprache kommen und dann das Gespräch deutlich verlängern. Fassen Sie gegen Ende des Gesprächs alle wichtigen Punkte aus Ihrer Sicht zusammen und fragen Sie bei den Eltern nach, ob sie das Gespräch ebenso zusammenfassen würden. Geben Sie eine kurze Rückmeldung zur eigenen Zufriedenheit mit dem Gespräch und lassen Sie sich auch von den Eltern eine kurze Rückmeldung geben. Danach können Sie die Eltern verabschieden.

Die Nachbereitung von Entwicklungsgesprächen

Mit der Verabschiedung ist für die Eltern das Entwicklungsgespräch zunächst abgeschlossen. Sie als Erzieherin und Gesprächsleiterin sollten das Entwicklungsgespräch jedoch kurz nachbereiten.

Dafür können die folgenden Fragen hilfreich sein:

- Wie ist es mir im Entwicklungsgespräch ergangen?
- Welche Ziele hatte ich mir für das Gespräch gesetzt?
- Habe ich meine Gesprächsziele erreichen können?
- Welche Hürden hatte ich vor dem Gespräch erwartet? Sind diese Hürden tatsächlich aufgetaucht und wie bin ich damit umgegangen?
- An welchen Punkten war das Gespräch besonders angenehm?
- Gibt es Punkte, die ich in zukünftigen Entwicklungsgesprächen anders machen sollte?
- Gibt es Vereinbarungen mit den Eltern, die ich an meine Kolleginnen weiterleiten sollte?

Entwicklungsgespräche im Team reflektieren

Fürs nächste Gespräch vorbereiten
Empfehlenswert ist, dass Sie sich während des Entwicklungsgesprächs Notizen machen und vermerken, welche Themen Sie mit den Eltern besprochen haben und wie das Gespräch verlaufen ist. Das hilft Ihnen bei der Vorbereitung und Durchführung des nächsten Gesprächs.

Nutzen Sie Teambesprechungen als Chance, den Gesprächsablauf eines Entwicklungsgesprächs gemeinsam mit den Kolleginnen zu reflektieren. Welche besonders interessanten oder wichtigen Informationen über das Kind haben Sie erhalten? Wo unterschieden sich Ihre und die Sichtweisen der Eltern? Welche weiteren Schritte wurden mit den Eltern besprochen? Wann ist die Gesprächsatmosphäre mit den Eltern besonders herzlich und partnerschaftlich gewesen? Gab es auch schwierige Gesprächssituationen?

Betrachten Sie diese Nachbereitung nicht als unangenehme Selbstoffenbarung. Ihre Kolleginnen werden ebenfalls Entwicklungsgespräche führen und sind dann auf Ihren Rat und Ihre Unterstützung angewiesen.

Bei vermuteten Entwicklungsverzögerungen Hilfe von Fachleuten erbitten

Jedes Kind entwickelt sich anders. Keiner muss alles können oder überall gut sein. Wichtig ist, dass die Kinder in der Lage sind, ihren ganz speziellen Alltag meistern zu können. Bedenklich wird es erst dann, wenn dies den Kindern nicht mehr möglich ist. Es gehört zu den wichtigen Aufgaben einer Pädagogin im Kleinstkindalter, im Blick zu haben, ob einem Kind die normale Alltagsbewältigung aufgrund von Entwicklungsverzögerungen oder Verhaltensauffälligkeiten nicht mehr möglich ist. Dieses Kind bedarf einer besonnenen und abgesprochenen Unterstützung durch die Erwachsenen.

Erziehungsberatungsstellen können Ihnen helfen
Als Erzieherin können Sie nicht ohne Einwilligung der Eltern ein Kind in eine therapeutische Einrichtung bringen. Sie können sich aber selbst Hilfe und Beratung bei Erziehungsberatungsstellen holen, auch wenn Sie nicht die Mutter oder der Vater des Kindes sind. Diese Möglichkeit ist vielen Erzieherinnen nicht bekannt.

3.6.9 Die Grenzen des pädagogischen Handelns

Sie als Erzieherin sind für die pädagogische Arbeit mit Kleinkindern ausgebildet und verfügen über Erfahrungen mit vielen Kleinkindern, Sie haben die pädagogisch ausgestatteten Räume und ein erfahrenes Team. Dennoch gibt es auch für Sie Grenzen des pädagogischen Handelns. Für schwere Entwicklungsprobleme, andauernde Verhaltensauffälligkeiten, für Kinder in Risikolagen oder gar beim Verdacht auf Kindeswohlgefährdung müssen Sie sich Unterstützung holen. Es ist ein weitverbreiteter Irrtum, dass Pädagoginnen in der Lage sein müssen, mit allen Entwicklungs- und Erziehungsproblemen fertig zu werden. Als Erzieherin sind Sie die Fachfrau für das (wie auch immer geartete) „normale" Kind mit all seinen Stärken und Schwächen.

Für Kinder mit chronischen Verhaltensauffälligkeiten, mit tief greifenden Entwicklungsstörungen oder bei akuter Kindeswohlgefährdung sind Sie nicht ausgebildet. Setzen Sie deshalb in solchen Fällen alle Hebel in Bewegung, damit das Kind, die Eltern und Sie selbst die notwendige Unterstützung durch Fachleute erhalten.

Unerlässlich – der Kontakt zu den Eltern

Den Eltern die eigenen Beobachtungen und Sorgen ohne Vorwürfe zu schildern, ist nicht immer einfach. Vermeiden Sie es, den Eltern Diagnosen zu präsentieren („Frau Müller, ich glaube, ihr Kind ist autistisch!"), sondern bleiben Sie bei Ihren ganz konkreten Alltagsbeobachtungen:

Beispiel

> *„Frau Müller, ich habe Ihre Tochter gestern im Morgenkreis beobachtet, während meine Kollegin den Morgenkreis geleitet hat. Ihre Tochter hat auf den Begrüßungsreim keine Reaktion gezeigt. Als die Kinder von ihren Erlebnissen erzählt haben, hat ihre Tochter die Sätze der anderen Kinder wortwörtlich nachgesprochen. Als meine Kollegin Ihre Tochter selbst ansprach, hat Ihre Tochter die Äußerung meiner Kollegin wiederholt und ist dann ganz starr geworden. Mir war ganz mulmig, da ich ähnliche Anzeichen bei Lisa auch schon in Spielsituationen gesehen habe, aber noch nie so deutlich. Ich mache mir große Sorgen, dass mit Lisa etwas nicht in Ordnung sein könnte."*

„Wieder mal gestürzt ..."
Typische Verletzungen bei Kindern entstehen, wenn die Eltern (sei es aus Überforderung oder Hilflosigkeit) die Kinder schütteln oder an den Armen ziehen. Hier fallen häufig blaue Flecken im Hals, Nacken und an den Armen auf, auch Knochenbrüche sind auffällige Zeichen. Eindeutige Misshandlungszeichen sind Brandwunden sowie große Bissverletzungen. Deuten Sie diese Verletzungen als deutliche Warnsignale!

Keine schnellen Lösungen erwarten

Rechnen Sie damit, dass die Eltern ebenfalls erschrocken sind und zunächst nicht wahrhaben wollen, dass es ein Problem geben könnte. Fragen Sie die Eltern, welche Möglichkeiten es gäbe, dem auffälligen Verhalten auf die Spur zu kommen, ohne gleich Therapeuten und Erziehungsberatungsstellen ins Gespräch zu bringen. Bieten Sie den Eltern an, mit Ihnen im regelmäßigen Kontakt zu bleiben. Rechnen Sie damit, dass tief greifende Entwicklungsstörungen und Verhaltensauffälligkeiten nicht über Nacht zu beseitigen sein werden. Vermuten Sie, dass die Eltern selbst das Problem (z. B. durch Vernachlässigung, Überbehütung, Gewalt) verursachen, so bleiben diese Eltern trotzdem die wichtigste Brücke, die Sie zum Kind haben. Nichts wäre fataler, als die Eltern direkt mit Ihren Vermutungen zu konfrontieren und damit zu riskieren, dass das Kind (z. B. durch Wechsel der Einrichtung) aus Ihrer Nähe verschwindet. Bewahren Sie Ruhe und reagieren Sie niemals überstürzt. Die Situation wird sich für das Kind nur dann bessern können, wenn Sie jetzt nichts Unüberlegtes tun. Ihre Begleitung durch Fachkräfte – eine Beratungsstelle oder andere Fachleute – ist dafür unerlässlich.

Sich als Anwältin des Kindes verstehen

> *„Kinder haben ein Recht auf gewaltfreie Erziehung. Körperliche Bestrafungen, seelische Verletzungen und andere entwürdigende Maßnahmen sind unzulässig."*

So steht es im § 1631 des Bürgerlichen Gesetzbuchs BGB. Dieses Recht steht allen Kindern jeden Alters zu, und es ist von allen Menschen, die die Kinder begleiten, einzuhalten. Kinder benötigen häufig erwachsene Unterstützung, damit ihnen dieses Recht auf gewaltfreie Erziehung nicht vorenthalten wird.
Beurteilen Sie auch Ihr eigenes Konfliktverhalten selbstkritisch. Als Anwältin der Kinder liegt eine große Verantwortung bei Ihnen!

Mit Respekt geht es besser
Gute Hinweise, wie Sie sich als Erzieherin für gewaltfreie Erziehung stark machen können, finden Sie in der entsprechenden Broschüre der Zeitschrift **kindergarten heute**: *http://www.kindergarten-heute.de/beitraege/stark/archiv/Stark_machen.pdf*

3.7 Beobachtung und Dokumentation frühkindlicher Entwicklungsprozesse

Beobachten – BeobAchten
Lassen Sie sich das Wort auf der Zunge zergehen. Es enthält Worte wie Achtung, Beachtung und Obacht sowie Hinweise auf das Sehen, Verstehen, Wertschätzen und Schützen der Kinder. Von Diagnostik ist im Wort nichts zu entdecken.

„Beobachtung ist die Grundlage jeglicher pädagogischer Arbeit." Dieser Satz ist Ihnen sicher schon oft begegnet. In der Diskussion mit Erzieherinnen über das Thema Beobachtung ist häufig zu hören: „Aber wir beobachten doch ständig!". Stimmt, Erzieherinnen haben die Kinder im Blick und sie sehen, was den Tag über in ihrer Kindergruppe geschieht. Die Frage nach der Durchführung von Beobachtung ist somit auf keinen Fall ein Angriff auf die berufliche Kompetenz erfahrener Erzieherinnen. Sie ist vielmehr ein Blick auf ein verändertes oder vielleicht in den Hintergrund getretenes Ziel. Beobachtung in der Form, wie sie in den neuen Bildungsprogrammen gefordert wird, bedeutet eine Veränderung in der Beziehung zu den Kindern und somit eine bestimmte Kommunikationsform mit ihnen.

BeobAchtungen als dialogischen Prozess gestalten

Beobachtung und Dokumentation, wie wir sie hier betrachten möchten, kennzeichnen einen dialogischen Prozess zwischen Kindern und Erwachsenen. Dieser dialogische Prozess bedeutet, dass es bei der Beobachtung nicht um Diagnostik kindlicher Entwicklungsauffälligkeiten geht, sondern um die Entdeckung der Persönlichkeit des Kindes, um das Eintauchen in dessen Welt. Ziel dieser dialogischen Haltung in der Beobachtung gerade von kleinen Kindern ist es, deren Persönlichkeit zu entdecken, ihre Themen mit ihnen zu erleben, Handlungen in Sprache umzusetzen, deren eigenes Tun zu reflektieren und dem Kind deutlich zu machen, dass es von der Erzieherin als Person wahrgenommen wird.

Beobachtungsbögen kritisch prüfen
In den Einrichtungen gibt es eine Fülle an angebotenen Beobachtungsbögen und Beobachtungsinstrumenten. Schauen Sie alle diese Bögen im Team sehr kritisch daraufhin an, ob sie Ihnen beim eigentlichen Anliegen der Beobachtung – dem Eintauchen in die Welt des Kindes – wirklich helfen oder ob sie andererseits eher am Defizit- und Leistungsgedanken orientiert sind.

BeobAchtung bedeutet, sich auf die spannende Persönlichkeit des Kindes einzulassen

Jedes Kind hat seine individuelle Art, mit den Dingen dieser Welt umzugehen. Lassen Sie uns dies anhand eines Beispiels näher betrachten:

Beispiel

Fritz ist 2 Jahre alt. Nach dem Schlafen nimmt er sein Kuscheltuch, setzt sich in der Garderobe auf den Fußoden und faltet sein Tuch zu einem kleinen Viereck, indem er eine Seite auf die andere legt. Fritz geht dann zu seinem Rucksack, löst die Schleife, legt sein Tuch tief in den Rucksack hinein und zieht fest an dem Band. Er dreht sich im Weggehen nochmals um und schaut in Richtung des Rucksacks. Er braucht dazu gut fünf Minuten.

So handelt Fritz, aber jedes andere Kind würde anders mit dieser Situation umgehen. Eine aufgeschriebene Beobachtung hilft, dies für sich und Fritz festzuhalten, um zu erkennen, wie er ist, und um ihm Mut zu machen, zu sich und seiner Person zu stehen.

Wenn Fritz diese Situation vorgelesen oder erzählt bekommt, wenn er erfährt, dass seine Erzieherin ihn gesehen hat, sein Tun in Ordnung ist, geht es ihm mit Sicherheit gut. Er weiß, hier kann ich so sein, wie ich bin. Fritz kann auf diese Weise Ressourcen bei sich entdecken und entwickeln.

Typische Beobachtungsfehler
Zu den typischen Fallen, in die man beim Beobachten tappen kann, gehören: vorschnelle Interpretationen, zu kurze Zeitausschnitte der Beobachtung, ausschließliches Beobachten „besonderen Verhaltens", Eingreifen in die Situation, Beobachten mit „Defizitbrille" sowie später ungenügende Dokumentationen von Beobachtungen.

Kleine Kinder sind meist nicht in der Lage zu antworten. Reaktionen zeigen sie auf geschilderte Beobachtungen zumeist dennoch. In diesem Beispiel hat die Erzieherin die Erfahrung gemacht, dass Fritz sie am nächsten Tag an die Hand nahm, mit ihr zu seinem Rucksack ging und die Situation wiederholte. Er freute sich sichtlich auf die Aufmerksamkeit seiner Erzieherin und die Nähe, die sie in diesem kurzen Moment verband.

Kinder sind unterschiedlich. So zeigt diese kurze Beobachtung einen Teilaspekt der Persönlichkeit des Kindes, aber es gibt mit Sicherheit noch viel mehr zu entdecken. Dies fordert uns Erwachsene auf, dem Kind alle Möglichkeiten zu geben, seine Persönlichkeit in den unterschiedlichsten Facetten wahrnehmen zu können. Deshalb sollte das Kind in verschiedensten Situationen beobachtet werden.

BeobAchtung heißt, mit dem Kind in einen ernsthaften Dialog treten

Machen Sie doch einmal folgenden Test: Beschreiben Sie in einer Teambesprechung einer Kollegin, wie sie vor Ihnen sitzt. Sie werden auf ganz unterschiedliche Reaktionen stoßen, vielleicht wird die Kollegin ihre Sitzhaltung sofort verändern oder Sie fragen, was das soll. Egal, welche Reaktion Ihre Kollegin zeigt, es lässt sich nicht vermeiden, dass die Kollegin über ihre Sitzhaltung nachdenkt. Wenn es eine wertfrei formulierte Beobachtung war, wird ihre Kollegin von sich aus entscheiden, ob sie diese Sitzhaltung beibehält oder ob sie sich in ihrer Sitzposition verändert. Sicher ist, dass die Kollegin über ihre Sitzhaltung nachdenkt.

Diese kleine Übung macht deutlich, welche Bedeutung der Dialog über eine Beobachtung für Kinder und insbesondere kleine Kinder haben kann, die ja erst einmal sich und ihr Tun kennenlernen und einschätzen lernen müssen. Das Kind soll aus sich heraus entscheiden, ob es eine Situation verändern will oder ob es möglicherweise die Gründe mitteilen will, weshalb es eine Situation nicht verändern möchte. Hier wird eine große Veränderung in der Pädagogik sichtbar: Nicht mehr die Erzieherin entscheidet, ob das Kind etwas richtig oder falsch macht, sondern diese Entscheidung wird im Dialog mit dem Kind von ihm selbst getroffen. Beobachtung heißt also, mit dem Kind über das Beobachtete ins Gespräch zu kommen und gemeinsam mit dem Kind die entsprechenden Schlussfolgerungen zu ziehen.

Kinder um Einverständnis bitten
Verheimlichen Sie Ihr Beobachten nicht. Teilen Sie dem Kind mit, dass Sie ihm heute besondere Aufmerksamkeit schenken wollen, um es besser kennenzulernen. Akzeptieren Sie, wenn ein Kind von sich aus sagt, dass es heute nicht beobachtet werden will.

In der Planung der Beobachtung heißt dies, dass wir Kinder um ihr Einverständnis bitten müssen, wenn wir sie beobachten. Im Mittelpunkt steht die Person des Kindes, keine Sache, über die wir verfügen. Sprechen Sie mit den Kindern darüber, lesen Sie ihnen Ihre Beobachtungen vor, machen Sie daraus ein aktives Tun, das für das Kind eine Auseinandersetzung mit sich selbst darstellt.

Hinter einer BeobAchtung steht eine Haltung

Keiner ist bei einer Beobachtung vollkommen objektiv, denn wir verstehen die Botschaft der Beobachtung mit unserer eigenen Persönlichkeit, mit unseren Erfahrungen, Vorlieben und Abneigungen und unseren Ängsten. Damit wird jede Beobachtungssituation auch zu einer Auseinandersetzung mit der eigenen Person. Die Beantwortung der Fragen, ob ich neugierig auf genau dieses Kind bin, ob ich mich immer wieder auf die Beziehungsarbeit mit jedem neuen Kind einlassen will, wird die eigene Haltung in jeder Beobachtungssituation prägen.

BeobAchtungen haben keine Konsequenzen

In einer Beobachtungssituation entdecke ich gemeinsam mit dem Kind,was für dieses Kind in dieser Phase gerade wichtig ist. Bei kleinen Kindern bedeutet das, ich teile dem Kind genau mit, was ich bei ihm sehe. Daraus entwickelt sich der nächste Schritt, eine Möglichkeit, sich gemeinsam mit dem Kind mit einem bestimmten Thema auseinanderzusetzen.

Beispiel

Tim (2 Jahre, 5 Monate) hat sich die Kiste mit dem Steckmaterial geholt, sitzt nun auf dem Boden und fährt mit den Händen durch die Kiste. Nach ein paar Minuten beginnt er, die Stecker nach Farben zu sortieren und vor sich kleine Haufen mit blauen, roten und gelben Steckern zu bilden. Nach einer Weile nimmt er diese Häuflein, wirft alles wieder in die Kiste und beginnt sein Tun von Neuem.

Zettel und Stift bereitlegen
Neben den jeweiligen, in der Kita verwendeten Beobachtungsbögen sollten in allen Räumen an einem bekannten Platz auch ein normaler Ringblock und ein funktionierender Stift liegen. So hat jede Erzieherin jederzeit die Möglichkeit, spontane Beobachtungen zu notieren.

Die Erzieherin erzählt Tim von ihrer Beobachtung und kommt mit ihm ins Gespräch. Tim erzählt ihr, dass es so schön an seinen Händen kribbelt, wenn er durch die Kiste mit den Steckern fährt. Es geht ihm gar nicht um die Entdeckung der Farben, stellt die Erzieherin fest. Für Tim steht die sinnliche Erfahrung mit den Steckern im Vordergrund. Dies erfährt die Erzieherin nur durch das Gespräch mit dem Jungen.

Möglicherweise hätte die Erzieherin, wenn sie sich nur auf die Beobachtung verlassen hätte, ihren Schwerpunkt auf die Sortierung der Farben gelegt. Die gemeinsame Erfahrung der beiden, ihre Hände nun zusammen in den Steckern zu „baden“, hätte so nicht stattfinden können.

BeobAchtungen müssen mit den Kindern besprochen werden

Beobachtung sollte also ein dialogischer, respektvoller Prozess sein, der in erster Linie für das Kind stattfindet. Im Alltag der Krippe kann das so aussehen, dass Sie sich pro Woche für ein oder zwei Kinder jeweils 10–15 Minuten Zeit nehmen. Besprechen Sie dies vorher mit Ihren Kolleginnen, damit klar ist, wer welches Kind beobachtet, und schreiben Sie in dieser Zeit einfach alles wertfrei auf, was das Kind macht. Bleiben Sie dabei wirklich genau bei dem, was das Kind tut, beschreiben Sie seine Handlungen. Interpretieren Sie seine Handlungen nicht. Schreiben Sie: „Tim greift in die Kiste mit dem Steckmaterial. Er holt Stecker aus der Kiste und legt sie in kleinen Haufen von blauen, roten und gelben Steckern neben die Kiste.“ Schreiben Sie nicht: „Tim sortiert die Stecker nach Farben“ –, denn das wäre eine Interpretation des beobachteten Verhaltens.

Am Anfang fällt es vielleicht etwas schwer, das Gesehene so genau zu notieren, aber bemühen Sie sich, trotz Unterbrechungen, immer wieder den gedanklichen Weg zu diesem, ihrem Kind zurückzugehen.

Notieren Sie das, was Sie sehen, am besten in kurzen, knappen Sätzen. Bei Stichpunkten besteht oft die Gefahr, dass Zusammenhänge vergessen werden. Schaffen Sie eine ruhige Atmosphäre und lesen Sie dem Kind vor, was Sie notiert haben. Kinder reagieren am Anfang oft irritiert, da sie bei einer Beobachtung auch eine Bewertung erwarten.

Beispiel

Als eine Erzieherin beispielsweise Laetitia (2;11 Jahre) fragt, ob sie sie heute beobachten darf, antwortet Laetitia: „Aber schreib nur liebe Sachen über mich auf!"

Diese Äußerung sollte uns sehr nachdenklich werden lassen, denn dahinter steckt durchaus die Erfahrung einer intensiven Bewertung.

Die Gesprächsfähigkeit der Erzieherin, ihre Kompetenz, sich feinfühlig mit dem Kind auseinanderzusetzen, und ihre Fähigkeit, dem Kind zuzuhören, sind ausschlaggebend für die Erfahrung, die das Kind in dieser Situation macht. Kinder, die sich dabei ernst und wahrgenommen fühlen, werden der Erzieherin viel über sich und ihre Gefühle und Gedanken verraten und sich ihr öffnen. „Wenn ich möchte, dass Kinder mit mir reden, muss ich ihnen zuhören", dieses Motto sollte alle Erzieherinnen begleiten.

Der dialogische Beobachtungsprozess bei Kleinstkindern

Wie ist jedoch mit Kindern umzugehen, die noch nicht sprechen können? Lassen Sie uns diese Situation anhand eines Beispiels entwickeln:

Tipp

Dinge, die ein Kind nicht macht, kann man nicht sehen. Von daher kommen sie in einer Beobachtung nicht vor. Ein Beispiel: „Viola greift nicht nach dem blauen, sondern nach dem roten Stift." Woher wollen Sie wissen, ob Viola den blauen Stift wollte? Gesehen haben Sie nur den Griff nach dem roten Stift!

Beobachtungen mit den Kindern besprechen

Der erste Austausch über eine Beobachtung sollte immer mit dem Kind, nicht mit Kollegen oder Eltern stattfinden – oder würden Sie es als angenehm empfinden, wenn eine Beobachtung, die von Ihnen gemacht worden ist, erst einmal mit Ihrem Chef besprochen werden würde?

Beispiel

Tim ist ca. 10 Monate alt. Susanne, seine Erzieherin, wickelt ihn gerade und erzählt ihm beim Wickeln, was sie heute noch mit ihm vorhat. „Wenn ich dich jetzt hier runterhebe, dann putze ich dir noch die Nase, danach gehst du ins Zimmer und wir können gemeinsam ein Bilderbuch anschauen." Tim lacht sie an und freut sich offensichtlich. Nachdem ihn Susanne auf den Boden gestellt hat, kommt eine Mutter auf sie zu und bittet sie, ihr kurz vom Tag ihres Kindes zu erzählen. Susanne tut dies in knappen Sätzen, ohne ihr Vorhaben mit Tim zu vergessen. Als sie in den Gruppenraum geht und sich nach Tim umschaut, sitzt dieser schon mit einem Taschentuch in der einen und einem Bilderbuch in der anderen Hand auf der Kuschelcouch. Susanne schaut Tim an und erzählt ihm kurz, was sie gerade bei ihm beobachtet hat.

Es ist durchaus so, dass Kinder verstehen, was Sie ihnen erzählen, und die Aufmerksamkeit, die ihnen geschenkt wird, auch sehr genießen. Kinder brauchen ein Gegenüber, das ihnen hilft, ihr Tun zu reflektieren, um sich weiterentwickeln zu können, wie in den weiteren Kapiteln beschrieben wird.

Selbstreflexion beim BeobAchten

Sie haben sicher bereits gemerkt: Beobachten – BeobAchten – ist kein einseitiger Prozess, in dem eine Erzieherin nüchtern und neutral notiert, was sie beim Kind alles wahrnimmt. Beobachtung als dialogischer Prozess verändert immer auch den Beobachter selbst. Daher ist im Prozess des Beobachtens immer gleichzeitig die Aufmerksamkeit auf das Kind und auf die eigene Person zu richten. Vier Schritte sind zu gehen, damit aus dem Beobachten tatsächlich ein fairer und förderlicher Prozess sowohl für das Kind als auch für die Erzieherin selbst wird.

Diese vier Schritte beim Beobachten seien im Folgenden kurz zusammengefasst:

1. Schritt: gezieltes Wahrnehmen des kindlichen Verhaltens
Was habe ich gesehen? Was habe ich gehört? Was war es, das ich nicht gesehen und nicht gehört habe? In welcher Situation ist meine Beobachtung entstanden? Wie war die Situation beim Kind vor der Beobachtung? Wie war sie danach?

2. Schritt: Wahrnehmung der eigenen Gefühle
Was habe ich während des Beobachtens gefühlt? Welche Gefühle habe ich gleichzeitig beim Kind vermutet? Wie schätze ich diese Gefühle ein? Beeinflussen meine Gefühle, die ich in der Beobachtung hatte, meine Einstellung dem kindlichen Verhalten gegenüber?

Gedankensortierung und Überprüfung
Die Sortierung und Überprüfung der Gedanken müssen Sie nicht allein bewältigen. Hier ist das Gespräch mit dem Kind selbst gefragt. Schildern Sie Ihre Eindrücke und lassen Sie sich vom Kind beim Gedankensortieren und Überprüfen helfen!

3. Schritt: Gedankensortierung
Was geht mir alles an Gedanken zu meinen Beobachtungen durch den Kopf? Was fällt mir alles dazu ein? Kenne ich bereits ähnliche Situationen? Beeinflussen diese meine aktuelle Wahrnehmung? Was ist tatsächlich Beobachtung – und was ist bereits Interpretation des Beobachteten? Was sind meine Vermutungen über Beweggründe des Kindes? Könnte es auch ganz anders sein?

4. Schritt: Überprüfung
Was muss ich noch wissen, um mehr über meine Beobachtung aussagen zu können? Welche weiteren Informationen benötige ich?

4 Pflegerische Grundlagen

4 Pflegerische Grundlagen

Pflegerische Arbeit und pädagogische Arbeit sind im Alltag der Kinderkrippe eigentlich nicht zu trennen. Bei allem pflegerischen Tun sind gleichzeitig pädagogische Zielstellungen zu berücksichtigen. Insofern führt Sie unsere Kapitelaufteilung womöglich ein wenig in die Irre. Warum zuerst ein Kapitel zu pflegerischen Grundlagen und später eins zu den Grundlagen der pädagogischen Arbeit? Sie werden im folgenden Kapitel zunächst einen kurzen Überblick über wichtige pflegerische Fragen bekommen. Diese Pflegethemen werden jedoch immer gleichzeitig mit pädagogischen Hinweisen zur Alltagsgestaltung versehen sein. Die Frage, wie es mit dem Wickeln der Kinder aussieht, werden wir zur Überleitung in die pädagogische Alltagsgestaltung nutzen. Wickeln ist ja zunächst ein pflegerisches Thema, aber es wird zum pädagogischen Alltag, wenn es uns gelingt, den Kindern beim Wickeln die Freude an Körperhygiene im Alltag zu ermöglichen.

Die Krippenerzieherin als Pflegerin?

Die pflegerischen Anteile in der Krippenausbildung
Viele Krippenerzieherinnen berichten aus ihrer früheren Ausbildung, wie groß der Umfang der pflegerischen Inhalte im Lehrstoff war. Über das richtige Füttern, Windeln, Waschen, Bekochen, Sterilisieren geriet die eigentliche pädagogische Ausbildung leicht ins Hintertreffen.

Hinter dem Begriff der Pflegerin (Krankenpflegerin, Altenpflegerin usw.) steht eine distanzierte, professionelle Versorgung eines Menschen, der sich nicht selbst versorgen kann. Pflegerische Arbeit bei Kindern soll jedoch gerade in die Selbstversorgungsfähigkeit des Kindes führen. Daher ist Pflege hier gleichzeitig die Erziehung zur Selbstständigkeit. Eine gute Kinderpflegerin setzt somit alles daran, sich selbst als Pflegerin überflüssig zu machen. Es sei denn, sie ist gern Pflegerin und genießt die pflegerische Abhängigkeit der von ihr versorgten Kinder. Dem Anspruch von Krippenerziehung, Kinder in die Autonomie zu begleiten, würde dies jedoch zutiefst widersprechen.

4.1 Wann ist ein Kleinkind krank?

Die Frage, wann ein Kind krank ist, ist ein beliebtes Diskussionsthema. Von Träger zu Träger, von Jugendamt zu Jugendamt gibt es hier unterschiedliche Auffassungen, und selbst innerhalb der Einrichtungen besteht über diese Frage selten Klarheit. Fragen wir uns zunächst, was die Konsequenzen der Antwort auf diese Frage sind. Kranke Kinder sollen nicht in der Einrichtung betreut werden, da die Gefahr besteht, dass die anderen Kinder angesteckt werden und die anderen Eltern darüber sehr wütend wären. Auf der anderen Seite stehen berufstätige Eltern, die ihr Kind gern betreut wissen wollen. „Wie können die Eltern nur ein krankes Kind in die Einrichtung schicken?“, lautet der Vorwurf der Erzieherinnen. Fakt ist, einem Kind, das krank ist, geht es nicht gut. Egal, wie man die Eltern nun beurteilt, in dieser Situation muss geklärt werden, was für das Kind getan werden kann.

Keine allgemeingültigen Regelungen erzwingen

Die ersten Jahre im Leben eines Kindes sind infektionsreich. Kinder werden häufig krank, und für die Eltern bedeutet dies wiederum häufiger Arbeitsausfall. Eltern weichen diesem Problem manchmal dadurch aus, indem sie dem Kind heimlich Fieberzäpfchen geben und Kinderärzte kennen, die sehr schnell „Gesundschreibungen" ausstellen. Viel wird über dieses Thema geredet, was jedoch oft fehlt, ist die direkte Auseinandersetzung mit den Eltern. Diese Gespräche können jedoch nur dann gelingen, wenn sie individuell geführt werden – es gibt keine allgemeingültige Lösung für alle. Nur in einer Atmosphäre, in der die Eltern ganz ehrlich sein können, ist eine Verständigung möglich. Ein Elternabend kann der Auftakt sein, mit den Eltern zu vereinbaren, dass es in Zukunft keine verbindliche Vereinbarung zu diesem Thema geben wird. Die Erzieherinnen können den Eltern auch zusichern, für jedes Kind eine individuelle Lösung zu finden, die sowohl das Kind als auch die Eltern und die Einrichtung entlastet. Verzichten Sie auf „Beweiserbringung" und „Ursachenforschung" vonseiten der Eltern, vermeiden Sie Vorwürfe und Schuldzuweisungen. Die Krankheit eines Kindes kann kein Anlass für eine „Gerichtsverhandlung" mit den Eltern sein.

Ansteckungsgefahren für andere Kinder
Die Frage, ob ein Kind krank ist, betrifft nicht nur das erkrankte Kind selbst, sondern auch die anderen Kinder. Aufgrund des sich noch entwickelnden Immunsystems sind andere Kinder schnell angesteckt. Langfristig gesehen sind Krippenkinder allerdings besser „abgehärtet" als Kinder, die nur Zuhause waren – ihr Immunsystem ist durch die vielen Kontakte früher trainiert.

Die eigenen Beobachtungen schildern

Offenheit auf beiden Seiten ist für das Kindeswohl unabdingbar. Fragen Sie sich und die Eltern, wie es dem Kind gerade geht. Weichen Sie nicht davon ab, immer wieder den Blick auf das Wohl des Kindes zu lenken, trotz allem Druck, den Eltern auf ihren Arbeitsstellen oder Sie in der Einrichtung von anderen Eltern oder Kolleginnen bekommen. Ein Kind ist keine Manövriermasse, die man zwischen Zuhause und Einrichtung hin- und herschiebt, je nach aktueller Interessenlage. Lassen Sie uns gemeinsam ein Beispiel anschauen:

Beispiel

> *Eine Erzieherin bemerkt, dass ein Kind schon den ganzen Vormittag apathisch in der Spielecke sitzt und jeder Aktivität aus dem Weg geht. Beim Windeln stellt die Erzieherin fest, dass das Kind ein Zäpfchen bekommen hat. Aus Sicht der Erzieherin wäre es am besten, die Mutter würde das Kind unverzüglich nach Hause bringen.*

Wie kann nun das Gespräch mit der Mutter geführt werden? Der Mutter am Telefon vorwurfsvoll zu berichten, dass Sie das Zäpfchen gefunden haben und dass die Mutter offensichtlich das Kind in die Einrichtung gebracht habe, obwohl es doch krank sei, führt nur zu einer Konfrontation, die die Beziehung zwischen Erzieherin und Mutter belastet, ohne jedoch dem Kind zu helfen. Besser ist es an dieser Stelle, die Mutter anzurufen und ihr wertungsfrei die eigenen Beobachtungen zu schildern.

Heimlichkeiten vermeiden
Bitte verstehen Sie uns nicht falsch: Ein Kind, das krank ist, gehört nicht in die Einrichtung. Ein Kind, das von den Eltern „heimlich" mit Medikamenten so weit fit gemacht wird, dass es morgens einigermaßen unauffällig und damit „krippentauglich" ist, darf aber auch nicht das Ergebnis der Auseinandersetzung zwischen Elternhaus und Kita sein.

Beispiel

> *„Heute früh saß Fritz eine halbe Stunde in der Bauecke und schaute den anderen Kindern mit halb geschlossenen Augen zu. Dabei lehnte sein Kopf an der Wand. Als ich ihn fragte, ob er zu mir auf den Schoß klettern wolle, nahm Fritz das Angebot dankend an. Ich hatte den Eindruck, dass er sehr erschöpft sei. Als ich ihn wickelte, fand ich in seiner Windel ein halb aufgelöstes Fieberzäpfchen. Ich denke, dass Fritz möglicherweise heute Nacht schon Fieber hatte. Ich würde mich gern mit Ihnen beraten, wie wir jetzt mit Fritz weiter verfahren, denn Fritz geht es im Moment überhaupt nicht gut."*

Bewertungen durch Ich-Botschaften vermeiden
Ich-Botschaften sind ein geeignetes Kommunikationsmittel, um seine Befindlichkeit auszudrücken, ohne direkte Vorwürfe zu machen. Schildern Sie sehr genau, aber wertungsfrei, die Situation. Schildern Sie danach Ihr Gefühl, das Sie in dieser Situation hatten und schildern Sie dann, woher dieses Gefühl rührt oder was sich aus dieser Situation für Konsequenzen ergeben.

Diese Art des Gesprächs verdeutlicht die Situation von Fritz sehr anschaulich, bewertet aber die Mutter und ihr Verhalten nicht und lässt ein echtes Gespräch zwischen beiden Erwachsenen zu. Voraussetzung dafür, dass das Gespräch in dieser Form geführt werden kann, ist jedoch, dass eben kein strenges Reglement besteht, wie in solchen Situationen gehandelt werden muss.

Medikamentenabgabe – ein heikles Thema in den Teams

Eine Frage, die in diesem Kontext ebenfalls immer wieder auftaucht, ist die Frage nach der Medikamentenabgabe. Wie verhalte ich mich als Erzieherin, wenn die Eltern mich bitten, dem Kind bestimmte Medikamente zu verabreichen, die vom Kinderarzt verschrieben worden sind? Zunächst: Hier gibt es zum Teil sehr konkrete und detaillierte Vorgaben seitens staatlicher Stellen und der Träger, die selbstverständlich einzuhalten sind. Die Diskussion in den Einrichtungen entzündet sich im Alltag jedoch meistens nicht an starken Medikamenten, sondern am Hustensaft oder homöopathischen Arzneien. Viele Teams haben für sich entschieden, dass sie den Kindern grundsätzlich keine Medikamente geben. Auch hier gibt es jedoch keinen Königsweg. Denn selbst ein Teambeschluss kann eine Diskussion mit dem Vater oder der Mutter, die selbst oft sehr gute Argumente dafür haben, warum das Medikament für das Kind und sein Wohl sehr wohl wichtig wäre, nicht verhindern.

Je offener und klarer Sie Ihre Situation und Ihr Dilemma wertungsfrei darstellen, dabei den Eltern aber auch die Chance geben, ihre Situation darzustellen, desto eher wird sich in der aktuellen Situation ein Kompromiss finden lassen. Bleiben Sie in diesen Gesprächen immer bei sich und Ihrem eigenen Empfinden, berufen Sie sich nicht vorschnell auf das Team oder ein „man“. Begründen Sie Ihr Handeln mit Ich-Botschaften, die Ihre eigenen Gefühle benennen.

4.2 Allergiekinder und behinderte Kinder

Inklusion und Integration
Der Begriff der „Inklusion“ ist in den letzten Jahren als Alternative zu „Integration“ in der Fachwelt aufgetaucht. Inklusion betont, dass alle Kinder mit ihren Besonderheiten zu einer Gruppe zusammengeschlossen sind. Integration fokussiert dagegen eher auf „besondere Kinder“, die in die Gruppe der „Normalen“ eingefügt werden.

Jedes Kind ist anders und auch wir Erwachsenen mit all unseren Besonderheiten und Vorstellungen sind alle anders. Jedes Kind ist aber in allererster Linie erst einmal Kind und danach kommt erst sein Anderssein. Im Alltag ist das manchmal jedoch ganz schön schwer umzusetzen. Kinder mit Behinderungen, Allergien oder anderen gesundheitlichen und körperlichen Besonderheiten brauchen wie alle anderen Kinder Zuneigung, Anregungen von Kindern und Erwachsenen und Fürsorge. Jedes dieser Kinder ist auch in seiner individuellen Entwicklung unterschiedlich. In den vielen Facetten seiner Persönlichkeit gibt es eben einen oder mehrere Bereiche, in denen das Kind mehr Unterstützung von Erwachsenen benötigt. Dies ist aber nur ein Aspekt, in dem sich das Kind von anderen Kindern unterscheidet. Dieses Kind hat eine Fülle von anderen Fähigkeiten und Persönlichkeitsaspekten, die auch bei kleinen Kindern schon deutlich zu erkennen sind. Der Blick auf das Anderssein darf also nicht den Blick auf die Person mit ihren unterschiedlichen Besonderheiten verhindern.

Kinder mit Behinderungen in der Gruppe der 0- bis 3-Jährigen

Gerade kleine Kinder gehen sehr unbefangen damit um, wenn sie erleben, dass ein Kind in besonderem Maße Unterstützung bekommt. Die Chance, die sich hier bietet, ist, dass kleine Kinder ganz früh entdecken, wie hilfreich Unterschiedlichkeit sein kann. Die aktive Auseinandersetzung mit dieser Andersartigkeit hilft Kindern, Vorurteile gar nicht erst aufzubauen und soziale Kompetenzen zu entwickeln.

Beispiel

Richard (2 Jahre) kann nicht laufen. Er liegt gerade wieder einmal auf dem Spielteppich und rollt mit beiden Händen den Ball in den Gruppenraum. Sophie und Konrad, beide 2 Jahre, 5 Monate alt, flitzen hinter dem Ball her und kreischen vor lauter Anspannung, wer wohl den Ball fangen wird. Der Fänger bringt den Ball zu Richard zurück und das Vergnügen beginnt von vorne.

Behinderung ist keine Krankheit
Eigentlich ist es trivial, aber an dieser Stelle sollte trotzdem erneut betont werden: Behindert zu sein, wird laut Sozialgesetzbuch wie folgt definiert:

„Menschen sind behindert, wenn ihre körperliche Funktion, geistige Fähigkeit oder seelische Gesundheit mit hoher Wahrscheinlichkeit länger als sechs Monate von dem für das Lebensalter typischen Zustand abweichen und daher ihre Teilhabe am Leben in der Gesellschaft beeinträchtigt ist. Sie sind von Behinderung bedroht, wenn die Beeinträchtigung zu erwarten ist." (Sozialgesetzbuch IX, § 2 Abs. 1)

Eine Situation, die von außen betrachtet völlig normal auf uns wirkt, aber Richard hat eben ein besonderes Handicap. Er wurde und wird wegen eines offenen Rückens (Spina bifida) behandelt. Ihm hilft die anregungsreiche Umgebung, der Platz, den die Erzieherinnen bei der Raumgestaltung für seine Bedürfnisse mit eingeplant haben, und er genießt die Möglichkeit, seine Fähigkeiten bei diesem wilden Spiel einzusetzen. Sicher, Richard erfährt auch in dieser Situation, dass er die Rolle der beiden anderen nicht einnehmen kann, aber er ist aktiv beteiligt.

Erzieherinnen wissen, wie spannend der Alltag mit diesen Kindern sein kann und wie aufmerksam sie für jeden kleinen Entwicklungsschritt bleiben müssen. Eine genaue Beobachtung dieser Kinder und deren Lernschritte ist ein wichtiger Teil der Arbeit. Dazu gehört auch der Blick auf die Erfolge – und nicht auf das, was das Kind wahrscheinlich „sowieso nie können wird". Gerade im Krippenalter sind solche Prognosen ohnehin absolut fehl am Platz. Viele Analysen integrativer Erziehung haben gezeigt, dass gerade kleine Kinder unerwartete Lernschritte zeigen, wenn wir es ihnen nur zutrauen und sie gute Anregungen erhalten.

Nichtsdestotrotz ist die Arbeit mit Kindern mit einer Behinderung in der Krippe Teil des Gesamtkonzeptes einer Kita und muss als solcher auch vom ganzen Team mitgetragen werden. Denn es erfordert bei den jeweiligen Erzieherinnen Kraft und die Fähigkeit zur Distanz von eigenen Vorurteilen und Emotionen. Gerade Mitleid wird von behinderten Kindern als zusätzliche Belastung erlebt. Darüber hinaus ist die Arbeit mit behinderten und gesundheitlich eingeschränkten Kindern oft auch körperlich sehr anstrengend.

Wie bekommen wir in der Krippe Hilfe?

1. Was ist zu tun, wenn Sie beobachten, dass bei einem Kind etwas nicht in Ordnung ist?

Sicher kennen Sie die folgende Situation: Sie haben ein Kind schon länger beobachtet, möglicherweise auch schon mehrmals mit den Eltern gesprochen, und trotzdem bleibt ein ungutes „Bauchgefühl". Das Kind scheint sich nicht normal zu entwickeln.

Auf Mitleid verzichten
Mitleid, so lieb es auch gemeint sein mag, hilft den Kindern in ihrer Entwicklung nicht weiter. Im Gegenteil, es erschwert ihnen, Normalität zu entwickeln und zu empfinden, und zwingt scheinbar zu Dankbarkeit. Je selbstverständlicher der Umgang erfolgt, desto besser – so lautet die einfache Grundregel.

Hier ist intensive Elternarbeit gefragt, gerade bei den Kleinen. Führen Sie intensive Gespräche mit den Eltern, laden Sie sie dazu ein und teilen Sie Ihre konkreten Beobachtungen und auch Ihre Sorgen mit. Lassen Sie nicht locker, aber überfordern Sie die Eltern auch nicht. Für Eltern ist es wichtig, dass in diesen Gesprächen deutlich wird, dass es Ihnen um das Wohl ihres Kindes geht. Kleine Schritte machen den

Anfang und sind nicht zu unterschätzen. Alle Eltern wünschen sich „normale" Kinder, und es ist ein schmerzvoller und oft langer Prozess, ihr Kind so anzunehmen, wie es ist.

2. Wie bekommen Sie staatliche Unterstützung?
Das Sozialgesetzbuch regelt die Frage der „Eingliederungshilfe" in der Kita (aus § 53 im Sozialgesetzbuch XII). Voraussetzung für die Gewährung dieser Eingliederungshilfe ist die Feststellung der Behinderung durch das Gesundheitsamt und den Kinderarzt, meist unterstützt durch einen Bericht aus der Kita. Die Verfahrenswege sind hier sehr unterschiedlich und wie so oft in solchen Situationen auch mit einigen Stolpersteinen versehen. Versuchen Sie, egal wie schwierig es erscheint, ein hohes Maß an Vernetzung zwischen den Institutionen zu erreichen. Ziel könnte es möglicherweise sein, eine Frühförderung oder eine Erhöhung der Stunden in der Kita speziell für dieses Kind zu erreichen.

Kinder mit Allergien in den Blick nehmen

Allergie – was ist das eigentlich?
Als Allergie wird eine überschießende Abwehrreaktion des Immunsystems auf bestimmte und normalerweise harmlose Umweltstoffe (Allergene) bezeichnet, die sich in typischen, durch entzündliche Prozesse ausgelösten Symptomen äußert.

Allergien haben in den letzten Jahren drastisch zugenommen. Egal, aus welchem Blickwinkel wir darauf schauen, sie beinträchtigen Kinder und Erwachsene in ihrer Lebensqualität. In den Kinderkrippen ist ein sehr unterschiedliches Umgehen mit kindlichen Allergien zu beobachten.

Es hat sich aber auch viel verändert. Die Fülle der Lebensmittel ist größer geworden, Farbstoffe und andere chemische Zusatzstoffe werden mehr und mehr Teil unserer Nahrung. Im Zuge dieser Entwicklung haben Nahrungsmittelallergien – neben Pollen- und Hausstauballergien eine der häufigsten Allergieformen – zugenommen. Schätzungen gehen davon aus, dass bis zu jedes dritte Kind Allergien aufweist. Je jünger die Kinder in Ihren Einrichtungen sind, desto intensiver können sie davon betroffen sein, denn sie bauen ihr Immunsystem gerade erst auf. In diesen Aufbau schleichen sich oft schon ganz viele Störungen ein, die bei kleinen Kindern schwer erkannt werden und sich am ehesten in starker Unruhe, Hautirritationen, Juckreiz und Erkältungssymptomen widerspiegeln. Patentrezepte gibt es hier sicher nicht, aber einige Tipps, die den Kindern, den Eltern und Ihnen den Alltag erleichtern können:

- Übertriebene Reinlichkeit lässt den Aufbau eines Immunsystems nicht zu. Ermöglichen Sie eine ausgeglichene Balance zwischen Desinfektion, Hygiene und dem Kontakt mit potenziellen Allergenen.
- Akzeptieren Sie die Sorgen der Eltern und kommen Sie konstruktiv mit ihnen ins Gespräch – auch über ihre Vorsicht und ihre Befürchtungen. Eine durchwachte Nacht zehrt an den Nerven einer ganzen Familie, wenn tagsüber in der Kita z. B. nicht genau auf die Essensvorschriften geachtet wurde.
- Beobachten Sie das Kind genau, wann es wie reagiert. Vielleicht können Sie daraus im Kontakt mit dem Kind Ideen zur Linderung entwickeln.
- Kommen Sie im Team immer wieder auch zu diesem Thema ins Gespräch. Einerseits, damit Ihre Kolleginnen informiert sind (kleine Kinder können schlecht selbst Bescheid sagen), und um andererseits auch einen Erfahrungsaustausch mit anderen betroffenen Eltern initiieren zu können.
- Übertragen Sie dem Kind selbst so viel Verantwortung wie möglich für seine Allergie, sprechen Sie offen darüber, ohne das Kind vorzuführen oder es sich selbst zu überlassen. Langfristig muss das Kind mit der Allergie alltagsfähig werden. Überbehütung behindert auch hier die Entwicklung der Eigenverantwortlichkeit.

Die Angst vor der Erkältungswelle
Kinder bilden im ersten Lebensjahr ihr Immunsystem aus. Wenn ein Kind neu in die Krippe kommt, wird es meistens erst einmal krank von den Viren und Bazillen, die in einer Krippe auf so einen kleinen Körper einstürmen. Dies ist einerseits sehr sinnvoll, denn die Auseinandersetzung, die der Körper hier leisten muss, macht ihn stark für alle kommenden Angriffe. Andererseits bringt es natürlich auch die Planung der Eltern und des Kitateams – besonders während der Eingewöhnung – durcheinander. Bereiten Sie die Eltern vorher schon auf dieses Problem vor!

Kinder, die lernen, mit ihren Besonderheiten umzugehen, und er-fahren, dass diese in einer Kindergruppe akzeptiert werden, werden stark gemacht. All dies hilft ihnen, ihren Platz in der Gesellschaft zu finden.

4.3 Laufgitter und Laufhilfen

4.3.1 Ist ein Laufgitter pädagogisch wertvoll?

Ein Laufgitter ist ein kleiner, abgezirkelter und abgegrenzter Ausschnitt der Welt. Für ein Kleinkind bedeutet ein Laufgitter, dass es auf einen sehr kleinen Aktionsradius beschränkt wird. In manchen Situationen würde eine Erzieherin gerne auf ein Laufgitter zurückgreifen, insbesondere dann, wenn das Kind motorisch bereits ausgesprochen aktiv ist und sich krabbelnd oder laufend sehr geschickt und schnell vorwärtsbewegen kann. Erzieherinnen denken dann häufig, dass es zur Sicherheit des Kindes besser wäre, den Aktionsradius einzuschränken. Genau hier liegt jedoch auch die große Krux der Laufgitter: Sie schränken die Mobilität der Kinder, und damit den Entdeckungsradius der Kinder, drastisch ein. Die Kinder werden auf das Anschauen von etwas beschränkt, obwohl sie lieber dort hingehen würden. Die von den Kindern zu entdeckende Welt ist auf einen Quadratmeter reduziert.

Kinderbetten sind kein Aufenthaltsort!
Die Kinderbettchen dürfen auf keinen Fall außerhalb der Schlafzeiten als Aufenthaltsort der Kinder dienen – selbst dann nicht, wenn Sie „liebevoll" mit Spielzeug bepackt sind. Die Welt findet außerhalb des Bettes statt und soll auch dort entdeckt werden.

Räume kindersicher gestalten

Überlegen Sie stattdessen, wie Sie die Räume so gestalten können, dass die Kinder sich frei bewegen und sich trotzdem nicht in Gefahr begeben können. Begeben Sie sich auf die Höhe der Kinder und betrachten Sie die Welt aus deren Perspektive.

Was ist zu tun:

- Gegenstände, die die Kinder nicht erreichen sollen, sollten für die Kinder nicht erreichbar und nicht sichtbar sein.
- Stellen Sie die Spiel- und Untersuchungsgegenstände für die Kinder in Körben zur Verfügung, die die Aufmerksamkeit der Kinder für eine ganze Weile fesseln können. Lassen Sie die Kinder die Körbe untersuchen, ausräumen und erkunden.
- Halten Sie einige Überraschungen unter Verschluss, die Sie aus dem Schrank hervorzaubern können, wenn Sie z. B. mal für einen kurzen Moment den Raum verlassen müssen. Ein solcher Überraschungsgegenstand kann z. B. eine Kiste mit noch unbekannten Bausteinen und Materialien, die rascheln, knistern oder glitzern, sein.

Den Raum aus Kinderaugenhöhe erkunden

Wenn Sie gerade dabei sind, auf Kinderhöhe den Raum zu erkunden, berücksichtigen Sie dabei, dass sich auch bei den 0- bis 3-Jährigen große Altersdifferenzen zeigen. Ein Kind, das gerade dabei ist, das Krabbeln für sich zu entdecken, stellt andere Anforderungen an Raumgestaltung und Raumsicherheit als ein Kind, das bereits durch die Gegend flitzen kann. Sollten Sie Kinder in allen Altersgruppen in Ihrer Einrichtung haben, überlegen Sie, ob es nicht möglich ist, für die unter 2-Jährigen einen Extraraum einzurichten und diese gesondert zu betreuen. Eine Altersmischung ist für die unter 2-Jährigen häufig eher eine Belastung als eine stimulierende Herausforderung.

Einen Buggy für Notfälle bereithalten

Für die unter 1-Jährigen empfiehlt es sich, einen Buggy bereitzuhalten und die Kinder mitzunehmen, wenn Sie mal den Raum verlassen müssen. Die älteren Kinder können kurz allein gelassen werden, wenn sie mit spannenden Dingen beschäftigt sind, die ihnen in dieser Zeit zur Verfügung gestellt werden. Die Zeit ohne Erzieherin im Raum sollte aber nicht länger als wenige Minuten dauern, kann also nur in absoluten Notfällen akzeptiert werden.

Keine geschlossenen Gruppentüren
Für alle Pädagoginnen sollte es heute selbstverständlich sein, ihre Gruppenraumtüren für alle Kinder offen zu halten. Ein Denken in Gruppen – du bist mein Gruppenkind, du nicht – sollte der Vergangenheit angehören. Dazu gehört, Kinder nicht in „ihre" Gruppen zurückzuschicken, wenn sie gerade bei Ihnen auf Entdeckungstour sind.

Bei der Gestaltung der Räume sollte folgende Grundregel beachtet werden: so viel Bewegungsfreiraum wie möglich und nur so viel Sicherheitsbegrenzungen wie absolut nötig. Anstelle eines Laufgitters lieber Trennwände, künstliche Barrieren oder geschlossene Türen zu errichten, ist ebenfalls keine gute Lösung. Wichtig sind Absprachen mit den Kolleginnen aus den anderen Gruppen. Die Neugierde der Kleinen ist unerschöpflich, und die Kolleginnen sollten damit rechnen, dass die Kleinen in die Nachbarräume schauen und sich dort beschäftigen wollen. Für eine erfahrene Pädagogin sollte das kein Problem darstellen.

4.3.2 Allgegenwärtige Erzieherinnen?

Wenn die Erzieherin ans Telefon muss, auf die Toilette geht oder einem Kind im Flur helfen muss, hilft auch ein Buggy nicht weiter, der nur Platz für ein Kind bietet. Überlegen Sie gemeinsam im Team, eine Zimmerhälfte für solche Notfälle mit einer Abtrennung kindersicher zu gestalten.

Damit haben viele Einrichtungen gute Erfahrungen gemacht. Klar muss jedoch sein, dass dies keine Dauerlösung darstellt, sondern nur für Notfälle gedacht ist. Die abgeteilten Bereiche sollten so interessant und abwechslungsreich wie möglich gestaltet sein. Sobald die Erzieherin zurück ist, sollte die Absperrung auch sofort wieder entfernt werden.

4.3.3 Laufhilfen

In den meisten Einrichtungen sind Laufhilfen inzwischen nicht mehr anzutreffen. Dafür finden sie sich noch in vielen Familien, die das Laufenlernen der Kleinen durch diese Geräte unterstützen wollen. Das Ziel, den Kindern ein Laufgefühl zu vermitteln, bevor sie richtig laufen können, wird durch diese Laufhilfen jedoch nicht erreicht. Sobald die Kinder aus den Laufhilfen heraus sind, müssen sie erneut die Bewegungsabläufe fürs Laufen neu und anders lernen. Daher scheinen sie langfristig das Laufenlernen eher zu behindern als zu unterstützen. Es wird auch von einer hohen Unfallgefahr berichtet. An Treppen oder Abhängen können sich die Kinder nicht von den Geräten trennen und stürzen mit ihnen.

Von den Kindern geliebt werden jedoch alle Arten von Fahrzeugen, mit denen sie sich fortbewegen können. Laufräder, Roller, Bobbycars und ähnliche Fortbewegungsmittel fördern die Lust der Kinder an der Bewegung und sind somit uneingeschränkt empfehlenswert.

4.4 Wie hebe ich ein Kind richtig hoch?

In diesem Kapital könnte es eigentlich auch um Rückenbeschwerden der Krippenerzieherinnen gehen – ein Thema, über das intensiv diskutiert wird. Natürlich geht es hier aber zuallererst um das Kind.

Berührung hat etwas mit Respekt zu tun

Die vielen Arten des Hochhebens
Untersuchungen haben es gezeigt: Während Frauen/Mütter eher zwei bis drei spezifische Techniken des Hochhebens haben, haben Männer/Väter bis zu 80 verschiedene Tricks parat. Durch die Beine, über den Kopf, einmal um den Bauch herum usw. Der Fantasie sind da keine Grenzen gesetzt.

Kleinkinder sind niedlich und verführen dazu, sie ständig in den Arm zu nehmen. Bei ihren kontinuierlichen Bezugspersonen ist das auch gut und richtig, denn Babys brauchen viel Körperkontakt. Aber achten Sie aufmerksam auf die Signale der Kinder, schauen Sie sie an, fragen Sie um Erlaubnis, sie jetzt auf den Arm nehmen zu dürfen. Jedes Kind hat besondere Vorlieben, möchte auf ganz individuelle Weise hochgenommen werden. Manchmal werden Kinder ohne deren Bedürfnis auf den Arm genommen und dabei aus einer Tätigkeit herausgerissen, mit der sie gerade beschäftigt waren. Andererseits genießen Kinder aber auch jede liebevolle Berührung. Hier hilft eine genaue Beobachtung des Kindes. Deutliche Anzeichen dafür, dass ein Kind nicht hochgenommen werden will, sind das Anspannen des Körpers, das Wegdrehen auf dem Arm oder das Wegspreizen der Arme. Natürlich sind auch Weinen oder ein „Lass mich!“ deutliche Zeichen, die unmittelbar und ohne Nachfragen zu respektieren sind.

Kreativität ist gefragt
Ein Tipp: *Tauschen Sie sich mit den Kolleginnen anderer Krippen über Hilfsmittel aus. Es sind schon manche einfache, aber entlastende Ideen, auch von tollen Hausmeistern, entwickelt worden.*

Es gibt auch Kinder, die ständig den Körperkontakt suchen. Gerade in der ersten Zeit nach der Eingewöhnung ist es für manche Kinder wichtig, dass es immer Körperkontakt mit der Erzieherin hat. Manche dieser Kinder brechen unvermittelt in Tränen aus, wenn die Erzieherin plötzlich den Raum verlässt. Hier könnten Tragetücher hilfreich sein, bis die Eingewöhnungsphase beendet ist.

Hilfsmittel sind erlaubt

In manchen Krippen steht im Schlafraum ein etwa zwei Meter breiter „Schlafstuhl“, wie ihn Erzieherinnen und Kinder nennen. Hier kann gemeinsam gekuschelt und geschmust werden. Für Kinder und auch für die Erzieherin ist dies ein angenehmer Ort. Nutzen Sie die Möglichkeit, sich hinzusetzen und ein Kind auf den Schoß oder in den Arm zu nehmen. Kinder mögen das auch, denn von hier können sie schnell und selbstbestimmt wieder auf den Boden zurück, um ihrem Entdeckungsdrang weiter nachzugehen.

Schreibtische?
Auch über die Frage von Schreibtischen wird immer wieder diskutiert. Natürlich benötigen Sie einen Arbeitsplatz. Der sollte aber den Kindern keinen Platz im Spielraum wegnehmen. Gestalten Sie Ihre Personalräume, Flurecken usw. mit einem möglichst rückenschonenden Arbeitsplatz.

Mittlerweile gibt es sogar verschiedene kleine Stühle, die auch für große Menschen gut geeignet sind. Aber auch Stufen, die man an Wickeltischen einhängen kann, sind sehr praktisch. Bälle zum Sitzen und Turnen und große Körbe, die Kinder zum Kuscheln nutzen, bieten ebenfalls Entlastung.

Achten Sie beim Hochheben der Kinder darauf, Ihren eigenen Rücken zu entlasten. Beugen Sie sich beim Hochheben nicht nach vorn, sondern gehen Sie in die Hocke oder in die Knie und nehmen Sie das Kind auf seiner Körperhöhe auf den Arm. Gehen Sie dann aus dieser Position aufrecht nach oben. Benutzen Sie diese Technik auch beim Absetzen der Kinder. Die empfindliche Bandscheibe wird dadurch entlastet.

4.5 Wickeln als intime Aufgabe

Beispiel

Eine Erzieherin ist mit elf 1- bis 2,5-Jährigen im Waschraum der Kita beschäftigt. Wickeln ist angesagt. Die Kinder werden auf die bereitstehenden Töpfchen gesetzt. Inzwischen hebt die Erzieherin die Kinder von rechts im Minutenrhythmus auf den Wickeltisch. Beine hoch, Windel runter, Popo abwischen, neue Windel rum, links das Kind wieder runter, von rechts das nächste Kind geschnappt. Keine zehn Minuten vergehen, dann sind alle Kinder frisch gewickelt. Stolz blickt die Erzieherin auf die frisch gewickelte Truppe. Ein Kleiner hat sich inzwischen die Zeit damit vertrieben, hinter dem Rücken der Erzieherin freie Töpfe auf die Köpfe seiner Kameraden zu stülpen. Auch das haben die Kinder brav über sich ergehen lassen. Nur einer schaut erstaunt unter seinem Topfhut hervor und wird ärgerlich.

Fließbandarbeit?

Die Pädagogik nicht dem Zeitdruck unterordnen

Der Zeitdruck, unter dem viele Kleinkindpädagoginnen stehen oder dem sie sich oft auch selber aussetzen, treibt mitunter seltsame Blüten. Was ist falsch gelaufen in unserem Beispiel? Hat die Erzieherin sich nicht „richtig“ verhalten? Auch hier ist es schwer, Richtig von Falsch zu unterscheiden. Vielleicht kann das Bauchgefühl weiterhelfen? Wie mag es den Kindern in diesem Moment ergangen sein? Haben sie sich wohlgefühlt? Werfen wir doch einmal einen ganz genauen und differenzierten Blick auf das Wickeln.

Wickeln – ein lästiges Übel?

Im Alltag gehört das Wickeln zu den eher lästigen Übeln, die möglichst schnell erledigt werden sollen. Alle Erzieherinnen hoffen, dass die Kinder schnell „sauber“ werden, oft sind es Praktikantinnen oder Hilfskräfte, die das ungeliebte Wickeln übernehmen. Sich beim Wickeln Zeit zu lassen und die Kinder auf dem Wickeltisch länger zu beschäftigen, geschieht auch oft aus der unbegründeten Angst nicht, das Kind könnte vom Wickeltisch fallen und sich verletzen. Doch das Wickeln ist durchaus auch als pädagogisches Lernfeld zu betrachten, mit zahlreichen Möglichkeiten, mit dem Kind in Kontakt zu treten.

Wickeln – eine ganz persönliche Kontaktaufnahme

Stellen Sie sich vor, Sie hätten sich beide Hände gebrochen und wären bei der Körperhygiene auf Hilfe angewiesen. Wie würden Sie sich diese Situation wünschen? Wie am Fließband abgefertigt? In einer Reihe mit anderen warten? Wie leicht sind wir geneigt, dieses Verhalten beim Umgang mit den Kleinen als normal anzusehen. Es gibt jedoch Alternativen. Nehmen Sie sich für das Wickeln so viel Zeit, wie Sie können. Lassen Sie auch das Kind diesen Moment genießen. Gestalten Sie die Wickeltische so, dass sie Ihre Arbeit unterstützen. Ein Wickeltisch mit Treppen ermöglicht es beispielsweise den Kleinen, selbst auf den Wickeltisch zu krabbeln und selbstbestimmt daran teilzunehmen.

Individualität und Selbstbestimmung der Kinder auch beim Wickeln beachten

Begrüßen Sie das Kind auf dem Wickeltisch herzlich und gönnen Sie sich und dem Kind diesen privaten und intimen Moment. Jede Erzieherin sollte für jedes Kind ein individuelles Ritual, Lied, Gedicht oder Fingerspiel bereithalten, das diesen besonderen Moment mit dem Kind noch unterstreicht. Wickeln als Massenabfertigung mag effizient sein, aber in pädagogischer Hinsicht lässt es sich nicht rechtfertigen. Die Zeit, die eine Erzieherin mit einem Kind beim Wickeln verbringt, sollte pädagogisch sinnvoll genutzte Zeit sein. Erzieherin und Kind stehen hier in einem intensiven Austausch, sie sprechen miteinander, erleben Tast- und Hautsinne sowie Wohlgefühl, riechen an der Creme, kitzeln sich und lachen gemeinsam. Kinder, die ihre Erzieherin im Alltag auch mal ganz allein für sich haben – und sei es „nur" beim Wickeln – sind viel motivierter, sich auf das Lernen einzulassen, und ausdauernder, da sie sich in der Einrichtung geschützt, beachtet und sicher fühlen.

Der Wickeltisch im Zentrum des Raums
Einige Träger und Institutionen haben die Forderung erhoben, dass der Wickelbereich vom Spielbereich der Kinder getrennt unterzubringen sei. Ohne den pädagogischen Sinn dieser Verordnung zu diskutieren: Gestalten Sie auch hier die Freiräume, die Sie haben.

Den Raum auch fürs Wickeln neu organisieren

Aber wer hat denn so viel Zeit, sich beim Wickeln mit jedem Kind intensiv zu beschäftigen, während die anderen Kinder allein sind? Auch das lässt sich durch entsprechende Organisation leicht vermeiden. Stellen Sie den Wickeltisch nicht in eine Ecke des Waschraums, sondern so im Raum auf, dass Sie die anderen Kinder im Blick haben. Lassen Sie die Kinder den Wickeltisch ruhig mit in ihr Spiel einbeziehen. Ermöglichen Sie allen Kindern diese private Zeit mit Ihnen beim Wickeln – und lassen Sie die Kinder dadurch auch erleben, dass sie für einen Moment auf Sie verzichten können, weil sie selbst auch gleich Ihre volle Aufmerksamkeit bekommen werden.

Sich im Team abstimmen
Zugegeben, der Umgang mit Körperausscheidungen hat nicht nur freudvolle Seiten. Manche Kollegin drückt sich wegen des Geruchs standhaft um die Windelarbeit herum. Sind hier Abstimmungen im Team möglich? Eine unempfindlichere Kollegin kann hier vielleicht einspringen – denn Kinder merken, wenn die Erzieherin nur widerwillig ihre Pflicht tut.

Wickeln und Windeln – alles ganz natürlich!

Ja, und was ist mit dem eigenen und dem kindlichen Schamgefühl? Dass die Intimsphäre der Kinder nicht verletzt und die kindlichen Grenzen nicht überschritten werden dürfen, ist selbstverständlich. Dennoch haben Ängste von Erzieherinnen, mit der Nacktheit von Kindern umzugehen, in den letzten Jahren zugenommen. Ein Grund dafür ist sicher auch die Sorge der Eltern vor kindlichem Missbrauch und die vermehrte Berichterstattung in den Medien über dieses Thema. Bei aller Berechtigung, dass das Thema kindliche Sexualität nach wie vor mit Vorsicht behandelt werden muss: Durch die große Scheu vor kindlicher Nacktheit und der Nichtanerkennung, dass auch Kinder sexuelle Wesen mit körperlichem Erleben sind, werden die Kinder wichtiger Erfahrungsfelder beraubt. Ein selbstbewusstes Verhältnis zum eigenen Körper kann nur entstehen, wenn die Kinder frühzeitig die Möglichkeit bekommen, sich angstfrei ihres eigenen Körpers bewusst zu werden. Ein gestörtes Verhältnis zur eigenen Körperlichkeit kann Kinder bis ins Jugend- und Erwachsenenalter hinein belasten.

„Windelverweigerer" mit Wahlmöglichkeiten locken

Und was ist mit den Kindern, die sich nicht wickeln lassen wollen? Diese Kinder sollten wir möglichst viel selbst machen lassen, zum Beispiel die Creme auswählen, die Windel je nach Tagesstimmung selbst aussuchen und vielleicht auch die Erzieherin aussuchen lassen, die es wickelt. Vielleicht liegt das Problem auch am Wickeltisch. Ist er vielleicht mit Kunstleder bezogen und fühlt sich für den nackten Po kalt an? Dann hilft schon eine Decke. Ein Kind könnte auch auf dem Boden oder in der Bauecke gewickelt werden, wenn es den Wickeltisch partout nicht leiden kann. Vielleicht ist es aber auch nur die Angst des Kindes, im aktuellen Spiel etwas Wichtiges zu verpassen. In dem Fall könnte mit dem Wickeln vielleicht noch einen Moment gewartet werden, bis die aktuelle Spielsequenz vorbei ist. Wenn das Kind, das gewickelt werden soll, gerade mit anderen Kindern im Gespräch ist, könnten sie zum Wickeln mitkommen und gemeinsam weitersprechen.

5 Grundlagen der pädagogischen Arbeit

5 Grundlagen der pädagogischen Arbeit

5.1 Die Themen der Kleinen entdecken – und die Planung der pädagogischen Arbeit

Früher war alles klar geregelt und im Voraus geplant. Es gab einen Monatsplan und einen Wochenplan, nach denen sich die pädagogische Arbeit gerichtet hat. Diese Pläne orientierten sich inhaltlich meist an den Jahreszeiten oder an anderen wiederkehrenden Themen, z. B. „eine Reise um die Welt", „Indianer" usw., und strukturell am Alter der Kinder. Die Tage waren mit verschiedenen Angeboten ausgefüllt. Diese Angebote wiederholten sich wöchentlich. Eine solche Planung hat Sicherheit gebracht und entsprach der damaligen Rolle der Erzieherin, die sich als Initiatorin der unterschiedlichen pädagogischen Angebote betrachtete. Auch das Ziel, das jedes Kind durch die Teilnahme an den Angeboten erreichen sollte, war klar vorgegeben.

Heute ist durch das veränderte Bildungsverständnis eine der wichtigsten Veränderungen in der Arbeit der Kitas eingetreten.

Von Wochenplänen Abschied nehmen
In vielen Einrichtungen ist es noch immer Tradition: Schon montags sollen alle wissen, was freitags passieren wird. Solche zeitlichen Vorausplanungen entsprechen der Unmittelbarkeit der aktuellen pädagogischen Arbeit nicht mehr.

Planung bedeutet heute:

- auf der Grundlage der Beobachtung und des Austauschs mit dem Kind den pädagogischen Alltag entwickeln,
- Raum und Zeit schaffen, die den Kindern zum Entdecken der Welt zur Verfügung stehen,
- Räume so gestalten, dass Kinder zu Entdeckern werden können und Lust auf diese Räume bekommen,
- sich mit Kolleginnen absprechen, damit mit jedem Kind sein Thema weiterentwickelt werden kann.

Wie sieht das in der Praxis aus?

Beispiel

Friedrich (1;9 Jahre) hat die kleine Rutsche im Gruppenraum entdeckt. Jeden Morgen führt ihn sein erster Weg zu dieser Rutsche. Bald schafft er es, die drei Stufen nach oben zu klettern. Dort bleibt er dann stehen, blickt nach unten und wagt den letzten Schritt noch nicht.

Fünf Tage lang steigt er täglich hoch, um sich dann ganz langsam rückwärts wieder auf den Teppich herunterrutschen zu lassen. Danach setzt er sich meist neben die Rutsche und beobachtet das Geschehen an diesem Objekt. Am sechsten Tag lässt er sich oben auf der Rutsche völlig unvermittelt nach vorne kippen und rutscht auf dem Bauch hinunter. Unten angekommen reagiert er im ersten Moment erschrocken, beginnt dann aber sofort sein Tun aufs Neue. Nach neun Tagen versucht er, das erste Bein nach vorne zu schieben, kommt nicht weiter, dreht sich um, damit er doch wieder bäuchlings herunterrutschen kann. Am nächsten Tag bleibt er dran, und es gelingt! Es dauert zwar fast eine Minute bis Friedrich sein zweites Bein, behindert durch die Windel, unter dem Po hervorgezogen hat, aber er schafft es. Mit strahlendem Gesicht landet Friedrich unten. Und nun wird immerzu gerutscht. Friedrich versäumt sogar den Anfang des Mittages-

sens, aber da die Erzieherin sieht, wie wichtig ihm sein Tun ist, lässt sie ihn in Ruhe dort zu Ende spielen.

Am nächsten Tag ist Friedrich mit der Erzieherin im Garten. Dort steht die große Rutsche, auf die die Kinder eigentlich erst ab zwei Jahren dürfen. Friedrich führt seine Erzieherin dort hin und gemeinsam sind sie über eine halbe Stunde damit beschäftigt, die Rutsche zu entdecken und immer wieder auszuprobieren.

Eine Alltagssituation, an der deutlich wird, wie sich pädagogische Planung verändert hat. Friedrich kann seinem Tun konzentriert nachgehen, die Pädagogin beobachtet, versucht so wenig wie möglich einzugreifen, lässt ihm Zeit und gibt ihm die Möglichkeit, dranzubleiben. Friedrich wird in seinem selbst gewählten Handeln nicht durch Vorwegnahme (ihn einfach auf die Rutsche heben und rutschen lassen), aber auch nicht durch unterstützende, andauernde Ratschläge gebremst. Er weiß, dass die Erzieherin in der Nähe ist und er im Notfall, was er ja dann auch tut, auf sie zurückgreifen kann.

Zeitpläne sind Stressfaktoren
Der Alltag von Erzieherinnen ist arbeitsintensiv. Ein fester Zeitplan, der eingehalten werden muss, stellt eine zusätzliche Belastung dar. Er dient zu nichts anderem, als das eigene Gewissen zu beruhigen und Eltern auf simple Art zu vermitteln, dass „hier in der Einrichtung ständig planvoll gelernt wird".

Die Ziele der Kinder den Plan bestimmen lassen

Planungsarbeit bedeutet, in dieser Situation zu berücksichtigen, was die einzelnen Kinder gerade tun, und gemeinsam mit ihnen danach den Tag ausrichten. Regeln und Grenzen werden nicht außer Kraft gesetzt, pädagogisches Planen nach diesem Vorgehen bedeutet keineswegs, dass nun jedes Kind einfach macht, was es will. Vielmehr geht es um den individuellen Blick aufs Kind. Es wird versucht, allen Kindern zu ermöglichen, ihre Themen zu verfolgen. Respektvoll wird damit umgegangen, dass auch kleine Kinder ihre Themen für sich bearbeiten.

Die Kooperation mit den Kolleginnen sowie der planende Austausch untereinander im Team machen eine weitere Veränderung deutlich. Schwerpunkt der Absprachen zwischen Kolleginnen ist nicht mehr die Frage, wann und wie dieses oder jenes Fest gestaltet wird oder wie dieses oder jenes Projekt gesehen wird, sondern dies sind die Fragen, was bei den Kindern beobachtet wird.

Verantwortlichkeiten statt Zeiten planen
Pädagogische Planung heute ist die Planung von Verantwortlichkeiten. Wer übernimmt beim jeweiligen Thema des Kindes welche Verantwortung? Verantwortung liegt dabei nicht nur auf Erzieherinnenseite, auch die Verantwortung der anderen Kinder, der Eltern und insbesondere des lernenden Kindes selbst sind abzusprechen und zu planen.

Die Abstimmung untereinander richtet sich also auf Fragen wie:

- Wann benötigt die Kollegin mehr Zeit für ein Kind, um ihm die Möglichkeit zu geben, sein Thema weiter zu bearbeiten?
- Kann die eine Kollegin die Beobachtung des Kindes weiterführen, während die andere Kollegin mit der Kindergruppe beschäftigt ist?
- Wie kann das Thema eines Kindes auch für andere Kinder nutzbar gemacht werden?
- Welche räumlichen Bedingungen, welche Materialien müssen bereitgestellt werden, damit das Kind seinen Fragen weiter nachgehen kann?
- In welcher Form können dem Kind Lernfortschritte zurückgemeldet werden?
- Ist Unterstützung für das Kind notwendig? Auf welche Hilfestellungen sollte verzichtet werden?
- Sind ähnliche Themen auch bei anderen Kindern beobachtet worden?

Alle Kinder vom individuellen Blick profitieren lassen

Regeln auf den aktuellen Entwicklungsstand abstimmen
Regeln (z. B. Kinder dürfen erst ab 2 Jahren auf die große Rutsche) werden individuell und auf der speziellen Entwicklung des Kindes gründend den aktuellen Gegebenheiten angepasst. Sie sind nichts Starres, sondern sollten ständiger Überarbeitung unterliegen.

„Aber das ist ja nur ein Kind! Wie soll ich das schaffen bei so vielen Kindern in einer Gruppe?“ Das ist richtig, aber die anderen Kinder sind mit dabei, gesellen sich dazu, schauen sich Bewegungsabläufe ab und erleben ganz bewusst mit:

1. Das, was Fritz macht, ist für die Erzieherin wichtig.
2. Fritz kann das, was er tut, in Ruhe machen.
3. Die Erzieherin konzentriert sich auf Fritz.

Kinder spüren, dass sich ein Erwachsener einem Kind mit seiner ganzen Aufmerksamkeit zuwendet. Und es vollzieht sich ein Lernprozess in den Köpfen der Kinder. Wenn die Erzieherin ihre pädagogische Arbeit gut und gerecht plant, dann erfahren sie, dass jedes Kind in den Genuss kommt, die Aufmerksamkeit der Erzieherin einmal für sich alleine zu haben. Dies ist eine Erfahrung, die Grundlage ist für eine gute Beziehung zwischen Kind und Erzieherin sowie für die Persönlichkeitsentwicklung des Kindes und für weiteres soziales Lernen, Teamfähigkeit und Kooperationsfähigkeit.

Aktuelle Themen der Kinder dokumentieren

Thema – ein großes Wort
In vielen Teams herrscht Unsicherheit darüber, was unter einem „Thema“ des Kindes zu verstehen ist. Oft werden aus Handlungen der Kinder zu große Überthemen herausgelesen. Ein Kind, das sich eine Feder ansteckt, hat nicht automatisch das große Thema „Indianer“. Themen können auch „klein“ und sehr konkret sein – in diesem Fall lautet das Thema „sich Federn anstecken“.

Wenn Sie in Ihrer Einrichtung nicht darauf verzichten wollen, die Planung der pädagogischen Arbeit nach außen (für das Gesamtteam, für die Eltern usw.) dokumentieren zu wollen, so versuchen Sie mehr, und mehr die aktuellen Themen der Kinder ins Zentrum der Dokumentation zu rücken. Benutzen Sie dafür zum Beispiel die Portfolios der Kinder. Dokumentieren Sie dort gemeinsam mit Friedrich, wie er die Herausforderung Rutsche Schritt für Schritt meistert. Lassen Sie Friedrich selbst überlegen, was nächste Schritte sein könnten, und notieren Sie diese für ihn. Lassen Sie sich von Friedrich selbst eine Einschätzung seines Lernfortschritts geben. Fragen Sie ihn nach den nächsten Herausforderungen, die er selbst zu meistern plant. Fragen Sie ihn danach, ob und welche Unterstützung er dabei von anderen Kindern oder Erzieherinnen benötigt. Fällt Ihnen dabei etwas auf? So entsteht ein Plan der pädagogischen Arbeit, der wirklich an den Themen und Bedürfnissen des Kindes angepasst ist.

5.2 Anziehen, Essen, Gruppenzeit – die Pädagogik in der alltäglichen Arbeit entdecken

Beispiel

„Der Vormittag ist immer so schnell vorbei und eigentlich schaffen wir gar nichts, bei den Kleinen steht eben doch noch das Pflegerische im Vordergrund."

Übersehen wird bei dieser Rechtfertigung vieler Erzieherinnen, dass genau diese alltägliche Pflege ihre pädagogische Arbeit ist. Den Alltag mit Kindern gestalten, d. h. das Anziehen, Aufräumen, Tischdecken und wieder Abräumen, das Sich-Fertig-Machen zum Rausgehen, Händewaschen, Händeabtrocknen, Tätigkeiten-des-alltäglichen-Lebens-Beherrschen, Spaß-daran-haben, und „Kinder dort abholen, wo ihr Können gerade am stärksten ausgeprägt ist", das alles ist die pädagogische Arbeit. Viel zu sehr ist der frühkindliche Alltag noch geprägt von fremdpädagogischen Angeboten, die den Kindern vorgesetzt werden und die sie zum Spielen und Lernen anregen sollen, sie jedoch häufig genau bei dem unterbrechen, wovon sie eigentlich am meisten profitieren – der Beteiligung am Alltagsgeschehen. Das Lernen der Kinder findet in ihrem Alltag statt – dieser Satz kann nicht oft genug wiederholt werden.

Kindeswohl durch Alltagsbewältigung stärken

Erinnern Sie sich noch an die Kindeswohldefinition in Kapitel 3.4.3:

> *„Kindeswohl ist in dem Maß gegeben, in dem das Kind einen Lebensraum zur Verfügung gestellt bekommt, in dem es die ... Fähigkeiten ... entwickeln kann, die es zunehmend stärker befähigen, für das eigene Wohlergehen ... sorgen zu können." (Sponsel, 2001, o. S.)*

Den Alltag gemeinsam bewältigen
Beziehen Sie auch kleine Kinder nach Möglichkeit in alle Fragen der Alltagsgestaltung mit ein. Wo bekommen wir neue Seife her? Wer gibt der Küche Bescheid, dass noch Tee fehlt? Wie lassen sich Bettdecken am besten beziehen? Überall können die Kinder mitüberlegen und mithelfen. Nichts davon muss von der Erzieherin allein und schnell erledigt werden.

Fällt Ihnen dabei etwas auf? Die Definition sieht in der Alltagsbewältigung ein ganz wichtiges Kriterium dafür, dass das Kindeswohl gegeben ist. Zunehmend stärker müssen die Kinder in der Lage sein, für das eigene Wohlergehen sorgen zu können, das ist Alltagsbewältigung. Dem Kindeswohl dient es daher weit mehr, gemeinsam mit anderen Kindern die alltäglichen Aufgaben zu meistern, als Zitronenschweinchen und Kastanienmännchen zu basteln.

Die Kinder den Alltag bewältigen lassen

Freuen Sie sich gemeinsam mit dem Kind, wenn es eine scheinbar alltägliche Herausforderung gemeistert, wenn es die gefüllte Tasse sicher zum Mund geführt oder sich die Hände selbst gewaschen hat. Nur so entwickeln sich das kindliche Selbstbewusstsein und das Gefühl, den Alltag zunehmend selbst meistern zu können und dadurch Schritt für Schritt selbstständiger und erwachsener zu werden. Daher soll hier die Gestaltung des pädagogischen Alltags mit den Kindern in den Vordergrund gerückt werden. Alltägliche Situationen wie das Waschen, Anziehen, Umziehen, Essen, Spielen und Schlafen sind unter pädagogischem Blickwinkel als die Lernfelder der Kinder neu zu entdecken. Sie rauben der Erzieherin keine Zeit für die „eigentliche pädagogische" Arbeit, sondern sollten mit den Kindern genutzt und ausgestaltet werden.

Den Alltag vom Alltagsballast befreien

Je mehr Angebote, desto besser?
Die beste Kindereinrichtung ist die, in der Kinder das Leben und Lernen gemeinsam mit den Erzieherinnen gestalten. So wie in einer Familie, in der jeder mithilft, sollte es auch in den Kitas sein. Ein Unterhaltungsprogramm mit zahllosen Angeboten, die die Kinder in Bewegung halten sollen, führt häufig von diesem Ziel weg.

Befreien Sie sich von dem Leistungsdruck, dass nur eine vollbeschäftigte, bastelnde, malende, gestaltende, planende und organisierende, gleichzeitig noch beobachtende und dokumentierende, netzwerkende und Konzeption schreibende Erzieherin eine gute Erzieherin ist. Gelassenheit tut hier gut, denn Kinder brauchen eine gelassene Erzieherin, die ihnen die Zeit gibt, die sie benötigen. Nur eine gelassene Erzieherin, die den ohnehin bestehenden Zeitdruck nicht noch weiter steigert, vermittelt den Kindern die Kompetenz, in Stress- und Hektiksituationen einen kühlen Kopf bewahren zu können. Kinder brauchen Erwachsene als Vorbilder, Bedingungen, unter denen sie sich bewegen können und Gleichaltrige, mit denen sie diese Bedingungen erleben und mitgestalten können. Genau diese sind die Grundlagen der pädagogischen Arbeit.

Was bedeutet das nun konkret für den pädagogischen Alltag mit den Krippenkindern? Bitte überprüfen Sie sich und Ihren Alltag anhand der folgenden Fragen:

- Wie schnell stehen Sie als Erzieherin durch die vielfältigen Erwartungen, die Eltern, Kolleginnen, Leiterin und Träger stellen, unter Druck?
- Wie schnell reagieren Sie, wenn eine Leiterin Sie fragt, ob Sie schon die inhaltliche Zuarbeit zur Konzeption fertiggestellt haben, oder wenn eine Mutter fragt, wo das Bild sei, das ihre Tochter heute gemalt hat? Verstehen Sie uns nicht falsch, die Frage der Mutter hat ihre Berechtigung und die Arbeit an einer Konzeption ist wichtig, aber
- wie schnell entsteht bei Ihnen das Gefühl, etwas Wichtiges wieder einmal versäumt zu haben, Arbeit liegen gelassen zu haben oder „noch nicht fleißig genug gewesen zu sein"?
- Hand aufs Herz, wonach richten Sie die Planung Ihres Krippenalltags? Nach welchen Kriterien werden zum Beispiel die Erstellung des Dienstplans oder die Aufteilung der Räume in der Kita ausgerichtet? Danach, was wirklich für die Kinder am besten wäre, oder danach, was für Sie und Ihre Kolleginnen am „praktischsten" wäre?

„Die Erzieherinnen trinken immer nur Kaffee."
Eltern haben große Erwartungen an die Bildung und Entwicklung ihrer Kinder. Gleichzeitig haben Eltern in ihrer Biografie das Lernen zumeist als „von aktiven Pädagogen vorangetriebenen Lehrprozess" erlebt. Das Umdenken setzt auch bei Eltern nur langsam ein. Hier ist es wichtig, den Eltern immer wieder zu erläutern, wie die neue pädagogische Arbeit aussieht, und gemeinsam über Erziehungsziele und -wege zu diskutieren.

Die „heiligen Kühe" der Raumorganisation schlachten

Viele „heilige Kühe" bei der Gestaltung der Räume und des Dienstplans bleiben in den Einrichtungen unangetastet –, weil sie schon immer so waren, weil sich Gewohnheiten der Kolleginnen daran geknüpft haben und weil eigentlich keiner so gern seinen Lieblingsdienst oder Lieblingsraum aufgeben will. Hier sind Auseinandersetzungen in den Teams notwendig, die immer unter der Prämisse geführt werden müssen: Was ist für die Kinder am besten, was sichert das Wohl der Kinder besser als bisher? Haben Sie die Kinder tatsächlich dazu schon einmal befragt? Haben die Kinder je die Chance erhalten, ihre Einrichtung auch anders kennenzulernen? Und sind die Wünsche der Kinder in Ihrer Einrichtung tatsächlich willkommen? Können die Kinder Ihre Vorstellungen darüber, wie die Krippe sein sollte, tatsächlich äußern? Sie finden, die Kinder sind dafür noch zu klein? Dann haben Sie den Kindern bisher vielleicht noch nie richtig zugehört.

Mit den Kindern wirklich ins Gespräch kommen

Beispiel

Eine Erzieherin erzählt, dass Lisa (2;2 Jahre alt) doch sicher noch nicht genau sagen kann, was sie sich so vorstellt und wie sie den Tag gestalten möchte. Im Gespräch wurden einige Möglichkeiten, wie sie mit Lisa ins Gespräch kommen könnte, erörtert. Lisa kannte nur die Variante, dass die Erwachsenen für sie entschieden haben. Mit Kindern ins Gespräch kommen heißt, sie wirklich nach ihren Gefühlen und Wünschen zu fragen. Als die Erzieherin Lisa nun zum ersten Mal direkt fragte: „Möchtest du weiter im Hof spielen, obwohl es hier so kalt ist?" (man beachte die suggestive „demokratische" Fragestellung), hat sich Lisa aufgerichtet, die Arme verschränkt und entschieden gesagt: „Ich bleibe hier!".

Fragen der Kinder sammeln
Richten Sie in Ihrer Einrichtung eine Schatzkiste ein, die die wichtigen, großen, philosophischen Fragen der Kinder enthält, die im Alltag auftauchen. Regen Sie die Kinder an, diese Fragen für die Kiste selbst zu dokumentieren, Sie können die Symbole und Zeichnungen der Kinder durch eine Notiz ergänzen. Nutzen Sie diese Fragen für Morgenkreise und Gesprächsrunden mit den Kindern.

Daran schließt sich die nächste Frage an: Wollen Sie wirklich hören und damit arbeiten, was die Kinder an Wünschen und Bedürfnissen äußern? Vielleicht würde uns das ja zur Änderung unseres pädagogischen Arbeitens zwingen und wäre manchmal eben nicht mehr „praktisch" für die Arbeit der Erzieherinnen. Aber es würde das Selbstbewusstsein der Kinder stärken, weil sie tatsächlich dazu angeregt würden, das Bewusstsein ihrer selbst zu entdecken und sich der eigenen Bedürfnisse bewusst zu werden.

Die Eltern am Lernen der Kinder teilhaben lassen

Wie sichern Sie als Erzieherin in Ihrem Alltag, dass die Lernfortschritte, die die Kinder in Ihrer Einrichtung machen, auch für die Eltern sichtbar gemacht werden? Bleiben wir beim Beispiel mit Lisa. Wie kann Lisas Entwicklung für die Eltern sichtbar gemacht werden? In vielen Einrichtungen herrscht nach wie vor die Vorstellung, dass die Produkte der Angebots- und Beschäftigungszeiten die anschaulichsten Dokumentationen des kindlichen Lernfortschritts darstellen. Untermauert wird dies oft durch die Aussage, dass die Eltern dies ja so wollen und man nur dem Elternwillen entsprechen würde.

Das Portfolio lebendig halten
Als Portfolios oder Lerntagebücher werden die Material- und Beobachtungssammlungen bezeichnet, die von jedem Kind angelegt werden sollten. Diese Sammlungen – am besten in Ordnerform – werden vom Kind gemeinsam mit den Erzieherinnen gestaltet, dienen dem Austausch mit dem Kind über seine Entwicklung und können in Entwicklungsgespräche mit den Eltern einbezogen werden.

Richtig ist, dass die Eltern die Produkte ihrer Kinder gern sehen und stolz darauf sind. Richtig ist aber auch, dass die Eltern es häufig auch nicht anders kennengelernt haben. Ferner ist auch richtig, dass die Ausstellung der kindlichen Produkte die einfachste Form der Leistungsdokumentation darstellt. Dem kindlichen Entwicklungsprozess in seiner ganzen Breite und Vielfalt sowie dem kindlichen Lernen im Alltag entsprechen diese Ausstellungen jedoch nicht. Was würden Sie als Erzieherin von der selbstbewussten Lisa ausstellen, die gerade für sich eine Entscheidung getroffen hat und für diese auch Verantwortung übernehmen will?

Beobachtungen vom Lernprozess schildern

Feinfühlige Beobachtungen, die im Alltag von den Kindern gemacht und wertungsfrei für die Eltern dokumentiert werden, machen für die Eltern den Alltag der Kinder lebendig und transparent. Ein Apfelmännchen stellt ein Produkt dar, aber wie dieses Produkt entstanden ist, welche Arbeit vom Kind darinsteckt, wie sich das Kind beim Basteln verhalten hat, mit auftretenden Schwierigkeiten fertig geworden ist, all das ist der Batterie von Apfelmännern nicht zu entnehmen. Und wie Lisa ihr Selbstbewusstsein äußert, kann kein Foto, kein Bild so detailliert schildern, wie es die Erzieherin könnte, die unmittelbar in diesem Moment dabei gewesen ist. Gönnen Sie den Eltern, sich selbst und auch Lisa die Dokumentation dieses kleinen, aber für Lisas Entwicklung so wichtigen Moments. Halten Sie ihn fest und nutzen Sie ihn, um den Eltern zu verdeutlichen, wie Lisa immer erwachsener wird, wie Sie selbst an Lisa gewachsen sind (sie brachte Sie ja dazu, ihr Bild von kindlicher Mitbestimmung zu revidieren) und nutzen Sie ihn, auch mit Lisa zu besprechen, wie Sie über sie in diesem Moment gestaunt haben und was Sie von ihr gelernt haben.

Kinder den Alltag mitbestimmen lassen

Ein Bild sagt mehr als tausend Worte? *Fotografien kindlicher Lernsituationen können die Schilderungen von Beobachtungen ergänzen, aber nie ersetzen. Erst in den geschilderten Beobachtungen werden auch die Gefühle von Kind und Erzieherin erfahrbar. Das können Fotos nicht leisten.*

Oft scheitern diese Momente im Alltag daran, dass die Erzieherin organisatorische Gründe vorschiebt, dass solche Alltagsmitgestaltung durch die Kinder nicht möglich sei. „Das funktioniert bei uns im Team nicht, es gibt keine Aufsichtsperson für Lisa draußen" usw. Wenn es Ihnen jedoch wirklich wichtig ist, dass Lisa ihren Alltag mitgestalten und ihre Bedürfnisse mitteilen kann, dann werden Sie eine Lösung finden – selbst wenn dies eine echte Umstellung Ihrer Gewohnheiten bedeutet. Die „kleinste" Lösung in unserem Beispiel wäre es, Lisa zu erklären, dass man ihren Wunsch gern erfüllen würde, dass es aber heute aus diesen und jenen Gründen nicht möglich sei. Diese Gründe müssen Lisa gut erläutert werden und es muss sich bei dieser Aussage tatsächlich um eine absolute Ausnahmenotlösung handeln. Eine andere Lösung wäre es, Lisa zu vertrösten, bis Sie sich mit den anderen Kolleginnen abgesprochen haben. Das kann man auch schon einer Zweijährigen erklären. Dann müssen Sie allerdings auch wirklich mit Ihren Teamkolleginnen sprechen und Lisa darüber auf dem Laufenden halten.

5.3 Sinnvolles Dokumentieren der Beobachtungen

Über das Thema Beobachtung haben wir schon in Kapitel 3.7 grundlegende Informationen gegeben. Es stellt sich nun die Frage, wozu die Beobachtungen genutzt werden und wie die Beobachtungen für das Kind, die Eltern und letztendlich auch für die Pädagogin dokumentiert werden. Es wäre schade, wenn die Beobachtungen gelocht und unbearbeitet in einem Ordner verschwinden würden. Wenn es zutrifft, dass Beobachtungen die Grundlage der pädagogischen Arbeit sind, muss sich jedes Ihrer Angebote, all Ihr Tun auf die Beobachtungen beziehen und müssen auch so dokumentiert werden.

Beobachtungen sinnvoll nutzbar machen *Die Themen der Kinder beobachten und die Beobachtungen für die pädagogische Arbeit nutzen – so lautet eine zentrale Anforderung des neuen Bildungsverständnisses. Diese Verbindung zwischen Beobachtungen und pädagogischer Arbeit muss in den Dokumentationen deutlich werden.*

Beispiel

In einer Kita wird auf der gegenüberliegenden Straßenseite ein Haus abgerissen. Die 2- bis 3-jährigen Kinder blicken von ihrem Raum aus genau auf dieses Haus und stehen nach dem Essen oft lange am Fenster und betrachten das, was dort geschieht. Fast alle Gespräche drehen sich im Augenblick um die Gerätschaften und Abläufe, die dort zu entdecken sind. Die Erzieherinnen haben das Haus mehrmals fotografiert und auch die meist „lustigen" Kommentare der Kinder dazu notiert.

Ein kritischer Blick auf diese Form der Dokumentation macht deutlich, dass es nicht darum geht, das Haus und die Kommentare der Kinder, festzuhalten, sondern um eine Dokumentation, wie die Kinder diesen Abriss erleben und ihn in ihren Alltag transportieren und welche Hilfestellungen sie dazu von der Erzieherin benötigen.

Beobachtungen und pädagogisches Handeln nicht trennen

Lassen Sie uns dies am obigen Beispiel erläutern: Die Kinder wollen das, was dort geschieht, näher betrachten. Vielleicht gehen die Kinder deshalb jeden Tag zum Abrisshaus, um diesen Prozess genau zu sehen. Manche holen sich zusätzlich Informationen über das benutzte Werkzeug ein. Dies kann dann von den Erzieherinnen aufgeschrieben, fotografiert und aufgehängt werden. Diese Beobachtungen des kindlichen Tuns allein zu notieren, würde jedoch nicht reichen. Es würde das pädagogische Handeln fehlen, das gemeinsam mit und von den Kindern aufgrund der Beobachtung entwickelt wird. Was ergab sich aus der Beobachtung für die Arbeit mit den Kindern? Wie haben Erzieherin und Kinder mit diesen Erfahrungen vom Hausabriss weitergearbeitet? Ohne diese Schilderung bleibt eine Dokumentation nur ein simpler Verhaltensausschnitt ohne pädagogische Konsequenzen.

Beobachtungen und pädagogische Arbeit getrennt notieren
Für den Anfang kann Ihnen vielleicht folgende Anregung helfen: Teilen Sie Ihr Beobachtungspapier in der Mitte. Notieren Sie links, welche Beobachtungen Sie machen, und rechts, was das für die pädagogische Arbeit von Ihnen und für die Kinder bedeutet, was sich also an Handlungen aus dem Beobachteten in der Gruppe ergeben haben.

Das, was die Erzieherin nach den Beobachtungen gemeinsam mit den Kindern tut, ist zu dokumentieren. Beim späteren Lesen der Dokumentation muss umgekehrt erkennbar werden, was die Erzieherin bei den Kindern beobachtet hat. Nur so kann deutlich werden, warum Erzieherinnen genau dies (und nichts anderes) aus dem kindlichen Alltag dokumentieren. Diese Beziehung zwischen dem, was die Erzieherin beobachtet hat, und dem, was sich daraus direkt als pädagogisches Tun ergeben hat, ist deshalb so wichtig, weil sonst die Gefahr besteht, dass die Erzieherin nur ihr eigenes Tun, also ihre eigenen Themen, nicht die Themen der Kinder aufgreift. Umgekehrt gilt dies genauso: Wenn die Erzieherin eine pädagogische Situation gestaltet, müssen gleichzeitig auch die sich aus dieser Situation ergebenden Verhaltensweisen bei den Kindern beobachtet und dokumentiert werden. Beides – die Beobachtung und das pädagogische Tun – gehört in der Dokumentation untrennbar zusammen.

Beobachtungen nicht als Selbstzweck betrachten

Dokumentation bedeutet auch, den pädagogischen Alltag transparent zu machen. Dokumentation hilft Kindern, den Tag und was an diesem Tag Interessantes stattgefunden hat, für sich zu reflektieren. Früher wurde dies durch das Aufhängen der zahlreichen Kinderwerke erledigt. So mancher Flur war mit den immergleichen Bildern, zu jeder Jahreszeit mit den immergleichen Motiven geschmückt. Es gab zwölf gleiche Schneemänner und im Frühling zwölf gleiche Tulpen. Mittlerweile geht es aber darum, individuelle Informationen, die auf die Person jedes einzelnen Kindes abgestimmt sind, zu geben.

Die Erzieherin kann, neben das Symbol des Kindes Anmerkungen machen, z. B. was dem Kind an diesem Tag wichtig war.

Eine Erzieherin hat folgende Möglichkeit dafür gewählt: Jedes Kind hat ein laminiertes Kärtchen, etwa 10 x 15 Zentimeter groß, mit einem Foto oder Symbol von sich versehen. Das Foto befindet sich rechts in der Ecke. Vor dem Mittagessen nimmt sich die Erzieherin einen Moment Zeit für jedes Kind und fragt: „Was hat dir am Vormittag gut gefallen?" Die Erzieherin kann neben das Symbol des Kindes (Auto) Anmerkungen machen, z. B. was dem Kind an diesem speziellen Tag wichtig war. Die Antwort des Kindes, egal wie sie ausfällt, wird mit einem abwaschbaren Folienstift auf das Kärtchen geschrieben. Auf der Rückseite des Kärtchens ist ein Magnet befestigt, sodass die Kinder ihr Kärtchen selbst auf der Magnetwand an der Gruppenraumtür befestigen können. Die regen Gespräche der Eltern haben der Erzieherin deutlich gemacht, wie wichtig diese kleine Form der Dokumentation ist. Für den neuen Tag wäscht jedes Kind mit viel Liebe und Wasser sein Kärtchen wieder ab.

Kinder in die Dokumentation direkt mit einbeziehen

Lernen sichtbar machen
Lernen kann man nicht lernen, aber man kann seine Aufmerksamkeit auf das eigene Lernen richten. Diese Kompetenz ist schon für ganz kleine Kinder wichtig. „Ich habe etwas gelernt" – diese Erfahrung stärkt das Kind. Für die Erzieherin bedeutet dies, Kinder auf ihre Lernprozesse aufmerksam zu machen und so ihre Selbstreflexion anzuregen.

Eine andere Möglichkeit besteht darin, Kinder und Eltern in die Prozesse des Lernens mit einzubeziehen. Dazu ein Beispiel:

Beispiel

Eine Erzieherin hat beobachtet, dass Sylvio und seine Mama am Morgen etwa 15 Minuten in der Gruppenraumtür stehen und sich 20- bis 30-mal Tschüss sagen. Nach einer Woche erzählt sie Sylvio von dieser Beobachtung. Während des Gespräches kommt Florentine dazu und berichtet, dass sie ihrer Mama morgens immer schnell einen Kuss gibt. Ehe sich die Erzieherin versieht, hat sich unter den Kindern ein reges Gespräch über Abschiedsrituale entspannt. Auf einen Impuls der Erzieherin hin, wie man sich nun diese tollen Ideen alle merken könne, schlagen die Kinder vor, ein Plakat zu gestalten. Dort sollen alle Möglichkeiten zu sehen sein. Florentine bittet die Erzieherin sogar um ihren Lippenstift. Hände werden umfahren zum Winken, Lippen bemalt und aufs Papier gedrückt, die Erzieherin muss „bye-bye" aufschreiben. Das Plakat ist schnell fertiggestellt und wird aufgehängt. Für die Kinder, aber auch für die Eltern, ist das pädagogische Tun dokumentiert. Die Erweiterung der sozialen Handlungskompetenz der Kinder kann die Erzieherin als weiteren Lernerfolg noch handschriftlich ergänzen.

Diese Dokumentationen können, neben einem kurzen Bericht über den Verlauf der Eingewöhnung, der erste Abschnitt in der Bildungsbiografie des jeweiligen Kindes sein. In der Bildungsbiografie, auch Portfolio, Ich-Buch oder Bildungsbuch genannt, soll die Entwicklung eines Kindes in seiner Kindergartenzeit dokumentiert werden. Es ist keine Sammelmappe seiner Kunstwerke, sondern ein Beleg, auf welchen Entwicklungsgebieten das Kind in welchem Tempo Fortschritte gemacht hat, und sollte daher auch individuell gestaltet sein. Auf diese Weise gelingt eine Dokumentation so, dass auch Eltern von kleinen Kindern einen Einblick in die Bildungsarbeit der Krippe erhalten.

Hier folgt ein weiteres Beispiel von Dokumentation:

Eine Erzieherin gestaltet jeden Tag für ein Kind ihrer Gruppe ein Blatt auf dem sie den Tagesablauf des Kindes dokumentiert. Dies geschieht oft gemeinsam und im

Gespräch mit dem Kind. Theos Eltern wissen so, was den Tag über in der Krippe geschieht. Gemeinsam mit ihren Kindern stehen viele Eltern oft vor der Wand, an der diese Dokumentation hängt. Innerhalb von zwei Wochen kommt jedes Kind einmal an die Reihe. Danach werden diese Seiten in das Portfolio geheftet.

Theo 22. 04

Heute stehst du ganz versunken am Tisch und baust mit fünf Bausteinen einen Turm. Dabei schaust du dir genau die verschiedenen Formen der Bausteine an, drehst und wendest diese in deinen Händchen.

Als zwei Kinder kurz hintereinander deinen Turm umwerfen, lässt du dich nicht beirren und fängst einfach von vorne an.

Am Nachmittag entdeckst du das Steckspiel. Ein Kind hat einige Stecker einfach draufgelegt, andere reingesteckt. Du steckst ganz konzentriert und geduldig weitere bunte stecker in das Brett. Du benutzt dabei sowohl deine linke als auch deine rechte Hand. Dann beginnst du, alle Stecker, die nur auf dem Spielbrett liegen, in das Brett zu Stecken. Als du fertig bist, jauchzt du ganz laut. Dann entdeckst du, dass auch Stecker von der Schwerkraft angezogen werden, und schüttelst die ganze Dose mit den Steckern aus. Dann ziehst du die Stecker aus dem Steckbrett und sortierst sie in die Dose.

Anne klebt inzwischen Fotos auf eine große Pappe. Darunter befindet sich ein Foto von dir und deinem Bruder. Du freust dich so sehr darüber, dass du laut lachst, das Foto an deine Brust drückst und damit durch das Zimmer läufst. Natürlich darfst du das Foto behalten.

5.4 Ausgewählte pädagogische Handlungsfelder

5.4.1 Die Begleitung der Sprachentwicklung

Kaum ein Entwicklungsbereich steht so unter der Beobachtung von Erwachsenen wie die Sprachentwicklung. Von der Kinderkrippe werden für die Sprachentwicklung wichtige Impulse erwartet, da sie im entscheidenden, sensiblen Zeitraum der Sprachentwicklung ansetzt. Im Alter von 0 bis 3 Jahren werden die wichtigsten Sprachfunktionen erworben. Die Kinder können sich danach sehr gut verständlich machen, verstehen selbst schon alles und haben die wichtigsten Grundregeln der Sprache, einen großen Wortschatz und die sprachbegleitenden Gesten und Kommunikationsmittel (Gesichtsausdruck, Körperhaltung) erworben.

Sprachlerntagebücher
Da die Sprachentwicklung kontinuierlich die ganze Krippenzeit begleitet, hat es sich in vielen Einrichtungen eingebürgert, für die Kinder Sprachlerntagebücher zu führen. Zum Teil sind diese mit Sprachstandserhebungen – also Sprachtests – verbunden, um frühzeitig Sprachdefizite zu erkennen. Informationen finden Sie unter anderem auf folgender Internetseite: http://www.berlin.de/sen/bildung/bildungswege/vorschulische_bildung/

Im Kapitel 3.2.6 wurde die Sprachentwicklung bereits skizziert. An dieser Stelle sollen einige Grundregeln der Sprachförderung im Krippenalter aufgezeigt werden, die allerdings nicht als vollständig anzusehen sind. Zur Sprachentwicklung und zur Sprachförderung gibt es bereits zahlreiche, sehr gute Materialien. Die folgenden Anregungen orientieren sich daher eher an Alltagsgelegenheiten.

Die eigene Vorbildwirkung überprüfen

Kinder sind für die Sprachentwicklung bestens vorbereitet. Schon unmittelbar nach der Geburt sind bei den Kindern Kompetenzen entwickelt, die ihnen den Erwerb der menschlichen Sprache deutlich erleichtern werden. Ohne Anregung von außen werden diese Kompetenzen jedoch verkümmern, das haben Erfahrungen mit Kindern gezeigt, die ohne sprachliche Begleitung aufwachsen mussten. Kinder orientieren sich dabei an der Sprache der Menschen, die sie umgeben. Sie erkennen sehr schnell, was ihre Muttersprache ausmacht, und richten den Spracherwerb ganz zielgerichtet auf ihre Muttersprache ein. Die Kinder übernehmen dabei nicht nur die Worte und die Satzbildung, sondern sie übernehmen auch Muster des Stimmklangs und spezifische Besonderheiten der Sprache von ihren Vorbildern.

Tipp zur Selbstüberprüfung

Lassen Sie einmal ein Gespräch, das Sie mit einem Kind führen, auf Tonbandkassette oder mit einem Diktiergerät aufzeichnen. Hören Sie dann Ihr Gespräch selbst (oder noch besser gemeinsam mit einer Kollegin) an. Überprüfen Sie sich auf Ihre Aussprache, auf Ihre Satzbildung und Ihren Dialekt. Lassen Sie sich aber vom merkwürdigen Klang nicht irritieren. Ihre Stimme klingt vom Band höher, als Sie es selbst vermutet hätten.

Kindern eine optimale Sprachförderung zu gewährleisten, bedeutet daher zunächst, die eigene Sprache zu überprüfen. Wie geeignet sind Sie als Sprachvorbild? Sprechen Sie in ganzen Sätzen? Sprechen Sie eher übertrieben deutlich oder eher undeutlich? Haben Sie einen starken Akzent oder eine mundartliche Färbung (Dialekt)? Sprechen Sie viel in Babysprache? Haben sich bei Ihnen bestimmte Fehler schon so eingeschliffen, dass Sie sie selbst gar nicht mehr bemerken? Keine Sorge, Sie müssen als Sprachvorbild nicht perfekt sein. Ein Dialekt, ein Aussprachefehler, Abbrüche in Sätzen, all das gehört zur menschlichen Sprache dazu und wird von den Kindern genauso gelernt wie das Richtige, was eine Sprache kennzeichnet. Sie müssen sich nur der eigenen Vorbildwirkung bewusst sein, denn Sie sind ein Vorbild, das die Kinder in den nächsten Jahren in ihrer Sprachentwicklung begleiten wird.

Mit den Kindern reden – bei jeder Gelegenheit

Damit ist schon der wichtigste Grundsatz der Sprachförderung im Kindesalter beschrieben. Kein Sprachtraining, kein Förderprogramm, keine Lernsoftware kann so intensiv die Sprache vermitteln wie die Gespräche, die Sie mit den Kindern führen. Nutzen Sie dafür jede Gelegenheit, die sich im Alltag bietet. Legen Sie dabei von Anfang an die Gespräche immer in Dialogform an. Stellen Sie Fragen und lassen Sie sich von den Kindern Antworten geben. Fordern Sie die Kinder auch dazu auf, Ihnen Fragen zu stellen. Begleiten Sie alle pädagogischen Handlungen im Alltag sprachlich. Erzählen Sie schon den Kleinsten beim Wickeln, was Sie gerade tun, und machen Sie die Kinder auf Besonderheiten aufmerksam. Sie werden schnell merken, wie viel Vergnügen die Kinder dabei empfinden. Beobachten Sie die Kinder also ganz genau und greifen Sie die Dialogangebote der Kinder immer auf, wenn sie Sie zum Beispiel anlächeln, Laute produzieren, juchzen oder kieksen. Auch nichtsprachlicher Dialog unterstützt die Kinder in der Sprachentwicklung sehr. Kommunikation ist mehr als Sprache. Sich anlachen, Geben-und-nehmen-Spiele, kitzeln, all das macht den Kindern schon Lust auf Sprache, wenn sie noch gar keine Wörter produzieren können.

Dialoge statt Monologe anregen

Je größer die Kinder werden und je geschickter sie die Sprache nutzen, umso mehr Gelegenheiten zum direkten sprachlichen Dialog ergeben sich. Die sprachliche Begleitung und die Dialoge mit den Kindern sollten Ihnen nicht peinlich sein. Als Grundregel gilt, lieber zu viel als zu wenig mit den Kindern sprechen. Verwechseln Sie dabei aber das Sprechen mit den Kindern nicht mit einem Wortschwall, der sich über die Kinder ergießt. Lassen Sie die Kinder auch antworten, erst dann entstehen echte Gespräche zwischen Ihnen.

Kindliches Denken ist oft weiter als die Sprache
Im Kinderkopf geschieht schon viel mehr, als es die Kinder mit ihrer Sprache ausdrücken können. Die Sprache als Ausdrucksform der Gedanken hinkt somit etwas der Denkentwicklung hinterher. Lassen Sie sich also nicht von Wenigsprechern täuschen.

Beachten Sie dabei bitte die folgenden Punkte:

- **Miteinander sprechen soll Spaß machen**
Verzichten Sie darauf, die Kinder beim Sprechen ständig zu korrigieren oder überhaupt nicht zu reagieren, wenn sie „nicht richtig“ sprechen. Das verleidet den Kindern sehr schnell die Lust an Gesprächen mit Ihnen und Gesprächen allgemein.

- **Miteinander sprechen ist kein inhaltsfreier Selbstzweck**
Mit den Kindern viel zu sprechen, ist wichtig, aber niemandem ist geholfen, wenn die Gespräche inhaltsfrei sind. Die Inhalte der Gespräche sollten sich am gemeinsamen Erleben des Alltags orientieren. Alle gemeinsamen Erfahrungen, gemeinsamen Erlebnisse, Alltagsbeobachtungen, Vorkommnisse können Inhalte von Gesprächen sein. Natürlich muss es sich um kindgerechte Inhalte handeln, aber das wird ohnehin der Fall sein, wenn Sie sich an den Fragen und Themen der Kinder orientieren.

- **Das Philosophieren mit Kindern üben**
Auch mit Kleinstkindern lässt sich schon sehr gut philosophieren, d. h. über die großen Fragen sprechen, die sich nicht so leicht beantworten lassen. Gibt es einen Gott? Wie entsteht ein Mensch? Was passiert mit einer toten Amsel? Wieso müssen Eltern arbeiten gehen? Alles, was nicht durch einfache Ja-nein-Antworten zu klären ist, kann philosophierend besprochen werden. Philosophische Gespräche brauchen Zeit und gegenseitigen Respekt. Keine Antwort darf von vornherein als falsch gelten, jede Sichtweise ist interessant. Nutzen Sie die Fragen der Kinder, indem Sie sie an die Gruppe weitergeben, anstatt sie vorschnell selbst beantworten zu wollen.

Warum-Fragen nicht mit „weil“ beantworten
Ein philosophisches Gespräch kann dann beginnen, wenn Sie für ein Phänomen nicht vorschnell seine Ursache, sondern das Ziel benennen. Nutzen Sie daher statt „weil“-Antworten lieber „damit“-Antworten. Sie werden erstaunt sein über die gesprächsöffnende und entlastende Wirkung. „Warum scheint die Sonne?“ „Damit es alle Menschen auf der Erde warm haben!“

- **Den Kindern andere Gesprächspartner ermöglichen**
Sie sind ein wichtiger Gesprächspartner, aber nicht der einzige. Regen Sie die Kinder immer wieder dazu an, sich auch untereinander sprachlich auszutauschen. „Wen könntest du dazu mal fragen?“ „Sag Elias mal Bescheid, wie weit du hier schon beim Bauen gekommen bist.“ „Frag doch bitte die Küchenfrau, ob sie dir noch Brot geben kann.“

- **Geduld mit den kindlichen Äußerungen haben**
Lassen Sie die Kinder in Ruhe erzählen und ihre Gedanken zu Ende führen. In der Hektik des Alltags kann es schnell passieren, dass Sie ein Gespräch vorzeitig abbrechen, da Sie schon nach wenigen Worten erkannt haben, worum es dem Kind eigentlich geht. „Tina, Milch …“ – „Ja, ich hab schon gesehen, dass der Milchkrug leer ist, ich hab Leon schon losgeschickt, noch mal Milch zu holen.“ Solche Gespräche sind zwar schnell und effektiv, aber sie unterbrechen das Kind bei der eigenen Sprachproduktion. Ganz nebenbei sind sie auch bevormundend im wahrsten Sinne des Wortes, da die Erzieherin schon bevormundet, was das Kind scheinbar sagen will, ohne dies genau zu wissen, bevor das Kind seinen Satz zu Ende gebracht hat.

Die Lust am Fabulieren fördern

Sprachförderung durch Geschichtenerzählen
Stöbern Sie doch einmal in „Merkels Erzählkabinett"! Nein, nicht unsere Kanzlerin ist gemeint. Johannes Merkel hat viele Ideen zusammengetragen, wie man mit Kindern lebendig Geschichten erzählen kann: http://www.stories.uni-bremen.de/

Gerade wenn die Kinder eine Geschichte erzählen, vergessen sie unterwegs schon mal, was der Ausgang der Geschichte war und worauf sie eigentlich hinauswollten. Dieses Erzählen wird auch als Fabulieren bezeichnet. Lassen Sie die Kinder nach Herzenslust fabulieren und kritisieren Sie nach Möglichkeit nicht, wenn sich die Pointe zu lange hinauszögert.

Bilderbücher und andere Medien zum Sprechen nutzen

Den Kindern aus Bilderbüchern vorzulesen, macht einen wichtigen Teil der pädagogischen Sprachförderung aus. Die Kinder lernen dabei, konzentriert zuzuhören und den Gang der Geschichte im Kopf nachzuvollziehen. Lesen Sie also mit Leidenschaft vor, bauen Sie deutliche Gesten mit ein, arbeiten Sie mit Ihrer Stimme und Ihrer Mimik. Nutzen Sie die Bilderbücher insbesondere dazu, den Kindern den Zusammenhang zwischen Worten, Mimik, Gestik und den dazugehörenden Emotionen zu verdeutlichen. Versuchen Sie dabei auch jederzeit, die Kinder immer wieder in das Geschehen mit einzubeziehen. Stellen Sie Rückfragen an die Kinder „Was meint ihr, warum der Wolf sich so geärgert hat?" und bitten Sie die Kinder, die Geschichten selbst weiterzuerzählen oder Vermutungen abzugeben, wie es in der Geschichte weitergehen wird. So entsteht auch aus dem Vorlesen schnell ein intensiver Dialog mit den Kindern.

Millionen können nicht irren
Babysprache ist ein Phänomen, das sich fast in allen Kulturen zeigt. Selbst Kinder über drei Jahren sprechen mit Kleinstkindern automatisch in Babysprache. Das ist ein deutlicher Hinweis darauf, dass Babysprache von der Natur als sinnvolles Instrument zum Sprachenlernen mitgegeben wurde.

Kinder mögen sehr gerne Kinderbücher mit einfachen Reimen. Sie werden schon bei den Kleinkindern bemerken, dass sie von sich aus Reime lernen und bei Ihrem Vorlesen ergänzen wollen. Auch daraus ergeben sich vielfältige Dialoge und Sprachgelegenheiten.

Babysprache bewusst verwenden

Viel diskutiert wird auch unter Fachleuten darüber, ob es richtig und sinnvoll ist, mit Kleinkindern in Babysprache zu sprechen. Einige Fachleute betonen, dass die Kinder die Sprache gleich richtig lernen sollen. Die Mehrheit der Sprachentwicklungsforscher betont jedoch die günstige Wirkung der Babysprache. Eltern sprechen automatisch in Babysprache, sie gehört zu den sogenannten intuitiven elterlichen Verhaltensweisen, die die Natur Eltern zur besseren Unterstützung ihrer Kinder mitgegeben hat. Gekennzeichnet ist die Babysprache durch eine bestimmte erhöhte

Tonlage (in die auch Männer automatisch verfallen, wenn sie mit Kleinkindern sprechen), durch einfache Wörter, die übertrieben betont werden, durch Wiederholungen und zum Teil auch durch ein Aufgreifen von Lauten und Worten, die von den Kindern selbst geäußert werden.

Die Babysprache hat den großen Vorteil, dass sie an das kindliche Hör- und Sprachvermögen angepasst ist. Das kindliche Hör- und Sprachvermögen ist jedoch schnellen Änderungen unterworfen. Achten Sie darauf, dass Sie sich in Ihrer Sprache dabei dem steigenden Sprachvermögen der Kinder anpassen. Nichts ist peinlicher als eine Erzieherin, die immer noch in Babysprache spricht, während die Kinder bereits über ein gut entwickeltes Sprachvermögen verfügen. Daher gilt es, die Babysprache in der Zeit des Spracherwerbs zur Unterstützung der Kinder anzubieten (also insbesondere im ersten und zu Beginn des zweiten Lebensjahres). Danach können Sie mehr und mehr darauf verzichten.

Babysprache als Lehrsprache verwenden

Die Babysprache wird auch als ein natürliches Instrument für den „Sprachunterricht" der Kinder beschrieben. Diese Form der Babysprache wird als „Motherese" bezeichnet. Diese „lehrende Sprache" ist durch die folgenden Merkmale gekennzeichnet:

- Anpassung der durchschnittlichen Länge von Äußerungen,
- Anpassung der Anzahl Ja-/Nein- und W-Fragen,
- Wiederholungen, Transformationen, Erweiterungen der kindlichen Äußerungen,
- Wiederholungen mit Modifikationen der bisherigen Äußerungen.

Babysprache, nicht nur für Babys
Menschen reden in Babysprache auch mit Haustieren, mit Kranken, mit alten und behinderten Menschen, mit Ausländern und Verliebte benutzen die Babysprache bei ihren Liebkosungen. Es wird auch berichtet, dass Krippenerzieherinnen die Babysprache in Elterngesprächen oder im Team sprechen – dann ist jedoch Gefahr in Verzug!

Folgender Dialog mit einem Kind mag das verdeutlichen:

Kind: *„Hatter puttetangen."*
Erzieherin: *„Ja, das ist kaputtgegangen."*
Kind: *„Und da kommt des alles ins Lastwagen."*
Erzieherin: *„Jetzt kommt das alles in den Lastwagen."*
Kind: *„Ich bin des, ich Fuß brocht."*
Erzieherin: *„Das bist du, als du den Fuß gebrochen hast."*
(Grimm/Weinert, in: Oerter/Montada, 2002, S. 517–550)

Die Erzieherin nimmt dabei die Äußerungen des Kindes (hier beim gemeinsamen Anschauen von Fotos) auf und führt sie aus, ohne das Kind dabei direkt zu belehren oder zu korrigieren. Sie vervollständigt die Sätze des Kindes somit richtig, unterbricht aber die Sprachproduktion des Kindes nicht. Optimaler kann Sprachförderung im Alltag nicht gestaltet sein.

W-Fragen benutzen, jedenfalls fast alle
Zum Dialoganregen sind alle Fragen erlaubt. Die W-Fragewörter helfen dabei sehr: Was, wie, wo, wer, wobei, wie lange, wessen, wem, wen – alle W-Wörter sind erlaubt. Versuchen Sie aber, nach Möglichkeit auf das Wörtchen warum zu verzichten. Warum klingt schnell nach Schuldfrage. „Warum, Darum" – so kann eigentlich nur eine Antwort gegeben werden.

Der Sprache der Kinder Stützen bauen

Neben der lehrenden Babysprache gibt es weitere Techniken, wie die kindliche Sprachentwicklung optimal gefördert werden kann. Viele dieser Techniken werden mit dem entwicklungspsychologischen Fachwort „Scaffolding" bezeichnet. Scaffolding bedeutet übersetzt „Geländer bauen". Der kindlichen Sprache werden kleine Stützen angeboten, die es dem Kind leichter machen, seine Worte und Sätze zu vervollständigen. Lassen Sie uns auch dazu zunächst ein Beispiel anschauen, wie es von Hannelore Grimm und Sabine Weinert in einem Lehrbuch der Entwicklungspsychologie gegeben wurde:

> *„Oh, schau, was da ist!" (Vokativ)*
> *„Was ist das nur?" (Frage)*
> *„Ach, das ist ein Hühnchen!" (Benennung)*
> *„Ja, stimmt, das ist ein Hühnchen." (Bestätigung)*
>
> *(Grimm/Weinert, in: Oerter/Montada, 2002, S. 517–550)*

Kindersprache nicht verniedlichen
Im Eifer des Spracherwerbs passieren den Kindern viele Dinge, die von Erwachsenen als lustig empfunden werden. Typische Aussprachefehler entstehen bei den Kindern dann, wenn sie durch die übertriebenen Reaktionen der Erwachsenen in ihren Aussprachefehlern bekräftigt oder gar imitiert werden. „Settenkorder" statt „Kassettenrekorder" klingt niedlich, aber wenn selbst die Erzieherinnen dieses Wort aufgreifen und sich amüsieren, ist der Anreiz, das Wort richtig zu lernen, für das Kind sehr gering.

Vier typische „Geländer" sind dabei schon benannt. Durch Vokative wird die Aufmerksamkeit des Kindes angeregt, indem es direkt angesprochen wird. Die gemeinsame Aufmerksamkeit auf einen Sachverhalt stellt eine wichtige Voraussetzung für ein Gespräch dar. Dabei lenken Sie die Aufmerksamkeit des Kindes auf das Objekt und gleichzeitig auf sich selbst als Gesprächspartnerin.

Durch Fragen halten Sie den Dialog in Bewegung. Wechseln Sie dabei nach Möglichkeit zwischen dem Fragenstellen und dem Antwortgeben. Wer fragt, der führt, diese Weisheit gilt auch in Gesprächen mit Kindern. Durch Fragen zu führen, kann sinnvoll sein, gerade, wenn die Kinder nicht so gern sprechen oder sich allgemein mit dem Sprechen schwertun. Achten Sie aber darauf, möglichst offene Fragen zu stellen und auf Entscheidungsfragen zu verzichten „Ist das ein Hühnchen?" – auf diese Frage kann nur mit einem kurzen „Ja" oder „Nein" geantwortet werden. Geben Sie die Führung im Gespräch aber auch immer wieder ab, indem Sie den Fragen der Kinder folgen oder einfach ihren Erzählungen lauschen.

Benennungen erleichtern den Kindern den Erwerb von Wortbedeutungen. Im Kapitel 3.2.6 hatten wir bereits darauf hingewiesen, welch ein Wunder der Erwerb von Wortbedeutungen bei Kindern überhaupt darstellt. Indem Sie Dinge konkret benennen und am Anfang möglichst einheitliche Bezeichnungen verwenden, unterstützen Sie den Wortbedeutungserwerb bei den Kindern enorm.

Bestätigungen können Sie für die Äußerungen des Kindes geben. Sie können sich aber auch selbst bestätigen. Das Kind lernt dann von Ihrem Modell, indem es Ihrem Gespräch mit sich selbst folgt. Beides ist ganz und gar in Ordnung und hilft den Kindern, Spaß an Sprache zu entwickeln.

5.4.2 Die Sauberkeitserziehung

Leon ist 2 Jahre alt und seit 4 Monaten in der Krippengruppe. Seine Mutter hat an diesem Morgen ein Gespräch mit der Erzieherin Frau Seewald, das diese sehr beschäftigt. Leon soll umgehend sauber werden. In den letzten Tagen ist Leon bereits ohne Windel gekommen. Spätestens nach einer Stunde war das Malheur passiert, und Frau Seewald hat ihn umgezogen. Die Mutter sagt deutlich, dass sie ausreichend Wechselwäsche mithat und dass es für sie jetzt einfach Zeit wäre, dass Leon diesen Schritt vollzieht. Die Erzieherin bittet die Mutter zu einem ruhigen Gespräch am Nachmittag. Die Erzieherin spürt, wie sie dieses kurze Gespräch mit der Mutter verunsichert hat und dass sie ihren eigenen Standpunkt argumentativ gut durchdenken muss.

Die Kontrolle der eigenen Körperfunktionen als eine wichtige Entwicklungsaufgabe wahrnehmen

Eltern und Erzieherinnen ist das Thema Sauberkeitserziehung in der Tat immer noch sehr wichtig. Unterschiedliche Lehrmeinungen, eigene Erfahrungen, aber auch das eigenen Gefühl spielen dabei eine große Rolle. Besonders Eltern kommen schnell unter Druck, wenn ihr Kind „langsamer" als andere, gleichaltrige Kinder ist. Die Sorge, ihr Kind könne nicht mithalten, ist groß. Vor allem in diesem Entwicklungsbereich wird unter Eltern schnell verglichen, und die eigene Geschichte sowie die Vorstellungen und Erfahrungen der Großeltern werden mit in die Waagschale geworfen. Dabei hat jedes Kind seinen eigenen individuellen Rhythmus. Gerade Sauberkeitserziehung steht im Kontext mit vielen anderen körperlichen Erfahrungen, die das Kind in diesem Lebensabschnitt macht.

„Der Topf beginnt im Kopf"
Die Sauberkeitsentwicklung kann nicht losgelöst von der Gesamtentwicklung des Kindes betrachtet werden. Erst wenn die geistigen Voraussetzungen beim Kind entwickelt sind, können der Abschied von der Windel und die Beschäftigung mit dem Topf beginnen.

Sauberkeitserziehung nicht nur als Arbeitserleichterung wahrnehmen

Auch den Pädagoginnen ist das Thema meist sehr wichtig, nicht nur wegen der Arbeitserleichterung. Meist gibt es hierzu unterschiedliche Meinungen in den Kindereinrichtungen, die von „das muss ganz früh passieren" bis „das schafft jedes Kind von alleine" reichen. Auch hier ist die fachliche Diskussion unter den Kolleginnen ganz unterschiedlich, und es ist manchmal schwer, die verschiedenen, möglicherweise festgefahrenen Standpunkte aufzudecken und behutsam zu verändern. Dafür ist es wichtig, nochmals alle Grundinformationen zusammenzutragen.

Was passiert eigentlich im Körper eines Kindes, wenn eine Blasenentleerung stattfindet?

Die Harnblase können wir uns wie einen kleinen Luftballon vorstellen, dessen Öffnung nach unten, beim Mädchen zur Scheide, beim Jungen ins Glied, führt. Hier wird der Urin gesammelt, der aus der Niere kommt. In der Blasenwand liegen Nervenenden, die spüren, wenn die Spannung in der Blase so ansteigt, dass eine Entleerung notwendig wird. Bei einem Baby geschieht das andauernd, ein Vorgang, den das Kind überhaupt nicht bemerkt. Die Blase entleert sich, indem sich der Blasenmuskel zusammenzieht und damit der Schließmuskel geöffnet wird. Säuglinge entleeren ihre Blase bereits bei einem geringen Reflex. Die Windel wird also bis zu 20 Mal am Tag voll, ohne dass der Säugling Einfluss darauf hat. Um die Kontrolle über diesen Vorgang zu gewinnen, muss das Kind als Erstes lernen, das Signal „Blase voll" wahrzunehmen, seine Bedeutung zu erkennen und dann ganz langsam darauf zu reagieren. Wenn wir uns vorstellen, wie viele unterschiedliche und erst einmal schwer einzuschätzende Signale das Kind aus seinem Körper wahrnimmt, ist es eine große Leistung, das Signal „Blase voll" als solches zu erkennen und einzuordnen.

Pannen beim Spiel
Insbesondere in Phasen großer Aufmerksamkeit und Konzentration, z. B., wenn die Kinder ins Spiel versunken sind, kann es auch über das dritte Lebensjahr hinaus noch zu spontanen Blasenentleerungen kommen. Gelassenheit und Geduld sind hier erforderlich, keine Vorwürfe.

Dazu gehört auch die Kontrolle über den Schließmuskel der Blase. D. h., das Kind muss bewusst in der Lage sein, diesen Muskel für eine Weile geschlossen zu halten. Um dies zu können, bedarf es einer bestimmten Reifung des vegetativen (also des körpersteuernden) Nervensystems. Meist dauert es nämlich eine Weile und ist mit bestimmten Tätigkeiten (wie z. B. dem Herunterziehen der Hose) verbunden, bis der Schließmuskel geöffnet werden kann. Mit etwa 2 bis 2,5 Jahren lernen Kinder, diese beiden Signale einzuordnen und miteinander zu verknüpfen. Dies ist meist von zahlreichen „feuchten“ Pannen begleitet, kann aber auch von einem Tag auf den anderen passieren. Auch hier gilt wie so oft, dass jedes Kind sein individuelles Tempo hat. Vergleiche zwischen einzelnen Kindern, Jungs und Mädchen oder Geschwistern setzen Kinder eher unter Druck, als sie zu unterstützen. Im Alter von 2 Jahren haben nur etwa 5 % der Kinder die vollständige Blasenkontrolle erreicht. Im Alter von 3 Jahren sind es bereits 65 % der Jungen und 75 % der Mädchen. Mit 4 Jahren sind fast alle Kinder in der Lage, die Blase tagsüber zu kontrollieren. Damit ist der Prozess der Sauberkeitswerdung nahezu vollendet. Rückfälle in Stresssituationen und auch die nachts noch zu tragende Windel sind ganz normale Begleiterscheinungen.

Die Kontrolle der Darmfunktionen erfolgt zumeist im Gleichschritt mit der Entwicklung der Blasenkontrolle. Zum Teil wird berichtet, dass die Darmfunktionen etwas früher kontrolliert werden können als die Blase. In statistische Zahlen ausgedrückt sieht es bei Darm- und Blasenfunktion aber ähnlich aus. Weit über die Hälfte der Kinder kann seine Darmausscheidungen im Alter von 3 Jahren tagsüber kontrollieren. Mit vier Jahren sind nahezu alle Kinder als „sauber“ zu bezeichnen.

Die Schritte zur Blasenkontrolle

Mit Rückschritten rechnen
Rückschritte in der Sauberkeitsentwicklung sind oft dann zu beobachten, wenn das Kind eine emotionale Belastung erlebt. Dazu kann die Ankunft eines Geschwisterkinds oder ein Wechsel der Bezugspersonen gehören.

Es sind also folgende Punkte notwendig, damit Leon sauber werden kann:

1. Er muss den Druck in seiner Blase registrieren.
2. Der Zusammenhang zwischen diesem Druck und der Kontrolle über den Schließmuskel muss erkannt sein.
3. Leon muss die Erfahrung machen, dass ein Erwachsener Zeit hat, sich in dieser Situation um ihn und sein Bedürfnis zu kümmern.
4. Anerkennung und Aufmerksamkeit unterstützen den Lernprozess, überschwängliche Lobeshymnen sind unangebracht und auch überflüssig, denn jedes Kind durchläuft in der Regel früher oder später diesen Prozess.
5. Der Gang zur Toilette oder aufs Töpfchen darf nicht mit negativen Gefühlen besetzt sein.

Keine Therapie notwendig
Im angesprochenen Altersabschnitt der 0- bis 3-Jährigen ist es völlig normal, wenn die Sauberkeitsentwicklung sich noch in Bewegung befindet. In diesem Altersabschnitt sind keine therapeutischen Maßnahmen notwendig. Erst wenn Einnässen und Einkoten über das vierte Lebensjahr hinaus und tagsüber zu beobachten sind, ist an therapeutische (ärztliche oder psychologische) Abklärung zu denken.

Zusammengefasst bedeutet dies: Mit dem Sauberwerden der Kinder ist erst dann zu rechnen, wenn die entsprechende körperliche Reife (die Wahrnehmung und willentliche Kontrolle der Körpersignale) und gleichzeitig auch die motivationale Reife (der Wille, die Körperfunktionen zu kontrollieren) entwickelt sind. Im anstehenden Elterngespräch versucht Frau Seewald, diese Punkte mit der Mutter zu besprechen und dabei ihre eigenen Kompetenzen und Erfahrungen mit einzubringen. Die Mutter zeigt sich erstaunlich zugänglich und erzählt von ihrer eigenen Unsicherheit. In ihrer Familie wird immer wieder berichtet, dass sie und ihre Geschwister schon mit einem Jahr sauber gewesen waren und dass dies doch auch heute noch zu schaffen sein müsse.

Absprachen mit den Eltern treffen

Gemeinsam entwickeln die Mutter und die Erzieherin nun einige Absprachen, die Leon in seinem Prozess unterstützen sollen, aber auch für die Mutter Argumentationshilfe im Familienkreis geben:

- Es gibt zu Hause und in der Kita windelfreie Zeiten, aber keine langen Töpfchensitzungen. Die Dauer dieser Zeit wird abgesprochen. Erzieherin und Mutter versuchen, kontinuierlich im Gespräch zu bleiben, ohne das Thema in den Mittelpunkt zu stellen.
- Kleine Missgeschicke in dieser Zeit werden ignoriert, gemeinsam behoben und weder negativ noch positiv bewertet.
- Wenn Leon danach fragt, darf er eine Windel tragen.
- Leon bekommt bequeme Kleidung (eine Hose mit Gummizug), damit der Gang zur Toilette möglichst komplikationslos verläuft.
- Der Toilettengang wird weder hochgejubelt noch tabuisiert, sondern in die Normalität gerückt.

Nachdem der Mutter nun verständlich geworden ist, wie wichtig diese entwicklungsbedingten Vorgänge bei ihrem Sohn sind, wird ihr aber auch deutlich, dass es sich bei dem Toilettengang nicht nur um einen wirklich schwierigen, sondern auch großen kognitiven Vorgang handelt, den Leon hier leisten muss. Der Erzieherin ist durch dieses Gespräch noch einmal der oft komplizierte Kontext, in dem das Thema Sauberkeitserziehung steht, klar geworden.

Frühes Training schadet
Werden die Kinder zu früh „getopft", so fällt es ihnen schwer, die logische Verknüpfung von Topf und Körperausscheidungen nachzuvollziehen. Das Dauersitzen der Kinder ohne Blasen- oder Darmentleerung lässt sich dadurch erklären. Jede Art von Druck verlangsamt die zur Sauberwerdung notwendige motivationale Entwicklung. Das Autonomieerleben der Kinder ist Voraussetzung für eine gelingende Sauberwerdung.

5.4.3 Die Freude an Körperhygiene fördern

Beispiel

Mario (2;5 Jahre) steht mit Michael (2;2 Jahre,) im Waschraum. Beide haben ihre Hände über und über mit Schaum bedeckt. Ganz langsam fährt Mario mit seinen Händen in das Gesicht von Michael, behutsam streichelt er seinem Freund das Gesicht und hinterlässt eine weiße Schaumspur. An der Seitenwand des Waschraumes hängt ein Spiegel. Beide blicken hinein und fangen laut an zu lachen.

Darf Körperhygiene Spaß machen?

Das Beispiel der beiden Jungs zeigt, dass Körperhygiene nicht nur pflegerisches Tun sein muss, sondern durchaus auch ein genussvoller schöner Moment sein kann. Es bleibt zu hoffen, dass die beiden auf eine Pädagogin treffen, die ihnen nicht sagt: „Schnell, schnell, macht, dass ihr fertig werdet und spielt nicht so lange rum. Ich kann euch hier nicht so gut beobachten!" Situationen, die mit Hygiene zu tun haben, stehen meistens unter einem unverständlichen Zeitdruck: „Vor dem Essen schnell noch Hände waschen." „Schnell Zähne putzen, aber ordentlich." „Schnell noch mal zur Toilette, bevor wir losgehen." Spaß, Freude an Seife, Cremes und am hier stattfindenden Erfahrungs- und Experimentierfeld sind selten gegeben.

Was ist eigentlich „Hygiene"?
Hygiene ist die Lehre von der Verhütung von Infektionskrankheiten und der diesbezüglichen Erhaltung und Festigung der Gesundheit bzw. in der Alltagssprache auch einfach Sauberkeit.

Körperhygiene kennzeichnet das Verhältnis zum eigenen Körper. Ist mir mein Körper wichtig? Pflege ich ihn? Dieses Bild vom eigenen Körper entsteht bereits in den ersten Lebensjahren und wird den Menschen ein Leben lang begleiten. Ob Waschen und der Umgang mit Wasser und Seife Spaß machen, hat schon hier seinen Ursprung. Die Zeit, die die Erzieherin hier investiert, die pädagogische Arbeit, die in dem oft ungeliebten Waschraum geschieht, ist eine Investition in das Selbstwertgefühl des Kindes. Dies kann nicht immer nur in Eile passieren, Kinder brauchen auch hier Zeit, um sich auszuprobieren.

Waschen lernen bedeutet auch, den eigenen Körper kennenlernen, Spaß an der eigenen Körperlichkeit entwickeln, erfahren, wie ein Handtuch sich anfühlt, wie es riecht. Hier vollzieht sich Bildung. Die mit dem Handtuch gemachten Erfahrungen bieten ein spannendes Lernfeld für naturwissenschaftliche Bildung.

Handwaschschaum statt Seife?
Im Handel werden spezielle schäumende Seifenspender angeboten. Kindgerechte Angebote gibt es auch bei Toilettenpapier und Shampoo. Überlegen Sie im Team, ob Sie diese Spezialprodukte – die oft etwas teurer sind – bei sich in der Einrichtung ausprobieren wollen.

Kinder lieben es, sich mit Seife die Hände zu waschen, zu erleben, wie sie zwischen den Händen hin- und herflutscht, wie sie riecht und immer kleiner wird. Kinderseife darf gut riechen, Creme darf reichlich vorhanden sein, Zahnpasta darf ausprobiert werden. Wer gut riecht, ist ein sympathischer Zeitgenosse.

5.4.4 Der Waschraum als pädagogischer Raum

Alltag im Waschraum kurz vor dem Mittagessen: Die Krippenkinder kommen aus ihrem Gruppenraum und gehen in den Waschraum, setzen sich aufs Töpfchen, helfen sich beim An- und Ausziehen, waschen sich die Hände. Eine Fülle von Abläufen, die zu bewältigen sind. Oft ist man in Eile, und wenn die Abläufe nicht eingehalten werden und die Erzieherin länger im Waschraum bleibt als vorgesehen, gerät der gesamte Ablauf der Kita durcheinander. Muss das so sein? Die Arbeit, die im Alltag im Waschraum passiert, stellt eine zentrale pädagogische Arbeit dar. Die Prozesse, die hier ablaufen, ermöglichen es den Kindern, echtes Alltagshandeln zu probieren und zu verfeinern.

Beim Zähneputzen helfen
Bis zum Alter von drei Jahren kommen die Kinder – aufgrund der feinmotorischen Entwicklung – noch nicht über grobe, großflächige Putzbewegungen mit der Bürste hinaus. Hier wird zwar der Grundstein für die Zahnhygiene gelegt, aber es ist immer noch „Putznacharbeit" von der Erzieherin zu leisten.

Die Waschräume in die pädagogische Alltagsarbeit einbeziehen

Die Waschräume sind in das pädagogische Tun mit einzubeziehen. Die Waschräume können durch Spielstrecken erweitert werden, z. B. Matschtische, Wasser-experimente usw. Der Waschraum kann zum Rumspritzen genutzt werden, man kann sich am ganzen Körper anmalen, Experimente mit Seife durchführen usw.

Waschräume spiel- und experimentiersicher einrichten

Erzieherinnen müssen akzeptieren, dass im Waschraum mehr als Körperhygiene stattfindet. Der Waschraum ist ein zentraler Beschäftigungsraum, in dem die Kinder viel Zeit verbringen und dabei die Körperhygiene ganz nebenbei entdecken können. So wie überall in der Kita Materialien für alle Kinder zur Verfügung gestellt werden, sollte das mit Badartikeln ebenfalls geschehen. Zahnpasta kann in Experimente einbezogen, Seife ausprobiert, Handtücher benutzt werden. Die Zeit im Waschraum sollte nicht reglementiert werden, Kinder können so lernen, den Waschraum zu genießen. Der Fußboden sollte so beschaffen sein, dass die Kinder nicht ausrutschen – zum Beispiel mit Antirutschmatten auslegen.

Die Temperatur im Waschraum darf ruhig ein paar Grad wärmer sein als in der übrigen Kita. Die Frage des Umziehens stellt sich oft. Erlaubt ist alles, was den Umziehstress für die Kinder und für die Erzieherinnen minimiert. Wäscheständer sollten bereitgestellt werden, damit nasse Sachen schnell zum Trocknen aufgehängt werden können. Kinder sollten schnell mit der Benutzung des Wäscheständers vertraut gemacht werden, sodass es schon bald selbstverständlich wird, nasse Sachen nach dem Spielen zum Trocknen aufzuhängen. Der Umgang mit Wäscheklammern und Wäscheständern ist selbst ein Teil des täglichen Lebens, für das die Kinder zunehmend fitter werden – und wird damit zum wichtigen Teil der pädagogischen Arbeit.

Der Waschraum als Wellnessoase
Wie sieht es aus mit der Gemütlichkeit, dem Licht, dem Geruch, dem Platz? Eine Umgestaltung des Waschraums könnte Ihr nächstes Projekt darstellen. Mit den Augen der Kinder betrachtet: Besteht in Ihrem Waschraum eine echte Bademöglichkeit für Puppen? Oder eine Möglichkeit, die Spielzeugautos zu waschen? Wie könnte eine Puppenwaschecke aussehen oder wie kann eine Autowaschanlage im Waschraum eingebaut werden?

Das Körpergefühl entwickeln lassen

Sauberkeit reduziert sich nicht auf den Prozess des Sauberwerdens. Sauberkeitserziehung bedeutet, ganzheitlich ein Gefühl für den eigenen Körper zu entwickeln. Eine Reduzierung auf die Beherrschung von Körperfunktionen würde den Kindern einen wichtigen Erlebnis- und Erfahrungsraum vorenthalten. Somit ist im Waschraum nicht nur alles erlaubt, sondern geradezu erwünscht, was den Spaß und das Wohlfühlen steigert. Auch das Aufräumen und Aufwischen des Waschraums wird von Kleinen mit großer Begeisterung betrieben. Der Waschraum ist ein sozialer Ort, ein Ort der Begegnung und des Austauschs der Kinder untereinander. Der Waschraum ist mit vielen Ritualen und Abläufen verknüpft. Solche Rituale helfen den Kindern, diese kleinen Abläufe fest in die Alltagsgestaltung zu übernehmen. Dabei können sich die Kinder gegenseitig unterstützen, gegenseitig eincremen, sich die Handtücher bereithalten und so weiter.

Doktorspiele gelassen sehen

Und was, wenn sich daraus eine intensivere Inspektion des Körpers des anderen ergibt? Das ist erst mal kein Problem. Wenn Kinder forschen, kann der eigene Körper keine Ausnahme darstellen. Das Problem liegt meistens bei der Erzieherin, der diese Situationen unangenehm erscheinen, weil sie vielleicht eigene Tabus berühren. Eine Situation wird immer erst dann zum Problem, wenn sie für eine Seite als Zwang erlebt wird oder man sich gegenseitig wehtut. Dann sollte die Erzieherin eingreifen, ohne jedoch besonderes Augenmerk auf die sexuelle Seite des Vorfalls zu legen.

5.4.5 Trotz und kindliche Selbstbestimmung

Beispiel

Max (2;5 Jahre) ,liegt in der Garderobe der Kita auf dem Boden, strampelt mit den Füßen und schreit. Wie jeden Nachmittag wollte ihn seine Mutter abholen und noch ein Stündchen mit ihm auf den Spielplatz. Max will aber nicht. Er hat gerade mit seiner Freundin Annika gespielt. Seine Mutter saß zwar schon 20 Minuten neben den beiden, aber trotzdem kam ihre Aufforderung zum Start in den gemeinsamen Nachmittag mit Max für ihn zu früh. Die Erzieherinnen kennen diese Situation. Die Mutter steht nun in der Garderobe, hofft, dass sie um gut gemeinte Ratschläge herumkommt, und wartet, bis Max sich beruhigt hat. Danach zieht sie ihn in aller Ruhe an und geht mit ihm los.

Hoffentlich ist das bald wieder vorbei!

Eine Situation, die jeder kennt und die trotzdem jeder, der mit Kindern in diesem Alter zusammenlebt, kaum aushält. Es ist der Beginn eines steinigen Weges der Ablösung, der sich bis weit in die Pubertät zieht.

Die Autonomieentwicklung
Mit dem Entdecken des „Ichs" verspürt das Kind seine eigenen Wünsche und Fähigkeiten und verkündet sie der Welt. Lautstark verkündet es, was es gerade möchte, und geht auf Konfrontation, wenn es nicht klappt.

Von Anfang an sind Kinder damit beschäftigt, selbstständig zu werden. Ein Weg, der mit vielen Stolpersteinen und Hürden versehen ist – und eine Hürde sind auch die Erwachsenen. Max wollte mit seiner Freundin spielen. Dieses Spiel hat ihn gefangen genommen, fasziniert, und er hat seine ganze Aufmerksamkeit auf diese Freundin gerichtet. Das Spiel war für ihn noch nicht zu Ende, als es für die Mutter – aus ihrer Sicht – beendet wirkte. Max will ihr mitteilen, was er mit Annika noch alles vorhat, aber es fehlen ihm vielleicht die Worte oder andere Ausdrucksmöglichkeiten. Eine Spannung zwischen Wollen und Können entsteht.

Max kann zwar schon gut sprechen, aber hier fehlen ihm die richtigen Worte. Die Mutter, die ihn doch sonst versteht, begreift diese Situation nicht. Das versetzt Max in Aufruhr, sein Wutanfall macht ihm selber Angst, und er ist zutiefst verunsichert. Aber auch die Mutter fragt sich, was geschehen ist – hier und dort machen sich Enttäuschung und Unsicherheit breit.

In dieser Situation brauchen Kinder die Hilfe von Erwachsenen und nicht deren Betroffenheit. Kinder brauchen Klarheit: Eine Verabredung bleibt wie besprochen und auch der Wutanfall ändert daran nichts. Schimpfen und Meckern helfen hier nicht weiter, sondern die ruhige Anwesenheit des Erwachsenen, das Gefühl, mit der Wut nicht alleine gelassen zu werden. Erzieherinnen fühlen sich aber oft betroffen und denken, „der provoziert mich absichtlich“. Das tun Kinder jedoch nicht, sie sind noch zu sehr mit den Abläufen ihrer individuellen Situation beschäftigt.

Die Komplimente der Kinder
Erlebte Wutausbrüche sind möglicherweise auch ein „Kompliment“ an Erzieherinnen und Eltern. Sie zeigen, dass die Kinder den Erwachsenen vertrauen, dass diese sie – auch in solchen Situationen – nicht hängen lassen. Nur wirklich nahestehenden Menschen öffnet und zeigt man sich derart unverstellt.

Kindliche Wutausbrüche als Beziehungsangebot sehen

Zugegeben, es ist schwer, diesen Stürmen zu trotzen, aber es hilft meist, sich die Situation des Kindes vor Augen zu führen.

Dies als Trotz zu bezeichnen, hat etwas Be- und Abwertendes für die Situation, in der das Kind hilflos ist. Ein altersgerechter Austausch, auch mit kleineren Kindern, über die eigenen Erfahrungen, das Erzählen eigener Ideen, hilft dem gegenseitigem Verstehen und unterstützt Kinder, die fehlenden Formulierungen und Worte zu finden. Nicht zuletzt zeigen Kinder Gefühle, egal, ob Wut oder Trauer, überschäumende Freude oder auch Glück, meist nur in einer funktionierenden Beziehung.

Nur Beziehungen, die belastbar sind – und das sind normalerweise die Beziehungen zu Eltern und auch oft zu Erzieherinnen – können auch wirklich belastet werden. Kinder brauchen einen Ort, an dem sie sie selbst sein können, um Energie für die Entwicklung der eigenen Persönlichkeit und den Alltag zu sammeln. Ist es nicht auch gut, Kindern diesen Ort zu bieten? Kinder haben einen unbändigen Drang nach Eigenständigkeit und Freiheit, ihr Ziel ist es, sich einen immer größeren Freiraum zu erschließen, um sich selbst, ihren Körper, ihre Kraft und ihre Energie auszutesten. Ein unglaublich anstrengender Weg für diejenigen, die diesen Prozess begleiten, aber auch ein unglaublich faszinierender Weg, wenn es gelingt, als Pädagogen diesen Weg zu beobachten.

Erwachsene begleiten Kinder auf diesem Weg, beobachten und respektieren sie in ihrer Person und bieten ihnen genügend Spielraum zur Entwicklung und Entfaltung der individuellen Persönlichkeit.

Auf kindliche Trotzanfälle ruhig reagieren

Kindliche Trotzanfälle sind ein deutlicher Hinweis auf ein gut entwickeltes Ich-Konzept bei den Kindern. Sensibilität der Erzieherin ist hier erforderlich, damit die Situation nicht eskaliert. Die folgenden Schritte können Ihnen dabei als Hilfe dienen:

- Bewahren Sie Ruhe, erheben Sie Ihre Stimme nicht.
- Reagieren Sie nicht direkt auf das gezeigte Verhalten, sondern auf das Ziel des Verhaltens – das Interesse des Kindes.
- Fragen Sie vorwurfsfrei (!) nach, was das Interesse des Kindes ist.
- Lassen Sie sich das Interesse erklären, ohne mit Warum-Fragen nachzubohren.
- Fragen Sie das Kind, was aus seiner Sicht eine gute Lösung wäre.
- Überlegen Sie zunächst, ob dies nicht doch auch aus Ihrer Sicht akzeptabel wäre (auch mit Abstrichen, die Sie evtl. machen müssten).

Supernanny und Co.
Vielleicht erscheinen „stille Treppen" heute modern, um mit den „kindlichen Tyrannen" „endlich" wieder „richtige Erziehung mit Regeln und Autorität" zu betreiben, aber gerechtfertigt sind diese Methoden im Zusammenleben mit Kindern nie. Fragen Sie sich, ob Sie selbst so behandelt werden wollen? Kein Kind hat eine solche Behandlung verdient. Vielleicht ist das Kind danach braver und angepasster, aber die Beziehung zu Ihnen wird dadurch beschädigt oder sogar zerstört.

- Signalisieren Sie, dass Sie Verständnis für die Hilflosigkeit des Kindes haben.
- Signalisieren Sie auch (insbesondere bei den größeren Kindern) zunehmend, dass das Kind selbst aktiv werden muss, um sein Problem zu bewältigen, helfen Sie dem Kind dabei, eine geeignete Lösung zu finden, ohne das Problem für das Kind selbst zu lösen.
- Ignorieren hilft überhaupt nichts, es macht die kindliche Erfahrung der Hilflosigkeit noch schlimmer. Auch wenn Sie das Interesse des Kindes nicht erfüllen können, so muss das Kind zumindest erfahren, dass es in seinen Interessen wahrgenommen wird. Dabei reicht es übrigens auch, einfach mal fünf Minuten neben dem Kind zu stehen oder ihm über den Kopf zu streichen, ohne permanent auf das Kind einzureden.
- Beachten Sie Ihre eigenen Emotionen, melden Sie diese dem Kind auch zurück, aber machen Sie dem Kind keinen Vorwurf dafür, dass das Weinen des Kindes bei Ihnen Stress oder Ärger oder Druck auslöst.
- Treffen Sie wenige notwendige Absprachen und versuchen Sie, diese einzuhalten!

Was Ihnen dabei auf keinen Fall passieren sollte

- Das Kind in seinem Trotz lächerlich zu machen („Du Heulsuse!"), es mit Nichtachtung zu strafen, eigene Hilfe an Bedingungen zu knüpfen („Ich rede erst wieder mit dir, wenn du mit der Heulerei aufhörst!") oder dem Kind Strafen anzudrohen, dies alles sind menschenverachtende Vorgehensweisen, die in einer guten Kindertageseinrichtung nichts zu suchen haben.

5.4.6 Die Tagesabläufe gestalten

Einen geregelten, standardisierten Tagesablauf kann es schon bei den größeren Kindern nicht geben. Mit den ganz Kleinen bekommt der Tagesablauf jedoch noch einmal eine ganz neue Flexibilität. Wenn Sie sich in Ihrem Team an Tagesplanung machen, so müssen Sie sich als Erstes von dem Gedanken verabschieden, dass ein endgültiger Tagesablauf bei Krippenkindern jemals gelingen kann. Bei der Planung des Tagesablaufs geht es daher nicht um eine Zeit- und Stundenplanung, sondern um eine Ablaufplanung in der Form, dass die Interessen der Kinder bestmöglich gewahrt bleiben, gleichzeitig aber auch organisatorische Abläufe noch möglich sind. Im Einzelfall ist dies durchaus schwierig. Fragen Sie sich und Ihr Team daher bei allen Tagesplanungspunkten, ob Ihre Ideen tatsächlich dazu dienen, den Alltag für die Kinder so entdeckungs-, lehr- und entspannungsreich wie möglich zu machen, oder ob es eher um die Erhaltung der Kitaorganisation, von Lieblingsdienstplänen oder der von der Küche vorgegebenen Essenszeiten geht. Der pädagogische Alltag in den Kindertageseinrichtungen hat sich an den Bedürfnissen der Kinder zu orientieren – so steht es in allen Bildungsplänen der Bundesländer. Dafür werden die einen oder anderen Zugeständnisse vonseiten der Erzieherinnen unumgänglich sein.

Praktische Tipps für die Tagesablaufgestaltung

Achten Sie bei der Einteilung des Dienstplans darauf, dass die Erzieherinnen, die für die ganz Kleinen zuständig sind, so Dienst haben, wie die Kleinen auch tatsächlich anwesend sind. Gerade für die Kleinen sollte ein Erzieherinnenwechsel im Tagesablauf vermieden werden. Das kann unter Umständen auch zu gleitenden Arbeitszeiten führen oder zu einer Spätvormittagsschicht. Der übliche Dienstplan von Früh- und Spätdienst passt für die Kleinsten nicht. Wenn die Kleinen in ihrem Tagesablauf drei oder noch mehr wechselnde Bezugspersonen erleben müssen, führt das zu großer innerer Unruhe.

Kontinuierliche Betreuungen sicherstellen
Gerade für die Kleinen sollte ein unterbrechender Erzieherinnenwechsel im Tagesablauf vermieden werden. Dies erfordert neue Dienstplangestaltungen und Verantwortlichkeitsregelungen im Team.

Bring- und Abholsituationen entspannen

Kinder und Eltern brauchen im Tagesablauf viel Zeit, um sich zu verabschieden. In den Krippen stellt die Verabschiedung von den Eltern ein zentrales Ereignis dar. Lassen Sie daher den Eltern viel Zeit, drängen Sie sie nicht, die Einrichtung baldmöglichst zu verlassen, damit endlich das „Projekt", die „Beschäftigung" oder das „Angebot" beginnen kann. Beziehen Sie die Eltern lieber direkt in die Abläufe mit ein, lassen Sie die Eltern nach den Kindern schauen. Diese Zeit ist echte Lernzeit für die Kinder, soziale Fertigkeiten werden hier erworben. Das Gleiche gilt für die Abholsituation. Nutzen Sie diese, um den Eltern mit den Kindern vom Tag zu berichten. Schaffen Sie Möglichkeiten, dass sich auch Eltern einen Augenblick hinsetzen können, um bei ihrem Kind anzukommen und Wichtiges vom Tag zu erfahren. Dieser Austausch ist Teil einer gelungenen Spracherziehung und eine gute Möglichkeit, Eltern die pädagogische Arbeit transparent zu machen.

Die Mahlzeiten nicht überproportional gewichten

Die Mahlzeiten sind für die Kinder wichtig, aber die Zeiten für die Mahlzeiten sollten nicht wichtiger sein als die Zeiten, in denen die Kinder spielen dürfen. Überprüfen Sie Ihre Einrichtung zunächst selbst. Wie lange sind die Kinder mit den Mahlzeiten beschäftigt und wie viel Zeit haben die Kinder tatsächlich, sich dem Spielen zu widmen? Nicht jede Frühstücksrunde, Obstpause, Mittagsmahlzeit, Vesper oder sogar Abendbrot muss in großer Runde und mit viel Zeit absolviert werden. Stellen Sie die Zwischenmahlzeiten lieber als Büfett zur Verfügung. So lernen die Kinder auch beim Essen Selbstbewusstsein – also das Bewusstsein ihrer selbst und ihres eigenen Hungers und Dursts.

Aufenthalt im Freien so oft wie möglich ermöglichen

Der Aufenthalt im Freien für die Kinder bedarf eines geschickten Austarierens der Dienstpläne und Verantwortlichkeiten der Erzieherinnen. Oft wollen die größeren Kinder schon hinaus auf den Hof, während die Kleinen noch mit Mama oder Papa beschäftigt sind oder gerade schlafen. Eine Patentlösung gibt es hier nicht. Einige Kindertagesstätten haben dieses Problem gelöst, indem eine Erzieherin grundsätzlich immer für draußen eingeteilt ist, unabhängig von der Tages- oder Jahreszeit. So können die Kinder jederzeit nach draußen. Andere Einrichtungen lassen die Kinder ab dem Alter von drei Jahren auch allein auf den Hof, wenn die Erzieherin von drinnen einen guten Blick auf das Außengelände hat. Stimmen Sie sich hier mit den Kolleginnen ab, ermöglichen Sie jedoch ein faires Gleichgewicht zwischen den Bedürfnissen der kleinen und der größeren Kinder – und so viel Hofzeit wie nur möglich.

Die „Hoferzieherin"
Nein, damit ist keine königliche Arbeitskraft gemeint, sondern eine Erzieherin, die draußen durchgehend Aufsicht hat. Somit steht den Kindern das Außengelände zu allen Zeiten zur Verfügung.
Kein Kind muss warten oder betteln, bis es endlich raus darf.

Die eigene Sicht auf das kindliche Lernen überprüfen

Nicht die Beschäftigung oder das Projekt, nicht die Bastelarbeit oder das gemeinsame Vorlesen stellen die zentrale pädagogische Arbeit in der Krippe dar. Überprüfen Sie auch hier Ihre eigene Sicht auf kindliches Lernen sehr kritisch. Sind Sie eher der Typ, der vieles vom „Alltagskram" schnell erledigt haben will, damit die eigent-

Kleinstkinder nicht draußen abstellen
Kleinstkinder, die noch im Wagen liegen, dürfen nicht unbeaufsichtigt draußen abgestellt werden, egal wie freundlich das Wetter ist. Die kindlichen Bedürfnisse könnten zu schnell von der Erzieherin drinnen überhört werden, das Kind könnte sich schnell verlassen fühlen.

liche Beschäftigung endlich beginnen kann? Wenn Sie Ihren Alltag so ausrichten, nehmen Sie sich selbst viel Zeit, erlegen sich selbst viel Stress auf und tun auch den Kindern nichts Gutes. Lassen Sie die Kinder so viel wie möglich in den Alltag einbringen spielen, gönnen Sie den Kindern alle Aktivitätspausen, treten Sie selbst einen Schritt zurück und beobachten Sie die Kinder in Ruhe, wie sie Schritt für Schritt ihren Alltag bewältigen und heranwachsen. Zeit für Beobachtung und Dokumentation ist nichts Zusätzliches, das „auch noch“ gemacht werden muss, damit den Bildungsplänen Genüge getan wird. Die Zeit für Beobachtungen und Dokumentation werden Sie selbst automatisch gewinnen, wenn Sie sich mehr und mehr aus der dirigistischen Zeitplanung zurückziehen und diese Verantwortung für das eigene Lernen mehr und mehr auf die Kinder übertragen.

Den Tagesablauf aus Bausteinen kombinieren

Ein Tagesablauf könnte sich aus folgenden Beispielen zusammensetzen:

Uhrzeit	Geplante Vorhaben	Individuelle Besonderheiten
06:00–08:00 Uhr	Frühdienst	Das erste Krippenkind kommt gegen 7:00 Uhr. Die Krippenerzieherin beginnt hier ihren Dienst und übernimmt sozusagen die 7-Uhr-Schicht
08:00–09:00 Uhr	Frühstückszeit	Die Krippenkinder, die frühstücken möchten, setzen sich an einen Tisch, packen ihre Brottaschen aus, oder bedienen sich vom gemeinsamen Büfett.
09:00–11:30 Uhr	Spiel- und Schlafzeit Die zweite Erzieherin kommt in dieser Zeit.	Der gemeinsame Vormittag entwickelt sich aus den Beobachtungen und Gesprächen mit den Kindern. Kleine Kinder, die müde sind, können sich in einer abgeschirmten Ecke des Raumes hinlegen. Nach Absprache mit der hinzukommenden Erzieherin können die Kinder, die Lust haben, mit ihr nach draußen gehen. Wenn ein gemeinsames Vorhaben geplant ist, hat dies hier seinen Platz.
11:30–12:00 Uhr	Mittagessen	Planen Sie vor und nach dem Essen ein gutes Zeitpolster ein, damit die Waschraumsituation in Ruhe ablaufen kann. Kinder, die beim Essen schon sehr müde sind, können schnell in ihr Bett oder auf ihre Matratze.
Ab ca. 12:00 Uhr	Mittagsschlaf und Aufstehen der Kinder, die aufwachen	Jedes Kind schläft individuell ein und wacht individuell auf. Genießen Sie diese Zeit, um die Kinder einfach besser kennenzulernen und diese wunderschönen Einschlaf- und Aufwachsituationen zu beobachten. Versuchen Sie, ihren Tagesablauf so zu gestalten, dass Kinder, die wach geworden sind, keine weitere Zeit im Bett vor bringen müssen.

Essen erfahrbar machen
Viele Kinder wachsen heute städtisch auf. Daher kennen sie die natürlichen Bestandteile der Nahrungsmittel nicht. Bauen Sie daher an jedem Morgen auf einem Essenstisch gemeinsam mit den Kindern die Nahrungsmittel auf, die im heutigen Mittagessen verarbeitet werden. Dort können die Kinder dann Kartoffeln, Möhren, Fisch (den zur Not auch aus Plastik), Salat usw. anfassen, fühlen, kosten und dann im Mittagessen wiederentdecken.

Uhrzeit	Geplante Vorhaben	Individuelle Besonderheiten
Ab ca. 14:00 Uhr	Obstpause	Stellen Sie einfach einen kleinen Imbiss und ein Getränk bereit, sodass die Kinder sich selbst bedienen und sich danach wieder in ihr individuelles Spiel vertiefen können.
Ab 16:00 Uhr	Spätdienst	Gestalten Sie einen ruhigen gemeinsamen Ausklang des Tages. Kinder, die erst später abgeholt werden, spüren häufig und schnell „Mitleid" und Verständnislosigkeit von den Erzieherinnen. Diese Wahrnehmung belastet das Kind, das so lange in der Einrichtung bleiben muss, zusätzlich und hilft ihm nicht, die Situation positiv zu bewältigen.

5.4.7 Die Mahlzeiten unter pädagogischem Gesichtspunkt

Die Bildungsbereiche in den Mahlzeiten entdecken

Frühstück, Obstpause, Mittagessen und am Nachmittag nach dem Schlafen möglicherweise noch die Vesper-Mahlzeiten bestimmen oftmals den Zeitplan im Krippenalltag. Natürlich ist der Aspekt der Gemeinsamkeit, das Erleben einer Mahlzeit in einer Gemeinschaft ein wichtiger Lernprozess. Kinder finden es schön, in gemütlicher Runde am Tisch zu sitzen und ein gemeinsames Mahl zu genießen. Aber ist in Ihrem Alltag wirklich jede Mahlzeit ein „pädagogischer Höhepunkt"? Gelingt es Ihnen, eine Mahlzeit so attraktiv zu gestalten, dass sie zu einem ganzheitlichen, sinnlichen Erlebnis wird? In der Praxis sieht es doch eher so aus, dass die Mahlzeiten Routine im Alltag der Kita darstellen und manchmal auch von Hetze und Stress, bestimmt sind. Genau besehen sind jedoch diese Zeiten, die Kinder mit Essen verbringen, Zeiten, in denen Kinder mit allen Bildungsbereichen und den daraus resultierenden ganzheitlichen Lernprozessen Erfahrungen machen. Lassen Sie uns daher eine gemeinsame Mahlzeit, z. B. ein Mittagessen, unter dem Aspekt der einzelnen Bildungsbereiche betrachten:

Bildungsbereiche in den Rahmenplänen
In den Bildungs- und Rahmenplänen der Bundesländer nehmen die Bildungsbereiche einen wichtigen Stellenwert ein. Sie beschreiben die Welten, in denen Kinder Wissen und Fertigkeiten erwerben. Ihre Zahl schwankt je nach Rahmenplan zwischen vier und zehn. Im vorliegenden Abschnitt werden ausgewählte Bildungsbereiche beschrieben, die in vielen Rahmenplänen vorkommen.

Bildungsbereich „Körper, Bewegung und Gesundheit"

Ziel einer Mahlzeit ist es unter anderem, dass ein Kind satt wird. Ein weiteres Ziel ist es, mit den Kindern dieses Gefühl zu entdecken und zu beschreiben, was Hunger, Durst und Sättigung bedeuten. Dazu gehört auch, ein Bewusstsein dafür zu entwickeln, dass das Kind selbst steuern kann, was es zu sich nimmt, dass es Essen auswählen und genießen kann. Das sind Erziehungsziele, die sicher jede Erzieherin beim Essen verfolgt.

Praktisch umgesetzt bedeutet dies unter anderem:

- Darf ich mir auch als Krippenkind schon selbst mein Essen nehmen?
- Sind die Gegebenheiten dafür geschaffen?
- Gibt es kleine Schüsseln, Vorlegebesteck?
- Sitze ich so, dass ich mich auch wirklich nach vorne auf den Tisch beugen kann, um mir mein Essen selbst zu nehmen? Kinder, die mit den Füßen beim Sitzen nicht auf dem Boden sind, können das Gleichgewicht oft nicht halten.

Kosten – ja oder nein?
Die Diskussion, die um das Probieren beim Essen oft geführt wird, darf nicht um das Pro oder Kontra „Probieren" von Lebensmitteln gehen, sondern um die Frage des Zieles. Warum sollen Kinder alles kosten müssen? Der pädagogische Nutzen des Kostens ist im Vergleich zum dazu notwendigen Druck auf die Kinder erstaunlich gering.

Auch die Frage des „Kostens" wird hier ganz praktisch. Entscheidet das Kind selbstbestimmt und wählt es sein Essen wirklich selbst aus? Ist es nicht ein großer Schritt für ein Kind, wenn es für sich entscheidet, das Gemüse doch zu kosten, und ist der Stolz, es geschafft zu haben, nicht größer, als wenn es seiner Erzieherin zuliebe gekostet hätte? Vermeiden Sie beim Essen jeden noch so subtilen Druck auf die Kinder. Essen soll Spaß machen. Jeder Kampf ums Essen, Kosten oder Aufessenmüssen verringert den Spaß am Essen und kann langfristig zu Essstörungen bei den Kindern führen. Daher die deutliche Empfehlung: Verzichten Sie auf die Einstellung, dass „jedes Kind alles mal gekostet haben sollte"!

Bei kleineren Kindern, die noch gefüttert werden, gelten meist die gleichen Ziele. Auch hier ist das Gespräch mit den Kindern über die Empfindungen, die sie beim Essen erleben, von großer Bedeutung. Beachten Sie bitte sehr genau die Signale, die das Kind sendet, das Sie füttern. Die Autonomieentwicklung des Kindes zu fördern, heißt auch zu respektieren, wenn das Kind durch seine Kopf- oder Körperhaltung signalisiert, dass es genug gegessen hat. Auch beim Füttern ist selbstverständlich jeder Druck zu vermeiden. Haben Sie das Gefühl, dass das Kind nicht ausreichend isst, wechseln Sie das Angebot und stimmen Sie sich mit den Eltern über mögliche Kostalternativen ab.

Ungesüßte Getränke
Kindergetränke sollten keinen Zucker enthalten, damit der Entstehung von Karies und Übergewicht frühzeitig entgegengewirkt werden kann. Wasser ist das Getränk der Wahl. Es sollte jederzeit und selbstverständlich allen Kindern zur Verfügung stehen.

Und wie sieht es mit den Getränken aus? Kann auch schon das kleine Kind trinken, wenn es selbst möchte und Durst hat? Stehen auch zwei Getränke, z. B. Tee und Wasser, zur Verfügung oder ist das Kind auf die Erzieherin und deren Geschmack angewiesen? Dann und wann sprechen Erzieherinnen abwertend über die in der Krippe angebotenen Getränke. Da stellt sich die Frage, wie es den Kindern ergeht, die diese Bewertung hören und sehen, dass die Erwachsenen etwas anderes trinken. Das bedeutet nicht, dass die Pädagogin auf ihre Tasse Kaffee oder Tee verzichten muss, aber auch hier ist ein Austausch mit den Kindern gefragt. Trinken soll Spaß machen und schmecken!

Bildungsbereich „Soziale und kulturelle Umwelt"

Ziel dieses Bildungsbereiches ist es unter anderem, eigene Bedürfnisse Gefühle und Ansprüche kennenzulernen, sich ihrer bewusst zu werden und Sie zum Ausdruck zu bringen. Aber auch das Gegenüber wahrzunehmen und mit ihm umgehen zu lernen, gehört zu diesem Bildungsbereich.

Je kleiner Kinder sind, desto kürzer sind die Phasen, in denen sie mit anderen in Kontakt treten. Umso mehr ist hier die Fähigkeit der Pädagogin gefragt, die Handlungen, die am Tisch stattfinden, mit Worten zu begleiten, mit den Kindern ins Gespräch zu kommen, echte Gesprächsanlässe zu finden und diese auch in den Mittelpunkt zu stellen. Dazu gehören auch Gespräche über Werte und Normen, die aber nicht als strenge Regeln eingeführt werden müssen.

Beispiel

Karla ruft bei Tisch ganz laut „Ball" und zeigt immer wieder durch das Fenster des Gruppenraumes. In der kleinen Kindergruppe der 1,5- bis 3-Jährigen ist es beim Mittagessen üblich, mit dem Aufstehen zu warten, bis die meisten Kinder fertig sind. An diesem Tag erklärt die Erzieherin den Kindern, dass Karla ans Fenster gehen kann, damit sie Ausschau nach dem für sie so wichtigen Ball halten kann.

Die Erzieherin erkennt in dieser Situation, wie wichtig Karla dies ist. Es steht für sie nicht die Sorge im Vordergrund, dass vielleicht alle Kinder aufstehen wollen, wenn sie es jetzt Karla erlaubt. Die Akzeptanz, dass ein Kind sein Bedürfnis zum Ausdruck bringen kann und dies individuell möglich ist, hilft jedem Kind der Gruppe, sich selbst besser wahrzunehmen. Diese Erfahrung ermöglicht Kindern letztendlich, Grenzen, die sich später auftun mögen, um ein Vielfaches besser akzeptieren zu können.

Spannend im Alltag der Krippen ist auch die Frage der Tischkultur: Gehören Messer und Gabel zum Alltag? Dürfen Kinder wählen, welches Besteck sie benutzen? Gibt es Servietten, stehen Blumen auf dem Tisch? Und eine ganz vorsichtige Frage: Würden Sie das Geschirr, von dem die Kinder in der Krippe essen, auch zu Hause benutzen? Sind die zur Verfügung stehenden Teller und Becher schön?

Tischsitten, Tischgespräche und Tischkultur

Nutzen Sie gemeinsame Rituale beim Essen, um die soziale Wirkung der Mahlzeiten zu stärken. Fördern Sie Tischgespräche und Tischkultur. Planen Sie gemeinsam mit den Kindern die Tischdekoration. Lassen Sie die Kinder die Tischgestaltung übernehmen.

Keine Regel ohne Ausnahmen

Kinder, die die Erfahrung gemacht haben, dass Regeln eine Orientierung, aber keine Mauer darstellen, werden Regeln leichter einhalten können. Dies klingt paradox, bestätigt sich in der Praxis aber immer wieder. Wenn Regeln von Erwachsenen ohne Diskussion als unumstößlich dargestellt werden, sind Kinder aufgrund ihrer Autonomieentwicklung geradezu dazu gezwungen, gegen diese Regeln aufzubegehren. Uns als Erwachsenen würde dies nicht anders gehen.

Bildungsbereich „Sprache, Schriftkultur und Medien“

Speisepläne und Tischkarten
Lassen Sie die Kinder die Speisepläne und Tischkarten selbst gestalten. Die Kinder, die für den „Tischdienst“ verantwortlich sind, können die anderen Kinder zum Mittagessen einladen. Die Gruppe, die gemeinsam mit der Küchenfrau das Essen für die Woche plant, kann davon im Morgenkreis berichten.

„Wenn der Vogel frisst, dann pfeift er nicht“, dieses Sprichwort hat das Verhalten von Generationen bei Tisch bestimmt. Der Zusammenhang von Tischgesprächen und sozialen und kulturellen Entwicklungen ist jedoch schon im oberen Abschnitt deutlich geworden. Betrachten Sie das Thema Sprache und Essen aber doch noch einmal ganz genau: Wie ist das bei Ihnen selbst? Lieben Sie es, lange mit Freunden und Familie am Tisch zu sitzen und dabei alles Mögliche zu bereden?

Warum auch immer, Essen und Reden stehen in einem engen Zusammenhang. Ermöglichen Sie Kindern, diesen Zusammenhang für sich zu entdecken und schätzen zu lernen. Kinder, die individuell Zeit haben, langsam oder schnell zu essen, und nicht von der Routine des Kitaalltags eingeengt werden, erleben ein hohes Maß an Wohlbefinden und Zufriedenheit. Der Austausch bei Tisch, der die Sprechfreude und die Lust am gemeinsamen Austausch fördert, ist eine sehr gute und sehr motivierende Unterstützung in der Sprachentwicklung des einzelnen Kindes.

Bildungsbereich „Künstlerisches Gestalten“

„Mit Lebensmitteln spielt man nicht“, das stimmt, und natürlich gehören auch beim Essen die Achtung und der Respekt für die Menschen, die das Essen zubereitet haben, dazu. Auch das Gedenken daran, dass es Menschen gibt, denen diese Fülle an Lebensmitteln nicht zur Verfügung steht, ist ein bedeutender sozialer Wert. Dennoch, manche Lebensmittel sind einfach faszinierend und haben einen hohen Aufforderungscharakter, noch etwas anderes damit zu tun, als zu essen:

Beispiel

„Mit dem Essen spielt man nicht!“
Der Respekt vor dem Essen ist eine wichtige Tradition, die aus Zeiten der Not und Entbehrung stammt. Daraus lässt sich jedoch kein moralischer Vorwurf an Krippenkinder ableiten, die solche Regeln noch nicht verinnerlicht haben. Essen ist zunächst für sie ein Spielmaterial wie jedes andere Material auch.

Amelie (2;5 Jahre) hat vor sich eine Schale mit weißem Joghurt. Sie beginnt ganz langsam, den Inhalt der Schale auf die rote Tischfläche zu löffeln. Linus (2;10 Jahre), der neben ihr sitzt, kippt im gleichen Moment seinen Becher mit Tee über den Tisch. Beide beginnen ganz vorsichtig, mit dem Finger in den nun ineinander verlaufenden Flüssigkeiten zu malen und sie miteinander zu vermischen. Voller Konzentration blicken die beiden auf das Wunderwerk der sich vermischenden Farben und Formen, das sich vor ihren Augen abspielt und das sie durch das vorsichtige Bewegen ihrer Finger immer wieder verändern können.

Was soll die Erzieherin in dieser Situation tun? Eingreifen oder vielleicht doch lieber einen Moment abwarten, wie sich die Situation entwickelt? Wird dann nicht alles noch schlimmer? Was denken die Kolleginnen und die Eltern, wenn sie das sehen? Ist das, was hier geschieht, Bildung? Eigentlich liegt die Antwort doch auf der Hand: Künstler nennen das Food-Design – die Kunst, Lebensmittel kreativ zu gestalten. Bei Kindern neigen wir dennoch zum strengen Verbot.

Die Vorbildwirkung der Erzieherin
Die Kinder zum Genießen anzuregen, die Lust am Essen zu fördern – das gelingt nur, wenn Sie als gutes Modell und Beispiel vorangehen. Setzen Sie sich zwischen die Kinder und nehmen Sie die Mahlzeit gemeinsam mit ihnen ein!

Hier vermischen sich unterschiedliche Erziehungsansichten und Bildungsziele. Es wird deutlich, dass diese Situation nur individuell im Gespräch und von einer sehr genauen Beobachtung ausgehend zu klären ist. Steht bei den beiden Kindern momentan die Materialerfahrung im Vordergrund oder schmeckt es ihnen nur nicht? Ist es für sie interessant und spannend zu beobachten, was auf dem Tisch passiert, oder sind sie bloß gelangweilt, weil sie schon so lange am Tisch sitzen müssen? Vielleicht ist es sinnvoll, die Situation einen Augenblick lang auszuhalten, sie aber im Blick zu behalten und mit den Kindern zusammen das weitere Vorgehen abzusprechen, in etwa so: „Das macht euch gerade großen Spaß, ich sehe, wie ihr hier faszinierende Bilder malt“.

Möglicherweise gehen die beiden auf diese Aussage ein, berichten, was gerade in ihnen vorgeht und wie sie auf die Idee gekommen sind. Ermahnungen wären bei dieser Form der Kommunikation unnötig, da beide Seiten ihre Gedanken und Absichten offenlegen. Kinder haben gute Gründe, weshalb sie Dinge tun. Wir müssen diese Gründe nur ernst nehmen und ehrlicherweise auch unsere Hintergründe aufdecken. In diesem Kontext kann gemeinsam entschieden werden, wie es weitergeht. Das kann von einem Angebot der Erzieherin „Ich mache ein Foto eures Kunstwerkes" bis hin zu der Aussage „Wir holen uns einen Lappen, wenn ihr fertig seid, damit nichts auf den Boden tropft" reichen.

Die eigenen Gedanken offenlegen
Verzichten Sie in solchen Situationen auf pauschale Ge- oder Verbote. Erläutern Sie den Kindern vorwurfsfrei, welche Gefühle die Beobachtung der Kinder bei Ihnen auslöst und warum Sie vielleicht das eine oder andere nur schwer aushalten können. Beachten Sie die Reaktion der Kinder auf Ihre Äußerungen.

Wenn Musik in der Realität unseres Lebens vorkommen soll, müssen wir ihr Raum geben. Das kann beispielsweise ein gemeinsames Lied zu Beginn einer Mahlzeit, klassische Musik im Hintergrund während des Essens oder auch das rhythmische Klappern mit Gabel und Messer auf dem Tisch sein. Seien Sie zusammen mit den Kindern experimentierfreudig, geben Sie den Kindern die Chance, die eigenen Empfindungen und Ausdrucksmöglichkeiten zu erfahren, und dies auch musikalisch in der Situation des Mittagessens.

Bildungsbereich „Mathematik"

Beispiel

Lise (3 Jahre) sitzt am Tisch und hat sich die Schüssel mit dem Eintopf ganz dicht an ihren Teller herangezogen. Voller Faszination nimmt sie die Suppenkelle und füllt eine Kelle nach der anderen auf ihren Teller. Sie zählt dabei laut: „eins, zwei, fünf, sieben, neun". Ludwig, der neben ihr sitzt, blickt gespannt auf das Schauspiel, das sich ihm bietet, als die Suppe über den Tellerrand tritt. Er zieht daraufhin die Schüssel zu sich, greift nach der Kelle und beginnt ebenfalls laut zu zählen: „Eins, zwei, drei, vier." Als er fertig und sein Teller gut gefüllt ist, blickt er zu seiner Nachbarin.

Schätzen, messen und vergleichen
Um mathematische Grunderfahrungen machen zu können, bedarf es keines teuren Bastel- oder Experimentiermaterials. Jede Mahlzeit ist gleichzeitig auch Mathematik – es gilt sie nur zu entdecken und für die Kinder aufzuzeigen.

Schätzen, messen, ordnen, vergleichen, abzählen, Strukturen vergleichen – der Reiz dieser Tätigkeiten lässt sich selbst bei den Kleinsten schon gut beobachten und ist selbstverständlich auch auf die Alltäglichkeiten des Essens übertragbar. Wie viele Kartoffeln hast du auf deinem Teller? Möchtest du eine große oder eine kleine Möhre essen? Wie sieht der Teller aus, wenn er gefüllt vor dem Kind steht? Ist der Inhalt miteinander vermischt oder kann das Kind erkennen und zuordnen, was es zu sich nimmt? All diese Gesprächsanlässe sind gleichzeitig die Grundlage für mathematische Erfahrungen und wecken die Freude an diesem im späteren Leben leider oft so ungeliebten Thema.

Viele Kinder genießen ihr Essen mehr, wenn sie genau sehen können, was sie eigentlich essen, und das Essen nicht von der Erzieherin vorgeschnitten, zerkleinert und mit Sauce

Beobachten und dokumentieren
Hat jemand der Eltern bereits gefragt, ob Sie schon Vorschulerziehung betreiben? Halten Sie die Beobachtungen vom Zählen der Kinder beim Mittagessen bereit und verdeutlichen Sie den Eltern so, dass die gesamte Kitazeit „Vorschulerziehung" ist, da sich die Kinder in jedem Moment in der Kita auf die Schule vorbereiten!

versehen vor das Kind hingestellt wird. Sie als Erzieherin beobachten dann häufig, dass die Kinder vor dem Essen zunächst mit der Gabel die Bestandteile auseinandersortieren. Dies ist kein gelangweiltes „Spielen" mit dem Essen, sondern begründet sich im kindlichen Wunsch nach „Ordnung in den Dingen". Unterstützen Sie dies, indem Sie die einzelnen Essensbestandteile auch einzeln anbieten.

Bildungsbereich „Naturwissenschaftliche und technische Grunderfahrungen"

Warum wackelt Götterspeise?
Die Fragen der Kinder gehen häufig über technisch-naturwissenschaftliches Grundwissen weit hinaus und fordern auch die Erzieherin. Nutzen Sie diese Fragen als Themen der Kinder. Geben Sie keine vorschnellen „Darum-Antworten", sondern regen Sie die Kinder an, selbst an diesen Fragen dranzubleiben. „Wen könnte man fragen? Wo könnte man die Antworten herbekommen?" So entstehen lebendige kleine Forschungsprojekte.

Wieso haben Würstchen eine Haut? Wieso gibt es das Eis immer erst nach dem Essen? Warum ist die Suppe heiß? Warum muss ich Spinat essen? Fragen, Fragen und nochmals Fragen und dazu eine Fülle von den zur Klärung dieser Fragen notwendigen Untersuchungen, die am Mittagstisch stattfinden. Kleine Kinder bewegen sich hier sicher durch die Fachgebiete der Biologie, der Chemie und der Physik, ganz nach Interesse und ihren aktuellen Schwerpunkten. Sie beobachten beim Mittagessen chemische Zusammenhänge beim Vermischen und Befühlen von Lebensmitteln und stellen diese in den Kontext ihrer Erfahrungswelt. Die Frage ist, ob Erwachsene diesen Kontext immer erkennen und zulassen. Die Frage nach den Gründen, den Zusammenhängen, der Kausalität bestimmter Vorgänge (warum wackelt Götterspeise?) kann der Auslöser zu einem Forschungsprojekt sein, das Kindern die Wunder und den Respekt vor dieser vielfältigen Welt näherbringt als jegliche Erwachsenenerklärung. Und ganz im Vertrauen: Wissen Sie, warum Götterspeise wackelt? Auch wir haben selten fundierte naturwissenschaftliche Erklärungen für die Fragen des Alltags. Nutzen Sie die Fragen der Kinder also auch für die eigene Weiterbildung. Hier sind Erzieherinnen und Kinder tatsächlich auf derselben Augenhöhe. Kein Kind erwartet von Ihnen die Antwort auf alle Fragen. Der Weg ist das Ziel, die Beschäftigung mit den Fragen ist oft interessanter als eine vorschnell gegebene Lösung.

Eine Bemerkung noch am Rande: Mathematische und naturwissenschaftliche Grunderfahrungen werden häufig eher dem männlichen Bildungsverständnis zugeordnet und von Erzieherinnen oft als notwendiges Übel angesehen. Bücher werden angeschafft und Fortbildungen besucht, die den Pädagoginnen ein Grundverständnis für diese Bildungsbereiche eröffnen sollen. Seien Sie hier ruhig etwas selbstbewusster, beobachten Sie einfach die Bildungsprozesse, die Sie beim Essen erleben, und benennen Sie diese fachlich kompetent.

Die eigene Kitazeit reflektieren
Wie war es bei Ihnen, als Sie selbst noch ein Kitakind waren? Können Sie sich noch daran erinnern, was für Sie die unangenehmste Zeit des Kitatages war? Viele Erzieherinnen äußern hier spontan, dass es der Mittagsschlaf war. Alle waren froh, ein „Mittagskind" zu sein, das nicht in der Einrichtung schlafen muss. Welche Konsequenzen hat dies für Ihre Erziehungsarbeit heute?

5.4.8 Das leidige Thema „Mittagsschlaf"

Schlafen, Essen, Anziehen, Zähneputzen, Aufräumen – das sind Themen, die den Alltag der Kita und auch in den Elternhäusern bestimmen. Je kleiner die Kinder sind, desto mehr sind Pädagoginnen gerade bei diesen Themen in der Gefahr, sich von ihrem Erziehungsziel, der kindlichen Selbstbestimmung, zu entfernen. Kindliche Selbstbestimmung im Spiel – das ist selbstverständlich. Aber sollen die Kinder beim Mittagsschlaf wirklich selbst bestimmen können?

Lassen Sie uns zunächst den kindlichen Schlafrhythmus näher betrachten: Den einheitlichen, kindlichen Schlafrhythmus gibt es nicht. Schon Neugeborene zeigen starke Unterschiede in ihren Schlaf- und Wachrhythmen, schon jetzt gibt es Früh-

und Spätaufsteher, Mittags- und Vormittagsschläfer, Träumer und Daueraktive. Einen festen Schlafplan für alle Kinder etablieren zu wollen, wird deshalb immer Einschränkungen für die Kinder mit sich bringen. Beobachten Sie Ihre Krippenkinder über einen längeren Zeitraum ganz genau. Ihre bisherigen Erfahrungen mit Kindern können Ihnen dabei helfen, aber sie sollten auf keinen Fall den individuellen Blick auf Ihre aktuellen Kinder verstellen. Um jedes Kind wirklich individuell und bestmöglich in seiner Entwicklung zu begleiten, muss dies auch für das Thema Mittagsschlaf gelten.

Beispiel

Die Mutter von Leonie hat sich der Leiterin gegenüber darüber geäußert, dass es für Sie ein Riesenproblem ist, dass ihre Tochter jeden Tag mindestens zwei Stunden in der Kita schlafen muss. Die Mutter stellt fest, dass Leonie dann abends immer so munter ist, dass sie nicht ins Bett will. Die Erzieherin habe im Elterngespräch darauf hingewiesen, dass dies organisatorisch nicht anders zu regeln sei.

Elterngespräche dieser Art finden in Kitas immer wieder statt – mit Frustrationen auf beide Seiten. Gemeinsame Erziehungsziele werden dabei allzu schnell aus den Augen verloren.

Kein Kind schläft wie das andere

Es gibt kaum einen anderen Entwicklungsbereich, in dem sich die unter 3-Jährigen derart stark unterscheiden wie in ihren individuellen Schlafbedürfnissen. Erzieherinnen müssen hier einen unglaublichen Organisationsaufwand betreiben. Im besten aller Fälle müsste in jedem Raum oder in der Krippe an sich eine Ruhezone geschaffen werden, in die sich die Kinder jederzeit ungestört zum Schlafen zurückziehen können.

Das Thema Schlafen gehört allerdings in allen Kindertageseinrichtungen zu den „heißen Eisen". Nach wie vor achten die meisten Einrichtungen überraschend streng darauf, dass in der Mittagspause geschlafen wird. Die pädagogische Frage darf hier allerdings nicht lauten, wie lange ein Kind in welchem Alter schlafen muss, sondern vielmehr, wie die Erzieherinnen Kinder dabei unterstützen können, ihre eigenen Bedürfnisse, also auch ihre Schlafbedürfnisse, ohne Bevormundung selbst kennenlernen zu können. Kinder, die ihre Bedürfnisse kennen und äußern, sind im Kitaalltag sicher nicht die bequemsten, aber sie sind dafür gewappnet, ihre Bedürfnisse zu erkennen und sie selbstständig zu versorgen. Das Kennen der eigenen Bedürfnisse und Befindlichkeiten stellt die Grundlage für Selbstbewusstsein und Selbstwertempfinden dar.

Jede Art von Zwang beim Mittagsschlaf vermeiden

Im Grunde ist alles erlaubt, was den Kindern einen erholsamen Schlaf als angenehmes Ruheritual im aufregenden Kinderalltag bietet. Konkret bedeutet dies, dass Druck und jede Art von Zwang aus den Einrichtungen verschwinden müssen. Müde zu sein und schlafen gehen zu können, können auch schon kleine Kinder als angenehm empfinden. Ein guter Einstieg wäre es, auch schon mit sehr kleinen Kindern das Gefühl zu besprechen, wie es ist, wenn man müde wird, und wie man schläft. Nicht immer, wenn die Kinder ins Bett geschickt werden, sind sie auch wirklich müde und nicht immer sind die Kinder müde, wenn gerade ein Bett in der Nähe ist.

Das Gefühl der Müdigkeit vom Schlafengehenmüssen unterscheiden zu können, stellt eine wichtige Grundlage dafür dar, das eigene Schlafbedürfnis zu erkennen und realistisch-verlässlich einschätzen zu können.

Sich von den Eltern beraten lassen

Eltern kennen ihre Kinder sehr genau. Lassen Sie sich bereits in der Eingewöhnungszeit von den Eltern zu den Schlafgewohnheiten ihrer Kinder beraten. Nutzen Sie die Eingewöhnungszeit auch, um bei den Eltern zu beobachten, mit welchen Ritualen sie ihre Kinder zur Ruhe legen.

Mittagsschlaf zum besonderen Ereignis machen

Kinder haben Angst, während des Schlafs etwas Wichtiges zu verpassen. Um das zu verhindern, muss das Schlafen selbst zu einem besonderen Ereignis gemacht werden. Das gelingt, indem die Kinder das eigene Schlafen genauso planen und mitgestalten können, wie es auch sonst im pädagogischen Alltag Standard sein sollte. Das bedeutet, die Kinder können sich ihren Schlafplatz selbst suchen und gemütlich ausgestalten, der Schlafplatz darf auch in der Bauecke oder auf der Theaterbühne sein, mobile Matten sind vorteilhafter als stabile Kinderbetten.

Auch Erzieherinnen können sich Mittagsruhe gönnen

In vielen Einrichtungen hat es sich inzwischen eingebürgert, dass sich jeweils eine Erzieherin gemeinsam mit den Kindern hinlegt und Mittagsschlaf hält. Dies zeigt überraschende Effekte: Kinder schildern, wie schön sie das finden, und der Mittagsschlafdienst ist einer der beliebtesten Dienste unter den Erzieherinnen geworden. Hintergrund dafür ist, dass beide Seiten zeigen, dass es beim Schlafen um ein Grundbedürfnis geht, das Erwachsene genauso wie die Kinder haben.

Vertraute Gegenstände mit schlafen legen

Bei den unter 2-Jährigen sollte jedoch noch das klassische Kinderbett genutzt werden, damit die Kinder Körperkontakt mit einer festen Umrandung haben (dieses Phänomen ist bei Kindern häufig zu beobachten: Sie betten sich so, dass sie an etwas anstoßen, was wahrscheinlich mit der Entwicklung des Körpergefühls und der Tiefensensibilität einhergeht). Die größeren Kinder, die sich ihren Schlafplatz selbst gestalten, sollten ihre persönliche Decke mitnehmen können. Alle Kinder lieben Schlafsäckchen, die persönliche Gegenstände enthalten, z. B. ein laminiertes Foto von Papa und Mama, ein getragenes T-Shirt mit dem vertrauten Geruch der Eltern, das Lieblingskuscheltier oder einen anderen persönlichen Gegenstand.

Kinder schlafen oder ruhen lassen

Müssen Kinder schlafen oder reicht es, wenn sie ruhen? Die mittägliche Pause, gerade nach dem Mittagessen, tut allen gut, Kindern wie auch Erwachsenen. Hirnbiologen nehmen an, dass in dieser Pause auch das am Tag bisher Erlebte und Gelernte nochmals in Ruhe reflektiert und abgespeichert werden kann. Ruhe stellt sich schon dadurch ein, dass in dieser Zeit keine Angebote stattfinden. Das Ruhebedürfnis ist trotzdem von der individuellen Lebenssituation der Kinder abhängig.

Was muss also berücksichtigt werden?

Nicht jedes Kind kann unter Beobachtung schlafen. Hier helfen Rückzugsmöglichkeiten, z. B. Schlafhöhlen, die sich die Kinder selbst bauen können. Erzieherinnen, die Angst haben, die Kinder würden unbeobachtet nicht richtig schlafen, müssen daran erinnert werden, dass diese Kinder auch dann nicht schlafen würden, wenn sie im Blickfeld der Erzieherin wären. Kinder, die ihre Ruhephase beendet haben, sollen nicht im Bett liegen bleiben müssen. Hier zeigt sich eine gute Zusammenarbeit zwischen Krippe und Kita, wenn es gelingt, die wachen Kinder nach dem Mittagsschlaf in die Kita gehen zu lassen, während die anderen Kinder in der Krippe noch schlafen. In kleineren Krippeneinrichtungen kann das auch eine Kollegin in einem anderen Raum übernehmen.

Den Kitarhythmus dem Schlafrhythmus der Kinder anpassen

Es sollte allen Erzieherinnen klar sein, dass jedes Kind unter 3 Jahren ein anderes Schlafbedürfnis hat. Der natürliche Schlafrhythmus von kleinen Kindern weicht häufig deutlich vom Ablaufplan der Kita ab. Kleine Kinder sind oft schon seit fünf Uhr morgens wach, werden dann am frühen Vormittag noch mal sehr müde und zumeist erneut im Verlauf des Mittagessens. Wenn Kinder in der Nacht wenig geschlafen haben, werden sie auch tagsüber öfter müde werden. Es ist völlig in Ordnung, wenn die Kinder zwischendurch schlafen und daher nach dem Mittagessen nicht in Tiefschlaf sinken. Unleidlich werden die Kinder erfahrungsgemäß immer dann, wenn sie von ihrem natürlichen, sehr individuellen Schlafrhythmus auf einen Einheitsrhythmus der Einrichtung umgestellt werden. Oftmals ist das jedoch überhaupt nicht notwendig.

Die Zeiten der festen Mittagsruhe von 12 bis 14 Uhr sollten heute eigentlich vorbei sein. Dennoch gehört der feste Mittagsschlaf immer noch zu den unverrückbaren Vorgaben vieler Kitas. Vertrauen Sie doch stattdessen lieber darauf, dass jedes Kind seinen eigenen Rhythmus hat und von sich aus ohne Protest und Mühe schlafen gehen wird, wenn es die Rückzugsmöglichkeit und Gelegenheit dazu bekommt, seinen Schlafbedürfnissen nachzugehen. Die Mittagsschlafgestaltung ist daher bei den jüngeren Kindern in allererster Linie eine Gestaltung der räumlichen Bedingungen, nicht der zeitlichen Abläufe. Erst wenn die Kinder etwas größer geworden sind (etwa ab dem Alter von zwei Jahren), werden sie zu ähnlichen Zeiten müde und munter. Das erleichtert vielleicht die organisatorischen Abläufe, sollte aber ebenfalls keine starre Regel sein. Je weniger der Schlaf zum Machtkampf zwischen der Erzieherin und dem Autonomiebedürfnis des Kindes wird, umso entspannter und friedlicher wird es in der Krippe sein.

Einen Rückzugsraum mit den Kindern gestalten
Viele Einrichtungen haben ihn inzwischen schon – einen Snoezelraum. Das Wort „Snoezel" kommt aus dem Niederländischen und bedeutet so viel wie schlummern oder dösen. Richten Sie den Raum gemeinsam mit den Kindern ein und ermöglichen Sie den Kindern, dass sie sich jederzeit zum Ruhen dorthin zurückziehen können.

Elternbedürfnisse ernst nehmen

Auch die Eltern wollen immer nur das Beste für die Kinder und haben oft eigene Vorstellungen davon, wie und wie lange die Kinder schlafen sollen oder wie viel Schlaf sie „brauchen". Erzieherinnen und Eltern sind sich darin ähnlich, dass sie „genau wissen", was die Kinder brauchen, aber oft in bemerkenswerter Uneinigkeit. Hier müssen sich Erzieherinnen und Eltern intensiv austauschen. Einige Eltern wollen, dass ihr Kind mittags schläft, damit es am frühen Abend noch nicht so müde ist. Andere Eltern wollen nicht, dass das Kind mittags schläft, damit es abends rechtzeitig müde wird und leichter ins Bett zu bringen ist. Wer hat hier recht? Diese Entscheidung kann von einer Erzieherin nicht getroffen werden, da dies immer auch eine Bewertung beinhalten würde. Ins Gespräch mit den Eltern zu kommen, ist aber auf jeden Fall ein Anfang für eine gute erziehungspartnerschaftliche Zusammenarbeit.

6 Spiel als Hauptform der pädagogischen Angebote

6 Spiel als Hauptform der pädagogischen Angebote

6.1 Spielmaterialien für draußen und drinnen

Die Zahl der pädagogischen Ratgeber für Spielangebote und Spielmaterialien für drinnen und draußen ist schier unerschöpflich. Uns als Autoren wird es an dieser Stelle nicht gelingen können, Ihnen einen erschöpfenden Überblick über all das zu geben, was es an Spielformen, Spielmaterialien und Spielangeboten für 0- bis 3-Jährige geben kann. In den Literaturtipps auf Seite 212 geben wir einige Empfehlungen zum Weiterlesen. Die hier folgenden Ausführungen sind nicht als „Spielrezepte" zu verstehen, sondern schildern aus der Praxis, mit welchen Spielmaterialien einige Einrichtungen sehr gute Erfahrungen gemacht haben. Darüber hinaus werden wir Ihnen einige Hinweise darauf geben, wie Spielzeug für die Kleinen gestaltet sein sollte und was gute Kinderbücher ausmacht.

Der Ball ist rund

Bälle sind nach wie vor die Klassiker unter den Kleinstkindspielzeugen. Sie dürfen daher in keiner Einrichtung fehlen und sollten in ausreichender Anzahl vorhanden sein. Bälle fordern die Motorik schon bei Kleinstkindern sehr stark, da sie die Kinder ständig in Bewegung halten, die Auge-Hand-Koordination anregen und durch ihre Instabilität bei Belastung den Muskelaufbau fördern.

In die Grundausstattung gehören daher:

- große Bälle zum Selberrollen,
- kleine Bälle für die Hand,
- weiche Bälle zum Verformen (Luftballons mit Mehl, Reis, Erbsen usw. gefüllt),
- Medizinbälle als Hindernisse.

Spieglein, Spieglein an der Wand

Spiegel gehören ebenfalls in alle Einrichtungen. Sie regen Kinder immer wieder dazu an, sich mehr und mehr mit sich selbst vertraut zu machen. Erinnern Sie sich an die Ausführungen im Kapitel 3.2.3, in dem die zentrale Entwicklungsaufgabe „Ich-Konzept" in diesem Altersabschnitt beschrieben wurde.

Spiegel dienen dazu,

- sich ein Bild von sich als eigenständiger Person zu machen,
- die visuelle Wahrnehmung zu fördern,
- über das zu staunen, was man dort sieht,
- die schwierige Verknüpfung von Motorik und Sehen (Psychomotorik) zu üben.

Fühlen, Tasten, Staunen

Spielmaterialien für Kleinstkinder müssen nicht teuer sein. Am besten eignen sich Gegenstände, die den Kindern im Alltag häufig begegnen, deren Sinn und Funktion von den Kindern aber erst noch entdeckt werden müssen. So wird Spiel zur Alltagsbewältigung.

Zu solchen Alltagsspielmaterialien gehören:

- Büchsen, Dosen, Flaschen (pfandfrei, sauber und verletzungssicher),
- unterschiedliche Materialien zum Füllen, um damit zu klappern, zu schütteln, zu greifen,
- Materialien, die Geräusche machen (Knisterpapier, Luftpolsterfolien, Zeitungen, Glocken, Rasseln),
- durchsichtige, verschlossene (und verschweißte) Flaschen mit spannenden Inhalten (z. B. farbiger Sand, Muscheln, Schrauben und Muttern, Glitzer, Nudeln usw.).

Aus- und wieder Einpacken

Körbe, Kartons, Kisten – kreative Formen der Müllvermeidung werden durch sie ermöglicht. Kinder lieben es, Kisten aus- und wieder einzupacken. Das, was dort alles zutage tritt, wird von den Kindern mit großer Begeisterung untersucht und ausprobiert. Kisten und Körbe gehören daher zur Grundausstattung jeder Krippe.

Um sie noch interessanter zu machen, können die Kisten:

- mt Decken und Fellen ausgelegt werden und so selbst zum Rückzugs- und Kuschelort werden,
- stabil genug sein, sodass sie sich zum Rein- und Rausklettern eignen,
- zum Befüllen und Leeren transportsicher und haltbar gemacht sein
- oder zum Ausprobieren auch mal instabil und zum Zerlegen geeignet sein.

6.2 Was ist gutes Spielzeug?

6.2.1 Auf der Suche nach dem guten Bilderbuch

Welche Medien sind in der Krippe schon einsetzbar? Wie finde ich das gute Bilderbuch, an dem Kinder in der Krippe Spaß haben und das sie lustvoll an das Medium Buch heranführen kann? Sie werden hier keine Bestsellerliste der besten Kinderbücher finden, aber es gibt doch einige Kriterien, die auf der Suche nach geeigneten Kinderbüchern zu beachten sind.

Wie findet man ein gutes Buch?

Gemeinsame Nähe ist wichtig
Kinder genießen die Zeit sehr, die Erwachsene ihnen beim gemeinsamen Betrachten eines Buches widmen. Beim Vorlesen wird gekuschelt, erzählt und es entsteht ein schönes Gefühl von Nähe. Der Inhalt des Buches kann dabei sogar in den Hintergrund geraten.

Es gibt eine Fülle von Büchern, die aktuelle Themen von Kindern, z. B. Hunde und Katzen, zum Inhalt haben und die neben möglichst lebensnahen, nicht knallbunten und stilisierten Abbildungen auch die Möglichkeit zum Fühlen beinhalten. Felle unterschiedlichster Art können z. B. befühlt und mit dem Bild in Verbindung gebracht werden. Achten Sie vor allem auf eine hohe Qualität der Abbildungen und Fotos, da sie den Zugang der Kinder zu Büchern lange prägen.

Je kleiner die Kinder sind, desto wichtiger sind die Qualität und die Größe der Abbildungen. Der Gegenstand, den das Kind im Moment als wichtig erachtet, muss sich auf den Bildern wiederfinden lassen.

Lassen Sie dabei keine „Erwachsenenästhetik“ walten. Die Bilder sollen den Kindern gefallen. Sehr filigrane Zeichnungen, die Erwachsene oft bevorzugen, werden von den Kindern aufgrund des sich noch entwickelnden Sehsinnes oft nur schemenhaft wahrgenommen. Sie eignen sich eher für größere Kinder.

Erinnerungen entstehen im Kleinstkindalter
Haben Sie nicht selbst Erinnerungen an bestimmte Bücher, die Ihnen vielleicht Ihre Oma vorgelesen hat? Daran schließen sich auch Erinnerungen an bestimmte Situationen, Gerüche und Erlebnisse an.

Größere Kinder mögen vor allem Bücher, in denen viel zu entdecken ist. Eine fortlaufende Geschichte ist noch nicht so wichtig, sondern vielmehr die Entdeckungen, die das Buch bietet. Das kann z. B. ein Marktplatz in einer Stadt oder eine Wiese sein. Alles wird genau betrachtet. Im Dialog mit dem Erwachsenen erschließt sich dem Kind das Buch und die darin entdeckte Welt.

Um das zweite Lebensjahr werden Bücher mit einer Geschichte und einer Identifikationsfigur, z. B. einem Teddy oder einem Kind, interessant und müssen manchmal mehrere Dutzend Male vorgelesen werden. Kinder genießen diese fast „persönliche“ Beziehung, die sich zwischen ihnen und dem Buch aufbaut, und gewinnen durch diese Wiederholungen Sicherheit und Vertrauen. Legen Sie auch hier Wert auf klare Darstellungen, kurze einfache Geschichten und Figuren, die aus der Lebenswelt des Kindes kommen.

Bücher nicht als Zierrat betrachten

Natürlich sollen Bücher sorgfältig und schonend behandelt werden. Krippenkinder gehen jedoch auf ihre Art mit den Büchern um, indem sie sie in den Mund nehmen, ihre Papierdichte wahrnehmen, sie eben „begreifen“ und mit allen Sinnen befühlen. Dieser Behandlung hält ein Bilderbuch nicht lange stand, das müssen Sie einkalkulieren. Ja, Krippenkinder brauchen Bilderbücher, aber Erwachsene sollten wissen, dass Bücher eine begrenzte Haltbarkeitsdauer haben, und sich trotzdem für qualitativ gute Bücher entscheiden. Kindern nur Plastik- und abwaschbare Bücher zur Verfügung zu stellen, enthält ihnen das Erlebnis eines echten Buches viel zu lange vor.

6.2.2 Spielzeug und Spielzeugbeurteilungen

Wie kann aus dem Überangebot an Spielsachen Sinnvolles für die Kinder ausgewählt werden? Schauen Sie sich einmal kritisch in Ihrem Gruppenraum um. Wo sind wirklich „echte", alltagsnahe Spielsachen, wie beispielsweise ein Topfdeckel, eine Plastikschüssel zum Auf- und Zumachen, ein Kännchen, um im Waschbecken Wasser hin- und herzukippen? Kinder beobachten Erwachsene sehr genau und wollen nicht nur mit künstlichen („Spiel")-Sachen abgefertigt werden. Setzen Sie daher verstärkt natur- und lebensnahe Materialien und echte Dinge in Ihren Räumen ein. So gelingt es Ihnen von Anfang an, Kindern durch realistisches Spielzeug Achtung vor den unterschiedlichen Materialien unseres Lebens zu vermitteln.

Klassiker auch kritisch betrachten
Die Lebenswelten von Kindern ändern sich. Daher erscheinen nicht alle Kinderbuchklassiker den heutigen Verhältnissen angemessen. Ein Beispiel dafür sind die extrem drastischen Strafen, die die Kinder im „Struwwelpeter" von Heinrich Hoffmann erleben. Bei allem Respekt vor Klassikern – Kinder können heute sehr gut ohne den Struwwelpeter aufwachsen.

Die Qualität des Spielzeugs kritisch prüfen

Folgende Checkliste kann Ihnen helfen, das Spielzeug in Ihrer Einrichtung daraufhin zu überprüfen, ob es tatsächlich pädagogisch wertvoll ist:

Empfehlenswert sind Spielmaterialien, die,

- **robust sind**
  Kinderspielzeug muss etwas aushalten können. Kinder sollten beim Spielen nicht ermahnt werden müssen, vorsichtig und rücksichtsvoll mit dem Spielmaterial umzugehen.
- **großteilig sind**
  Kleine Steckmaterialien und Puzzlespiele sind für den noch wenig entwickelten Pinzettengriff der ganz Kleinen eher ungeeignet. Da die Kleinen vieles auch in den Mund stecken, droht hier ein Verschlucken der kleinen Teile.
- **nicht aus kleinteiligen Magneten bestehen**
  Kleinteiliges Magnetbastelspielzeug ist für Kleinkinder ungeeignet. Nach dem Verschlucken können die Teile im Magen und Darm der Kinder zusammenkleben und zu inneren Verletzungen führen. Magnete müssen also immer so groß sein, dass ein Verschlucken ausgeschlossen ist.
- **keine scharfen Kanten enthalten**
  Das trifft besonders auf Holzspielzeug zu, das oft scharfe Kanten aufweist. Hier ist das Verletzungsrisiko bei Plastikspielzeug oft geringer.
- **einfache Formen und Farben enthalten**
  Insbesondere Alltagsmaterialen sind zu bevorzugen. Bälle, Zeitungs- und Glanzpapier, Papprollen, alte Werkzeuge ohne Verletzungsrisiken, Kisten, die man auspacken kann, Obstkisten, Decken zum Höhlenbauen, Felle, Plastikbausteine usw.
- **nicht elektronisch sind oder die Umwelt elektronisch nachbilden**
  Das Muhen einer Kuh lernt man von einer echten Kuh besser kennen als von einem elektronischen Spielzeug, das Kuhgeräusche imitiert.
- **neue Kombinationen und Verwicklungen ermöglichen**
  Spielzeug sollte über längere Zeit attraktiv bleiben. Vorgefertigte Spielzeuge mit vorgefertigten Abläufen werden schnell langweilig.

Keine „Erwachsenenästhetik"
Kinder haben einen anderen Blick auf Spielzeuge als Erwachsene. Kinderspielzeug muss nicht aufwändig, künstlerisch oder ausschließlich aus Holz sein.

Typisch Junge, typisch Mädchen?
Im Kleinstkindalter bis 3 Jahre sind Diskussionen über Jungen- und Mädchenspielzeug völlig fehl am Platz. Jede Erzieherin ist angehalten, sich selbst zu überprüfen, ob sie bereits bei so kleinen Kindern Geschlechterklischees bedient. („Puppen sind doch nix für Jungen!")

- **für unterschiedliche Altersgruppen attraktiv sind**
  Klassiker wie die Puppe und Bausteine verlieren ihre Attraktivität nicht, wenn die Kinder älter werden. Mit ihnen werden auch altersgemischte Gruppen zum gemeinsamen Spielen angeregt.
- **keine Regeln oder schwer zu erlernende Fähigkeiten erfordern**
  Für Regelspiele sind Krippenkinder in der Regel noch zu klein. Hier eignen sich eher Gruppenaktivitäten wie gemeinsames Singen, Hüpfen oder Tanzen.

Tipp

Eine Plastiktüte gefüllt mit Konfetti, Gräsern oder Federn, etwas aufpusten und danach gut zuknoten – fertig ist eines der spannendsten Spielzeuge für Kinder überhaupt.

Weitere Kriterien sind die Haltbarkeit und die hygienische Vertretbarkeit der Spielzeuge, ethische Grundsätze (z. B. bei Pistolen und Plastikmessern) sowie das Preis-Leistungs-Verhältnis. Teure Anschaffungen sind selten notwendig.

6.3 Kleinkindgerechte Raumgestaltung

Kennen Sie das Gefühl, Sie betreten einen Raum und das Licht, die Farben, die Gerüche dort erinnern Sie an irgendetwas? Mit Sicherheit haben Räume einen größeren Einfluss auf uns, als wir vermuten, denn sie können die unterschiedlichsten Gefühle auslösen. Räume entscheiden mit über unser Wohlbefinden oder unser Unwohlsein. Sie können Spannungen und Aggressionen auslösen oder beruhigen und zur Entspannung auffordern. Sie können Lust auf Betätigung, Spiel und Bewegung erwecken oder uns davon abhalten.

Räume müssen klare Zuordnungen aufzeigen

Die Reggio-Pädagogik bezeichnet den Raum als „dritten Erzieher", als eine gleichwertige Komponente zu den Pädagogen, als Unterstützungsinstrument ihrer pädagogischen Arbeit. Die Einteilung und Gestaltung der Räume für Kleinkinder sollte sich deshalb an bestimmten Faktoren orientieren. Der gesamte, für die Kinder zur Verfügung stehende Raum sollte anhand folgender Funktionen unterteilt und klar zugeordnet werden:

- **Raum für Bewegung**
  Der Raum für Bewegung sollte Platz für großzügige Bewegungen (laufen üben, krabbeln usw.), unterschiedliche Ebenen (mit möglichst variablen Elementen), Angebote zum Krabbeln, Kriechen, Klettern und Hüpfen bieten, die möglichst nach Bedarf nutzbar sind.
- **Raum zum Entspannen und Schlafen (Snoezelraum)**
  Am besten geeignet ist hier ein Extraraum mit Bettchen für die ganz Kleinen, einer abgegrenzten Liegefläche für die Größeren (hier hilft oft ein Stillkissen, das am Kopf eine Begrenzung bietet), einigen zusammengelegten Matratzen, die zum Kuscheln und Schmusen dienen können, Kuscheltieren und Kissen mit der Möglichkeit, ruhige Musik zu hören. Nutzen Sie diesen Ruheraum auch für Entspannungsphasen, zum gegenseitigen Massieren, zum Geschichtenerzählen und zum Musikhören.

- **Raum zum Bauen und Konstruieren**
  Entscheiden Sie sich in diesem Bereich Ihres Raumes für ein oder zwei Baumaterialien, stellen Sie diese in ausreichender Menge zur Verfügung und wechseln Sie in Absprache mit den Kindern dieses Material immer wieder aus. Egal, ob mit großen oder kleinen Bausteinen gebaut wird, ob immer wieder Türme gebaut werden oder ob erste eigene Konstruktionen entstehen – das Bauen ist ein Meilenstein in der kindlichen Entwicklung.
- **Raum für beginnendes Rollen- und Puppenspiel**
  Hüte, Taschen, Schuhe, aber auch Kartons und Decken locken Kinder zu neuen Lernerfahrungen. Auch eine Kinderküche mit „echten" kleinen Töpfen, ein Puppenwagen mit einer Puppe fordern zum Rollenspiel auf. Nebenbei bietet ein Puppenwagen oder Buggy oft noch eine zusätzliche Unterstützung beim Laufenlernen. Wichtig ist, dass diese Materialien so ansprechend und auffordernd aufbewahrt sind, dass sie auch im Raum als Anregung wahrzunehmen sind und so eine anregende Spielmöglichkeit bieten.
- **Raum zum Malen und Gestalten (Atelier)**
  Gönnen Sie Kindern die Erfahrung mit Stiften, Papier, Knete, Klebstoff, Kinderscheren, Rollen, Pappe und beobachten Sie, welche Kreativität sich hier bei den Kleinsten entwickelt. Eine kleine Staffelei, unterschiedliches Papier und verschiedene Malutensilien machen Kindern Lust auf mehr und schaffen eine Atmosphäre der Kreativität.
- **Raum zum Kunst-, Gesprächs- und Literaturgenuss**
  Bilderbücher anschauen, Musik machen oder hören, gemeinsam Gespräche führen und philosophieren und vieles Weitere, Kulturvolle, soll sich in diesem Raum

Kindgerecht ist nicht kunterbunt
Achten sie bei der Gestaltung der Räume auf ein stimmiges Farbkonzept. Dazu gehört auch die Abstimmung der Materialien im Raum mit der Raumfarbe. Lassen Sie sich dazu gegebenenfalls von Fachleuten beraten oder besuchen Sie andere Einrichtungen und profitieren Sie von deren Erfahrungen.

erleben lassen. Gestalten Sie eine Ecke oder einen Bereich in Ihrem Raum als gemütliche Kuschelecke, mit Teppich und Kuschelkissen in warmen ansprechenden Farben, in der Sie und die Kinder sich gerne niederlassen, um Neues auszuprobieren, zusammen zu sein, miteinander zu reden, zu singen und zu genießen.

- **Weitere Räume**
  Je nach Interesse der Kinder können Sie noch einen Experimentierbereich, einen Matschbereich, einen Schminkbereich oder einen Puzzlebereich einrichten. Ihre möglichst detaillierte Beobachtung hilft Ihnen, genau die momentane Interessenlage der Kinder zu treffen. Wenn Sie die Räume gemeinsam mit den Kindern planen und gestalten, so werden die Kinder diese Räume lange und pfleglich nutzen.

Beispiel

Frau Hirsch betreut die Gruppe der 2- bis 3-Jährigen. In der letzten Woche ist ihr immer wieder aufgefallen, dass fünf Kinder ihrer Gruppe viel Zeit mit Schütten und Umfüllen verbrachten. Kurzentschlossen entschied sie sich, die momentan kaum genutzte Puppenecke für eine Weile aus dem Raum zu verbannen. Den entstehenden Platz nutzte sie, um eine Kinderbadewanne auf einem Ständer aufzustellen. Die Wanne befüllte sie ungefähr fünf Zentimeter hoch mit Spielsand. Im Abstand von zwei Metern wurde eine weitere Schüssel platziert, die eine Handbreit hoch mit großen Perlen befüllt ist. Ein Stück daneben stellte sie noch eine Wanne mit Wasser auf.

Sie gestaltete die Umräumaktion gemeinsam mit den Kindern und bat diese, am darauffolgenden Tag Becher, Messbecher und kleine Kannen mitzubringen. Der Erfolg war überwältigend. Fast jedes Kind brachte ein Gefäß zum Schütten und Kippen mit. Alle Kinder fanden sich um die entsprechenden Schüsseln ein und über fast drei Wochen hinweg waren die meisten Kinder der Gruppe mit diesem Thema beschäftigt. In der Weiterentwicklung ihres Spiels bezogen einige der Kinder dann auch noch das Bad mit ein, Schläuche und Rohre wurden von zu Hause mitgebracht. Es entstanden neue Spielideen, Leitungen wurden verlegt, das Ein- und Ausgießen wurde immer wieder neu geübt, und es herrschte ein geschäftiges Miteinander.

Räume dienen den Kindern
Räume sind nichts Festes, Unveränderbares. Wenn Erzieherinnen sich den Raum nach Ihren persönlichen Interessen einrichten und diesen ungern ändern wollen, weil es „doch so schön gemütlich" sei, stimmt etwas mit der Kindorientierung nicht.

Je eindeutiger Räume für Kinder aufgeteilt und gestaltet sind, desto eher können Kinder in diesen Räumen konzentriert spielen. Werfen Sie einen kritischen Blick auf Ihre Spielsachen und ordnen Sie Spielmaterialen klar zu. Doppeltes Spielzeug kann ruhig für eine Weile woanders gelagert werden, Bausteine gehören in die Bauecke, Stifte und Papier ins Atelier und Bücher in die Leseecke oder in die Bibliothek. Vermeiden Sie Doppelfunktionen, die sich möglicherweise gegenseitig stören. So harmonieren das beginnende Rollenspiel und die Bautätigkeit meist nicht so gut miteinander.

Kleine Kinder finden große Körbe mit spannenden Dingen immer sehr aufregend. Meist wird der Inhalt eine Weile benutzt und kann dann ausgetauscht werden. Kinder lieben es, und es ist faszinierend, sie zu beobachten, wenn sie den Inhalt dieser Körbe entdecken und dort für sich grundlegende Erfahrungen mit Flaschen, Bechern, kleinen Töpfen, Kartons usw. machen.

Räume müssen flexibel nutzbar sein

Nicht alle Funktionen müssen in einem Raum immer vorhanden sein. Wichtiger ist es, die momentanen Bedürfnisse und Themen der Kinder mit in die aktuelle Gestaltung des Raumes zu integrieren. Die Bedürfnisse sind bei 1- bis 2-Jährigen andere als bei 2- bis 3-Jährigen. Geben Sie daher Ihren Räumen die Chance, sich nach den Bedürfnissen der Kinder, die diesen Raum gerade nutzen, zu verändern. 1- bis 2-Jährige brauchen viel Platz, um ihre frisch gelernten Bewegungsabläufe üben zu können. Hier steht nicht die Vielfältigkeit des Spielzeugs im Vordergrund, sondern mehr die Bewegungsmöglichkeiten, die am besten immer wieder veränderbar in einem Raum zu finden sind. Nutzen Sie Kisten und Kartons und möglichst flexible Raumteiler und schaffen Sie Platz, denn Bewegung ist eines der Hauptanliegen der Kinder. 2- bis 3-Jährige orientieren sich schon eher am Spielangebot und nutzen immer wieder und sehr gerne die gleichen Dinge. Räume verändern sich auch mit den Kindern, die dort den Tag verbringen. Deshalb ist es sinnvoll, wenn sich mit der Eingewöhnung eines neuen Kindes in die Gruppe, das vielleicht gerade erst zu laufen beginnt, auch der Raum auf dessen Bedürfnisse einstellt.

Räume müssen das Leben der Kinder dort erkennen lassen

Räume, in denen Kinder leben und lernen, zeichnen sich nicht durch möglichst niedliche Poster und Kinderplakate aus. Trauen Sie den Kindern etwas zu und konfrontieren Sie sie mit der richtigen Welt. Bilder von Künstlern gehören genauso dazu wie Bilder aus der eigenen Stadt, aus dem Leben und aus dem Kulturkreis der Kinder. Dies kann sich thematisch durchaus an der Funktion des Raumes orientieren, so passt z. B. das Rathaus oder die Kirche eines Ortes gut in die Bauecke und kann dort wertvolle Impulse geben. Aber auch das eigene Wohnhaus der Kinder findet hier als Foto einen guten Platz.

Internationalität erfahrbar machen
Interkulturelle Kompetenz kann frühzeitig erworben werden. Stellen Sie die kulturellen Hintergründe der Kinder gleichberechtigt in den Räumen dar. So zeigen Sie auch den Eltern, dass alle Kinder in Ihrer Einrichtung gleichermaßen willkommen sind.

Schaffen Sie daher auch Orte, in denen die Kinder sich als Person wiederfinden, damit der Krippenraum zu ihrem Lebensort wird: Bilder der eigenen Familie, Bilder von sich oder in Spielsituationen in der Kindergruppe – gerade für die Kleinen ist dies ein Stück Zuhause. Versuchen Sie, Bilder immer auf Augenhöhe der Kinder aufzuhängen, trotz der Sorge, dass die Bilder zerfleddert werden. Kinder erfahren beim geduldigen Reparieren der Bilder mit Ihnen gemeinsam einen respektvollen Umgang mit Eigentum. Diese Erfahrung sollte Teil ihrer pädagogischen Arbeit sein, sie vermittelt wichtige soziale Kompetenzen.

Räume müssen Raumerfahrung bieten

Ein Raum sollte für Kinder mit allen Sinnen erfahrbar sein. Fühlen, schauen, riechen, hören, schmecken – all diese Erfahrungen machen einen Raum spannend und schaffen ein Gefühl des Wohlbefindens. Kinder lieben Räume, in denen sie Entdeckungen machen können, die nicht komplett sind und immer von den Erwachsenen eingesehen werden können, die Atmosphäre haben und in denen sich Kinder nicht langweilen.

Die interessantesten Räume …
sind immer die, die verschlossen sind. Gibt es in Ihrer Einrichtung solche heimlichen Räume? Materiallager, Werkzeugschränke, Putzmittelräume? Rechnen Sie damit, dass die Neugierde der Kinder auf diese Räume schier unerschöpflich sein wird. Bieten Sie, nach Möglichkeit, Zutritt zu allen Kitaräumen.

Folgende Materialien und Gestaltungsideen können helfen, anregende Erfahrungen zu sammeln:

- **Fühlen:**
  Tastwände (z. B. mit unterschiedlichen Schwämmen, Putzlappen und Bürsten), weiche Kissen, unterschiedliche Naturmaterialien wie Holz, Rinde, Moos
- **Schauen:**
  Spiegel, die dick, dünn, groß und klein machen, helle Ecken mit Licht, heimelige, kuschelige Nischen, Drehscheiben, Bilder, die auch mal ausgetauscht werden, Fotos auf Augenhöhe der Kinder
- **Riechen:**
  Kräuter und ungiftige Blumen, Duftöle
- **Hören:**
  Windspiele, Instrumente, eine Spieluhr
- **Schmecken:**
  Ein gemütlicher Ort zum Essen, eine Möglichkeit, sich selbst Getränke zu nehmen, ein Kinderbüfett

Nutzen Sie die Möglichkeit, die Räume, in denen die Kinder und Sie einen großen Teil Ihres Tages verbringen, zu Orten zu gestalten, an denen Sie alle gerne sind und sich wohlfühlen.

7 Zusammenarbeit mit Eltern

7 Zusammenarbeit mit Eltern

7.1 Erziehungspartnerschaft mit Eltern gestalten

Eltern haben meist große Sorgen und Bedenken, wenn sie ihr Kind in die Krippe geben. Die größten Bedenken dabei sind, ob ihr Kind, das oft noch nicht sprechen kann, verstanden und gemocht wird und ob auch sie als Eltern verstanden werden. Mit dem Eintritt in die Krippe beginnt für viele Eltern nach der Elternzeit wieder der Start ins Berufsleben, es ist also auch für sie eine neue Situation.

Elternforderungen als Ausdruck ihres Fürsorgeverhaltens verstehen

Eltern können sehr fordernd sein, – aber selten stecken dahinter böse Absichten oder Kritik den Erzieherinnen gegenüber. Erinnern Sie sich an die Ausführungen zur Bindungsentwicklung in den Kapiteln 3.2.1 und 7.3? In elterlichen Forderungen wird das Fürsorgeverhalten deutlich. Sorgen sollten uns daher eher Eltern bereiten, die gar keine Forderungen stellen.

Meist sind Eltern anfangs noch sehr unsicher, vielleicht ängstlich und vorsichtig. Manche Eltern zeigen dies ganz deutlich, manche versuchen es zu verbergen. Sie als Erzieherin können anfangs nicht wissen, aus welcher Lebenssituation die Familie kommt, und sind daher auf Informationen der Eltern angewiesen. Der Erzieherin wird somit ein Kind anvertraut, das sie noch nicht kennt und das meist zum ersten Mal für einen längeren Zeitraum von seinen Eltern getrennt ist. Die Erzieherin braucht hier ein hohes Maß an Feingefühl, die Fragen der Eltern – mögen sie für eine routinierte Krippenerzieherin auch noch so banal oder gar fordernd sein – als erste Kontaktaufnahme zu verstehen und dabei die Weichen für eine zukünftige Zusammenarbeit mit den Eltern zu stellen.

Weiß ich als Pädagogin jederzeit, was gut für die Eltern und das Kind ist?

Beispiel

Louis (2;10 Jahre) alt, wird jeden Tag von seinem Vater in die Kita gebracht, der Vater spricht ganz intensiv, aber mit starkem Dialekt und sehr schnell mit dem Kind. Louis' Erzieherin ist der Verzweiflung nahe, denn sie versteht das Kind kaum. Sie überlegt lange, wie sie mit der Situation umgehen soll. Nach intensiven Gesprächen mit ihren Kolleginnen entschließt sie sich, dem Vater ganz genau ihre Beobachtungen von Louis zu erzählen und dabei auf Ratschläge zu verzichten.

Überlegen Sie mal: Wie hätten Sie sich in dieser Situation verhalten? Hat sich in Ihrem Verhalten in den letzten Jahren möglicherweise etwas verändert? Die Erzieherin aus dem Beispiel hätte vermutlich noch vor einiger Zeit dem Vater gesagt, was er zu tun hat, dass er mit seinem Sohn in einem verständlicheren Deutsch reden möge, dass ihm und seinem Kind dies doch gut tun würde. Darf man dies den Eltern heute nicht mehr sagen? Was hat sich in den letzten Jahren – verstärkt durch die Einführung der neuen Rahmenpläne – in der Zusammenarbeit mit Eltern geändert?

Die „neuen" Eltern und ihre Forderung nach Mitsprache

Auch die Eltern haben sich verändert, sie fordern heute immer mehr Mitspracherecht. Besonders Eltern von Krippenkindern wollen ihre Fragen und Anliegen thematisieren. Dabei sind es oft „heiße" Themen, die die Eltern diskutieren wollen, Themen wie die Sauberkeitserziehung, Schnuller ja oder nein, Essen, Mittagsschlaf usw. Ihr Blick auf das eigene Kind wird immer genauer und ihre Forderung, die individuelle Situation ihrer Familie im Krippenalltag zu beachten, immer inten-siver. Die Rollen der Mütter und Väter verändern sich und damit auch die Lebensbedingungen in der Familie. Deutlich wird das allerdings nur dann, wenn sich die Erzieherin Zeit für ein echtes Gespräch mit den Eltern nimmt und nach den Hintergründen des elterlichen Verhaltens fragt, ohne den Eltern ihre Erziehungsvorstellungen aufdrängen zu wollen.

Einen notwendigen Perspektivenwechsel vollziehen

Was hat die Erzieherin aus unserem Beispiel erfahren, als sie dem Vater ihre Beobachtung geschildert hat? Er erklärte ihr, dass der gemeinsame Weg zur Kindertagesstätte momentan die einzige Zeit sei, die er aufgrund der Berufstätigkeit mit seiner Tochter verbringen könne, und dass er ihr deshalb alles erzählen wolle, was ihm so durch den Kopf gehe. Das steht zunächst einmal dem Anliegen der Erzieherin entgegen, macht ihr aber die Situation des Vaters deutlich und verständlich. Daraus ergibt sich, dass sich die Erzieherin genauer mit der Sichtweise des Vaters befassen muss. Ein vorschnelles Urteil oder eine Bewertung dieser Situation hätte möglicherweise zur Folge gehabt, den Kontakt zu diesem Vater zu verlieren.

Die Perspektive der Eltern einnehmen
Sich für die Elternsicht zu interessieren, ihre Ansichten wertungsfrei anzuhören, sich das Zusammenleben mit dem Kind für einen kurzen Moment aus der elterlichen Perspektive anzusehen – all das sind erste Schritte auf dem Weg zur echten Erziehungspartnerschaft.

Durch diesen Perspektivwechsel wird der Erzieherin auch klar, dass es Themen gibt, die man eigentlich lieber im vertrauten Kreis der Familie und nicht im öffentlichen Rahmen der Kita besprechen möchte. Dadurch bekommen sie plötzlich einen offiziellen Charakter, und das Verhalten des Vaters hat gezeigt, dass es ihm fremd ist, sein sehr privates Thema von ihr als Profi betrachtet und thematisiert zu wissen.

Hier muss der Weg zu einer Erziehungspartnerschaft beschritten werden, um doch noch zu einer gemeinsamen Perspektive zu gelangen.

Ziele der Erziehungspartnerschaft definieren

Zwei Wörter stecken in diesem Begriff: Es geht um Partnerschaft und um Erziehung. Lassen Sie uns beide Begriffe ganz genau anschauen. Zunächst der Begriff der Partnerschaft: Wenn Sie an Partnerschaft denken, fallen Ihnen mit Sicherheit Begriffe ein wie Vertrauen, Ehrlichkeit, Toleranz, Respekt, Harmonie. Eine Partnerschaft hat jedoch viele verschiedene Seiten. Neben den positiven Seiten gibt es auch negative. Partnerschaft muss nicht immer von Harmonie, Vertrauen und Liebe geprägt sein. In einer funktionierenden Partnerschaft kommt es durchaus zu Konflikten und Auseinandersetzungen, zu Streit und Versöhnung. Überprüfen Sie, inwieweit Sie dies in Ihrer Zusammenarbeit mit Eltern schon erlebt und mit ihnen auch diskutiert haben. Reden Sie mit Eltern darüber, kommen Sie mit ihnen ins Gespräch über ihre Vorstellungen von Erziehung und Partnerschaft.

Eltern duzen oder siezen?
Die Qualität von Erziehungspartnerschaften ist nicht unmittelbar von der gewählten Anrede abhängig. Trotzdem berichten viele Erzieherinnen, dass ihnen die erziehungspartnerschaftliche Auseinandersetzung mit Eltern beim Siezen leichter fällt. Ein du macht es manchmal schwer, sich gegenseitig auch Kritisches zu sagen. Das Sie hingegen schafft eine gewisse Distanz, die von manchen Eltern auch als kühl empfunden wird.

Konflikte gehören zu allen Partnerschaften

Klären Sie mit Eltern ganz konkret, wie Sie die Partnerschaft mit ihnen erleben, ob Sie sich mit ihnen auch auf Diskussionen über unterschiedliche Erziehungsvorstellungen einlassen können und sich trauen, Ihre Meinung klar zu vertreten, auch wenn Sie wissen, dass die Eltern anderer Meinung sind. Lassen Sie auch die anderen Aspekte einer Partnerschaft wie Diskussion, Streit, Auseinandersetzung und Versöhnung zu. Wenn Sie dies akzeptieren können, steht dem gemeinsamen Ziel nichts mehr im Wege. Das gemeinsame Ziel von Erziehungspartnerschaften ist nicht, dass Eltern und Erzieherinnen sich mögen, anfreunden und gerne Zeit miteinander verbringen. Selbst mit unsympathischen Eltern muss es möglich sein, gemeinsam für das Wohl des Kindes zu arbeiten. Nur für dieses gemeinsame Ziel schließen Sie sich zusammen, überlegen sich gemeinsam Schritte, probieren diese aus und überprüfen, ob sie funktionieren. Bei Uneinigkeit über den nächsten Schritt setzen sich

Elterneifersucht nicht missverstehen
Es ist für Eltern nicht leicht: Viele wichtige Entwicklungsschritte werden sich unbeobachtet von ihnen vollziehen. Seien Sie hier sensibel, berichten Sie den Eltern kleine Beobachtungen und stärken Sie die Eltern, von eigenen Beobachtungen zu berichten. Anstelle von Wettbewerb sollte gemeinsame Freude über die kindliche Entwicklung herrschen.

die Beteiligten gemeinsam über den weiteren Weg auseinander. Während der Partnerschaft müssen beide Seiten immer wieder überprüfen: Haben wir noch dieselben Ziele? Wissen wir noch, auf welchem Weg wir uns befinden?

Beteiligen Sie Eltern auch an den Beobachtungen, die Sie bei ihrem Kind machen. Erfüllen Sie die Erziehungspartnerschaft mit Leben, indem Sie den Eltern die wichtigen Meilensteine der Entwicklung so transparent wie möglich machen. Ein Foto der ersten Schritte, das erste Bild, ein genauer Bericht über die ersten Freundschaften, dies alles ermöglicht den Eltern, Stück für Stück die Entwicklung ihres Kindes jederzeit mitzuerleben. Eltern wissen dann, dass sie alle wichtigen Informationen bekommen. So kann auch die Konkurrenz, die es oft unbewusst zwischen Eltern und Erzieherinnen gibt, minimiert werden, denn die Eltern haben so das sichere Gefühl, an der aktuellen Entwicklung ihres Kindes beteiligt zu sein.

7.2 Die Gestaltung der Eingewöhnungszeit

Beispiel

Marius ist heute den ersten Tag im Kindergarten. Mit seinen zwei Jahren kennt er den Kindergarten eigentlich schon ganz gut, denn seine große Schwester Franziska ging bis vor Kurzem dorthin. Jetzt ist sie in der Schule. Die Mutter und der Vater von Marius, Susanne und Carsten, sind aufgeregt. Klar, sie haben das alles schon einmal erlebt, aber auch die Trennung von ihrem zweiten Kind und dessen Eingewöhnung in die Kita sind große und aufregende Schritt für die ganze Familie.

Bei einem Gespräch in der letzten Woche mit der Erzieherin wurde genau besprochen, wie die Eingewöhnung ablaufen soll. Susanne fühlt sich als Mutter deshalb ziemlich sicher und kann diese Sicherheit auch auf Marius übertragen. Carsten, der Vater, ist aufgeregt und hat sich den ersten Tag extra freigenommen.

Der Start in die Krippe ist für alle Beteiligten ein aufregendes und aufreibendes Ereignis. Die Eltern wissen meist nicht ganz genau, was auf sie zukommt, sie sind sich unsicher, was das Verhalten ihres Kindes angeht, und bangen, wie es wohl in der Krippe werden wird. Der Erzieherin geht es ebenso, Aufregung, Unsicherheit, aber auch Neugierde auf das neue Kind und dessen Eltern bewegen sie. Und Marius? Dem geht es kein bisschen anders. Auch er ist verunsichert, spürt die Aufregung, ist aber auch neugierig. Alle an der Situation Beteiligten haben dieselben Gefühle. Jeder zeigt sie anders. Es wird ein spannendes Aufeinandertreffen werden.

Als Erzieherin kennen Sie solche Situationen. Gerade bei den Kleinen heißt es, hier einfühlsam, mit viel Ruhe und Gelassenheit vorzugehen. Sicher gibt es mittlerweile eine Fülle von Eingewöhnungsmodellen, die auch mehr oder weniger Erfolg versprechend sind. Die Praxis zeigt aber, dass jedes Kind und jedes Elternpaar seine Eigenheiten und Besonderheiten hat, die in der Phase des Aneinandergewöhnens eine große Rolle spielen.

Lassen Sie uns deshalb gezielt einige Schwerpunkte der Eingewöhnung betrachten:

7.2.1 Die Vorbereitungsphase

Einen Brief an das Kind schreiben

Die Zusammenarbeit mit Eltern beginnt nicht erst mit dem Tag, an dem das neue Kind in die Kita kommt, sondern schon ab dem Zeitpunkt, an dem die Zusage für den Betreuungsplatz erfolgt ist. Veranstalten Sie z. B. einen Schnuppernachmittag, an dem die neuen Eltern mit ihrem Kind in Ihre Räume kommen und sich mit Ihnen unterhalten können. Sie können die Eltern auch einladen, Sie bei einem kleinen Ausflug, z. B. zum Spielplatz, zu begleiten.

Die anstrengende, aufregende und unsichere „Eingewöhnungszeit"!
Auch in der Kindergruppe ergeben sich durch neu hinzugekommene Kinder Veränderungen. Vieles setzt sich in der Gruppe in Bewegung. Bereiten Sie deshalb auch Ihre bestehende Kindergruppe mit Ihrem Team und mit den Eltern in kleinen Schritten auf diese Phase vor.

Schreiben Sie gemeinsam einen Brief an die neuen Eltern und Kinder:

> *Lieber Marius!*
>
> *Schon in ein paar Tagen kommst Du in unsere Kindergruppe. Alle Kinder (Jeannine, Isabelle, Jens, Antonius, Philip, Karoline, Inga, Karl, Felix, Katja, Jaroslaw, Corinna und Hanna), die Du auf dem Foto hier siehst, freuen sich sehr auf Dich.*
>
> *Wir haben auch schon gemeinsam einen Platz für Dich ausgesucht, an dem Du an Deinem ersten Tag sitzen kannst. Von diesem Platz aus kannst Du direkt in unseren Garten schauen.*
>
> *Hanna hat als Zeichen für Dich den kleinen Stern ausgesucht, wir legen Dir ein Bild von ihm mit in den Brief.*
>
> *Diesen kleinen Stern wirst Du an Deinem Kleiderhaken, Deinem Handtuchhaken und auch sonst überall dort finden, wo Deine Sachen sind.*
>
> *Alle freuen sich sehr auf Dich! Ich auch! Mein Name ist Edith, Du kennst mich ja schon von Deinem Besuch bei uns in der Kita. Ich bin die Erzieherin in Deiner Gruppe und schon sehr gespannt auf Dich!*
>
> *Bis Dienstag,*
>
> *Deine Erzieherin Edith*

Der Informationselternabend
Dieser Elternabend dient in erster Linie dem gegenseitigen Kennenlernen der Eltern untereinander sowie der Eltern und Ihnen. Überfrachten Sie den Abend also nicht mit zu vielen Informationen, bieten Sie lieber Gelegenheiten für Kleingruppenaustausch, gegenseitiges Vorstellen und Erzählen. Bitten Sie die Eltern um Anekdoten von ihren Kindern, lassen Sie Fotos mitbringen!

Einen Informationselternabend gestalten

Auf einem Infoelternabend für die neuen Eltern können sich Eltern und Gruppenleitung kennenlernen, und Eltern erfahren etwas von Ihrer Arbeit. Die Erzieherin informiert über ihre Erziehungsziele, die den Alltag im Kindergarten prägen, über die Gruppenregeln und Absprachen, die mit den Kindern bzw. deren Eltern getroffen werden. Außerdem wird hier nochmals die Gestaltung des Übergangs von der Familie in den Kindergarten – insbesondere die Eingewöhnungsphase – besprochen. All diese Informationen haben das Ziel, frühzeitig miteinander ins Gespräch zu kommen, die Eingewöhnungszeit vorzubereiten und einen positiven Start in der Kita zu ermöglichen.

Das Eingewöhnungsgespräch vorbereiten und durchführen

Beispiel

Marius besucht mit seiner Mutter heute Nachmittag die Kita. Im Gruppenraum ist nur die Erzieherin. Nicht Marius steht heute im Mittelpunkt, stattdessen darf die Mutter all ihre Sorgen und Fragen äußern, und sie erfährt, wie die Eingewöhnungszeit für Marius gestaltet wird.

Diese Anfangsphase prägt Eltern oft für die gesamte Kitazeit und sogar darüber hinaus. Auch wenn es manchmal im Kitaalltag schwierig ist, dafür Zeit frei zu schaufeln, lohnt es sich für die künftige Zusammenarbeit, die Eltern von Anfang an partnerschaftlich und geduldig zu begleiten. Bei kleinen Kindern steht dabei besonders die Sorge im Vordergrund, dass sie zu Haus noch nicht erzählen können, ob es ihnen gut geht. Und eine andere Frage schleicht sich auch immer wieder ein: „Bin ich denn eine gute Mutter oder ein guter Vater, wenn ich mein Kind so früh in die Krippe gebe?“ Sprechen Sie dies unbedingt an und nehmen Sie den Eltern das schlechte Gewissen, sonst wird es immer wieder verdeckt und offen um diese Frage gehen.

Elternängste von sich aus ansprechen
Hinter den vielen Fragen der Eltern im Eingewöhnungsgespräch verbergen sich Ängste, die meist unausgesprochen bleiben. Seien Sie hier mutig, sprechen Sie diese Ängste von sich aus an. Das ist für die Eltern erfahrungsgemäß sehr erleichternd.

Die Erzieherin fragt Marius' Mutter auch nach der Persönlichkeit von Marius, lässt sich Geschichten über ihn erzählen. Diese Geschichten helfen Ihnen dabei, das neue Kind kennenzulernen, und machen deutlich, wie das gemeinsame Leben von Eltern und Kind aussieht, welche Traditionen und Rituale es in den Familien gibt. Auch diese Gespräche dienen dem Start in eine gute Zusammenarbeit. Sie können hier auch eine Liste mit Stichpunkten verwenden, die Sie den Eltern beim vorherigen Aufnahmegespräch mitgegeben haben. Ein Beispiel für eine solche Liste finden Sie im Buch „Gespräche mit Eltern“ (Mienert & Vorholz, 2007). Nehmen Sie diese Informationen als Anlass für ein Gespräch, aber nicht als Anlass zur Kritik. Auch wenn Sie selbst manches vielleicht als problematisch betrachten, bewerten Sie dies nicht, sondern fragen Sie die Eltern nach den Gründen für ihr Verhalten.

Den Eltern auch von sich erzählen

Auch das Kennenlernen Ihrer Person ist ein Ziel dieses Gesprächs. Natürlich möchte Marius' Mutter wissen:

Zum ersten Mal in fremde Hände
Für Sie ist es schon fast Routine, für Eltern jedoch ein ganz schwerer Schritt: Sie vertrauen ihr Kind einer fremden Person an und wissen nicht, ob diese fremde Person ihr Kind gut behandeln wird. Überlegen Sie, wie schwer Ihnen ähnliche Situationen in Ihrem Leben gefallen sind.

- Wer ist die Frau, die mein Kind betreut?
- Ist sie kompetent?
- Kann ich ihr mein Kind wirklich anvertrauen?

Das klingt fast wie eine Art Prüfungssituation, oder? Vor allem sehr junge oder auch ältere Kolleginnen, die sich in einer anderen persönlichen Lebenssituation befinden als die Eltern, scheuen deshalb manchmal diese Situation. Bedenken Sie aber, dass es hier nicht um Ihre Lebenssituation geht, die Sie selbstverständlich nicht verändern können und wollen. Es geht in dieser Situation darum, den Eltern deutlich zu machen, dass Ihnen ihr Kind wichtig ist und dass Sie gut auf es achten werden. Schließlich vertrauen Ihnen die Eltern etwas sehr Kostbares an und haben deshalb das Recht, genau zu schauen und zu prüfen, in wessen Hände sie das Wohl ihres Kindes legen.

7.2.2 Es geht los! Der erste Tag!

Beispiel

Marius und seine Eltern sind auf dem Weg in die Krippe. Alles ist aufregend, und die Mutter wird nun doch unruhig, ob das alles so richtig ist, was sie da tut. Vielleicht ist Marius doch noch zu klein? Sie erinnert sich an das angenehme Gespräch mit der Erzieherin. Als ihr diese in der Krippe gleich entgegenkommt, wird sie deutlich ruhiger.

Alle im Team wissen, dass Marius heute seinen ersten Tag in der Krippe hat. Die Leiterin hat dies im Dienstplan verankert, weil es ihr sehr wichtig ist. Das ganze Team steht hinter dem Konzept der Eingewöhnung. Gemeinsam hat das Team sich folgende Schwerpunkte für die Eingewöhnung erarbeitet, die die Erzieherin mit der Mutter von Marius auch schon besprochen hat:

Jedes Kind wird eingewöhnt!

Diese grundlegende Einstellung muss in Ihrem Team fest verankert und konzeptionell festgehalten sein. Die Information der Eltern über die Bedeutung von Bindung und Eingewöhnung erfolgt bereits im Vorfeld. Die Frage lautet nicht, ob ein Kind eingewöhnt wird, sondern wie lange die Eingewöhnungszeit dauert und wie sie sich gestaltet.

Keine Ausnahmen zulassen

Auch wenn der Druck noch so groß scheint, auch wenn die Eltern drängen (z.B. aus beruflichen Gründen): Verzichten Sie nie auf die Eingewöhnungszeit! Die Eingewöhnung ist die Grundlage für Ihre weitere Arbeit und sie ist Grundlage für das Wohlbefinden des Kindes. Suchen Sie eventuell nach anderen Bindungspersonen für die Eingewöhnungszeit (z.B. die Großeltern) und lehnen Sie die Aufnahme eines Kindes auch einmal ab, wenn die Eingewöhnung von den Eltern nicht ermöglicht wird.

Die ersten Tage gestalten sich durch Absprache zwischen Erzieherin und Mutter

Beispiel

Schon im Vorfeld wusste Mutter Susanne, dass sie am ersten Tag etwa eine Stunde mit Marius in der Kita verbringen würde. Die Erzieherin hatte mit ihr besprochen, dass sie sich auf die Couch in der Kuschelecke setzen könne und von dort aus ihren Sohn beobachten solle. Wenn Marius zu ihr komme, sei das in Ordnung, sie solle ihm aber die Chance lassen, sich den Raum und die Kinder und alles andere selbst zu erobern. Am ersten Tag war die Erzieherin nur mit einem weiteren, etwas größeren Kind im Raum, die anderen Kinder waren mit einer Kollegin im Garten. Marius genoss die Situation und spielte lange Zeit mit der Erzieherin Ball. Dabei lächelte er seine Mama immer wieder an. Die Freude, als der Papa zum Abholen kam, war riesengroß.

Mit jedem Tag wurde die Beziehung zwischen der Erzieherin und Marius intensiver. Er ließ sich schon bald von ihr füttern und auch das ungeliebte Wickeln durfte sie nach einer Woche bereits übernehmen. Als Marius in der zweiten Woche montags kam, war er zum ersten Mal mit allen Kindern am Vormittag zusammen und hatte viel Spaß. Das Lächeln zur Mama blieb aber weiterhin ein wichtiger Bestandteil.

Die erste Trennung passiert in gemeinsamer Absprache

Bei Marius wurde die erste Trennung am Ende der zweiten Woche getestet. Seine Mama verabschiedete sich von ihm und ging für fünfzehn Minuten aus dem Raum. Marius blickte ihr nach, setzte dann aber das Ballspiel mit der Erzieherin fort. Nach etwas über zehn Minuten fragte er nach seiner Mama, die dann unmittelbar danach auch wieder hereinkam.

Die Trennungszeiten verlängern sich. Nach etwa dreieinhalb Wochen ist Marius seinen ersten Vormittag alleine in der Kita

Beispiel

Jeden Tag sprechen sich die Mutter und die Erzieherin zu Tagesbeginn kurz und genau ab. Das hilft beiden, sich gegenseitig einschätzen zu lernen, aber es hilft ihnen auch, den Blick auf Marius zu richten und sich ihre gegenseitigen Beobachtungen mitzuteilen. Die Grundlage für ein gutes, auch langfristiges Miteinander ist somit geschaffen. Nach dreieinhalb Wochen ist es geschafft: Marius verbringt den ersten Vormittag allein in der Kita und wird mittags zufrieden abgeholt. Nach einer weiteren Woche ist auch das Thema Mittagsschlaf geschafft.

Rückschläge einkalkulieren
Gerade zunächst „unkompliziert" wirkende Kinder zeigen nach einigen Wochen häufig massive Belastungen. Dies verdeutlicht, dass Eingewöhnung ein ganz menschliches Geschehen ist, in dessen Verlauf mit allem Möglichen zu rechnen ist. Gerade „unkomplizierte Kinder" brauchen genauso viel Eingewöhnung wie alle anderen Kinder auch. Die Eingewöhnungszeit für sie zu verkürzen, wäre ein Fehler.

Dies ist die Eingewöhnung von Marius. Ähnlich könnte es bei vielen Kindern aussehen. Fakt ist, dass jede Eingewöhnung Ihren individuellen Blick braucht. Mindestens zwei Wochen braucht ein kleines Kind, um sich an eine fremde Umgebung und fremde Personen zu gewöhnen. Meist – und das muss im Interesse der Kinder realistisch gesehen werden – ist es sogar ein noch längerer Zeitraum. Oft kommt eine Krankheitsphase dazwischen, da das Immunsystem des Kindes noch nicht so stark ist und durch die emotional belastende neue Situation zusätzlich geschwächt ist. Manchmal kommt auch ein lang geplanter Urlaub dazwischen. Dann muss einfühlsam nochmals von vorne begonnen werden. Kein Kind muss in dieser Zeit weinen, jedes Kind sollte sich von der Erzieherin trösten und beruhigen lassen. Dies ist übrigens ein wichtiges Zeichen dafür, dass dieses Kind in der Kita angekommen ist.

Es ist geschafft
Eingewöhnt ist ein Kind, wenn die Eltern und Sie das Gefühl haben, alle seien in der Einrichtung angekommen, die Tränen können von der Erzieherin getrocknet werden und auch die Mutter hat in Ihnen eine Vertrauensperson für ihr Kind gefunden.

Konkret in die Praxis umgesetzt bedeutet dies, dass Sie viel mit den Eltern reden und ihnen die Zusammenhänge und Abläufe erklären müssen. Ihre Kompetenz als Erwachsenenbildnerin ist an dieser Stelle sehr gefragt. Manche Eltern werden argumentieren, dass sie Eingewöhnung bei sich selbst gar nicht oder anders erlebt hätten. Das mag sein, aber bleiben Sie trotzdem hartnäckig. Die Informationen und das Wissen über Bindung sind für viele Eltern neu. Selbst die Eltern, die sich einfach davonschleichen wollen und sagen, dass sie keine Zeit haben, müssen informiert und mit in Ihre Arbeit einbezogen werden. Auch Omas oder Opas können hier helfen und Eingewöhnungsarbeit übernehmen.

Ein weiterer Teil des Eingewöhnungsprozesses könnte ein „Zehn-Punkte-Programm" sein, das individuell auf die Gegebenheiten in Ihrer Kita abgestimmt ist und das Sie Eltern in die Hand geben können. Folgendes Beispiel kann Ihnen dabei helfen:

7.2.3 Ein Zehn-Punkte-Programm zur Eingewöhnung

1. Wir freuen uns auf Ihr Kind und bedanken uns für das Vertrauen, das Sie in uns setzen, indem Sie uns Ihr Kind anvertrauen.
2. In unserer Kita wird für jedes Kind eine Eingewöhnungsphase gestaltet. Sie treffen bei uns andere Mütter und Väter, die gerade in der gleichen Situation sind wie Sie.
3. Nehmen Sie sich für die Eingewöhnung Ihres Kindes mindestens zwei Wochen Zeit (bei kleineren Kindern auch entsprechend länger). Lassen Sie sich deshalb Zeit und seien Sie sicher, dass Ihr Kind bei uns gut untergebracht ist.

4. An den ersten Tagen begleiten Sie bitte Ihr Kind durch den Kitaalltag. Ihr Kind wird von Ihrer sicheren Basis aus die Umgebung und die Bedingungen im Raum erforschen.
5. Die Erzieherin wird Ihr Kind in den ersten Tagen beobachten und abwarten, bis Ihr Kind von sich aus Kontakt zu ihr aufnimmt.
6. Nach dem dritten oder vierten Tag halten Sie sich bitte mehr im Hintergrund. Besprechen Sie dies dann genauer mit der Erzieherin, die Ihr Kind eingewöhnt.
7. Wenn Sie aus dem Zimmer gehen, verabschieden Sie sich bitte von Ihrem Kind.
8. Lassen Sie Ihr Kind etwas Vertrautes von zu Hause mitbringen. Auch ein Foto, auf dem alle Familienmitglieder zu sehen sind, wäre schön.
9. Am Ende des Tages wird es immer ein kleines Gespräch mit der Erzieherin geben. Bitte stellen Sie dabei alle Fragen, die Ihnen wichtig sind, damit Sie und Ihr Kind sich wohlfühlen können.
10. Auch wenn Sie verunsichert sind, was in dieser Situation durchaus verständlich ist, bitten wir Sie darum, dies Ihrem Kind nach Möglichkeit nicht zu vermitteln. Ihr Kind braucht Ihre Sicherheit, um den Schritt auf uns zu leichter machen zu können.

Sicherheit durch Vorabsprachen
Solch ein Zehn-Punkte-Programm ist für Eltern auch deshalb hilfreich, weil es ihnen verdeutlicht, dass Sie mit Eingewöhnung Erfahrung haben und routiniert vorgehen können. Dies stärkt den Eindruck von Kompetenz der Erzieherinnen und dadurch das elterliche Gefühl, hier in professionellen und erfahrenen Händen zu sein.

Selbstverständlich müssen Sie diese Punkte den Gegebenheiten in Ihrer Einrichtung anpassen. Klar ist jedoch, dass alle Kinder die Unterstützung von Erziehern und Eltern in dieser Übergangssituation benötigen.

Eingewöhnung als Aufgabe des Gesamtteams betrachten

Lassen Sie uns abschließend noch die folgenden ergänzenden Anmerkungen machen: Die Eingewöhnung ist nicht „Privatsache" einer Erzieherin, sondern Teil Ihrer Kitakonzeption und wird daher von allen Kolleginnen mitgetragen. Da in der Krippe viele Eingewöhnungen zu bewältigen sind, beeinflusst dies auch die Arbeit im ganzen Haus. Das bedeutet, dass alle Erzieherinnen der Einrichtung in dieser Übergangszeit Unterstützung und Zuarbeit leisten müssen.

Konkret bedeutet dies Folgendes:

- Die Arbeitszeiten der entsprechenden Erzieherinnen sollten so lange flexibel gehandhabt werden können, bis Marius und alle neuen Kinder in allen Gruppen ihre ersten Schritte getan haben.
- Alle Kolleginnen müssen alle Neuankömmlinge kennenlernen.
- Eltern und Kinder sollten im Haus von allen Kolleginnen immer mit Namen begrüßt werden.
- Eltern sollten in Ihrem Haus immer einfach den Weg zu der für sie zuständigen Erzieherin finden können.

Eingewöhnungsmodelle kritisch prüfen
Es existieren in der Fachliteratur zahlreiche Modellvorschläge für die Eingewöhnung. Diese Modelle können hilfreiche Unterstützung sein, ersetzen aber nie Ihre individuelle Arbeit und den immer wieder individuell zu führenden Austausch mit den Eltern, den Kindern und Ihrem Team.

7.3 Übergänge mit Eltern gestalten

Übergänge kennzeichnen unser Leben

Abschiednehmen und Willkommenheißen – Merkmale unserer heutigen Zeit
Unsere Zeit ist schnelllebiger geworden. Ständig werden wir mit neuen Trends, mit neuen Herausforderungen konfrontiert, die von uns eine flexible Anpassung erfordern. So bleibt heute kaum noch jemand sein Leben lang am gleichen Arbeitsplatz. Wir bilden uns weiter, wechseln die Arbeitsstelle und den Beruf usw.

„Doch ach, schon mit der Morgensonne
Verengt der Abschied mir das Herz:
In deinen Küssen welche Wonne!
In deinem Auge welcher Schmerz!
Ich ging, du standst und sahst zur Erden,
Und sahst mir nach mit nassem Blick:
Und doch, welch Glück, geliebt zu werden!
Und lieben, Götter, welch ein Glück!“
(Johann Wolfgang von Goethe, in: Trunz, 1982, S. 18 f.)

„Willkommen und Abschied“, so hat Johann Wolfgang von Goethe eines seiner schönsten Gedichte genannt. Die Wahl dieses Titels verdeutlicht, wie sehr unser Leben durch Übergangssituationen gekennzeichnet ist. „Willkommen“, so können wir neue Situationen, neue Erfahrungen, neue Kontakte in unserem Leben begrüßen. Verbunden ist ein solches Willkommenheißen von Neuem oft auch mit einem Abschied von Dingen, die uns vertraut und nahe gewesen sind. Die Entwicklung eines Menschen ist somit durch eine immer wiederkehrende Abfolge von Abschieden und Neuanfängen gekennzeichnet. Die gesellschaftliche Entwicklung in den letzten Jahrzehnten hat die Bedeutung solcher Übergänge für die Individualentwicklung noch erhöht. Mobil zu sein, den Wohnort wechseln zu können und in neuen Zusammenhängen leben und arbeiten zu können, gehört zu den Grundforderungen, die die neuen gesellschaftlichen Entwicklungen an uns stellen.

Auch das Erzieherinnenleben ist durch Übergänge gekennzeichnet
Erinnern Sie sich noch an den Tag, an dem Sie zum ersten Mal als Erzieherin die Einrichtung betraten, in der Sie heute arbeiten? Vermutlich können Sie sich noch gut in Ihre damalige Situation hineinversetzen: „Wie werden mich die Kolleginnen empfangen?", „Wie wird die Leitung der Kindertagesstätte auf mich reagieren?", „Werde ich mit den Arbeitsabläufen klarkommen?", „Wie sind die Kinder in der neuen Einrichtung?" und „Wie sind ihre Eltern?".

Erwachsene kennen solche Übergangssituationen in ihrem Leben und haben Strategien entwickelt, diese meistern zu können. Aufregung, eine gewisse innere Unruhe, ein Beharren auf dem Altbewährten oder der heimliche Wunsch, dass der Übergang doch reibungslos gelingen möge, werden jedoch das ganzes Leben lang solche Übergänge begleiten.

Sehr unterschiedlich sind die Strategien, die Erwachsene haben, um mit einer solchen Übergangssituation fertig zu werden. Denken Sie nur an Ihre erste Zeit als Kollegin in einer neuen Kita. Manch einer beobachtet zunächst eher still und geht nur zögernd auf das Neue zu. Andere bemühen sich offensiv um Kontakt, feiern „Einstand“ oder laden das Kitateam zu sich nach Hause ein. Wieder andere werden noch oft von der alten Einrichtung schwärmen, in der doch alles „so viel effektiver“ war. Das Gefühl, in der neuen Einrichtung angekommen zu sein, wird sich bei nahezu jedem früher oder später eingestellt haben. Begleitet wird dieses Gefühl zumeist von Stolz, den Übergang gemeistert zu haben, und Zufriedenheit, in der eigenen Entwicklung vorangekommen zu sein.

Typische Übergangssituationen im Kindesalter

„Weggehen“, „vorankommen“, „nicht stehen bleiben“, „ankommen“, „Übergang“, in allen diesen Wörtern drückt sich ein Weg aus, der von Menschen zurückgelegt werden muss. Solche Wege haben nicht nur Erwachsene zurückzulegen. Schon von frühester Kindheit an ist auch das Leben der Kinder von Übergängen gekennzeichnet.

Lassen Sie uns gemeinsam einen Blick auf typische Übergangssituationen und was sie kennzeichnet werfen:

Beispiel

Lara (2 Jahre) wurde bisher von ihrer Mutter zu Hause betreut. Da die Mutter nun in den Beruf zurückkehren möchte, haben sich Laras Eltern auf die Suche nach einer geeigneten Kita begeben. Lara spürt, dass in der Familie Veränderungen vor sich gehen, die sie schwer einschätzen kann.

Die Eltern von Marie (3 Jahre) haben sich getrennt. Marie sieht ihren Vater nun immer seltener. Für sie ist diese Situation sehr verwirrend und belastend. Marie hat den Eindruck, sie hätte Schuld an der Trennung ihrer Eltern.

Timo (3 Jahre) hat sich immer gut mit dem Hausmeister der Kita verstanden. Wenn es irgendetwas zu reparieren gab, hat Timo fasziniert zugeschaut und gern mitgeholfen. Nun steht der Ruhestand des Hausmeisters bevor.

Die Kinder der Gruppe von Erzieherin Elke Müller haben erfahren, dass „ihre Elke" nun in eine andere Stadt ziehen und Frau Meier ihre Gruppe übernehmen wird. Frau Meier kennen die Kinder bisher nur wenig, sie hat hin und wieder Elke vertreten, aber eine enge Beziehung zu den Kindern besteht bisher noch nicht.

Erscheinen Ihnen diese Situationen unterschiedlich schwierig? Anpassungsleistungen erbringen die Kinder in allen Situationen. Ob eine Situation schwer oder leicht zu bewältigen ist, kann ein Außenstehender nie beurteilen. Es ist nicht die Situation selbst, die unterschiedlich schwierig ist, sondern die Einschätzung des Kindes selbst, ob es dieser Situation gewachsen ist und genügend Kraft und Kompetenzen hat, diese Situation erfolgreich zu bewältigen. So kann Lara schon mit zwei Jahren möglicherweise so stabil und stark sein, dass sie sich mit Unterstützung ihrer Eltern und der Erzieherin schnell in die neue Situation hineinfindet, und für den dreijährigen Timo kann der Weggang des Hausmeisters langfristig eine echte Belastung darstellen, wenn er vor eine solche vollendete Tatsache gestellt wird.

Auch kleine Änderungen können große Belastungen bergen

Selbst ganz kleine Übergangssituationen (z. B. eine neue Zahnpastasorte im Kindergarten) können eine Belastung darstellen, bei deren Bewältigung die Kinder Unterstützung benötigen könnten. So etwas als Nichtigkeit abzutun, nur weil es aus Sicht des Erwachsenen kein Problem darstellt, hieße, die Bedürfnisse von Kindern mit den Maßstäben von Erwachsenen zu messen.

Die typischen Übergangsphasen kennen

Lassen Sie uns genauer schauen, was hinter diesen Situationen steckt. Gemeinsam ist allen diesen Situationen, dass sie typischerweise aus drei Phasen bestehen, die kurz als Ablösungsphase, Neuorientierungsphase und Ankunftsphase bezeichnet werden können.

- **In der Ablösungsphase Offenheit zeigen**
  Die Ablösungsphase ist dabei die Zeit, in der zum ersten Mal deutlich wird, dass eine große Veränderung ansteht, die unausweichlich auf das Kind zukommt und den Alltag des Kindes verändern wird. Vom Altbewährten loszulassen und dem Neuen, Unbekannten entgegenzusehen, ist eine sehr belastende Zeit. In dieser Zeit gibt es viele Versuche des Kindes, so zu tun, als ob es keine Änderung geben

wird. Wenn die Veränderung als unausweichlich deutlich wird, werden die Kinder verstärkt darüber nachdenken, ob sie der neuen Anforderung gewachsen sein werden. Sie überprüfen sich selbst, ob sie schon kompetent und „groß" genug sind, mit der zukünftigen neuen Situation umzugehen. Fällt diese Einschätzung negativ aus, werden die Kinder sich oft kleiner machen, als sie sind (was in der Fachsprache als „Regression", d.h. Rückfall in babyhaftes Verhalten, bezeichnet wird).

Wichtigste Unterstützungen, die Erzieherinnen und Eltern in dieser Phase geben können, sind:

- Offenheit dem Kind gegenüber, was auf es zukommen wird,
- die Möglichkeit für das Kind, die zukünftige Situation tatsächlich mitgestalten zu können,
- die Ermutigung und Bestärkung des Kindes, dass es diesen Übergang meistern wird,
- die Zusicherung von Unterstützung – „Ich werde dich dabei begleiten und nicht allein lassen".

■ **In der Neuorientierungsphase Sicherheit geben**

Die zweite Phase, die Neuorientierungsphase, ist die typischste Übergangsphase. In ihr ist der Abschied von der vertrauten Situation bereits vollzogen, aber noch keine Ankunft im neuen Zustand erfolgt. Alles ist neu und unvertraut und fühlt sich komisch an. Das Kind wird in dieser Zeit im besten Fall unterschiedliche Verhaltensweisen ausprobieren und dabei herausfinden, wie sich die neue Situation am besten handhaben lässt. Im ungünstigsten Fall wird das Kind passiv abwarten und in der neuen Situation fremd bleiben.

Wichtigste Unterstützungen, die hier von den Erwachsenen gegeben werden können, sind:

- eine sichere Basis, die als sichere Bindung zu den vertrauten Bezugspersonen die Erkundung der neuen Situation erleichtert,
- das Zulassen und Möglichmachen von Trauer und Ärger über den Verlust der vertrauten Situation,
- kleine Unterstützungen, die die Erinnerung an die alte, vertraute Situation ermöglichen, ohne dabei die neue Situation infrage zu stellen.

■ **In der Ankunftsphase die Kinder würdigen**

In der dritten Phase, der Ankunftsphase, beginnt das Kind, sich in der neuen Situation heimisch zu fühlen. Mehr und mehr nimmt das Gefühl zu, den Anforderungen der neuen Situation gewachsen zu sein. Mehr und mehr werden auch Vorteile in der neuen Situation entdeckt. Das Gefühl von Wehmut verschwindet zwar nicht sofort, aber es wird durch die neuen, oft positiven Erfahrungen ergänzt, die die neue Situation bietet. Bei den Kindern steigt in dieser Zeit der Stolz, die neue Situation bewältigt zu haben und sich dabei als kompetent und „groß" erwiesen zu haben.

In dieser Zeit benötigen die Kinder von den Erwachsenen viel Bestätigung dafür, dass sie den Übergang so gut bewältigt haben, indem sie:

- von den Erwachsenen erfahren, dass ihre enorme Anpassungsleistung auch wahrgenommen und gewürdigt wurde und
- dass sie nun als kompetenter und größer erlebt werden.

Die Reflexion schon bei Krippenkindern anregen
Kinder können dabei angeregt werden, ihren Übergangsprozess mit eigenen Worten und Gedanken zu schildern. Die Erzieherin kann diese Gespräche notieren und für das Portfolio und für Entwicklungsgespräche verwenden.

Selbst Kleinstkinder, die noch nicht sprechen oder laufen können, erleben solche Übergangsprozesse wie die Größeren. Der größte Fehler, den Erwachsene in der Übergangssituation der Kinder machen könnten, wäre es, den Übergang einfach zu ignorieren oder ihn als „Kleinigkeit" abzutun, die bewältigt werden müsse. „Da muss man halt durch, das Leben ist eben hart", ist schon für Erwachsene ein derber Ratschlag. Von Kindern kann eine solche Bemerkung schnell als echte Bedrohung empfunden werden. Dafür gibt es zwei Gründe, die im Folgenden noch genauer beschrieben werden.

Was Übergänge bei Kindern und Erwachsenen unterscheidet

Die Unsicherheiten und Ängste, das Festhaltenwollen am Bekannten, der Wunsch nach Vertrautem, aber auch der Stolz, wenn ein Übergang gemeistert wurde, alle diese Phänomene, die bei Erwachsenen Übergänge begleiten, sind genauso bei Kindern zu beobachten.

Das Erleben von Übergängen bei Erwachsenen und bei Kindern unterscheidet sich jedoch in zwei Punkten: Zum einen begeben sich Kinder zumeist nicht freiwillig in eine solche Übergangssituation. So notwendig, erforderlich und auch „natürlich" Übergänge wie der Eintritt in die Krippe, ein Wechsel des Wohnorts, die Ankunft eines Geschwisterkinds, der Wechsel von der Krippe in die Kita oder später in die Vor- oder Grundschule sowie der spätere Wechsel in eine der weiterführenden Schulen auch sein mag, Kindern fehlt noch die nötige Einsicht, diesen Übergang als notwendig oder gar wünschenswert zu empfinden. Übergänge werden zumeist von den Erwachsenen geplant und vollzogen, Kinder stehen dann oft unter dem Druck, einer scheinbaren „Laune" der Erwachsenen nachkommen zu müssen.

Der andere große Unterschied im Erleben von Übergängen bei Erwachsenen und bei Kindern liegt darin, dass Kindern zumeist noch die erwachsenen Strategien fehlen, mit einer solchen Belastungssituation (und eine Belastungssituation stellen die meisten Übergänge zunächst dar) bestmöglich fertig zu werden. Beides gemeinsam, das Gefühl, nicht freiwillig in die Übergangssituation geraten zu sein, und das Gefühl, der neuen Situation zunächst hilflos ausgesetzt zu sein, lassen aus einem erwachsenen „Willkommen und Abschied" schnell ein kindliches „Wegmüssen und nicht Hinwollen" werden. Die besondere Herausforderung, die für die pädagogischen Fachkräfte und für die Eltern aus kindlichen Übergangssituationen erwächst, liegt genau in diesem Zwiespalt begründet.

Übergänge am Beispiel des Krippeneintritts

Kinder sanft in den Übergang führen
Je mehr Zeit für den Übergang besteht, umso besser gelingt es besonders kleinen Kindern, sich an diese Herausforderung zu gewöhnen. Regen Sie die Eltern dazu an, möglichst langfristig mit dem Kind in die Krippe zu kommen und dort Zeit zu verbringen.

Exemplarisch sei dies am Beispiel des Übergangs von der Betreuung durch die Eltern zur Betreuung in den Kindertagesstätten verdeutlicht. Der zweijährige Marius aus unserem Beispiel befindet sich genau in dieser Situation. Der Übergang in die Kita gehört zu den bedeutendsten Herausforderungen, die ein Kind zu meistern hat. In der Kindertagesstätte ist zunächst alles neu. Auf einmal ist ein Kind aufgefordert, seine vertraute Umgebung, die elterliche Wohnung und seine vertrauten Bezugspersonen, die Eltern, für einen Großteil des Tages zu verlassen und sich in einer Umgebung zurechtzufinden, die es nicht kennt, und mit Leuten zurechtzukommen, die ihm unvertraut sind. Auf einmal gibt es Regeln, wo es vorher keine gab, auf einmal ist die Betreuungsperson nicht mehr hundertprozentig für das einzelne Kind da, sondern verteilt ihre Aufmerksamkeit auf viele Kinder. Selbst wenn ein Kind schon zuvor mit anderen Kindern Kontakt hatte (auf dem Spielplatz oder bei Freunden und Verwandten), so ist es doch ein völlig neues Gefühl, mit fremden Kindern über längere Zeit auf engem Raum zusammen zu sein, unter ihnen den eigenen Platz zu behaupten, Wunschspielzeug mit ihnen teilen zu müssen oder im Wettstreit anderen Kindern möglicherweise unterlegen zu sein.

Erscheint Ihnen dies als eine zu drastische Schilderung des Kindergartenalltags? Einem Kind, dem der Kitaalltag unvertraut ist, werden die Einschränkungen in seinen Handlungsfreiheiten womöglich sogar noch drastischer erscheinen. Am meisten belastet jedoch der Verlust der primären Bezugsperson, zumeist der Mutter oder des Vaters. Warum fällt Kindern gerade diese Trennung so schwer, obwohl doch auch die Erzieherin dem Kind von Anfang an Wärme und Zuneigung zukommen lässt?

Bindung – die Voraussetzung für Kindeswohl und Lernen

Bindungsverhalten und Bonding
So werden die zwei Seiten derselben Medaille bezeichnet. Bindungsverhalten zeigt die Anhänglichkeit des Kindes an seine Eltern. Bonding ist das Gegenstück auf Elternseite, das Sich-für-die-Kinder-Verantwortlichfühlen und das Fürsorgeverhalten.

Wenn man vom Schlafen absieht, lässt sich alles kindliche Verhalten grob in zwei Kategorien einteilen. Einen Großteil seines Lebens verbringt ein Kind mit sogenanntem Explorationsverhalten, d. h. Erkundungsverhalten. Es erkundet seine Umgebung, experimentiert mit neuen Gegenständen und erfährt dadurch ihre Funktionsweise, es nähert sich neugierig unvertrauten Gegebenheiten an und betrachtet auch fremde Personen, zwar mit Zurückhaltung, doch mit neugierigem Interesse. Voraussetzung für solches Explorationsverhalten ist jedoch eine sichere Basis, von der aus die Erkundungen gestartet werden können. Für die meisten Kinder stellen die Eltern diese sichere Basis dar, sie sind zunächst die primären Bezugspersonen des Kindes. Explorationsverhalten endet in dem Moment, da die Bezugsperson die Nähe des Kindes verlässt und das Kind allein in einer fremden Umgebung zurückbleibt.

Im Kapitel 3.2.1 wurde die Entwicklung von Anhänglichkeit und Bindung als wichtige Entwicklungsaufgabe der Kleinkinder beschrieben. Bindung ist jedoch kein einseitiges Phänomen, das nur von den Kindern ausgeht. Auch die Eltern sind an ihre eigenen Kinder im besonderen Maße gebunden – ein Phänomen, das in der Fachsprache auch als Bonding bezeichnet wird. Dieses intensive Band, das zwischen Vätern und Müttern und ihren Kindern existiert, das Eltern so intensiv mitfreuen lässt, wenn es ihren Kindern gut geht, und ebenso intensiv mitleiden lässt, wenn sich die Kinder nicht wohlfühlen, macht aus jeder Übergangssituation von Kindern auch eine Übergangssituation ihrer Eltern. Jede Ankunft eines Kindes in einer Kindertagesstätte ist auch ein Abschied eines Kindes von den Eltern, und diese Trennung wird von den Eltern ähnlich schmerzhaft erlebt wie von den Kindern selbst.

Eltern, deren Kinder ohne Eingewöhnungszeit in die Kita aufgenommen wurden (wie es übrigens auch heute noch in einigen Einrichtungen in Deutschland üblich ist), berichten, wie emotional belastend es ist, das eigene Kind weinend in der Einrichtung zurücklassen zu müssen. Somit stellt die Eingewöhnungszeit des Kindes auch eine Eingewöhnungszeit ihrer Eltern dar. Eingewöhnung kann aktive Zusammenarbeit mit Eltern sein, wenn sie die Belastungen der Eltern ernst nimmt und ihnen die Ablösung und den Übergang ermöglicht.

Die Bedeutung der „sicheren Basis“ für die Kinder

Warum ist es so wichtig, auch den Eltern in den Übergangsphasen ihrer Kinder Zuwendung zukommen zu lassen und sie emotional zu entlasten? Es war schon mehrfach von den Strategien die Rede, die Erwachsene anwenden, um mit Übergangssituationen fertig werden zu können. Kinder, denen solche Strategien zunächst noch fehlen, erwerben diese in hohem Maße durch Beobachtung ihrer Eltern. Hinzu kommt ein Phänomen, das Entwicklungspsychologen als soziale Verweisung bezeichnen und das es in dieser Form nur bei den Menschen gibt.

Auch Eltern müssen eingewöhnt werden
Die Eingewöhnung der Eltern in die Einrichtung ist die Grundvoraussetzung dafür, dass die Eingewöhnung der Kinder gelingen kann. Daher gehört den Eltern in dieser Zeit mindestens genauso viel Aufmerksamkeit wie den Kindern.

Entwicklungspsychologen haben dieses Phänomen anhand einer Glasplatte untersucht, über die sie kleine Kinder krabbeln ließen. Unter der Glasplatte war deutlich angezeigt, dass es hier steil nach unten geht, aber selbstverständlich konnte nichts passieren, da die Glasplatte die Kinder tragen konnte. Sehr kleine Kinder krabbelten ungeachtet der „visuellen Klippe“ weiter und begaben sich somit potenziell in Gefahr. Ab einem bestimmten Alter stoppen die Kinder jedoch an der Glasplatte und wenden sich ihrer Bezugsperson zu. Lächelt sie? Ermuntert sie mich weiterzukrabbeln? Oder schaut sie ängstlich? Ist sie erschrocken?

Die Kinder richten ihr Verhalten in diesem Moment am emotionalen Ausdruck ihres Vaters bzw. ihrer Mutter aus. Ermuntert die Bezugsperson das Kind, so krabbelt es weiter, schaut sie besorgt, so stoppt das Kind. Selbstverständlich krabbeln oder laufen größere Kinder auch dann nicht mehr weiter, wenn die Bezugsperson sie intensiv dazu auffordert. In unsicheren Situationen, in denen das Kind nicht weiß, wie es diese einschätzen und sich selbst verhalten soll, wird es aber weiterhin bei den Bezugspersonen nach Hinweisen suchen.

Bindungs- oder Bezugspersonen?
Fachleute streiten sich darüber, ob Erzieherinnen echte Bindungs- oder „nur“ Bezugspersonen für Kinder sein können. Von alltagspraktischer Bedeutung ist dieser Streit jedoch nicht – solange die Kinder Vertrauen und Nähe bei der Erzieherin empfinden.

Mütter und Väter, die die Übergangssituation des Kindes selbst als belastend empfinden, können ihre eigene Unsicherheit somit auch unbewusst auf ihre Kinder übertragen. Oftmals führt gerade dieses Phänomen zu Situationen, in denen das

Verhalten des Kindes das Verhalten der Eltern beeinflusst und dieses wiederum im Rückschluss das Verhalten des Kindes bestimmt. Sieht sich ein Kind mit einer unvertrauten Situation, z. B. der neuen Krippengruppe, konfrontiert, so erscheint es zunächst belastet und zeigt Bindungsverhalten, indem es sich anklammert oder weint. Sucht das Kind bei der Mutter nach Hinweisen, wie es diese Situation beurteilen soll und bemerkt die Unsicherheit und die Belastung der Mutter, so wird sich die Belastung des Kindes weiter erhöhen (was wiederum auch die Belastung der Mutter steigert). Bemerkt das Kind jedoch, dass die Mutter aufmunternd und entspannt ist, wird es den Rückschluss ziehen, dass keine Gefahr droht und die neue Situation erkundet werden kann.

Überganssituationen bewusst gestalten

Welche Konsequenzen ergeben sich nun aus diesen entwicklungspsychologischen Betrachtungen für die Gestaltung von Übergangssituationen im Kindergartenalltag? Unter den folgenden Leitlinien seien die Anregungen für die praktische Arbeit zusammengefasst:

- **Übergehen heißt auch Abschied nehmen**
  Die neue, noch unbekannte Situation, in die es überzutreten gilt, ist nicht die einzige Herausforderung, die Kinder in Übergangssituationen zu meistern haben. Genauso bedeutsam ist der Abschied von der bisherigen Situation, den es zu leisten gilt. Erzieherinnen, Pädagogen, aber auch Eltern neigen dazu, insbesondere das Neue zu betonen und ihm die Hauptaufmerksamkeit zu schenken. Ermöglichen Sie es den Kindern, auch von der vertrauten Situation Abschied zu nehmen! Lassen Sie es zu, dass ein Kind „alten Zeiten" nachtrauert, verdeutlichen Sie aber auch, welche neuen Chancen und Möglichkeiten mit den neuen Zeiten auf es zukommen. Kontinuität, d. h. etwas Vertrautes in der neuen Situation wiederfinden zu können, ermöglichen Lieblingsspielzeuge, die das Kind mitbringen darf, ein Kuscheltier oder aber ein Lieblingsbuch, das das Kind den anderen vorstellen kann.

Jederzeit Fairness bei Absprachen
Getroffene Absprachen sind bei Kindern aller Altersgruppen unbedingt einzuhalten. Nur so erhalten die Kinder die Gelegenheit, sich für die bevorstehende Belastung innerlich zu rüsten und Vertrauen zu den Erwachsenen aufzubauen.

- **Abschiede für die Kinder langfristig offen ankündigen**
  Abschiede sollten nie plötzlich und unvermittelt passieren. Kinder sollten schon lange im Vorfeld des Übergangs an die neue Situation herangeführt und gleichzeitig darauf vorbereitet werden, dass es nun gilt, von der alten Situation Abschied zu nehmen. Neue Situationen können abgesprochen werden, und es können mit den Kindern Vereinbarungen verhandelt werden, in denen die Kinder ihre Vorstellungen darüber äußern können, was ihnen den Übergang erleichtert. Fairness und Respekt im Umgang mit den Kindern äußern sich auch hier. Nichts ist fataler, als ein Kind vor vollendete Tatsachen zu stellen. Einen Vertrauensbruch stellt es dar, wenn Eltern sich in einem unbeobachteten Moment von den Kindern wegschleichen, anstatt sich zu verabschieden und zuverlässig und deutlich anzukündigen, wann sie wieder zurück sein werden.

  Viele Kinder, denen die Möglichkeit, sich von alten Gegebenheiten zu verabschieden, genommen wird, fordern sich die alten Zeiten mit Macht zurück, zeigen kindliche Verhaltensweisen, die Eltern schon längst überwunden glaubten. Diese Regressionen können ein Zeichen dafür sein, dass Kinder glauben, wenn sie sich „wie vorher" verhalten, dann werde auch alles wieder wie vorher sein.

Zeit für Kleinkinder verständlich machen
Dies kann auch bei kleinen Kindern gelingen – gegebenenfalls auch mithilfe der Uhr, deren Zeiger auf die Sonnenaufkleber deuten, wenn Papa oder Mama zurückkommen. Absolute Zuverlässigkeit ist allerdings Voraussetzung dafür, dass die Kinder das verstehen lernen.

- **Die Kinder in der neuen Situation freudig begrüßen**
  Jeder Übergang, den Kinder meistern, bedeutet einen Entwicklungsfortschritt. Jede gemeisterte Situation, jedes Sich-Einfinden in einen neuen sozialen Zusammenhang, lässt das Kind größer, kompetenter und autonomer werden. Lassen Sie die Kinder spüren, dass Sie diese Leistung, die von den Kindern erbracht wird, bemerken und anerkennen! Heißen Sie die Kinder ausdrücklich in der neuen Gruppe willkommen und drücken Sie Ihre Anerkennung dafür aus, dass es den Weg zu Ihnen gegangen ist und die Herausforderung der Eingewöhnung in die neue Situation auf sich nimmt! Ausdrücklich sei an dieser Stelle betont, dass dies gerade für die Kinder wichtig ist, die scheinbar anpassungsfähig und unkompliziert in die neue Gruppe einsteigen. Auch diese Kinder erbringen eine hohe Anpassungsleistung und verwenden darüber hinaus möglicherweise noch sehr viel persönliche Energie darauf, sich diese Anstrengung nicht anmerken zu lassen.

- **Mit Übergangsfeiern Rituale schaffen**
  In einigen Kindertagesstätten gibt es reguläre Feste, in denen der Übergang einer Kindergruppe in die nächste Einrichtung gefeiert wird. Die Kleinen verabschieden ihre große Gruppe, und die nächste Einrichtung empfängt ihre neuen Mitglieder. Solche Rituale verdeutlichen den Kindern, dass die Erwachsenen ihren Übergängen einen ebenso hohen Stellenwert beimessen wie sie selbst. Sie erhöhen den Stolz und das Selbstvertrauen der Kinder, die so direkt nachvollziehen können, wie Übergänge sie Schritt für Schritt „erwachsener“ werden lassen. Und darüber hinaus bemerken die kleineren Kinder, die in diese Rituale mit einbezogen werden, wie aufregend und wichtig ein solcher Tag sein kann. Eines Tages werden auch sie zu denjenigen gehören, die bei einem solchen Fest gefeiert werden. Ähnliche Feiern

Die Eltern in die Feiern immer mit einbeziehen
Denken Sie daran: Die Übergänge sind für die Eltern genauso aufregend wie für die Kinder. Beziehen Sie die Eltern also in die Feiern genauso mit ein wie die Kinder.

oder Rituale sind im Gruppenalltag für Kinder denkbar, die zum ersten Mal in eine Kita aufgenommen werden oder die (z. B. durch Umzug) die Kita wechseln.

- **Die Eltern aktiv in die Gestaltung des Übergangs mit einbeziehen**
  Die intensive Bindung zwischen Eltern und ihren Kindern lässt jeden Übergang der Kinder auch zu einer belastenden Krisensituation für ihre Eltern werden. Das Wort „Krise" ist in diesem Zusammenhang allerdings in dem Sinne aufzufassen, wie es die Chinesen tun, deren Schriftzeichen für Krise aus den Zeichen für Gefahr einerseits und Chance andererseits besteht. Eltern, die den Übergang ihrer Kinder als bedrohlich, belastend oder gefährlich erleben, erschweren es ihren Kindern tatsächlich, in die neue Situation überzutreten. Anders ist es mit den Eltern, die in der neuen Situation ihrer Kinder in erster Linie eine Chance für Veränderung und persönliche Entwicklung sehen. Sie werden ihre Zuversicht und ihr Vertrauen auch auf ihre Kinder ausstrahlen.

Eltern in Übergängen eine Heimat geben
Richten Sie Ihren Fokus bei der Gestaltung der Übergänge mindestens genauso stark auf die Eltern wie auf die Kinder. Die Kinder werden von der gewonnenen Sicherheit der Eltern profitieren. Dies erfordert einen veränderten Blick – die Eingewöhnung als Eltern-Eingewöhnung, die Übergangsfeste als Elternfeste.

Je vertrauter die Eltern mit den Abläufen in der neuen Einrichtung sind, umso mehr können sie ihren Kindern Vertrauen vermitteln. Elternarbeit geht somit über die ohnehin obligatorischen Elterngespräche hinaus. Eltern benötigen in der Übergangsphase ähnlich intensive Betreuung wie ihre Kinder. Im Gegensatz zu den Kindern (für die es in den meisten Einrichtungen Eingewöhnungsmodelle gibt) wird die Mehrzahl der Eltern in den Übergangssituationen allein gelassen. Beziehen Sie die Eltern aktiv in die Arbeit in der Gruppe mit ein! Ermöglichen Sie es den Eltern, in der Nähe ihrer Kinder zu sein, ohne zur Tatenlosigkeit gezwungen zu sein! Nicht zuletzt, lassen Sie auch den Eltern Anerkennung für ihre Bemühungen, die Kinder gehen zu lassen, zukommen!

- **Scheinbare „überbehütende" Verhaltensweisen richtig deuten**
  Viele Verhaltensweisen von Eltern, die Erzieherinnen als überbehütend, anmaßend oder kontrollierend erscheinen, sind nur nachvollziehbar, wenn Sie berücksichtigen, wie schwer es Eltern fällt, ihre Verantwortung für das eigene Kind auf Sie zu übertragen. Selten steckt hinter verletzenden Äußerungen der Eltern ein Angriff auf die Erzieherin. Zumeist äußern sich hier nur Hilflosigkeit und die Angst, dass es ihrem Kind nicht gut gehen könnte. Eltern, die in den Gruppenalltag mit einbezogen werden, erleben, dass es ihren Kindern bei Ihnen gut ergeht, und spüren andererseits, dass sie im Übergangsprozess nicht hilflos zuschauen müssen.

Eltern ein Übergangstagebuch führen lassen
Fragen Sie die Eltern, ob sie Lust haben, Ihre Gedanken, Wünsche, Befürchtungen in einem eigenen „Übergangstagebuch" festzuhalten. Beziehen Sie diese Gedanken in die Entwicklungsgespräche über die Kinder mit ein. Auch die Eltern machen eine wichtige Entwicklung durch, die es respektvoll und ernsthaft zu begleiten gilt.

Die Übergangsimpulse auch für die Einrichtung nutzen

Diese These erscheint auf den ersten Blick womöglich etwas sperrig. Die Übergangsleistung haben ja zunächst das Kind und seine Eltern zu erbringen, die sich in die gegebene Situation der neuen Gruppe einfinden müssen. Kinder sind jedoch nicht nur passive Empfänger, die sich neuen Situationen anpassen können, sondern sie sind von klein auf auch aktive Gestalter ihrer Umwelt. Sicher haben Sie bereits bemerkt, wie ein neues Kind Veränderungen in die Gruppe und die Einrichtung bringen kann, wenn Sie sensibel für das Potenzial des Kindes sind. Der Spruch vom „frischen Wind", den ein Mensch in eine lang bestehende Situation bringen kann, erfährt seine wortwörtliche Bedeutung, wenn jemand unvoreingenommen und neugierig alles auf den Kopf zu stellen vermag, was Ihnen bisher als unverrückbar erschien. Kinder sind überdies kritische Beobachter.

8 Die Zusammenarbeit der Kolleginnen in der Krippe

8 Die Zusammenarbeit der Kolleginnen in der Krippe

8.1 Die Zusammenarbeit mit dem Gesamtteam

Teamsitzungen pädagogisch nutzen
Allzu häufig werden die Teamsitzungen noch für Organisatorisches benutzt, echte pädagogische Themen bleiben dabei schnell auf der Strecke. Hintergrund ist dafür häufig auch die Angst vor Auseinandersetzungen mit den Kolleginnen. Organisatorisches ist relativ unstrittig, aber in der Offenlegung von pädagogischen Zielen und Handlungen liegt immer auch Stoff für Konflikte.

„Zu den Kleinsten die Besten", diese Erkenntnis hat sich in vielen skandinavischen Ländern durchgesetzt. Oft wird aber die Arbeit der Krippenerzieherin anders eingeschätzt. In manchen Teams gilt es gar als ungeliebte Aufgabe, die Arbeit mit den Kleinsten zu übernehmen. Die Argumente reichen dabei von „Das ist körperlich sehr anstrengend" bis hin zu „Das ist ja hauptsächlich pflegerische Arbeit, man kann ja nicht so richtig mit den Kindern spielen". Aber auch die Tatsache, dass so manche Krippenerzieherin schon seit 20 Jahren mit den Kleinsten arbeitet und von sich selber sagt, dass sie sich keine Arbeit mit den Größeren mehr zutraue, sollte eigentlich zu denken geben. Ist die Arbeit mit den Kleinen denn wirkliche etwas so anderes, dass man danach nicht mehr mit größeren Kindern arbeiten könnte?

In anderen Zusammenhängen ist die Arbeit mit den Kleinen ein ganz neues unbekanntes Arbeitsgebiet, auf das alle sehr gespannt blicken. Viele Einrichtungen haben sich im Zug der neuen Beschlüsse der Bundesregierung erstmalig auf den Weg gemacht, auch unter 3-Jährige aufzunehmen und pädagogisch zu betreuen. Stellen Sie daher in Ihren Teams die Frage der Krippenerziehung bewusst in den Mittelpunkt und nutzen Sie Ihre Teambesprechungen, um dies auch für alle Kolleginnen deutlich zu machen. Im Folgenden zeigen wir beispielhaft zwei Kurzabläufe für Teamsitzungen, die Ihnen und Ihren Kolleginnen möglicherweise helfen, Ihre Sicht auf die Arbeit mit den unter 3-Jährigen neu zu reflektieren.

8.1.1 Eine Teamsitzung: der Blick auf Kinder unter 3

Diskutieren Sie mit Ihren Kolleginnen in einer dafür freigehaltenen Teamsitzung, wie Sie Kinder unter 3 Jahren in der Einrichtung erleben. Methodisch könnte das folgendermaßen aussehen:

Lassen Sie zu Beginn der Teamsitzung die Kolleginnen über ihre Einschätzung der pädagogischen Arbeit mit Kleinkindern diskutieren. Dafür sollten zunächst ganz frei und spontan die individuellen Gedanken gesammelt werden. Dabei hilft eine Art „Satzergänzungstest", den Sie mit den Kolleginnen durchführen. Alle sollten sich zur Frage der Arbeit mit den Kleinstkindern Notizen machen und mit der Sitznachbarin diskutieren.

Nutzen Sie zur Beantwortung der Frage die Satzanfänge:

- Kinder unter drei sind …
- Wenn ich an die Arbeit mit Kindern unter drei Jahren denke, fällt mir ein …
- Am liebsten mache ich mit Kindern unter drei …

Bitten Sie Ihre Kolleginnen, diese Satzanfänge so oft wie möglich zu vervollständigen, und diskutieren Sie darüber. Berichten Sie sich gegenseitig, was der Hintergrund Ihrer aufgeschriebenen Satzergänzungen ist, besprechen Sie Unterschiede und erzählen Sie aus Ihrem Erfahrungsschatz. Spannend ist es auch, von Kolleginnen berichtet zu bekommen, wie sie das Geschehen der Kleinsten beobachten und welche Vernetzungsmöglichkeiten sie mit ihrer Arbeit sehen. Ziel dieser Diskussion ist das Nachdenken über eine Veränderung des Blickwinkels, kleine Kinder nur als pflegeintensiv, laut, niedlich und süß zu betrachten, sondern als vollwertige Partner Ihrer pädagogischen Arbeit. Wichtig ist auch, in dieser Teambesprechung deutlich zu machen, dass die pflegerische Arbeit in der Krippe der pädagogischen Arbeit gewichen ist. Es geht darum, Kinder fit für das Leben zu machen, und das beginnt schon bei den Kleinsten.

Offene Fragen stellen
Ein methodischer Hinweis: Stellen Sie offene Fragen, um mit ihren Kolleginnen ins Gespräch zu kommen. Beispiele dafür sind: „Erzähl doch mal …!", „Wie siehst du das?", „Was fällt dir in so einer Situation ein …?" usw. Das hilft Ihnen, die Standpunkte der Kolleginnen zu entdecken.

8.1.2 Die zweite Teamsitzung: das Thema „Eingewöhnung"

Sammeln Sie mit Ihrem Team alle wichtigen Punkte zum Thema „Eingewöhnung" und schreiben Sie sie auf einen großen Bogen Papier. Diskutieren Sie die Punkte mit Ihrem Team (als Grundlage können Sie hier auf das Kapitel 7.2 zurückgreifen). Gehen Sie dabei sehr intensiv auf alle dazugehörigen Fragen ein:

Gesagtes nicht abgeändert aufschreiben
Schreiben sie alle Punkte, so wie sie von den Kolleginnen benannt werden, wortwörtlich auf und bewerten Sie die Gedanken der Kolleginnen nicht. So schaffen Sie die Voraussetzungen für eine offene und konstruktive Arbeitsatmosphäre

Beispiel

> *Wann, mit welchen Eltern, wann vielleicht auch nicht, wie lange, mit welchem Ziel, mit welchen Methoden, was hat sich bewährt, warum dauert die Eingewöhnung mal lange, mal weniger lange, welche Rolle haben die Eltern dabei, wer übernimmt welche Initiativen, wann ist die Eingewöhnung vorbei, wie viele Kinder kann man gleichzeitig eingewöhnen …*

Sicher haben Sie sich in Ihrem Team schon oft Gedanken über die Eingewöhnung gemacht. Vielleicht ist die eine oder andere Kollegin daher irritiert, das Thema hier nochmals diskutieren zu müssen. Bleiben Sie bitte hartnäckig! Ziel dieser Diskussion ist es, nochmals in den Mittelpunkt zu rücken, dass der Eintritt in die Krippe ein wirklich entscheidender Schritt für Eltern und Kind ist und dass Eltern in dieser Übergangszeit sehr sensibel sind. Es muss ein Anliegen aller Kolleginnen im Haus sein, die neuen Eltern und Kinder zu integrieren. Aber auch die Arbeit der Krippenerzieherin mit den Eltern, ihre Arbeit als „Erwachsenenbildnerin" sind soll hier den Kolleginnen deutlich gemacht werden. Außerdem die spannende Bandbreite dieser Arbeit und ihre hohen Anforderungen Inhalte, die das ganze Team wissen und mittragen muss.

Erarbeiten Sie danach mit allen Kolleginnen im Team ein individuelles Zehn-Punkte-Programm Ihres Teams zum Thema „Eingewöhnung" (siehe auch Seite 190). Da alle Kolleginnen an dieser konzeptionellen Arbeit beteiligt sein sollen, wissen und kennen auch alle die Belastungen, der die Erzieherin in dieser Eingewöhnungszeit ausgesetzt ist. Möglicherweise hilft Ihnen dieser Weg, die Wertigkeit Ihres Arbeitsbereiches und auch die Diskussion im Team intensiver zu fokussieren.

Das Eingewöhnungsprogramm konkret erstellen
„Wir arbeiten individuell mit allen Eltern." Was bedeutet dies genau? Zu welchem Zeitpunkt finden welche Gespräche mit welchen Inhalten statt? Erst so konkret erwacht das Eingewöhnungsprogramm zu praktischem Leben.

8.2 Ein kritischer Blick auf das Team und auf sich selbst

Jedes Team ist in seiner Konstellation individuell und einzigartig. Einige Teams sind sehr auf ihre Leitung fixiert, andere arbeiten sehr eigenständig, kommunizieren aber möglicherweise ihre Arbeitsergebnisse nicht genügend untereinander. Es gibt Teams, die seit vielen Jahren kontinuierlich zusammenarbeiten, und Teams, die dauernden Veränderungen unterworfen sind. Die Bandbreite ist groß. Deshalb lohnt es sich, dass Sie einmal einen genauen Blick auf Ihr Team werfen.

Den Ist-Stand im Team analysieren

Pädagogische Auseinandersetzungen fördern
In den Teams muss sich langfristig auch eine Kultur der Auseinandersetzung über pädagogische Fragen etablieren, gerade, da es in der Kleinkindpädagogik kaum Richtig oder Falsch gibt. Manche Teams scheuen diese Auseinandersetzungen, da sie schnell persönlich werden. Fachlich diskutieren, persönliche Auseinandersetzungen ausklammern, so lautet daher die Entwicklungsaufgabe.

Um Handlungsoptionen und Veränderungen erarbeiten zu können, lohnt sich eine ausführliche Analyse. Vielleicht arbeiten Sie in einem Team, das gut funktioniert, reflektiert und ein hohes Maß an Qualität hat. Auch hier kann investiert werden. Selbst Gruppen, die funktionieren, müssen gepflegt und unterstützt werden, sonst verlieren sie an Motivation und Arbeitseffektivität. Einen Blick hinter die Kulissen eines Teams zu wagen, lohnt sich fast immer. Vielleicht haben Sie schon oft intuitiv Situationen wahrgenommen, in denen unreflektiertes pädagogisches Verhalten sichtbar wurde. Die Frage, die sich dann stellt, ist, wie Sie mit dieser Situation umgehen. Wie sprechen Sie beispielsweise Kolleginnen an, deren pädagogische Haltung zum Kind eher eine belehrende statt eine begleitende ist?

Fragen Sie zunächst: Was sind die Ursachen dafür?
Ist die Kollegin zu unsicher oder zu unwissend, um ihre Haltung gegenüber dem Kind bewusst zu ändern? Muss sie durch regelmäßige Reflexion, die im Team kultiviert werden sollte, ihre Wahrnehmung mehr schärfen oder ist ihr der pädagogische Ansatz nicht klar, da ihre Teilnahme an entsprechenden Fortbildungen schon lange zurückliegt? Auch fehlendes Selbstbewusstsein kann eine Ursache sein. Meist werden alte vertraute Verhaltensweisen kultiviert, um Handlungssicherheit zu ermöglichen. Hier brauchen Kolleginnen Bestätigung ihrer individuellen Fähigkeiten und Erfolgserlebnisse sowie die Sicherheit, dass Fehler gemacht werden dürfen.

Die Fehlerkultur im Team entwickeln

Die Aufnahme von Krippenkindern als Neuanfang nutzen
Die neuen Krippenkinder können eine Riesenchance sein, in ein etwas müde gewordenes Team neuen Schwung zu bringen. Neue Raumgestaltungen, neue Verantwortlichkeiten, neue pädagogische Ideen für die Alltagsgestaltung – all dies sind Chancen, die sich kein Team entgehen lassen sollte.

Stellen Sie die Frage nach Fehlern in der pädagogischen Arbeit doch einmal in Ihrem Team zur Diskussion. Nutzen Sie dabei Alltagssituationen und fragen Sie, welche unterschiedlichen, besseren oder schlechteren Herangehensweisen es in diesen Situationen geben könnte. Sie dürfen dazu gern alle Fallbeispiele aus diesem Buch nutzen. Es wird ein spannender Prozess sein, die einzelnen Kolleginnen hier zu beobachten und mit ihnen zu diskutieren. Verzichten Sie dabei auf vorschnelle Wertungen, stellen Sie stattdessen jede von den Kolleginnen genannte Handlungsmöglichkeit als eben eine mögliche Handlung dar, zu der es vielleicht noch viele Alternativen gäbe. Ebenso wichtig ist eine anschließende Auswertung, um notwendige Veränderungen oder mögliche Verbesserungen und Ideen zu erkennen und daraus entstehende Folgeschritte entwickeln zu können. Sie werden sehen, dass eine regelmäßige Reflexion mit der Freude an Neuem belohnt wird und dass durch die Erkenntnis und Vermeidung unnötiger Arbeitsschritte sich auch Ihre Zeitressourcen effektiver gestalten

Selbstreflexion – ein kritischer Blick auf mich

Für Sie ist es selbstverständlich, regelmäßig an Fortbildungen teilzunehmen und neue Ideen in der Praxis auszuprobieren oder auch Fachzeitschriften zu lesen und deren Inhalte mit Ihren pädagogischen Erfahrungen abzugleichen. Sie haben bereits für sich eine Lernkultur entwickelt. Wie sind Sie bis hierher gekommen? Zeichnen Sie sich doch einmal Ihren Entwicklungsweg im wahrsten Sinne des Wortes auf! Kennzeichnen Sie darauf die Stationen und Bereiche Ihrer Entwicklung wie Schule und Ausbildung. Was waren Auslöser und Motive Ihres Lernprozesses? Wann hatten Sie Erfolgserlebnisse, wann gab es Rückschläge? Lassen Sie darunter immer ein wenig Platz, um zu den Stationen die folgenden Fragen zu beantworten:

- Wer oder was war wie unterstützend für mich?
- Wer oder was war wie hinderlich?
- Was hätte wie noch optimaler verlaufen können?

Dies können Sie für alle Lebenssituationen durchspielen, die für Sie prägend waren und deshalb in Erinnerung blieben. Vielleicht merken Sie schon an dieser Stelle, dass es viele Gründe geben kann, warum eine Entwicklung möglich bzw. nicht möglich ist, und dass für eine entwicklungsfördernde Atmosphäre Vertrauen, Zutrauen, vor allem aber eigene Erfolgserlebnisse und dadurch Bestätigung hilfreich sind. So kann Freude am Lernen entstehen.

Klären Sie für sich die Frage, ob Sie gerne in diesem Team sind und ob für Sie die Arbeit in der Krippe so ist, wie Sie sich Ihre pädagogische Arbeit vorstellen. Der Blick auf sich selbst kann möglicherweise dabei helfen, unverständliche Sichtweisen von Kolleginnen besser zu verstehen und die eigenen Positionen neu zu überdenken.

Hospitationen und Tandems

In manche alltäglichen Verhaltensweisen hat sich so viel Routine eingeschlichen, dass Sie sie selbst gar nicht mehr bemerken. Hier ist Teamwork gefragt. Suchen Sie sich eine vertrauensvolle Kollegin und bilden Sie ein Tandem mit ihr. Beobachten Sie sich gegenseitig in Ihrer alltäglichen Arbeit genauso, wie Sie auch die Kinder beobachten würden, und schildern Sie sich gegenseitig Ihre Beobachtungen. Übrigens, nicht immer ist die befreundete Kollegin dafür geeignet. Suchen Sie sich gern eine Kollegin aus, mit der Sie bisher eher wenig Kontakt hatten.

8.3 Die Kolleginnen unter sich

„Wo Menschen zusammen sind, menschelt es!" Diese Erkenntnis machen alle Menschen, die in Teams zusammenarbeiten. Eine solche Erfahrung werden Sie auch mit Ihren Kolleginnen in der Krippe machen. Jede Person hat ihre eigenen Vorstellungen von Entwicklung und Qualität, besitzt eigene Maßstäbe und ist von anderen Themen und Interessen motiviert. Es gibt Kolleginnen, da reicht ein Blick zur Verständigung, bei anderen wird eine gute Erklärung benötigt. Aber gerade wenn jemand neu ist oder sich in Ihrem Team etwas verändert – und damit eine Entwicklung stattfindet – bedeutet dies auch das Loslassen von Vertrautem, Sicherem. Das ist oft mit unterschiedlichen Ängsten besetzt. Manchmal hat man auch das Gefühl, gar nichts gehe mehr voran. Täuschen Sie sich nicht! Schauen Sie ganz genau hin, ob es wirklich so ist.

Entwicklungsstillstände erkennen

Stillstand bedeutet, dass etwas nicht mehr in Bewegung ist, dass es ruht. Doch manchmal kann etwas Ruhe auch hilfreich sein, um neue Kraft zu sammeln oder durch Abstand einen besseren Überblick zu gewinnen. Klären Sie mit Ihren Kolleginnen, ob Sie sich nicht manchmal selbst überfordern. Fragen Sie sich dabei besonders intensiv, ob bei Ihren täglichen Gesprächen immer noch die Kleinkindpädagogik – und nicht etwa der Ärger über Rahmenbedingungen, Eltern, Strukturen oder persönliche Auseinandersetzungen – im Mittelpunkt steht.

Stellen Sie sich und Ihren Kolleginnen folgende Fragen:

- Werden überwiegend pädagogische Fragen zwischen Ihnen diskutiert?
- Wird die Zusammenarbeit mit den Eltern als Lust oder Last empfunden?
- Wird der kollegiale Austausch im Team genutzt?
- Kann man sich auch in schwierigen Zeiten der Veränderung vom Team getragen fühlen?

Auf Hilfe nicht verzichten
Zwischenmenschliche Konflikte und Schwierigkeiten sollten vorrangig und eventuell mit Begleitung durch externe Hilfe bearbeitet werden. Sie sind zum einen Blockaden, durch die ein Hauptteil der Ressourcen gebunden wird. Zum anderen weisen sie auch auf notwendige Veränderungen hin. Eine Konfliktkultur ist deshalb für den Entwicklungsprozess förderlich.

Diese Fragen können Ihnen dabei helfen, eventuellen Handlungsbedarf zu erkennen und zu beschreiben. Auch ein schwelender Konflikt kann Ihre Initiative im Team hemmen. Scheuen Sie nicht davor zurück, sich hier Hilfe von außen zu holen. Daneben steht dann und wann noch ein anderes Problem: Viele Kolleginnen kennen sich über Jahre beruflich und vielleicht auch privat, möglicherweise kennen sich auch die Eltern der Kinder und die Erzieherinnen schon lange. Dies kann in einigen Situationen sehr hilfreich sein. Manchmal wird es dadurch aber auch schwierig, die notwendige Distanz zu wahren. Sprechen Sie offen darüber, sagen Sie beispielsweise zu Ihrer befreundeten Kollegin, dass es Ihnen jetzt in diesem Gespräch um einen fachlichen Austausch geht, und versuchen Sie so, Ihre Rollen als Kolleginnen und Freundinnen voneinander zu trennen. Professionalität beinhaltet den Mut, klare Positionen einzunehmen und diese zu begründen.

8.4 Männer als Erzieher in der Krippe

Männer in Einrichtungen
Bundesweit liegt der Anteil der Männer unter dem pädagogischen Fachpersonal in Kindertageseinrichtungen bei knapp vier Prozent. Ganz offensichtlich sind Männer damit in einem zentralen Lebensbereich von Kindern unterrepräsentiert. Spezifische Zahlen für den Krippenbereich liegen nicht vor, hier ist allerdings mit einem noch geringeren Männeranteil unter den Erziehenden zu rechnen.

Wie sehen sich Männer eigentlich selbst als Krippenerzieher? Sie haben es sicher bereits gemerkt, in unserem Buch haben wir Sie in aller Regel in weiblicher Form angesprochen. Die Erfahrungen zeigen, dass die übergroße Mehrzahl der pädagogischen Fachkräfte in den Einrichtungen weiblich ist. Es gibt aber auch ein paar Männer unter ihnen. Man findet sie sogar in der Kleinkindbetreuung, einer traditionell weiblichen Domäne. Männer bekommen hier schnell einen Exotenstatus. Sie werden einerseits von den Kolleginnen herbeigewünscht, da Männern „einen anderen Blick auf Kinder haben“ und „viel besser mit den Jungen toben können“. Auf der anderen Seite schlägt Männern in Kinderkrippen von Eltern und Kolleginnen oft auch Misstrauen entgegen. „Männer können nicht mit kleinen Kindern umgehen" – dieses Vorurteil ist auch manchen Vätern bekannt. In Kinderkrippen kommt jedoch manchmal auch noch das unterschwellige Gefühl dazu, dass Männer möglicherweise keine ehrbaren Motive haben, wenn sie mit Kindern arbeiten wollen. Männer stehen daher unter ganz besonderer Beobachtung, nicht nur durch die Kolleginnen, sondern auch durch Eltern.

Die Position der Männer im Team reflektieren und stärken

„Ich hab meinem Kollegen das Wickeln immer abgenommen, damit die Eltern gar nicht erst komisch schauen", beschreibt eine Erzieherin diese belastende Situation. Viele Kollegen gehen von sich aus diesen Situationen aus dem Weg, da sie die kritischen Blicke von Kolleginnen, Eltern und Leiterinnen fürchten. Die Frauen übernehmen die intimen Aufgaben, die Männer dürfen mit den Kindern toben und spielen. Das Thema Kindesmissbrauch schwebt wie ein Damoklesschwert über ihnen, aber keiner wagt es, das Thema direkt auszusprechen. „Mit einem Bein im Knast", so drastisch beschreiben männliche Erzieher die Wahrnehmung ihrer Arbeit beim Wickeln, Waschen und Pflegen der Kleinkinder. Oft gelingt es nur langsam, Vorurteile abzubauen und die große Chance zu nutzen, wenn Kinder nicht nur mit weiblichen Vorbildern aufwachsen.

Die Fragen im Team nutzen
Haben Sie mit Ihren männlichen Kollegen im Team bereits über ihre Selbstwahrnehmung diskutiert? Herrscht bei Ihnen im Team diesbezüglich Offenheit? Wissen die Kollegen, wofür die Kolleginnen sie schätzen und wofür sie vielleicht andererseits unter besonderer Beobachtung stehen? Nutzen Sie unsere Interviewfragen für diesen Austausch!

Wir haben Kinderkrippenerzieher danach gefragt, wie sie selbst ihre Situation in den Einrichtungen empfinden:

Patrice[1] (27 Jahre)

1. *Was hat zu der Entscheidung geführt, mit Kleinkindern zu arbeiten?*
   Es hat keine gezielte Entscheidung von mir gegeben. Ich habe eine Ausbildung als Sozialassistent gemacht, weil ich gern mit Kindern arbeiten wollte. Die Arbeit mit den Krippenkindern ist wegen mangelnder Arbeitsplätze erst später dazu gekommen. Inzwischen arbeite ich mit Kindern in altersgemischten Gruppen.
2. *Was macht das Besondere von 0- bis 3-Jährigen aus?*
   Diese Altersgruppe bietet meiner Meinung nach die Möglichkeit, sie schon frühzeitig zu fördern und die Stärken jedes Einzelnen hervorzuheben. Gerade in den ersten Jahren ist die Entwicklung der Kinder besonders stark sichtbar. Hier werden echte Grundsteine gelegt, und die Entwicklung vollzieht sich rasend schnell. Das fasziniert mich immer wieder.
3. *Wie sehen Sie die Eltern?*
   Es gibt mittlerweile so viele alleinerziehende Mütter und auch sehr viele Familien, in denen beide Elternteile arbeiten müssen. Da ist es gut, wenn auch im Kindergarten ein positives männliches Verhalten vorgelebt wird.
4. *Wie reagieren die Eltern auf Sie?*
   Anfangs reagieren die Eltern etwas zurückhaltend auf mich und zeigen auch gewisse Ängste. Diese bauen sie aber meist schnell ab und finden es dann gut, einen Mann in der Kleinkindarbeit zu sehen. Die Zusammenarbeit läuft ab dem Zeitpunkt sehr gut.

[1] Name geändert

5. *Was machen Sie am liebsten mit den Kindern?*
   Individuelle Förderung und Förderung der sozialen Kompetenzen. Ich versuche, Situationen zu schaffen, in denen Kinder selbstständig und miteinander lernen können.
6. *Was ist aus Ihrer Sicht der Unterschied zwischen männlichen und weiblichen Erziehern und Erzieherinnen?*
   Ich sehe wenig Unterschiede in der Arbeit. Das Einzige, was ich recht häufig beobachte, ist, dass Kolleginnen sehr früh in Ereignisse eingreifen und Situationen versuchen zu regeln, während ich den Kindern meistens länger Zeit für eigene Lösungen gebe. Hin und wieder fällt mir auch auf, dass gerade die Pflegesituationen von Erzieherinnen bewusst gesucht werden. Sie sind da häufig sehr genau und penibel, alles muss perfekt sein, die Windeln müssen perfekt sitzen. Ich sehe das nicht immer so streng, was mir dann schnell mal als „typisch Mann" ausgelegt wird.
7. *Ist Pflegen nicht Sache von Erzieherinnen?*
   Meine Meinung dazu ist ganz klar: In einem Team ist Pflege eine Sache von allen Teammitgliedern, egal ob männlich oder weiblich. Ich scheue die pflegerische Seite nicht, sie gehört zu meiner Arbeit ganz selbstverständlich dazu.
8. *Wie fühlen Sie sich ins Team der Kolleginnen integriert?*
   Als Mann fühle ich mich schon in das Team integriert, jedoch kommt man selten mit seinen „Positionen" durch. Frauen halten dann doch eher zusammen.
9. *Was erleichtert Ihnen die Arbeit, was erschwert Ihnen die Arbeit als Erzieher von Kleinkindern?*
   Ich denke, ich muss mit den gleichen erschwerten und erleichternden Bedingungen wie Erzieherinnen „kämpfen". Wir alle leiden unter dem hohen Zeitdruck, den hohen Erwartungen an unsere Arbeit, dem Betreuungsschlüssel, kranken Kolleginnen und den anderen üblichen Alltagsproblemen. Die Kinder geben uns viel zurück, sodass sich auch schlechtere Zeiten gut überstehen lassen. Eine große Arbeitserleichterung sehe ich in den Eltern, die sich für die Belange der Kita interessieren und uns in der Arbeit unterstützen.

André[1] (43 Jahre)

1. *Was hat zu der Entscheidung geführt, mit Kleinkindern zu arbeiten?*
   Ich habe selbst viele Jahre in einem Kinderheim gelebt. Vielleicht ist da der Gedanke entstanden, mit bzw. für Kinder zu arbeiten. Schon während meiner Erzieherausbildung hatte ich dann mehrere Praktika in stationären Einrichtungen. Mit dem ständigen Streben der Jugendlichen nach Selbstbestimmung und Unabhängigkeit kam ich jedoch nur schwer zurecht. Gleichzeitig erkannte ich mich sehr in den Jugendlichen wieder, da ich selbst eine ähnliche Kindheit hatte. Durch diese Erfahrungen entschied ich mich für die Zielgruppe Kindergartenkinder. Schon bei meinen ersten Kitapraktika fühlte ich mich vom ersten Tag an glücklich mit dieser Entscheidung.

[1] Name geändert

2. *Was macht das Besondere von 0- bis 3-Jährigen aus?*
   Der Pflegeaufwand erscheint bei den Kleinkindern ungleich höher als bei den 3- bis 6-Jährigen. Daneben ist der ständige Wechsel zwischen Schutzbedürftigkeit und Neugierde der Kinder immer wieder faszinierend. Dies erlebe ich so auch als Vater eines Kleinkinds.
3. *Wie sehen Sie die Eltern?*
   Ohne das Vertrauen und die Mithilfe der Eltern hätte ich keinen einzigen Tag in meiner Einrichtung arbeiten können. Eltern selbst sind unterschiedlich. Manche scheinen mit dem Betreuungsvertrag die Erziehungsverantwortung an die Einrichtung abtreten zu wollen. Hier versuche ich, die Eltern fachlich zu begleiten und sie für die Entwicklungsprozesse ihrer Kinder zu sensibilisieren.
4. *Wie reagieren die Eltern auf Sie?*
   Die persönlichen Befindlichkeiten der Eltern nehme ich sehr ernst. Im Gegenzug erwarte ich Offenheit und Ehrlichkeit von ihnen. In den Fällen, wo es anfangs Zweifel und Unsicherheit mir gegenüber gab, gelang es mir, diese durch intensive Elternzusammenarbeit und eine gute Beziehung zum Kind zu zerstreuen.
5. *Was machen Sie am liebsten mit den Kindern?*
   Das Spektrum der erzieherischen Arbeit ist sehr breit, daher fällt es mir schwer, etwas Spezielles herauszugreifen. Schwer fällt mir die Arbeit immer dann, wenn die Kinder traurig sind oder weinen. Dann bin ich als Seelentröster und Kuschelbär unterwegs. Die Kinder wissen das und holen sich davon oft schon früh morgens eine große Portion, damit der Tag für sie gut beginnen kann.
6. *Was ist aus Ihrer Sicht der Unterschied zwischen männlichen und weiblichen Erziehern und Erzieherinnen?*
   Grundsätzliche Unterschiede sehe ich nicht. Persönlichkeitsunterschiede in Musikalität, Konsequenz, Fürsorglichkeit usw. sind nicht geschlechtsspezifisch. Das ist gut für die Kinder. Sie können sich ihre Bezugspersonen – ob männlich oder weiblich – aussuchen. Auch ganz Kleine haben schon Sympathien und Antipathien Erwachsenen gegenüber. In meinem Team fällt mir manchmal auf, dass ich eher rationaler verlangt bin, während die Kolleginnen eher emotionaler veranlagt sind. Ob man das verallgemeinern kann, weiß ich allerdings nicht.
7. *Ist Pflegen nicht Sache von Erzieherinnen?*
   Vor 20 Jahren hätte ich diese Frage noch mit Ja beantwortet. Heute sehe ich eigentlich nur noch das Kinderkriegen selbst als „frauentypisch" an. Viele Männer, so auch ich, nutzen die Möglichkeit von Erziehungsurlaub und Elternzeit. Diese Zeit mit meinen Kindern möchte ich auf keinen Fall missen. Die Vater-Kind-Beziehung war in der Zeit besonders intensiv. Pflegerische Tätigkeiten wie Füttern und Windeln gehören da ganz selbstverständlich dazu.
8. *Wie fühlen Sie sich ins Team der Kolleginnen integriert?*
   Unser Team arbeitet schon seit Jahren in gleicher Besetzung. Das empfinde ich persönlich als angenehm. In dieser Zeit ist Vertrauen gewachsen. Jeder kennt die Stärken und Schwächen des anderen, keiner muss sich etwas vormachen oder beweisen. Wir ergänzen uns gegenseitig und profitieren vom Potenzial der Kolleginnen und Kollegen. Ich fühle mich als Mann in unserer Einrichtung akzeptiert und integriert.

9. *Was erleichtert Ihnen die Arbeit, was erschwert Ihnen die Arbeit als Erzieher von Kleinkindern?*
   Das Wichtigste aus meiner Sicht ist das Vertrauen der Eltern in uns und unsere Fachkompetenz. Dieses Vertrauen signalisieren sie ihren Kindern: „Ich hab hier ein gutes Gefühl!", „Ich glaub, hier geht es Dir gut!". Dies erleichtert den Einstieg der Kinder ins Krippenleben enorm. Wir beziehen die Eltern schon bei der Aufnahme des Kindes in die Zusammenarbeit mit ein. Auch die Mitarbeit der Eltern im Elternrat entlastet uns im Team enorm. Darüber hinaus profitieren wir selbstverständlich im Gegenzug von den unterschiedlichen musischen, handwerklichen und kreativen Begabungen der Eltern bei der Vorbereitung und Durchführung von Kitaaktivitäten.

9 Literaturempfehlungen zum Weiterlesen

9 Literaturempfehlungen zum Weiterlesen

Zu den entwicklungspsychologischen Grundlagen

- Oerter, R., und Montada, L. (Hrsg.). (2002), Entwicklungspsychologie (5. Aufl.). Weinheim: BeltzPVU.
- Haug-Schnabel, G., und Bensel, J. (2006). Kindergarten Heute Spezial. Kinder unter 3 – Bildung, Erziehung und Betreuung von Kleinstkindern (4. Auflage). Freiburg: Herder.
- Tücke, M. (2007). Entwicklungspsychologie des Kindes- und Jugendalters für (zukünftige) Lehrer. Münster: LIT Verlag.

Zur Zusammenarbeit mit Eltern

- Mienert, M., und Vorholz, H. (2007). Gespräche mit Eltern. Informations-, Konflikt- und Entwicklungsgespräche. Troisdorf: Bildungsverlag EINS.

Zur pädagogischen Arbeit in den Teams

- Braun, U., Mienert, M., Müller, S., und Vorholz, H. (2007) (Hrsg.). Frühkindliche Bildung im Team gestalten und umsetzen – Konzepte, Praxisbeispiele, Materialien. Berlin, Stuttgart: Raabe.
- Von der Beek, A. (2006). Bildungsräume für Kinder von null bis drei. Berlin: Das Netz.
- Maywald, J., und Schön, B. (2008). Krippen: Wie frühe Betreuung gelingt: Fundierter Rat zu einem umstrittenen Thema. Weinheim: Beltz.
- Borstelmann, A. (2008). Praxisbuch Krippenarbeit: Leben und lernen mit Kindern unter 3. Mühlheim: Verlag an der Ruhr.

Spielanregungen für Kleinstkinder

- Du und Ich. Aktivitäten für den Entwicklungsbereich Starke Kinder (2008). Troisdorf: Bildungsverlag EINS.
- Das bin ich. Aktivitäten für den Entwicklungsbereich Starke Kinder (2008). Troisdorf: Bildungsverlag EINS.
- Ich teile mich mit. Aktivitäten für den Entwicklungsbereich Kommunikationsfreudige Kinder (2008). Troisdorf: Bildungsverlag EINS.
- Wir verstehen uns. Aktivitäten für den Entwicklungsbereich Kommunikationsfreudige Kinder (2008). Troisdorf: Bildungsverlag EINS.
- Ich fühle mich stark und sicher. Aktivitäten für den Entwicklungsbereich Gesunde Kinder (2008). Troisdorf: Bildungsverlag EINS.
- Ich entdecke meinen Körper. Aktivitäten für den Entwicklungsbereich Gesunde Kinder (2008). Troisdorf: Bildungsverlag EINS.
- Meine Hände können was. Aktivitäten für den Entwicklungsbereich Aktiv lernende Kinder (2008). Troisdorf: Bildungsverlag EINS.
- Ich entdecke meine Welt. Aktivitäten für den Entwicklungsbereich Aktiv lernende Kinder (2008). Troisdorf: Bildungsverlag EINS.
- Erste Kunst mit allen Sinnen erfahren. Kreativität fördern bei Kindern unter 3 Jahren (2008). Troisdorf: Bildungsverlag EINS.

Beobachtungen und Dokumentation

- Dennig, T. (2007). Schritt für Schritt zur eigenen Beobachtung und Dokumentation. Praxisbeispiele, Entscheidungshilfen, Anregungen und Musterbögen. Troisdorf: Bildungsverlag EINS.
- Der PARITÄTISCHE Hamburg (Hrsg.) (2007). Beobachtung und Dokumentation. Arbeitshilfe der Qualitätsgemeinschaft KITA. Zu beziehen über: Der PARITÄTISCHE Wohlfahrtsverband Hamburg e. V., Wandsbeker Chaussee 8, 22089 Hamburg.

Empfehlungen für Eltern (und Erzieherinnen)

- Bundeszentrale für gesundheitliche Aufklärung (Hrsg.) (1999). Die Entwicklung des Kindes vom 1. bis zum 6. Lebensjahr (DVD). Zu bestellen unter: http://www.bzga.de/?id=medien&idx=1472&sid=-2&uid=84f55bfa85a956780390 23f268841352.
- Bundeszentrale für gesundheitliche Aufklärung (Hrsg.) (1997). Kari – Das erste Jahr im Leben eines Kindes (VHS). Zu bestellen unter: http://www.bzga-avmedien.de/?uid=dfb040e4957bf4eda3bf1cbce4f2d5af&id=thema&sid=kindergesundheit&idx=61
- Bundesministerium für Ernährung, Landwirtschaft und Verbraucherschutz (BMELV) (Hrsg.) (2005). Der Ernährungskalender für Eltern und Kinder von 0 bis 2 Jahren. Zu bestellen unter: publikationen@bundesregierung.de.
- Bundesministerium für Ernährung, Landwirtschaft und Verbraucherschutz (BMELV) (Hrsg.) (2007). Der Ernährungskalender für Eltern mit Kindern von 2 bis 6 Jahren. Zu bestellen unter: publikationen@bundesregierung.de.

Quellenangaben

Gemeinsamer Rahmen der Länder für die frühe Bildung in Kindertageseinrichtungen, Jugendministerkonferenz/Kultusministerkonferenz, Beschluss der Jugendministerkonferenz vom 13./14.05.2004 – Beschluss der Kultusministerkonferenz vom 03./04.06.2004, abgerufen am 20.11.2008, http://www.kindergartenpaedagogik.de/1765.html

Fröbel, Friedrich (1826). Die Menschenerziehung.

Huizinga, J. (2004). Homo Ludens: Vom Ursprung der Kultur im Spiel. Reinbek bei Hamburg: Rowohlt Taschenbuch Verlag, S. 37

Rüssel, A. (1959). Spiel und Arbeit in der menschlichen Entwicklung. In H. Thomae (Hrsg.), Handbuch der Psychologie (Bd. 3, S. 502). Göttingen: Hogrefe.

Merz, F. (1996). Lernen. In W. Arnold, H. J. Eysenck & R. Meili (Hrsg.), Lexikon der Psychologie (Bd. 2, S. 1239–1242). Augsburg: Bechtermünz.

Johann Wolfgang von Goethe (1997): Faust. Erster und zweiter Teil. München: dtv, Z. 601

Humboldt, W. v. (zit. nach Hentig 1999: 38; Borsche 1990: 46; in: Susanne Binder (2004): Interkulturelles Lernen aus ethnologischer Perspektive. Konzepte, Ansichten und Praxisbeispiele aus Österreich und den Niederlanden. Berlin/Hamburg/Münster: LIT Verlag, S. 61.

Sponsel, R. (DAS) (2001). Kindeswohl-Kriterien. Familienrechtspsychologische Abteilung der SGIPT. Eine Serviceleistung der Allgemeinen und Integrativen PsychologInnen und PsychotherapeutInnen. Erlangen IP-GIPT: http://www.sgipt.org/forpsy/kw_krit0.htm, Zugriff am 20.11.2008

Speck, O. (1996). Frühförderung entwicklungsauffälliger Kinder unter ökologisch-integrativem Aspekt. In F. Peterander & O. Speck (Hrsg.), Frühförderung in Europa (S. 15–23). München: Reinhardt.

Grimm, H. & Weinert, S. (2002). Sprachentwicklung. In R. Oerter & L. Montada (Hrsg.), Entwicklungspsychologie (5. Aufl.) (S. 517–550). Weinheim: Beltz PVU. (S. 548).

Trunz, E. (Hrsg.) (1982). Goethes Werke. Hamburger Ausgabe. 14 Bde. 13. Auflage. Bd. 2, S. 18 f. München: C. H. Beck.

Bildquellenverzeichnis

Dank an die Bereitstellung der Fotos geht an die Kinder, Eltern und Pädagoginnen der folgenden Einrichtungen:

Tagesmutter
Birgit Tröger
Dorfstr. 27a
19248 Perleberg OT Düpow

Haus der fröhlichen Kinder
Willischstr. 7
01279 Dresden

Christliches Kinderhaus St. Martin
Käthe-Kollwitz-Weg 6
01640 Coswig

Kinderwelt Hamburg
Langenfelder Damm 97
22525 Hamburg

Integrationskindergarten „Nesthäkchen“
Briesener Straße 15
03046 Cottbus

Bildungsverlag EINS, Troisdorf: S. 183; Bildungsverlag EINS, Troisdorf/Cornelia Kurtz: S. 10, 17, 36, 45, 55, 66, 86, 108, 133, 158; Bildungsverlag EINS/Nadine Dilly: S. 25, 101, 113, 201, 202; David Weinstein/CMSP/OKAPIA: S. 79.7; © epd-bild/Falk Orth: S. 206; © Fotolia.com: Umschlagfoto (Grischa Georgiew), S. 33 (Evelyn Kobben), 42 (Alan Heartfield), 51 (Arkady Chubykin), 64 (Dron), 70 (cédric chabal), 73 (Galina Barskaya), 75 (Imagemaker), 79.1 (Jonny McCullagh), 99 (Pavel Losevsky), 123, 124 (Renata Osinska), 150 (Dmitry Ersler), 199 (nyul), 211 (Steven Belanger); © mauritius images/age: S. 79.4, 79.6; © mauritius images/André Pöhlmann: S. 79.5; © mauritius images/Lucianne Pashley: S. 79.8; © mauritius images/The Copyright Group: S. 79.2; © mauritius images/Workbookstock: S. 79.3